U0915504

2018
广西经济普查年鉴

Guangxi Economic Census Yearbook

● 第二产业卷(上)

广西第四次全国经济普查领导小组办公室　编著

线装书局

图书在版编目（CIP）数据

广西经济普查年鉴. 2018. 第二产业卷. 上 / 广西第四次全国经济普查领导小组办公室编著. -- 北京 : 线装书局, 2020.9

ISBN 978-7-5120-4122-6

Ⅰ. ①广… Ⅱ. ①广… Ⅲ. ①经济－普查－广西－2018－年鉴 Ⅳ. ①F127.67-54

中国版本图书馆 CIP 数据核字(2020)第 173230 号

广西经济普查年鉴（2018）——第二产业卷（上）

编 著 者：广西第四次全国经济普查领导小组办公室
责任编辑：周思远
出版发行：线装书局
地 址：北京市丰台区方庄日月天地大厦 B 座 17 层（100078）
电 话：010-58077126（发行部）010-58076938（总编室）
网 址：www.zgxzsj.com
经 销：新华书店
印 制：广西汇望凤凰印务有限公司
开 本：880mm×1230mm 1/16
印 张：41.5
字 数：1757 千字
版 次：2020 年 9 月第 1 版第 1 次印刷

线装书局官方微信

定 价：680.00 元（全 4 册）

编辑组人员

第一篇　工业企业生产经营及财务状况

主　　编：**周竞龙　周光辉**

副 主 编：**李　燕　白　平　朱旭芳**

编辑人员：**覃钲超　杨明斌　梁余武　赵　锋　钟珊珊**

数据处理：**覃钲超　赵　锋**

责任校对：**覃钲超　赵　锋**

第二篇　主要工业产品产量

主　　编：**周竞龙　周光辉**

副 主 编：**李　燕　白　平　朱旭芳**

编辑人员：**覃钲超　杨明斌　梁余武　赵　锋　钟珊珊**

数据处理：**覃钲超　赵　锋**

责任校对：**覃钲超　赵　锋**

第二产业卷（上）目录

第一篇　工业企业生产经营及财务状况

第二篇 主要工业产品产量

附 录

第一篇

工业企业生产经营及财务状况

1-A-1 全部工业企业主要经济指标

单位：万元

行　业	企业单位数（个）	资产总计	负债合计	营业收入	从业人员（人）
总　计	**43519**	**196859853**	**121125989**	**174245084**	**1692309**
煤炭开采和洗选业	30	1193230	849449	242852	7009
石油和天然气开采业	3	392242	54223	180882	131
黑色金属矿采选业	268	1049201	549478	761550	8478
有色金属矿采选业	296	3100233	2000183	1072371	18242
非金属矿采选业	1830	2236155	1150248	1581725	32432
开采专业及辅助性活动	15	4101	49	417	65
其他采矿业	230	144913	58766	22815	1218
农副食品加工业	3105	16106962	10570109	17484527	135689
食品制造业	2329	3418812	1655677	1604151	44123
酒、饮料和精制茶制造业	1551	3409964	1729684	2325798	43683
烟草制品业	5	2302571	853694	2227713	3591
纺织业	629	1718250	1096042	1734152	46443
纺织服装、服饰业	1081	491961	169563	773827	33362
皮革、毛皮、羽毛及其制品和制鞋业	442	553319	291804	875909	28439
木材加工和木、竹、藤、棕、草制品业	5142	6797771	3892712	10203575	183808
家具制造业	1026	530218	274003	651894	14008
造纸和纸制品业	787	6175007	4287921	3107359	35122
印刷和记录媒介复制业	1035	781384	389843	620008	14740
文教、工美、体育和娱乐用品制造业	985	537054	227855	1283241	41346
石油、煤炭及其他燃料加工业	129	4681187	1755688	9154062	5354
化学原料和化学制品制造业	1835	9664904	5010005	6295653	67365
医药制造业	496	3661994	1675906	1812503	35207
化学纤维制造业	21	40360	10332	6351	230
橡胶和塑料制品业	1253	2072682	1212260	1483262	38350
非金属矿物制品业	5397	14734457	7160382	12923900	192164
黑色金属冶炼和压延加工业	305	14334988	8932442	19144179	52595
有色金属冶炼和压延加工业	371	12975592	9693172	11670826	48919
金属制品业	1974	1920025	1081786	2346622	36144
通用设备制造业	1478	3986473	2283759	3272903	34163
专用设备制造业	1499	5961572	3361580	3942396	46061
汽车制造业	1200	17794646	13060249	21812394	134583
铁路、船舶、航空航天和其他运输设备制造业	240	1146674	688405	737001	20896
电气机械和器材制造业	930	3164935	1780021	2748319	40551
计算机、通信和其他电子设备制造业	960	6861595	4673456	12077270	98689
仪器仪表制造业	224	425213	190370	212444	7077
其他制造业	186	99200	49065	63964	2643
废弃资源综合利用业	250	943569	793854	3509371	8285
金属制品、机械和设备修理业	693	570298	419035	293287	7070
电力、热力生产和供应业	2421	36061617	24356596	12684471	99828
燃气生产和供应业	157	1214628	725590	742610	5056
水的生产和供应业	711	3599895	2110730	556529	19150

注：“全部工业企业”指规模以上工业企业和规模以下工业企业的总和。
“规模以上工业企业”指年主营业务收入在2000万元及以上的工业企业。
“规模以下工业企业”指年主营业务收入在2000万元以下的工业企业。

1-A-2　全部大型工业企业主要经济指标

单位：万元

行　　业	企业单位数（个）	资产总计	负债合计	营业收入	从业人员（人）
总　计	**99**	**62563899**	**40375713**	**61986643**	**297925**
煤炭开采和洗选业	1	239662	243690	47870	2292
石油和天然气开采业					
黑色金属矿采选业	1	525346	221225	344339	4101
有色金属矿采选业	1	997127	714051	222786	3921
非金属矿采选业					
开采专业及辅助性活动					
其他采矿业					
农副食品加工业	10	2562067	1423872	1479566	17465
食品制造业					
酒、饮料和精制茶制造业	3	369406	155002	518419	6732
烟草制品业	1	2250120	849825	2219262	2996
纺织业	3	369901	165331	197804	5416
纺织服装、服饰业					
皮革、毛皮、羽毛及其制品和制鞋业	2	58434	31809	97981	4768
木材加工和木、竹、藤、棕、草制品业	1	31946	14396	73502	1794
家具制造业					
造纸和纸制品业	2	2402549	1317243	895176	3286
印刷和记录媒介复制业					
文教、工美、体育和娱乐用品制造业					
石油、煤炭及其他燃料加工业					
化学原料和化学制品制造业	3	743932	180276	415834	6682
医药制造业	4	1029490	242667	523680	5948
化学纤维制造业					
橡胶和塑料制品业	1	367667	188407	105482	1864
非金属矿物制品业	5	1307619	370723	1117402	5995
黑色金属冶炼和压延加工业	7	10480590	6223238	14224891	31978
有色金属冶炼和压延加工业	13	7599379	5462721	7617340	23026
金属制品业					
通用设备制造业	2	2189066	1169819	1550568	8359
专用设备制造业	6	2800421	1557099	1658359	12100
汽车制造业	12	9806818	7618276	15145091	56108
铁路、船舶、航空航天和其他运输设备制造业					
电气机械和器材制造业	3	367921	252188	515351	6058
计算机、通信和其他电子设备制造业	13	2596490	1845642	5869473	39371
仪器仪表制造业					
其他制造业					
废弃资源综合利用业					
金属制品、机械和设备修理业	1	230172	171711	168749	2455
电力、热力生产和供应业	3	12316802	9366383	6850215	43871
燃气生产和供应业					
水的生产和供应业	1	920973	590121	127502	1339

注：“全部工业企业”指规模以上工业企业和规模以下工业企业的总和。
“规模以上工业企业”指年主营业务收入在2000万元及以上的工业企业。
“规模以下工业企业”指年主营业务收入在2000万元以下的工业企业。

1-A-3 全部中型工业企业主要经济指标

单位：万元

行　业	企业单位数（个）	资产总计	负债合计	营业收入	从业人员（人）
总　计	**865**	**48271157**	**30082754**	**49022558**	**490416**
煤炭开采和洗选业	3	401398	160165	57669	1634
石油和天然气开采业					
黑色金属矿采选业	1	64810	44643	28550	550
有色金属矿采选业	14	757296	380286	398203	7494
非金属矿采选业	5	150062	56876	112334	3602
开采专业及辅助性活动					
其他采矿业					
农副食品加工业	99	7554161	5420388	7925891	55863
食品制造业	17	748001	355986	544218	9403
酒、饮料和精制茶制造业	24	720917	380965	759350	13582
烟草制品业	1	52380	3856	8421	591
纺织业	38	437153	326643	787298	20347
纺织服装、服饰业	24	124724	37941	320112	10756
皮革、毛皮、羽毛及其制品和制鞋业	13	119282	60382	162526	8836
木材加工和木、竹、藤、棕、草制品业	56	930223	571076	1053845	32426
家具制造业	7	72450	31229	239012	3180
造纸和纸制品业	26	2186987	1971613	908239	11894
印刷和记录媒介复制业	4	197207	66203	129924	1416
文教、工美、体育和娱乐用品制造业	30	114509	56185	349206	22899
石油、煤炭及其他燃料加工业	5	3818521	1072738	8521403	3140

1-A-3　续表　　单位：万元

行　业	企业单位数（个）	资产总计	负债合计	营业收入	从业人员(人)
化学原料和化学制品制造业	44	1663951	1018369	1762685	20152
医药制造业	18	852517	482208	501445	8957
化学纤维制造业					
橡胶和塑料制品业	20	308238	154127	405959	10749
非金属矿物制品业	104	4078783	1907918	3652079	60343
黑色金属冶炼和压延加工业	17	1144383	864324	2149481	7693
有色金属冶炼和压延加工业	27	3534319	2966496	2202336	15274
金属制品业	15	262352	164577	526021	6643
通用设备制造业	11	388373	226075	568058	5683
专用设备制造业	15	1410915	894789	1037405	10017
汽车制造业	63	3839418	2295725	3210978	33092
铁路、船舶、航空航天和其他运输设备制造业	18	491204	233857	391434	17037
电气机械和器材制造业	26	1020915	608148	1076025	15734
计算机、通信和其他电子设备制造业	48	1325723	692503	3845209	35292
仪器仪表制造业	5	109571	77473	80308	2534
其他制造业	1	14695	10459	7377	500
废弃资源综合利用业	12	378346	349509	2076198	5102
金属制品、机械和设备修理业	2	225620	185823	24164	1082
电力、热力生产和供应业	42	7736297	5406361	2928075	21930
燃气生产和供应业	3	460631	237868	158613	1883
水的生产和供应业	7	574828	308971	112511	3106

注：“全部工业企业”指规模以上工业企业和规模以下工业企业的总和。
“规模以上工业企业”指年主营业务收入在2000万元及以上的工业企业。
“规模以下工业企业”指年主营业务收入在2000万元以下的工业企业。

1-A-4 全部小微型工业企业主要经济指标

单位：万元

行　业	企业单位数（个）	资产总计	负债合计	营业收入	从业人员（人）
总　计	**42555**	**86024797**	**50667522**	**63235883**	**903985**
煤炭开采和洗选业	26	552170	445594	137313	3083
石油和天然气开采业	3	392242	54223	180882	131
黑色金属矿采选业	266	459046	283611	388660	3827
有色金属矿采选业	281	1345811	905846	451382	6827
非金属矿采选业	1825	2086093	1093372	1469391	28830
开采专业及辅助性活动	15	4101	49	417	65
其他采矿业	230	144913	58766	22815	1218
农副食品加工业	2996	5990734	3725849	8079070	62367
食品制造业	2312	2670811	1299691	1059933	34720
酒、饮料和精制茶制造业	1524	2319641	1193717	1048029	23369
烟草制品业	3	70	14	30	4
纺织业	588	911196	604067	749049	20680
纺织服装、服饰业	1057	367237	131622	453715	22606
皮革、毛皮、羽毛及其制品和制鞋业	427	375603	199614	615403	14835
木材加工和木、竹、藤、棕、草制品业	5085	5835603	3307240	9076228	149588
家具制造业	1019	457768	242774	412882	10828
造纸和纸制品业	759	1585471	999066	1303944	19942
印刷和记录媒介复制业	1031	584177	323640	490084	13324
文教、工美、体育和娱乐用品制造业	955	422545	171670	934035	18447
石油、煤炭及其他燃料加工业	124	862666	682950	632660	2214

1－A－4　续表　　单位：万元

行　　业	企业单位数（个）	资产总计	负债合计	营业收入	从业人员(人)
化学原料和化学制品制造业	1788	7257021	3811360	4117134	40531
医药制造业	474	1779987	951031	787378	20302
化学纤维制造业	21	40360	10332	6351	230
橡胶和塑料制品业	1232	1396778	869727	971822	25737
非金属矿物制品业	5288	9348055	4881741	8154420	125826
黑色金属冶炼和压延加工业	281	2710015	1844880	2769808	12924
有色金属冶炼和压延加工业	331	1841894	1263955	1851150	10619
金属制品业	1959	1657674	917209	1820601	29501
通用设备制造业	1465	1409035	887866	1154277	20121
专用设备制造业	1478	1750236	909693	1246632	23955
汽车制造业	1125	4148410	3146249	3456325	45383
铁路、船舶、航空航天和其他运输设备制造业	222	655470	454548	345567	3859
电气机械和器材制造业	901	1776099	919684	1156944	18759
计算机、通信和其他电子设备制造业	899	2939382	2135311	2362588	24026
仪器仪表制造业	219	315642	112898	132136	4543
其他制造业	185	84505	38607	56587	2143
废弃资源综合利用业	238	565223	444345	1433173	3183
金属制品、机械和设备修理业	690	114507	61501	100374	3533
电力、热力生产和供应业	2376	16008518	9583851	2906182	34027
燃气生产和供应业	154	753997	487723	583997	3173
水的生产和供应业	703	2104094	1211638	316516	14705

注：“全部工业企业”指规模以上工业企业和规模以下工业企业的总和。
“规模以上工业企业”指年主营业务收入在2000万元及以上的工业企业。
“规模以下工业企业”指年主营业务收入在2000万元以下的工业企业。

1-A-5 按登记注册类型分组的规模

行　业	企业单位数（个）	资产总计	固定资产净额	固定资产原价
总　计	**5975**	**164608160**	**53891434**	**93246662**
一、按登记注册类型分组:				
内资企业	5592	136028096	44800179	77760251
国有企业	54	754388	268541	490820
中央企业				
地方企业	54	754388	268541	490820
集体企业	63	330028	23336	68979
股份合作企业	7	19828	4638	7451
联营企业	2	7311	1784	2210
国有联营企业				
集体联营企业	1	1516	1266	1494
国有与集体联营企业	1	5796	517	716
其他联营企业				
有限责任公司	1521	78743621	31600281	53865632
国有独资公司	151	23547182	11234305	20973075
其他有限责任公司	1370	55196440	20365976	32892557
股份有限公司	223	19776289	5629094	10878584
私营企业	3721	36394402	7271691	12445665
私营独资企业	290	1032381	286339	474574
私营合伙企业	71	351089	126048	191446
私营有限责任公司	3230	32215129	6335710	10937089
私营股份有限公司	130	2795803	523594	842555
其他企业	1	2229	815	910
港、澳、台商投资企业	221	8873125	3148735	5291237
合资经营企业(港或澳、台资)	69	4127363	1516516	2283376
合作经营企业(港或澳、台资)	4	53548	15098	28631
港澳台商独资经营企业	136	4444343	1544454	2832166
港澳台商投资股份有限公司	2	68181	2683	35969
其他港澳台商投资企业	10	179689	69984	111095
外商投资企业	162	19706939	5942521	10195174
中外合资经营企业	76	13078266	4660710	7458609
中外合作经营企业	6	460376	35590	328715
外资企业	69	3712157	811444	1516295
外商投资股份有限公司	7	2409620	411043	849208
其他外商投资企业	4	46522	23735	42348
二、在总计中:亏损企业	1352	29792702	8553809	14633680
在总计中:国有控股企业	562	77950990	32648375	57519445
在总计中:大型企业	99	62563899	22997121	39402222
中型企业	850	47797132	14907516	26884368
小型企业	5026	54247129	15986797	26960072

以上工业企业主要经济指标

单位：万元

累计折旧	流动资产合计				负债合计	流动负债合计
		应收账款	存货	产成品		
36769290	**23691492**	**22619623**	**18350788**	**7484672**	**104699035**	**80449886**
31047563	21566367	17960265	15366676	6064471	87932804	65813087
208307	212505	24298	41019	25678	414813	202308
208307	212505	24298	41019	25678	414813	202308
36150	11275	13969	48216	25991	108140	71422
2812	596	4731	2611	846	14500	13904
426	409	27	3365	2548	1872	1464
227	400	21	153	100	814	414
199	9	6	3212	2448	1059	1050
21477852	16013226	10306093	8319026	2784136	52448529	36349987
9625968	5437595	2286855	1831852	531456	15976530	10533567
11851884	10575631	8019239	6487174	2252681	36471999	25816420
4932651	2643431	1506207	1698327	668074	10455750	7797255
4389271	2684858	6104889	5253973	2557059	24488847	21376463
168864	64123	100002	149569	95756	472569	368022
64713	30714	30919	52584	30088	188088	141530
3845044	2309522	5646072	4630718	2228839	22165958	19562548
310650	280500	327896	421102	202377	1662232	1304363
95	68	50	139	139	353	285
1870746	981662	959076	1044086	465346	4292312	3306406
755990	651464	351316	574661	303127	2439808	1788086
12939	3	1048	2836	366	13124	13122
1043896	317792	597436	444592	152675	1755946	1438154
16882	2005	1700	7319	3155	45596	43591
41039	10398	7576	14677	6024	37838	23453
3850981	1143464	3700283	1940027	954855	12473919	11330393
2443837	886996	2824659	1250298	652433	8597347	7710350
292983	49986	1863	5127	959	86364	36378
663329	110088	503754	404212	160975	2304185	2194036
432219	96394	361730	269596	132818	1395162	1298768
18613		8277	10793	7670	90862	90862
5645182	5528121	4058534	3571594	1764923	26146284	20361018
23967179	16626328	9182385	7468529	2494696	50699287	34033693
15926667	9300975	9154647	6759387	2407679	40375713	31074737
10965306	6365226	5564404	5801003	2451390	29810860	23445628
9877317	8025291	7900573	5790398	2625603	34512463	25929521

1-A-5 续表 1

行 业	应付账款	所有者权益合计	实收资本	国家资本	集体资本
总 计	**22619623**	**59908165**	**28771379**	**9959314**	**554197**
一、按登记注册类型分组:					
内资企业	17960265	48094334	22917868	9295751	432815
国有企业	24298	339574	109115	102565	1000
中央企业					
地方企业	24298	339574	109115	102565	1000
集体企业	13969	221887	36531	5300	19953
股份合作企业	4731	5328	7680		
联营企业	27	5439	756	110	646
国有联营企业					
集体联营企业	21	702	646		646
国有与集体联营企业	6	4737	110	110	
其他联营企业					
有限责任公司	10306093	26295082	13745892	7432909	221179
国有独资公司	2286855	7570651	3607907	2662931	15521
其他有限责任公司	8019239	18724431	10137985	4769979	205659
股份有限公司	1506207	9320539	3583923	1712791	88029
私营企业	6104889	11904607	5433821	42075	102007
私营独资企业	100002	559812	153456	65	638
私营合伙企业	30919	163001	57047	650	50
私营有限责任公司	5646072	10048225	4668616	24799	98032
私营股份有限公司	327896	1133569	554702	16562	3288
其他企业	50	1877	150		
港、澳、台商投资企业	959076	4580812	2430238	186313	4265
合资经营企业(港或澳、台资)	351316	1687555	918448	182324	1111
合作经营企业(港或澳、台资)	1048	40424	15317		
港澳台商独资经营企业	597436	2688398	1440421	1889	3154
港澳台商投资股份有限公司	1700	22585	10500	2100	
其他港澳台商投资企业	7576	141851	45551		
外商投资企业	3700283	7233019	3423274	477249	117118
中外合资经营企业	2824659	4480918	2697817	435328	113247
中外合作经营企业	1863	374012	20976	8640	1746
外资企业	503754	1407972	584254	22833	
外商投资股份有限公司	361730	1014458	107433	10448	2125
其他外商投资企业	8277	-44340	12794		
二、在总计中:亏损企业	4058534	3646415	5970365	1317121	90886
在总计中:国有控股企业	9182385	27251702	13410240	9556830	118884
在总计中:大型企业	9154647	22188187	7908561	3889063	157852
中型企业	5564404	17986273	9706898	3631603	135464
小型企业	7900573	19733705	11155920	2438647	260882

单位：万元

法人资本	个人资本	港澳台资本	外商资本	营业收入	营业成本	销售费用	管理费用
9482031	**5497966**	**1727312**	**1550655**	**165011608**	**141269560**	**3743039**	**5537972**
8584080	4542561	12929	49827	132929163	114120103	2573776	4507580
3550	2000			464537	377459	17709	43486
3550	2000			464537	377459	17709	43486
2624	8654			525286	446348	9913	28285
302	7378			18624	17230	152	1057
				7262	5898	498	360
				3708	3690	2	8
				3554	2208	496	352
5181013	870359	6532	33900	68497326	59330385	987252	2106455
926039	2895	522		18713258	16535598	110468	495859
4254974	867464	6009	33900	49784068	42794787	876784	1610596
1226752	542308	3489	10553	16592424	12748794	496648	567797
2169840	3111712	2909	5373	46818908	41189957	1061489	1760020
57384	92370		3000	2699344	2275598	66678	147448
38828	17619			637883	529930	11699	27081
1906419	2634989	2001	2373	41516472	36706683	928085	1457648
167209	366735	908		1965209	1677745	55028	127842
	150			4796	4035	115	121
335252	24983	1649215	230211	9168670	7658991	175350	319862
238915	19554	352882	123661	4141459	3608489	77814	165796
9489	20	5809		55758	38702	243	2695
80381	5409	1258601	90988	4832710	3895983	92925	139082
3500		4900		33276	27562	660	1763
2967		27023	15561	105468	88254	3708	10525
562699	930423	65168	1270618	22913776	19490465	993913	710531
468463	881130	44002	755648	17409103	14809810	808385	519194
560	853		9177	263574	92595	2823	3122
70015	6902	14750	461755	3544554	3187140	96444	78150
7262	41538	6416	39644	1648344	1357180	84052	108016
8400			4394	48201	43741	2210	2049
2799618	1224592	132926	405222	18290353	17691692	335858	811641
3146409	252942	25519	309656	69844939	58119515	1525105	2129469
1467119	1535239	551573	307716	61986643	52779162	1571376	1805578
3400981	962626	747360	828865	48881392	40851868	885358	1831667
4613931	3000101	428380	414075	54143574	47638529	1286306	1900728

1-A-5 续表 2

行 业	财务费用	利息收入	利息支出	投资收益(损失以“-”号记)
总 计	**1809579**	**161009**	**2067790**	**370607**
一、按登记注册类型分组:				
内资企业	1637485	78269	1812985	322256
国有企业	4292	720	3745	28
中央企业				
地方企业	4292	720	3745	28
集体企业	1500	59	1378	857
股份合作企业	216		510	
联营企业	3		4	
国有联营企业				
集体联营企业	4		4	
国有与集体联营企业	-2			
其他联营企业				
有限责任公司	1027866	-4172	1179286	180956
国有独资公司	309890	52492	336071	100508
其他有限责任公司	717976	-56664	843215	80448
股份有限公司	138149	57064	196530	125172
私营企业	465401	24599	431531	15243
私营独资企业	18630	210	16351	1150
私营合伙企业	3590	261	2879	
私营有限责任公司	397825	22375	367857	-6046
私营股份有限公司	45356	1752	44445	20140
其他企业	59			
港、澳、台商投资企业	62869	7153	74595	7113
合资经营企业(港或澳、台资)	44561	8118	42808	-5588
合作经营企业(港或澳、台资)	329	21	305	
港澳台商独资经营企业	17293	-1457	30606	12701
港澳台商投资股份有限公司	560	-22	576	
其他港澳台商投资企业	126	492	300	
外商投资企业	109225	75587	180210	41239
中外合资经营企业	102873	29531	122188	10591
中外合作经营企业	1719	-363		132
外资企业	3754	34708	40223	12667
外商投资股份有限公司	-2540	11698	14371	17848
其他外商投资企业	3420	14	3427	
二、在总计中:亏损企业	618369	18187	554702	-7665
在总计中:国有控股企业	879348	140383	1021036	237350
在总计中:大型企业	535396	88303	745109	211204
中型企业	574216	35114	702513	98356
小型企业	699967	37593	620168	61047

单位：万元

营业利润	利润总额	亏损企业亏损额	平均用工人数(人)
9152608	**9481514**	**1356606**	**1282448**
6937124	7235399	1234000	1090261
18800	19069	9521	9845
18800	19069	9521	9845
33095	35709	483	12438
–188	–172	616	465
386	422		261
1	1		64
385	422		197
3745233	3829531	620129	431545
1289421	1284221	120349	108798
2455812	2545310	499781	322747
1027942	1136061	226860	85109
2111401	2214323	376391	550537
167858	164747	2333	54250
61375	61325	1258	11145
1871174	1968398	292727	455916
10994	19854	80074	29226
456	456		61
924739	932768	18489	103329
228021	228775	7334	35885
12239	12251		861
680056	686351	8595	62930
2473	3366		434
1951	2025	2561	3219
1290746	1313347	104116	88858
870931	882305	82997	53026
151701	151756		560
161828	170396	10399	23518
109315	111917	2908	11048
–3028	–3027	7813	706
–1360252	–1356606	1356606	217227
4044344	4179800	538398	313570
3720654	3844606	193452	301419
3066144	3191494	542302	462189
2365811	2445415	620852	518840

1-A-6 按行业分组的规模以上工业企业

行业	企业单位数（个）	资产总计	固定资产净额	固定资产原价
总 计	**5975**	**164608160**	**53891434**	**93246662**
采矿业	**264**	**5430361**	**968218**	**1959363**
煤炭开采和洗选业	13	835180	72837	253450
烟煤和无烟煤开采洗选	7	110674	23833	37505
褐煤开采洗选	5	659279	45910	212593
其他煤炭采选	1	65227	3094	3352
石油和天然气开采业	1	392062	26612	227247
石油开采	1	392062	26612	227247
陆地石油开采				
海洋石油开采	1	392062	26612	227247
天然气开采				
陆地天然气开采				
海洋天然气及可燃冰开采				
黑色金属矿采选业	30	812881	198836	344910
铁矿采选	6	81084	985	10081
锰矿、铬矿采选	16	665193	188978	320391
其他黑色金属矿采选	8	66604	8873	14438
有色金属矿采选业	61	2226651	427078	712464
常用有色金属矿采选	51	2120919	381647	636435
铜矿采选	1	54206	16087	28708
铅锌矿采选	29	617706	164218	239843
镍钴矿采选				
锡矿采选	3	1175893	134284	254495
锑矿采选				
铝矿采选	3	152986	42337	69663
镁矿采选				
其他常用有色金属矿采选	15	120127	24721	43724
贵金属矿采选	2	35160	12639	20727
金矿采选	1	30127	10697	15283
银矿采选	1	5033	1942	5444
其他贵金属矿采选				
稀有稀土金属矿采选	8	70572	32792	55302
钨钼矿采选	3	43129	31386	52253
稀土金属矿采选	4	24160	1183	2639
放射性金属矿采选				
其他稀有金属矿采选	1	3284	223	411
非金属矿采选业	157	1162247	242202	420552
土砂石开采	130	835399	207184	344514
石灰石、石膏开采	31	176866	42415	58080
建筑装饰用石开采	47	207047	59869	84947

主要经济指标（大、中、小类行业）

单位：万元

累计折旧	流动资产合计				负债合计	
		应收账款	存货			流动负债合计
				产成品		
36769290	**80655291**	**22619623**	**18350788**	**7484672**	**104699035**	**80449886**
947195	**2752806**	**436903**	**258306**	**134287**	**3134844**	**2359311**
175591	402706	33989	34331	25722	555558	437666
12028	76435	9590	10994	5354	79428	76968
163304	300133	24399	22938	19970	432032	316847
259	26138		398	398	44099	43852
200636	42380		851		54223	4237
200636	42380		851		54223	4237
200636	42380		851		54223	4237
142315	515823	103329	61529	29466	426613	387697
5337	66611	10826	12025	721	75209	67367
131413	399685	77462	30999	21687	308337	277863
5565	49527	15041	18505	7058	43067	42467
277640	1108929	200791	94658	39660	1438693	1019526
247202	1077624	197043	87347	35151	1371344	956487
12622	9594	769	1027	723	23989	5093
68615	299431	64689	39057	22975	347451	314756
119636	672186	84073	14885	1925	780941	482741
27326	16588	15516	4060	101	133851	72953
19004	79826	31996	28318	9427	85112	80945
8088	7339	2	3574	2151	40336	40336
4586	4966		3499	2151	40211	40211
3502	2373	2	75		125	125
22350	23966	3747	3737	2358	27013	22703
20707	6769	3615	2465	1186	18814	17321
1456	15450	132	1273	1172	6475	3658
187	1748				1724	1724
150928	682644	98340	66829	39332	659302	509730
109908	444075	86218	49705	35087	441658	362382
12481	125870	22219	13062	10652	89536	85563
22679	78400	8377	12498	11191	87973	77932

1-A-6 续表 1

行业	应付账款	所有者权益合计	实收资本	国家资本
总 计	**22619623**	**59908165**	**28771379**	**9959314**
采矿业	**436903**	**2294589**	**673511**	**164237**
煤炭开采和洗选业	33989	279621	58021	14525
烟煤和无烟煤开采洗选	9590	31245	26250	
褐煤开采洗选	24399	227248	27247	10000
其他煤炭采选		21128	4525	4525
石油和天然气开采业		337839		
石油开采		337839		
陆地石油开采				
海洋石油开采		337839		
天然气开采				
陆地天然气开采				
海洋天然气及可燃冰开采				
黑色金属矿采选业	103329	386268	34632	4928
铁矿采选	10826	5876	12288	
锰矿、铬矿采选	77462	356856	14593	4928
其他黑色金属矿采选	15041	23536	7751	
有色金属矿采选业	200791	787032	366075	95732
常用有色金属矿采选	197043	748648	334973	70075
铜矿采选	769	30218	5000	5000
铅锌矿采选	64689	270255	112898	42842
镍钴矿采选				
锡矿采选	84073	394952	178460	14734
锑矿采选				
铝矿采选	15516	19135	10550	7500
镁矿采选				
其他常用有色金属矿采选	31996	34089	28065	
贵金属矿采选	2	-5176	3500	3000
金矿采选		-10085	500	
银矿采选	2	4909	3000	3000
其他贵金属矿采选				
稀有稀土金属矿采选	3747	43560	27602	22657
钨钼矿采选	3615	24315	16102	13000
稀土金属矿采选	132	17685	11500	9657
放射性金属矿采选				
其他稀有金属矿采选		1560		
非金属矿采选业	98340	502943	214101	49052
土砂石开采	86218	393741	178093	41004
石灰石、石膏开采	22219	87331	19125	
建筑装饰用石开采	8377	119074	86873	41004

单位：万元

					营业收入	营业成本
集体资本	法人资本	个人资本	港澳台资本	外商资本		
554197	**9482031**	**5497966**	**1727312**	**1550655**	**165011608**	**141269560**
22813	**343117**	**132661**	**3519**	**7164**	**3271054**	**2388029**
	22347	21150			237061	191822
	5100	21150			125393	112833
	17247				109685	78945
					1982	44
					180762	23125
					180762	23125
					180762	23125
431	5700	23573			713891	613406
	1000	11288			76319	73856
380	50	9235			574703	487518
51	4650	3050			62869	52032
9209	221499	39634			1012597	725591
7367	217897	39634			952410	682955
					8923	6485
2500	54428	13129			465912	319303
4867	158860				326156	229981
	3000	50			46669	40064
	1610	26455			104750	87123
	500				507	428
	500					
					507	428
1843	3102				59680	42208
	3102				34600	24330
1843					25081	17878
13173	93171	48023	3519	7164	1125982	833556
2286	90760	39390	2773	1881	1014296	770528
1504	5799	9942		1881	235630	186906
	28309	17560			254542	175780

1-A-6 续表 2

行 业	销售费用	管理费用	财务费用
总 计	**3743039**	**5537972**	**1809579**
采矿业	**119757**	**210335**	**65396**
煤炭开采和洗选业	7893	34772	3325
烟煤和无烟煤开采洗选	5204	3403	1602
褐煤开采洗选	2279	19502	5760
其他煤炭采选	410	11867	–4037
石油和天然气开采业	265	962	2100
石油开采	265	962	2100
陆地石油开采			
海洋石油开采	265	962	2100
天然气开采			
陆地天然气开采			
海洋天然气及可燃冰开采			
黑色金属矿采选业	6257	17363	9270
铁矿采选	569	683	1434
锰矿、铬矿采选	3726	15452	7263
其他黑色金属矿采选	1962	1228	573
有色金属矿采选业	11521	85398	42193
常用有色金属矿采选	11294	77352	40499
铜矿采选	125	2791	696
铅锌矿采选	5321	39178	9093
镍钴矿采选			
锡矿采选	762	25441	27170
锑矿采选			
铝矿采选	70	4980	2229
镁矿采选			
其他常用有色金属矿采选	5016	4962	1311
贵金属矿采选	76	3887	1454
金矿采选		2625	1482
银矿采选	76	1262	–28
其他贵金属矿采选			
稀有稀土金属矿采选	151	4159	239
钨钼矿采选	137	3316	293
稀土金属矿采选	14	844	–53
放射性金属矿采选			
其他稀有金属矿采选			
非金属矿采选业	93654	71784	8500
土砂石开采	76231	61694	7162
石灰石、石膏开采	22326	9929	1282
建筑装饰用石开采	14283	26831	1423

单位：万元

利息收入	利息支出	投资收益（损失以“-”号记）	营业利润	利润总额	亏损企业亏损额	平均用工人数(人)
161009	**2067790**	**370607**	**9152608**	**9481514**	**1356606**	**1282448**
2672	**60050**	**60219**	**480831**	**466988**	**48103**	**43268**
742	2784	7012	8969	8813	16515	6400
-205	1597		1642	2116	1843	1323
22	5779		6024	5384	14672	4501
924	-4591	7012	1303	1313		576
-11			144128	144128		122
-11			144128	144128		122
-11			144128	144128		122
-236	7651	10	60882	49437	1248	6448
	1286		-313	-246	1220	629
-238	5860	10	54336	42724	26	5505
3	505		6859	6959	2	314
483	43307	52388	172300	171585	20890	15253
391	41539	52533	172004	171430	14737	13924
-6	1071		-1350	-1482	1482	732
25	8944	1268	84845	83654	6983	5891
107	27943	51266	87058	87912	475	4986
2	2233		-4685	-4884	4913	642
263	1349		6136	6230	884	1673
28	1482	-159	-5509	-5537	5537	272
	1482		-4112	-4128	4128	132
28		-159	-1397	-1409	1409	140
64	286	14	5805	5692	616	1057
3	281		2987	2961	322	987
60	5	14	2818	2732	293	69
						1
1694	6308	809	94565	93038	9433	14930
1602	5292		76876	75274	8126	11226
100	865		8864	8231	628	1852
10	1340		26135	25858	625	3781

1-A-6 续表 3

行 业	企业单位数（个）	资产总计	固定资产净额	固定资产原价
耐火土石开采	12	36702	11779	15779
粘土及其他土砂石开采	40	414784	93120	185707
化学矿开采	11	153023	3099	6823
采盐				
石棉及其他非金属矿采选	16	173825	31919	69215
石棉、云母矿采选				
石墨、滑石采选	6	143497	25536	59760
宝石、玉石采选				
其他未列明非金属矿采选	10	30328	6383	9455
开采专业及辅助性活动				
煤炭开采和洗选专业及辅助性活动				
石油和天然气开采专业及辅助性活动				
其他开采专业及辅助性活动				
其他采矿业	2	1340	654	740
制造业	**5430**	**125716164**	**31992605**	**56526025**
农副食品加工业	538	14715201	2663163	5591729
谷物磨制	85	467773	111581	156625
稻谷加工	82	446353	107993	151174
小麦加工	2	17849	1176	2560
玉米加工				
杂粮加工				
其他谷物磨制	1	3572	2413	2891
饲料加工	152	2389975	341376	681622
宠物饲料加工				
其他饲料加工	152	2389975	341376	681622
植物油加工	33	3357835	410883	714631
食用植物油加工	24	3330493	408387	710746
非食用植物油加工	9	27343	2496	3885
制糖业	87	6513063	1376390	3346331
屠宰及肉类加工	41	920502	225698	347570
牲畜屠宰	13	140212	17288	27256
禽类屠宰	6	90603	12178	16032
肉制品及副产品加工	22	689687	196232	304283
水产品加工	40	486356	111949	204096
水产品冷冻加工	38	474290	109200	199770
鱼糜制品及水产品干腌制加工	2	12066	2748	4326
鱼油提取及制品制造				
其他水产品加工				
蔬菜、菌类、水果和坚果加工	38	223817	36749	53526
蔬菜加工	8	69840	16660	22414

单位：万元

累计折旧	流动资产合计	应收账款	存货	产成品	负债合计	流动负债合计
4000	20223	8021	2726	1949	27102	23962
70748	219581	47602	21420	11296	237047	174925
3723	138068	5519	68	-1489	146242	92083
37296	100501	6603	17056	5734	71403	55265
34225	82169	1042	13247	4206	50385	37167
3072	18332	5561	3809	1528	21018	18098
86	325	454	108	108	455	455
22691546	**72058659**	**20546385**	**17591093**	**7323665**	**78245152**	**67904308**
2749820	9852750	1983348	1878959	836039	9876161	8965947
35604	277181	55799	106148	29676	277725	224555
33741	260502	44255	101493	28706	262201	209030
1384	15764	11405	4394	708	14596	14596
479	915	139	262	262	929	929
243007	1442055	222046	291911	69654	1225175	1135162
243007	1442055	222046	291911	69654	1225175	1135162
303571	2874141	847354	625037	184320	2742005	2692631
302237	2854772	844558	616690	178156	2715805	2667673
1334	19369	2796	8347	6165	26200	24958
1936426	4099104	677646	517457	358012	4664264	4151396
121370	482923	88775	149731	78325	333482	314425
9958	92779	3579	26115	4304	89669	86668
3853	54650	48600	23341	290	80898	80875
107559	335494	36596	100276	73732	162915	146883
59445	284044	40755	102443	76072	311882	201214
57868	275911	38886	101822	75513	303432	192764
1577	8133	1870	620	559	8450	8450
16058	155626	31443	18601	8013	124025	106167
5753	47757	5789	7407	3324	47380	35692

1-A-6 续表 4

行业	应付账款	所有者权益合计	实收资本	国家资本
耐火土石开采	8021	9600	3420	
粘土及其他土砂石开采	47602	177737	68675	
化学矿开采	5519	6782	4775	
采盐				
石棉及其他非金属矿采选	6603	102421	31233	8048
石棉、云母矿采选				
石墨、滑石采选	1042	93112	21807	7964
宝石、玉石采选				
其他未列明非金属矿采选	5561	9309	9426	84
开采专业及辅助性活动				
煤炭开采和洗选专业及辅助性活动				
石油和天然气开采专业及辅助性活动				
其他开采专业及辅助性活动				
其他采矿业	454	885	682	
制造业	**20546385**	**47470980**	**22333076**	**5553982**
农副食品加工业	1983348	4839038	2068651	350918
谷物磨制	55799	190047	70791	1224
稻谷加工	44255	184151	67891	1224
小麦加工	11405	3253	1900	
玉米加工				
杂粮加工				
其他谷物磨制	139	2643	1000	
饲料加工	222046	1164799	390761	2178
宠物饲料加工				
其他饲料加工	222046	1164799	390761	2178
植物油加工	847354	615831	361484	207454
食用植物油加工	844558	614688	357198	207454
非食用植物油加工	2796	1142	4287	
制糖业	677646	1848799	838933	109390
屠宰及肉类加工	88775	587020	220230	25348
牲畜屠宰	3579	50542	30264	783
禽类屠宰	48600	9705	8374	
肉制品及副产品加工	36596	526772	181592	24565
水产品加工	40755	174474	86009	
水产品冷冻加工	38886	170858	82685	
鱼糜制品及水产品干腌制加工	1870	3616	3324	
鱼油提取及制品制造				
其他水产品加工				
蔬菜、菌类、水果和坚果加工	31443	99792	32651	1125
蔬菜加工	5789	22460	9002	

单位：万元

集体资本	法人资本	个人资本	港澳台资本	外商资本	营业收入	营业成本
	1419	2001			77209	53510
782	55233	9888	2773		446916	354332
36	2073	2666			10711	8663
10851	338	5967	746	5283	100975	54365
10851		205	746	2042	78785	37819
	338	5762		3241	22190	16546
	400	282			761	530
466295	**8252418**	**5318269**	**1324392**	**1417817**	**148377809**	**127431399**
36441	1013963	394520	78419	194390	16968641	15722148
	30388	32256		6923	714794	674182
	28788	30956		6923	662627	623431
	600	1300			50130	49253
	1000				2037	1498
9905	200080	143236	2800	32562	4952242	4534406
9905	200080	143236	2800	32562	4952242	4534406
459	45919	25755	4512	77386	5020494	4833857
459	43309	24079	4512	77386	4966386	4782699
	2610	1677			54108	51158
15197	583127	55727	4250	71243	4115478	3779312
10270	79046	39551	66015		857655	707144
270	4580	24631			284673	236624
3000	4724	650			41560	42145
7000	69742	14270	66015		531422	428374
380	30637	54130	15	847	589532	544755
380	28660	53630	15		570624	526941
	1977	500		847	18908	17815
30	15133	16363			194892	173368
	4088	4914			35197	28136

1-A-6 续表 5

行　业	销售费用	管理费用	财务费用
耐火土石开采	16019	3303	588
粘土及其他土砂石开采	23603	21631	3869
化学矿开采	146	1660	52
采盐			
石棉及其他非金属矿采选	17277	8430	1286
石棉、云母矿采选			
石墨、滑石采选	13102	7022	952
宝石、玉石采选			
其他未列明非金属矿采选	4175	1409	334
开采专业及辅助性活动			
煤炭开采和洗选专业及辅助性活动			
石油和天然气开采专业及辅助性活动			
其他开采专业及辅助性活动			
其他采矿业	168	56	9
制造业	**3561931**	**4992985**	**1087257**
农副食品加工业	300628	491890	242994
谷物磨制	10868	13664	6384
稻谷加工	10158	12993	6015
小麦加工	686	579	370
玉米加工			
杂粮加工			
其他谷物磨制	25	91	
饲料加工	90802	129562	23486
宠物饲料加工			
其他饲料加工	90802	129562	23486
植物油加工	69954	30740	35038
食用植物油加工	69466	29559	34536
非食用植物油加工	488	1181	503
制糖业	80579	225967	160490
屠宰及肉类加工	23358	55506	599
牲畜屠宰	5080	22250	735
禽类屠宰	1828	1579	1424
肉制品及副产品加工	16450	31677	-1559
水产品加工	10544	15346	10794
水产品冷冻加工	10224	15098	10585
鱼糜制品及水产品干腌制加工	320	248	210
鱼油提取及制品制造			
其他水产品加工			
蔬菜、菌类、水果和坚果加工	5081	5609	2495
蔬菜加工	2307	2156	1003

单位：万元

利息收入	利息支出	投资收益（损失以“-”号记）	营业利润	利润总额	亏损企业亏损额	平均用工人数（人）
-1	521		3051	2803	707	907
1492	2567		38826	38382	6166	4686
1	52	157	225	224	355	515
91	964	651	17464	17540	951	3189
91	728	651	17886	17897		2627
	236	0	-422	-357	951	562
			-13	-13	17	115
117036	**1360439**	**287217**	**7843483**	**8153386**	**1140481**	**1144052**
61196	274910	40767	145869	155212	371739	105073
297	6074	166	12461	15237	1560	4247
300	5708	166	12854	15702	702	3881
-4	365		-805	-858	858	213
1	1		413	393		153
1479	23711	31235	199421	205433	7917	18574
1479	23711	31235	199421	205433	7917	18574
50448	61351	14203	52720	54622	24740	4200
50448	60979	14179	52161	54004	24349	3799
	372	25	559	618	391	401
5714	162317	12801	-162828	-156904	246504	47835
3210	3742	-14	65182	66941	8648	11269
	666	-57	18734	16770	362	3575
2	1362		-5454	-5227	6515	796
3207	1714	43	51901	53397	1771	6898
-76	13157	86	-47412	-57599	78969	6699
-140	12884	86	-47663	-57860	78969	6467
64	274		251	261		232
10	1737	-856	8201	9324	1006	3384
2	946	42	1468	1919	262	844

1-A-6 续表 6

行业	企业单位数（个）	资产总计	固定资产净额	固定资产原价
食用菌加工	3	8961	2434	3193
水果和坚果加工	27	145016	17655	27920
其他农副食品加工	62	355879	48538	87328
淀粉及淀粉制品制造	29	140235	16106	41596
豆制品制造	10	67554	4161	7275
蛋品加工				
其他未列明农副食品加工	23	148090	28271	38457
食品制造业	147	2175501	562047	869499
焙烤食品制造	18	136472	40752	71845
糕点、面包制造	15	74772	26524	41028
饼干及其他焙烤食品制造	3	61700	14228	30817
糖果、巧克力及蜜饯制造	10	29741	7412	13021
糖果、巧克力制造	3	5859	726	2637
蜜饯制作	7	23882	6686	10385
方便食品制造	28	234698	34453	53537
米、面制品制造	16	55095	10552	15246
速冻食品制造	3	27227	1461	4306
方便面制造	1	7979	850	1267
其他方便食品制造	8	144398	21590	32718
乳制品制造	15	676583	94364	173506
液体乳制造	14	638240	80794	151763
乳粉制造	1	38344	13571	21743
其他乳制品制造				
罐头食品制造	13	108876	11095	25339
肉、禽类罐头制造				
水产品罐头制造				
蔬菜、水果罐头制造	11	85024	7682	18593
其他罐头食品制造	2	23852	3413	6747
调味品、发酵制品制造	10	500217	269319	360012
味精制造	1	58668	56046	74229
酱油、食醋及类似制品制造	1	7961	1454	1811
其他调味品、发酵制品制造	8	433589	211818	283972
其他食品制造	53	488913	104654	172239
营养食品制造	5	75322	7528	13781
保健食品制造	11	134417	20878	27526
冷冻饮品及食用冰制造	3	43706	21026	33341
盐加工	2	2357	185	1248
食品及饲料添加剂制造	21	128095	21278	52195
其他未列明食品制造	11	105015	33761	44148
酒、饮料和精制茶制造业	142	2536331	779648	1469157

单位：万元

累计折旧	流动资产合计	应收账款	存货		负债合计	流动负债合计
				产成品		
759	3378	525	1239	839	3045	1272
9546	104492	25129	9955	3850	73600	69203
34339	237676	19531	67631	31968	197602	140396
21709	89534	4257	36092	15698	97095	77352
3114	52702	6838	10166	3868	35113	14696
9515	95440	8437	21373	12402	65395	48349
300976	1054000	168560	194747	79219	1120720	889442
31093	80774	13912	9408	1736	42549	41099
14504	35975	9261	6567	1067	32769	31719
16589	44799	4651	2840	670	9780	9380
5443	16904	1171	6803	1150	15603	13455
1755	4946	440	880	75	846	846
3688	11957	730	5923	1075	14757	12609
19074	148109	18540	19907	11458	104217	91881
4694	32042	3613	7474	5534	36638	26919
2845	21257	9	5238	3586	5175	4834
417	4894	672	2794	1118	8295	8295
11118	89917	14246	4400	1220	54109	51833
78980	313205	39037	21302	3685	293664	196730
70808	300973	36560	20106	3641	267746	171030
8172	12232	2477	1197	45	25919	25700
13406	74697	4400	12578	8861	65918	60673
10072	64678	3304	11012	8679	55647	50421
3334	10019	1096	1566	182	10271	10252
90335	154008	66057	57057	19098	373352	313780
18183	1907	32568	993	17	106767	106767
357	4988	1181	1601	1350	3864	2664
71796	147113	32307	54463	17732	262720	204349
62645	266304	25444	67693	33230	225418	171824
6253	51751	2901	9735	2548	16894	15798
6649	57929	3606	11428	8595	60080	30341
12315	18957	5780	3563	667	14951	11909
1063	2173	496	390	110	2256	2256
25979	81769	9157	25327	13231	54978	43193
10387	53726	3504	17250	8079	76259	68328
627371	1220423	212951	559308	195642	1296662	1106919

1-A-6 续表 7

行业	应付账款	所有者权益合计	实收资本	国家资本
食用菌加工	525	5917	3100	
水果和坚果加工	25129	71416	20549	1125
其他农副食品加工	19531	158276	67793	4200
淀粉及淀粉制品制造	4257	43140	31109	200
豆制品制造	6838	32441	7079	
蛋品加工				
其他未列明农副食品加工	8437	82695	29604	4000
食品制造业	168560	1054780	566646	27502
焙烤食品制造	13912	93923	26579	1200
糕点、面包制造	9261	42003	17551	1200
饼干及其他焙烤食品制造	4651	51920	9028	
糖果、巧克力及蜜饯制造	1171	14138	3156	
糖果、巧克力制造	440	5013	875	
蜜饯制作	730	9124	2281	
方便食品制造	18540	130482	38976	
米、面制品制造	3613	18457	7047	
速冻食品制造	9	22052	22730	
方便面制造	672	-316	200	
其他方便食品制造	14246	90288	8999	
乳制品制造	39037	382919	176877	2434
液体乳制造	36560	370494	165327	2434
乳粉制造	2477	12425	11550	
其他乳制品制造				
罐头食品制造	4400	42958	22000	650
肉、禽类罐头制造				
水产品罐头制造				
蔬菜、水果罐头制造	3304	29377	21300	
其他罐头食品制造	1096	13581	700	650
调味品、发酵制品制造	66057	126866	137898	17100
味精制造	32568	-48099	1000	
酱油、食醋及类似制品制造	1181	4097	3678	
其他调味品、发酵制品制造	32307	170868	133220	17100
其他食品制造	25444	263495	161161	6118
营养食品制造	2901	58428	15608	
保健食品制造	3606	74338	42558	
冷冻饮品及食用冰制造	5780	28755	22409	
盐加工	496	102	800	800
食品及饲料添加剂制造	9157	73117	55339	
其他未列明食品制造	3504	28757	24447	5318
酒、饮料和精制茶制造业	212951	1239668	622328	84212

单位：万元

集体资本	法人资本	个人资本	港澳台资本	外商资本	营业收入	营业成本
	1500	1600			4219	3586
30	9545	9849			155476	141646
201	29633	27502	827	5429	523556	475124
201	7929	17730		5049	167418	148620
	6016	684		380	69298	63300
	15689	9089	827		286839	263205
21698	201277	185520	24500	106149	1357851	1065340
646	5250	11101		8383	170884	129947
	5250	11101			104481	81714
646				8383	66403	48234
	1131	2025			74298	65895
	800	75			55914	50214
	331	1950			18383	15681
113	29015	9848			176102	138744
101	50	6896			75499	63307
	22680	50			8343	6857
		200			2335	2118
12	6285	2702			89926	66463
	53324	104128		16991	291737	225998
	41774	104128		16991	274366	210983
	11550				17371	15015
	12460	6650		2240	62381	50884
	12460	6600		2240	49990	42841
		50			12391	8043
10820	26400	6578	24500	52500	279311	213344
	1000				1536	1414
		3678			2803	1899
10820	25400	2900	24500	52500	274972	210032
10120	73696	45191		26036	303139	240527
	4344	9824		1440	35875	23760
2120	34250	6188			41204	26676
	22209	200			47648	37150
					3855	3390
8000	5079	17664		24596	106335	84967
	7814	11315			68222	64586
92926	191602	150255	49386	53947	2134513	1570645

1-A-6 续表 8

行　　业	销售费用	管理费用	财务费用
食用菌加工	169	127	2
水果和坚果加工	2605	3327	1490
其他农副食品加工	9442	15498	3708
淀粉及淀粉制品制造	3749	7312	2094
豆制品制造	1779	2579	180
蛋品加工			
其他未列明农副食品加工	3914	5607	1434
食品制造业	79222	83452	30193
焙烤食品制造	9643	10795	-442
糕点、面包制造	7696	6494	469
饼干及其他焙烤食品制造	1947	4301	-911
糖果、巧克力及蜜饯制造	1499	1590	1180
糖果、巧克力制造	796	581	617
蜜饯制作	703	1009	563
方便食品制造	6354	11938	2331
米、面制品制造	1864	5591	1060
速冻食品制造	584	781	60
方便面制造	90	187	
其他方便食品制造	3815	5379	1211
乳制品制造	18516	17404	9934
液体乳制造	18169	16179	9279
乳粉制造	347	1225	655
其他乳制品制造			
罐头食品制造	4422	3317	1677
肉、禽类罐头制造			
水产品罐头制造			
蔬菜、水果罐头制造	2452	2426	1666
其他罐头食品制造	1970	891	12
调味品、发酵制品制造	16668	14015	11404
味精制造	63	481	10
酱油、食醋及类似制品制造	232	239	156
其他调味品、发酵制品制造	16374	13295	11239
其他食品制造	22119	24395	4110
营养食品制造	2951	3224	666
保健食品制造	4569	5863	302
冷冻饮品及食用冰制造	2873	2999	336
盐加工	898	72	-1
食品及饲料添加剂制造	4971	8600	836
其他未列明食品制造	5858	3636	1971
酒、饮料和精制茶制造业	148029	140387	32962

单位：万元

利息收入	利息支出	投资收益（损失以“-”号记）	营业利润	利润总额	亏损企业亏损额	平均用工人数(人)
	2		336	336		340
8	790	-898	6397	7070	745	2200
114	2821	-16855	18125	18158	2395	8865
74	1561	-741	4623	4761	2281	2448
32	212		1293	1258	56	1924
7	1047	-16113	12210	12138	59	4493
-715	33314	17382	110511	120364	17964	23446
-893	484	481	20052	21284	403	4038
23	479	408	7833	8146	403	2734
-916	4	73	12219	13139		1304
3	1154	35	1969	2039	148	810
2	619	17	1606	1607	49	168
1	534	18	363	431	100	642
95	2345	47	15669	16224	360	4817
4	1047	8	3444	3716	71	2776
1	43		38	40	290	383
			-97	42		103
90	1255	39	12283	12427		1555
-470	10259	13582	29863	31476	1072	2927
-484	9592	13582	29423	31035	1072	2747
14	667		440	440		180
43	1658	137	1792	2353	141	2316
-10	1594	121	566	996	141	1725
53	65	17	1226	1357		591
215	12536	-4696	21936	23833	4136	2826
	10		-601	-597	597	55
	156		277	277		56
215	12370	-4696	22260	24152	3539	2715
292	4879	7795	19230	23156	11705	5712
-1	609	7808	12540	12663		658
12	313	122	3976	4146	3002	1513
-1	342		4123	4247		969
		-450	-962	-954	954	68
266	1728		6187	6923	69	1270
16	1888	316	-6634	-3870	7681	1234
1770	26362	1893	169052	172717	25993	33587

1-A-6 续表 9

行　业	企业单位数（个）	资产总计	固定资产净额	固定资产原价
酒的制造	32	1257307	403991	856280
酒精制造	11	259847	54937	83389
白酒制造	8	295560	37911	71747
啤酒制造	7	552735	293686	675142
黄酒制造	1	13342	3127	5104
葡萄酒制造	1	17076	1202	5392
其他酒制造	4	118748	13128	15505
饮料制造	58	821277	283121	473605
碳酸饮料制造	2	67370	42488	73099
瓶（罐）装饮用水制造	18	269781	133166	208638
果菜汁及果菜汁饮料制造	6	142361	19099	33880
含乳饮料和植物蛋白饮料制造	7	40793	9056	26010
固体饮料制造	14	127329	16263	25597
茶饮料及其他饮料制造	11	173643	63050	106381
精制茶加工	52	457746	92536	139272
烟草制品业	2	2302501	302647	754535
烟叶复烤	1	52380	5298	15691
卷烟制造	1	2250120	297349	738844
其他烟草制品制造				
纺织业	140	1469621	267553	497830
棉纺织及印染精加工	26	574225	124770	260749
棉纺纱加工	16	507040	95253	218977
棉织造加工	2	34837	21645	29376
棉印染精加工	8	32348	7873	12396
毛纺织及染整精加工	3	24548	4110	8926
毛条和毛纱线加工				
毛织造加工	3	24548	4110	8926
毛染整精加工				
麻纺织及染整精加工	8	23884	4168	12368
麻纤维纺前加工和纺纱	2	5281	211	756
麻织造加工	6	18603	3958	11612
麻染整精加工				
丝绢纺织及印染精加工	89	784893	117522	192307
缫丝加工	78	708376	103520	172664
绢纺和丝织加工	11	76518	14001	19644
丝印染精加工				
化纤织造及印染精加工	1	12021	4766	6196
化纤织造加工				
化纤织物染整精加工	1	12021	4766	6196
针织或钩针编织物及其制品制造	6	21082	10542	14494

单位：万元

累计折旧	流动资产合计	应收账款	存货	产成品	负债合计	流动负债合计
399384	575709	99168	346912	68640	664656	577314
28452	112629	28718	44593	12490	178249	157539
22767	199864	100	184467	27377	246143	209782
339621	158620	68913	66073	10186	181633	178814
1977	9254	426	2584	164	8836	8836
4190	15873	467	1681	307	14767	11817
2376	79469	545	47515	18117	35027	10527
184449	387360	79880	92211	42419	412941	369639
29163	21127	4657	7119	2432	33721	32340
73977	92871	19243	10728	3068	139751	135885
14776	86692	6547	18681	14472	69836	51013
16954	26580	3005	5551	1306	19873	18773
8241	97508	19720	36101	14664	83258	76657
41338	62582	26708	14032	6478	66502	54970
43537	257354	33902	120186	84583	219066	159966
451888	1621091	193501	860703	44874	853680	708869
10393	44380	233	2356	1905	3856	1017
441495	1576711	193269	858347	42969	849825	707852
165174	895598	86609	424517	158885	994440	764286
82170	253830	39319	81214	21067	342685	174999
70018	227948	37661	76771	18110	300802	147111
7731	12158	653	3221	2065	25408	11636
4421	13725	1005	1223	893	16475	16253
4817	14779	75	1402	523	13770	9682
4817	14779	75	1402	523	13770	9682
8093	15333	2634	8502	2739	16808	5832
546	4672		1183	177	3517	809
7548	10662	2634	7319	2562	13291	5023
63637	572181	39925	321926	129627	586971	543026
58511	521986	35206	295846	114525	527916	495448
5127	50195	4719	26080	15103	59055	47578
1430	4889	720	205	8	7233	6983
1430	4889	720	205	8	7233	6983
3915	7956	372	520	168	6888	3796

1-A-6 续表 10

行业	应付账款	所有者权益合计	实收资本	国家资本
酒的制造	99168	592652	302101	83812
酒精制造	28718	81599	38090	
白酒制造	100	49417	27227	
啤酒制造	68913	371102	227812	83812
黄酒制造	426	4506	3000	
葡萄酒制造	467	2308	1500	
其他酒制造	545	83721	4472	
饮料制造	79880	408336	237085	400
碳酸饮料制造	4657	33649	17276	
瓶（罐）装饮用水制造	19243	130030	80689	400
果菜汁及果菜汁饮料制造	6547	72526	37899	
含乳饮料和植物蛋白饮料制造	3005	20920	12015	
固体饮料制造	19720	44071	10343	
茶饮料及其他饮料制造	26708	107141	78863	
精制茶加工	33902	238680	83142	
烟草制品业	193501	1448820	517154	474529
烟叶复烤	233	48525	42625	
卷烟制造	193269	1400296	474529	474529
其他烟草制品制造				
纺织业	86609	475182	314590	16544
棉纺织及印染精加工	39319	231540	186651	10310
棉纺纱加工	37661	206238	178880	10310
棉织造加工	653	9430	2000	
棉印染精加工	1005	15873	5771	
毛纺织及染整精加工	75	10777	2086	
毛条和毛纱线加工				
毛织造加工	75	10777	2086	
毛染整精加工				
麻纺织及染整精加工	2634	7077	6242	3170
麻纤维纺前加工和纺纱		1764	1300	
麻织造加工	2634	5313	4942	3170
麻染整精加工				
丝绢纺织及印染精加工	39925	197922	108126	2706
缫丝加工	35206	180460	97637	2706
绢纺和丝织加工	4719	17462	10489	
丝印染精加工				
化纤织造及印染精加工	720	4787	2000	
化纤织造加工				
化纤织物染整精加工	720	4787	2000	
针织或钩针编织物及其制品制造	372	14194	2856	358

单位：万元

集体资本	法人资本	个人资本	港澳台资本	外商资本	营业收入	营业成本
89795	27489	51391	301	49314	850871	607595
	18919	19171			171007	163761
108	2718	24320	81		47924	26074
89687	5000			49314	556404	363427
		3000			40579	30149
		1500			2812	2256
	852	3400	220		32144	21929
1000	139414	51812	44399	60	691217	521995
			17276		104152	66572
	62591	14698	3000		217247	166833
	17471	20428			45358	35935
	11083	932			32584	24391
1000	3418	4115	1750	60	173759	131847
	44851	11639	22373		118119	96418
2132	24700	47051	4686	4574	592425	441054
	42625				2227683	753816
	42625				8421	4752
					2219262	749064
1305	68084	74357	154299		1637677	1513433
	11834	13393	151113		243517	217720
	7662	9795	151113		178404	164510
		2000			25805	19889
	4172	1598			39309	33321
	400		1686		29801	21013
	400		1686		29801	21013
	1252	1820			42676	38836
		1300			18414	15577
	1252	520			24262	23259
1305	50741	51874	1500		1274751	1193020
1305	43517	48608	1500		1209468	1130977
	7223	3266			65283	62043
		2000			2018	1764
		2000			2018	1764
	800	1698			22903	19266

1-A-6 续表 11

行 业	销售费用	管理费用	财务费用
酒的制造	45326	59282	22231
酒精制造	1655	9647	7977
白酒制造	568	5045	8983
啤酒制造	41600	39623	402
黄酒制造	989	3024	2767
葡萄酒制造	166	186	259
其他酒制造	349	1758	1843
饮料制造	73805	25164	4917
碳酸饮料制造	25098	5672	3
瓶（罐）装饮用水制造	12267	4113	1279
果菜汁及果菜汁饮料制造	2402	3936	388
含乳饮料和植物蛋白饮料制造	3364	1807	737
固体饮料制造	27425	4662	1786
茶饮料及其他饮料制造	3248	4976	724
精制茶加工	28898	55941	5815
烟草制品业	47408	126843	-4061
烟叶复烤		3864	-1342
卷烟制造	47408	122979	-2719
其他烟草制品制造			
纺织业	15939	65089	19052
棉纺织及印染精加工	3667	19242	3203
棉纺纱加工	2554	16315	2013
棉织造加工	567	790	673
棉印染精加工	547	2137	517
毛纺织及染整精加工	1291	4399	433
毛条和毛纱线加工			
毛织造加工	1291	4399	433
毛染整精加工			
麻纺织及染整精加工	530	1773	295
麻纤维纺前加工和纺纱	380	1014	241
麻织造加工	150	759	53
麻染整精加工			
丝绢纺织及印染精加工	10058	34755	14502
缫丝加工	9613	32600	13147
绢纺和丝织加工	445	2155	1354
丝印染精加工			
化纤织造及印染精加工	121	228	216
化纤织造加工			
化纤织物染整精加工	121	228	216
针织或钩针编织物及其制品制造	118	3371	74

单位：万元

利息收入	利息支出	投资收益（损失以"–"号记）	营业利润	利润总额	亏损企业亏损额	平均用工人数（人）
1047	17576	1156	49035	50726	20561	13069
5	3442	84	–12304	–12106	13449	1989
61	7897	848	–3693	–2729	7113	2417
973	1376	178	61550	61288		8007
2	2769		624	634		242
	259	46	–68	25		51
6	1833		2926	3614		363
249	4584	664	62778	61944	4669	12160
246	119	100	5564	5708		1260
1	1255	400	33597	32464	2343	1550
–18	369	–322	2160	2622	825	931
–16	486	426	2527	2628	18	987
32	1712	60	6856	6710	149	6166
4	644		12074	11812	1335	1266
473	4202	74	57239	60048	762	8358
11603	7492	2700	111059	111325		3455
1343			524	508		457
10260	7492	2700	110535	110817		2998
628	19011	6047	25777	37524	17619	37238
–301	3246	5123	3651	11048	6225	7756
–302	2353	5123	–2597	4890	5714	5932
1	673		3860	3737	511	318
	219		2388	2421		1506
66	492		2320	972	1468	964
66	492		2320	972	1468	964
2	170	6	1739	1738	143	1032
1	118		1196	1175		151
2	52	6	543	563	143	881
828	14352	755	20133	24902	7757	26323
830	13007	662	20924	25461	6179	25068
–2	1345	93	–791	–559	1578	1255
	216	66	–292	–288	288	80
	216	66	–292	–288	288	80
30	185		–175	649	69	621

1-A-6 续表 12

行　业	企业单位数（个）	资产总计	固定资产净额	固定资产原价
针织或钩针编织物织造	5	20034	10541	14452
针织或钩针编织物印染精加工				
针织或钩针编织品制造	1	1048	1	43
家用纺织制成品制造	5	24803	1159	1798
床上用品制造	3	13380	1143	1350
毛巾类制品制造	1	6078	16	88
窗帘、布艺类产品制造				
其他家用纺织制成品制造	1	5345		360
产业用纺织制成品制造	2	4165	516	990
非织造布制造	1	2949	231	318
绳、索、缆制造	1	1216	286	673
纺织带和帘子布制造				
篷、帆布制造				
其他产业用纺织制成品制造				
纺织服装、服饰业	57	265276	47046	97147
机织服装制造	43	201842	30917	61878
运动机织服装制造	22	109273	18095	35139
其他机织服装制造	21	92568	12822	26739
针织或钩针编织服装制造	8	40107	10640	25027
运动休闲针织服装制造	3	9762	1763	2885
其他针织或钩针编织服装制造	5	30345	8877	22142
服饰制造	6	23327	5489	10242
皮革、毛皮、羽毛及其制品和制鞋业	76	411004	78495	140445
皮革鞣制加工	4	56288	19578	39977
皮革制品制造	18	119655	14333	27785
皮革服装制造	1	1520		174
皮箱、包（袋）制造	7	61951	11551	19657
皮手套及皮装饰制品制造	9	53836	2386	6238
其他皮革制品制造	1	2348	397	1716
毛皮鞣制及制品加工				
毛皮鞣制加工				
毛皮服装加工				
其他毛皮制品加工				
羽毛(绒)加工及制品制造	44	113647	10698	16457
羽毛（绒）加工	43	112674	10698	16457
羽毛（绒）制品加工	1	974		
制鞋业	10	121414	33886	56226
纺织面料鞋制造	1	2022	558	1352
皮鞋制造	9	119392	33328	54874
塑料鞋制造				

单位：万元

累计折旧	流动资产合计	应收账款	存货	产成品	负债合计	流动负债合计
3873	6909	124	363	108	5772	2679
42	1046	248	157	61	1117	1117
638	23260	3492	9950	4353	19913	19796
206	12047	2660	4348	3639	12240	12123
73	5875	–430	2203	200	1135	1135
360	5338	1261	3399	514	6537	6537
474	3371	72	797	398	171	171
87	2718	–5	362	73	73	73
387	653	77	435	325	98	98
44252	191770	27988	70436	48863	87332	78842
25578	152303	22087	61970	45954	65885	57945
15899	84960	19077	46654	42628	27764	25465
9679	67344	3010	15316	3326	38121	32480
14387	21630	3358	7415	2418	13368	12962
1122	7513	2897	4603	1961	6366	6366
13265	14117	462	2813	457	7002	6596
4287	17837	2543	1051	491	8079	7935
61062	280741	92933	80701	37183	224352	202837
20399	33519	8543	23607	7317	25066	25066
12677	69363	24986	13511	5389	57642	54680
4	1200	213	1080	1080	1250	1250
8105	43824	19342	4823	1564	32537	31908
3249	22485	4686	6485	2430	23000	20668
1320	1854	745	1123	316	855	855
5718	97392	28891	26540	22064	80408	77071
5717	96419	28891	26498	22021	79809	76472
	973		42	42	599	599
22268	80466	30514	17044	2413	61237	46019
722	1226				891	891
21547	79241	30514	17044	2413	60347	45129

1-A-6 续表 13

行业	应付账款	所有者权益合计	实收资本	国家资本
针织或钩针编织物织造	124	14263	2356	358
针织或钩针编织物印染精加工				
针织或钩针编织品制造	248	-69	500	
家用纺织制成品制造	3492	4891	3572	
床上用品制造	2660	1140	1580	
毛巾类制品制造	-430	4943	1520	
窗帘、布艺类产品制造				
其他家用纺织制成品制造	1261	-1192	472	
产业用纺织制成品制造	72	3994	3058	
非织造布制造	-5	2877	2858	
绳、索、缆制造	77	1117	200	
纺织带和帘子布制造				
篷、帆布制造				
其他产业用纺织制成品制造				
纺织服装、服饰业	27988	177944	51453	5050
机织服装制造	22087	135957	44607	5050
运动机织服装制造	19077	81510	26536	5050
其他机织服装制造	3010	54447	18070	
针织或钩针编织服装制造	3358	26739	2408	
运动休闲针织服装制造	2897	3396	700	
其他针织或钩针编织服装制造	462	23343	1708	
服饰制造	2543	15248	4438	
皮革、毛皮、羽毛及其制品和制鞋业	92933	186650	112604	
皮革鞣制加工	8543	31222	17196	
皮革制品制造	24986	62013	30851	
皮革服装制造	213	270	132	
皮箱、包（袋）制造	19342	29414	22388	
皮手套及皮装饰制品制造	4686	30836	7444	
其他皮革制品制造	745	1493	887	
毛皮鞣制及制品加工				
毛皮鞣制加工				
毛皮服装加工				
其他毛皮制品加工				
羽毛(绒)加工及制品制造	28891	33239	27030	
羽毛（绒）加工	28891	32864	26730	
羽毛（绒）制品加工		375	300	
制鞋业	30514	60176	37527	
纺织面料鞋制造		1131		
皮鞋制造	30514	59045	37527	
塑料鞋制造				

单位：万元

集体资本	法人资本	个人资本	港澳台资本	外商资本	营业收入	营业成本
	800	1198			20690	17086
		500			2213	2180
		3572			16580	16836
		1580			9742	9943
		1520			4487	4592
		472			2351	2301
	3058				5433	4979
	2858				2484	2305
	200				2949	2674
	18638	22098	5668		615358	470713
	15845	18045	5668		544898	411822
	6000	13017	2470		310434	227822
	9845	5028	3198		234463	184000
	1798	610			44142	37655
	500	200			7106	5942
	1298	410			37036	31713
	995	3443			26319	21235
150	12891	51791	35240	12532	674091	622217
	904	843	15449		44048	37120
	10307	17536	2165	843	91003	78626
		132			153	109
	10239	9999	2150		17237	15574
	24	7405	15		68381	58557
	44			843	5232	4386
150	1680	25200			338550	327377
150	1680	24900			328543	317478
		300			10008	9899
		8212	17626	11689	200491	179095
					18026	13745
		8212	17626	11689	182465	165350

1-A-6 续表 14

行　　业	销售费用	管理费用	财务费用
针织或钩针编织物织造	118	3351	-6
针织或钩针编织物印染精加工			
针织或钩针编织品制造		20	80
家用纺织制成品制造	140	1049	329
床上用品制造	88	272	116
毛巾类制品制造	52	381	236
窗帘、布艺类产品制造			
其他家用纺织制成品制造		396	-24
产业用纺织制成品制造	15	273	1
非织造布制造		140	1
绳、索、缆制造	15	133	
纺织带和帘子布制造			
篷、帆布制造			
其他产业用纺织制成品制造			
纺织服装、服饰业	10823	89463	1324
机织服装制造	9479	83366	931
运动机织服装制造	4703	53495	211
其他机织服装制造	4776	29871	720
针织或钩针编织服装制造	1088	3124	440
运动休闲针织服装制造	120	620	57
其他针织或钩针编织服装制造	968	2504	383
服饰制造	255	2973	-47
皮革、毛皮、羽毛及其制品和制鞋业	7202	20328	3908
皮革鞣制加工	2189	2491	620
皮革制品制造	1563	5137	1484
皮革服装制造	7	15	24
皮箱、包（袋）制造	226	946	195
皮手套及皮装饰制品制造	1226	3505	1254
其他皮革制品制造	104	672	11
毛皮鞣制及制品加工			
毛皮鞣制加工			
毛皮服装加工			
其他毛皮制品加工			
羽毛(绒)加工及制品制造	1183	1923	1089
羽毛（绒）加工	1158	1905	1089
羽毛（绒）制品加工	24	18	
制鞋业	2268	10777	715
纺织面料鞋制造	488	831	157
皮鞋制造	1780	9947	558
塑料鞋制造			

单位：万元

利息收入	利息支出	投资收益（损失以“-”号记）	营业利润	利润总额	亏损企业亏损额	平均用工人数（人）
30	116		-107	718		601
	69		-69	-69	69	20
2	350	97	-1748	-1653	1669	389
2	114		-704	-682	699	80
	236	97	-703	-638	638	100
			-341	-332	332	209
	1		150	155		73
	1		36	42		37
			114	114		36
793	1665	9	38643	37228	674	21660
606	933		35481	33995	569	17983
163	541		22599	20621		13395
443	392		12881	13374	569	4588
	594	9	1525	1582	94	2664
	57	9	238	252	84	435
	537		1287	1330	10	2229
187	139		1638	1650	11	1013
173	2680	49	16458	17207	3544	18354
1	543	2	1501	1939	808	1771
21	569	47	3628	3603	422	5227
6	18		-6	-6	6	332
			211	212	145	1703
16	551	47	3401	3379	271	2938
			22	18		254
48	1003		5968	5993	163	1216
48	1003		5925	5947	163	1201
			44	46		15
103	566		5360	5672	2151	10140
80	82		1586	1588		595
23	484		3775	4084	2151	9545

1-A-6 续表 15

行　业	企业单位数（个）	资产总计	固定资产净额	固定资产原价
橡胶鞋制造				
其他制鞋业				
木材加工和木、竹、藤、棕、草制品业	875	4169298	943272	1543429
木材加工	178	474899	95259	134985
锯材加工	38	103565	16023	19126
木片加工	34	96877	17723	29537
单板加工	102	269245	59691	83838
其他木材加工	4	5212	1823	2484
人造板制造	631	3468569	803434	1328614
胶合板制造	566	1848744	371132	526942
纤维板制造	45	1429760	346333	686641
刨花板制造	12	166077	80880	108836
其他人造板制造	8	23989	5090	6196
木质制品制造	40	175391	38759	64959
建筑用木料及木材组件加工	6	11968	4663	5428
木门窗制造				
木楼梯制造				
木地板制造	2	24337	1586	1839
木制容器制造	1	4441	1123	1682
软木制品及其他木制品制造	31	134645	31387	56010
竹、藤、棕、草等制品制造	26	50439	5820	14870
竹制品制造	11	17637	4650	6158
藤制品制造				
棕制品制造				
草及其他制品制造	15	32802	1170	8712
家具制造业	52	278673	64967	97678
木质家具制造	43	189816	41480	66061
竹、藤家具制造	1	5037	1964	2270
金属家具制造	4	28696	16406	19548
塑料家具制造				
其他家具制造	4	55124	5119	9799
造纸和纸制品业	159	5866179	2916206	3788517
纸浆制造	8	609937	373902	518229
木竹浆制造	3	224513	188338	249925
非木竹浆制造	5	385424	185564	268304
造纸	80	4679285	2428558	3036967
机制纸及纸板制造	73	4613010	2405558	3009711
手工纸制造				
加工纸制造	7	66276	23000	27257
纸制品制造	71	576956	113746	233321

单位：万元

累计折旧	流动资产合计	应收账款	存货	产成品	负债合计	流动负债合计
562452	2547388	459428	771543	382000	2547019	2208952
37131	318484	50225	109849	51654	279261	248099
2607	80000	13613	18635	8196	63325	58431
11732	53859	5247	19573	10994	51645	35295
22130	181508	31183	70753	32273	161580	152202
662	3116	182	889	190	2711	2171
498166	2087383	385706	618233	310026	2119553	1826880
142112	1269945	280282	436167	205601	1260532	1119640
327475	737860	86793	145419	80501	725583	608811
27474	64612	14933	29749	20883	114956	81869
1106	14966	3698	6898	3042	18483	16560
24255	110007	19517	36780	15519	119624	110384
765	6757	2212	1135	478	7696	7696
253	16710	1011	3185	81	19849	19849
559	2978	436	51	26	774	774
22678	83563	15859	32410	14934	91306	82065
2901	31514	3980	6681	4801	28582	23589
1508	10410	2387	2416	1135	12738	11218
1393	21104	1593	4265	3667	15844	12371
26169	148857	25315	41115	14970	164279	133070
18039	104260	19451	35300	13129	112821	92084
307	2925				3166	3166
3142	7775	1691	2479	590	16428	6956
4681	33897	4174	3336	1251	31864	30864
810740	2325438	540305	325958	126086	4134765	3173492
143887	182438	92327	25603	8860	559846	519922
61161	7848	53296	5204	3956	167425	145845
82726	174590	39031	20400	4904	392421	374077
580110	1850230	392466	230793	88149	3288436	2425148
575854	1813967	385686	223991	83520	3247634	2388084
4257	36263	6781	6802	4630	40801	37064
86743	292770	55512	69562	29077	286484	228422

1-A-6 续表 16

行业	应付账款	所有者权益合计	实收资本	国家资本
橡胶鞋制造				
其他制鞋业				
木材加工和木、竹、藤、棕、草制品业	459428	1622274	870828	9859
木材加工	50225	195638	94733	1676
锯材加工	13613	40240	26404	1676
木片加工	5247	45231	25614	
单板加工	31183	107666	40522	
其他木材加工	182	2501	2193	
人造板制造	385706	1349012	743250	8183
胶合板制造	280282	588208	259187	3633
纤维板制造	86793	704177	417967	4500
刨花板制造	14933	51121	63339	
其他人造板制造	3698	5506	2757	50
木质制品制造	19517	55767	23338	
建筑用木料及木材组件加工	2212	4272	3615	
木门窗制造				
木楼梯制造				
木地板制造	1011	4488	4450	
木制容器制造	436	3668	150	
软木制品及其他木制品制造	15859	43339	15122	
竹、藤、棕、草等制品制造	3980	21857	9508	
竹制品制造	2387	4899	2795	
藤制品制造				
棕制品制造				
草及其他制品制造	1593	16958	6712	
家具制造业	25315	114394	52701	
木质家具制造	19451	76996	32804	
竹、藤家具制造		1871		
金属家具制造	1691	12267	3565	
塑料家具制造				
其他家具制造	4174	23261	16333	
造纸和纸制品业	540305	1731413	1769326	24287
纸浆制造	92327	50092	146005	
木竹浆制造	53296	57089	77452	
非木竹浆制造	39031	-6997	68553	
造纸	392466	1390850	1485424	3000
机制纸及纸板制造	385686	1365375	1470164	
手工纸制造				
加工纸制造	6781	25475	15260	3000
纸制品制造	55512	290472	137898	21287

单位：万元

集体资本	法人资本	个人资本	港澳台资本	外商资本	营业收入	营业成本
17536	519252	289168	7867	27146	8337579	7740180
4014	23498	65545			1433955	1336097
3009	2728	18991			176658	151590
1005	8854	15755			243337	227268
	10906	29616			1001659	945022
	1010	1183			12301	12216
13522	480624	205945	7867	27108	6466709	6005240
8044	107375	137159	2867	108	5449252	5125250
5100	315400	60967	5000	27000	815340	710864
378	57649	5312			174731	144212
	200	2507			27386	24915
	7325	15975		38	278984	252761
	3077	539			18956	17298
		4450			2647	2279
		113		38	6052	5228
	4248	10874			251329	227956
	7805	1703			157931	146082
	1967	829			18037	16926
	5838	874			139894	129156
	14828	32615	1139	4120	520207	474736
	13260	19394	150		420005	383326
	1568	1008	989		39107	35302
		12213		4120	61096	56108
7803	400930	1051039	15785	269484	2928987	2504123
	101947	44057			233818	200222
	49695	27757			50284	46527
	52253	16300			183534	153696
5100	244775	951578	11555	269416	1933788	1678977
5100	239115	944978	11555	269416	1853208	1608003
	5660	6600			80580	70974
2703	54208	55404	4230	68	761381	624924

1-A-6 续表 17

行 业	销售费用	管理费用	财务费用
橡胶鞋制造			
其他制鞋业			
木材加工和木、竹、藤、棕、草制品业	124307	172523	54980
木材加工	19754	24248	4852
锯材加工	7817	8535	927
木片加工	2618	3102	503
单板加工	9273	12448	3371
其他木材加工	46	163	51
人造板制造	95352	136027	46750
胶合板制造	56262	98253	20674
纤维板制造	28132	32576	20271
刨花板制造	10441	4326	5473
其他人造板制造	516	872	332
木质制品制造	7537	10494	2791
建筑用木料及木材组件加工	121	661	174
木门窗制造			
木楼梯制造			
木地板制造	783	993	48
木制容器制造		224	120
软木制品及其他木制品制造	6633	8616	2449
竹、藤、棕、草等制品制造	1665	1755	588
竹制品制造	380	518	93
藤制品制造			
棕制品制造			
草及其他制品制造	1285	1237	495
家具制造业	14789	15919	2725
木质家具制造	13194	13175	2122
竹、藤家具制造			
金属家具制造	825	1249	163
塑料家具制造			
其他家具制造	770	1495	440
造纸和纸制品业	92702	145083	93583
纸浆制造	406	12842	15874
木竹浆制造	173	1635	1387
非木竹浆制造	232	11207	14487
造纸	53132	95234	71049
机制纸及纸板制造	52257	92947	70097
手工纸制造			
加工纸制造	875	2287	952
纸制品制造	39165	37006	6660

单位：万元

利息收入	利息支出	投资收益（损失以“-”号记）	营业利润	利润总额	亏损企业亏损额	平均用工人数（人）
51	47472	14679	240038	255863	38509	120504
-278	4164	24	44801	44189	5973	16495
1	333		7116	7100	1636	3368
3	353		9374	8629	2502	2592
-282	3427	24	28514	28635	1599	10317
	51		-203	-174	237	218
263	40659	14618	182894	198446	30698	86465
202	18091	104	130858	134120	16443	73529
-2	17814	14464	40617	50114	13807	10473
63	4421	28	11057	13760	449	1929
1	333	22	363	451		534
60	2377	33	4803	5621	1620	8790
	174		621	618		599
2	50		-1457	-1437	1437	238
-2			415	417		91
61	2153	33	5223	6023	183	7862
6	273	3	7540	7607	218	8754
	109	3	70	74	218	623
6	164		7471	7533		8131
18	2211	-4439	11377	16004	2393	6007
9	1709	-4439	7732	12420	2009	5309
						1
	54		1449	1392	11	404
8	448		2195	2192	373	293
-915	82169	1509	77877	87406	88195	27733
84	15177	95	3119	5220	9205	2612
1	1387	9	351	338	776	472
83	13790	86	3068	4883	8430	2140
-1301	61107	221	23291	29627	75246	14388
-1313	60159	111	17822	23806	74511	13845
11	949	111	5469	5821	735	543
303	5885	1192	51167	52559	3744	10733

1-A-6 续表 18

行　业	企业单位数（个）	资产总计	固定资产净额	固定资产原价
纸和纸板容器制造	35	218288	38484	98310
其他纸制品制造	36	358668	75262	135010
印刷和记录媒介复制业	64	520220	128141	271702
印刷	64	520220	128141	271702
书、报刊印刷	19	205813	42812	105566
本册印制	9	60354	12361	25866
包装装潢及其他印刷	36	254053	72967	140270
装订及印刷相关服务				
记录媒介复制				
文教、工美、体育和娱乐用品制造业	86	330667	41947	104248
文教办公用品制造	3	3156	215	876
文具制造	1	1299	209	823
笔的制造				
教学用模型及教具制造	2	1857	6	53
墨水、墨汁制造				
其他文教办公用品制造				
乐器制造				
中乐器制造				
西乐器制造				
电子乐器制造				
其他乐器及零件制造				
工艺美术及礼仪用品制造	63	259567	30152	76283
雕塑工艺品制造	5	69439	5931	7688
金属工艺品制造	3	12559	1860	2613
漆器工艺品制造				
花画工艺品制造				
天然植物纤维编织工艺品制造	45	109132	12331	24241
抽纱刺绣工艺品制造	1	2376	1170	1573
地毯、挂毯制造				
珠宝首饰及有关物品制造	4	52484	4613	29065
其他工艺美术及礼仪用品制造	5	13577	4248	11102
体育用品制造	2	5841	1734	5628
球类制造				
专项运动器材及配件制造	2	5841	1734	5628
健身器材制造				
运动防护用具制造				
其他体育用品制造				
玩具制造	17	61164	9676	21181
电玩具制造				
塑胶玩具制造	11	44179	6462	11376

单位：万元

累计折旧	流动资产合计				负债合计	
		应收账款	存货			流动负债合计
				产成品		
30209	122036	26918	29572	8891	123601	97753
56533	170734	28594	39990	20186	162884	130669
141157	262495	63356	48339	24606	234200	211582
141157	262495	63356	48339	24606	234200	211582
62635	86745	17657	18199	11374	70002	58750
13505	29153	7878	4840	2632	30336	27576
65017	146597	37821	25300	10601	133862	125256
37484	200240	42299	67464	28315	164350	122595
661	2877	98	1116	146	709	709
614	1025	94	652	124	342	342
47	1852	4	465	22	367	367
21640	152450	27199	50388	21765	129218	87765
1731	49879	16121	20280	13362	45384	33370
754	10499	4294	5375	233	5413	5413
4898	70173	4827	19302	7067	55036	35128
403	1053		322	205	929	762
7001	12701	1401	2862	171	15710	8107
6854	8147	556	2248	726	6745	4985
3894	3736	800	2810	1206	1861	1861
3894	3736	800	2810	1206	1861	1861
11179	40608	14060	12694	5199	32069	31767
4914	30167	11290	9050	2318	25087	25074

1-A-6 续表 19

行业	应付账款	所有者权益合计	实收资本	国家资本
纸和纸板容器制造	26918	94687	41321	
其他纸制品制造	28594	195784	96577	21287
印刷和记录媒介复制业	63356	286019	131712	60321
印刷	63356	286019	131712	60321
书、报刊印刷	17657	135811	65787	51013
本册印制	7878	30018	11086	
包装装潢及其他印刷	37821	120191	54839	9308
装订及印刷相关服务				
记录媒介复制				
文教、工美、体育和娱乐用品制造业	42299	166317	59220	1368
文教办公用品制造	98	2447	1875	
文具制造	94	957	594	
笔的制造				
教学用模型及教具制造	4	1490	1281	
墨水、墨汁制造				
其他文教办公用品制造				
乐器制造				
中乐器制造				
西乐器制造				
电子乐器制造				
其他乐器及零件制造				
工艺美术及礼仪用品制造	27199	130349	39223	1368
雕塑工艺品制造	16121	24054	2500	
金属工艺品制造	4294	7147	5277	
漆器工艺品制造				
花画工艺品制造				
天然植物纤维编织工艺品制造	4827	54096	9569	
抽纱刺绣工艺品制造		1447	1368	1368
地毯、挂毯制造				
珠宝首饰及有关物品制造	1401	36774	18500	
其他工艺美术及礼仪用品制造	556	6832	2008	
体育用品制造	800	3980	3052	
球类制造				
专项运动器材及配件制造	800	3980	3052	
健身器材制造				
运动防护用具制造				
其他体育用品制造				
玩具制造	14060	29095	14969	
电玩具制造				
塑胶玩具制造	11290	19092	13665	

单位：万元

集体资本	法人资本	个人资本	港澳台资本	外商资本	营业收入	营业成本
2703	14449	24103		68	344399	292965
	39759	31301	4230		416983	331959
10414	23185	29070	8722		446183	373316
10414	23185	29070	8722		446183	373316
4064	3200	7510			108701	86597
1000	3418	6668			67571	59929
5350	16567	14892	8722		269911	226790
	25754	18328	6056	7713	1154559	1067086
		1281		594	10073	9162
				594	3999	3503
		1281			6074	5659
	21474	14923	1329	129	965159	898429
	400	2100			18522	15934
	5000	200	77		18542	14868
	3405	4897	1201	66	460479	407754
					9837	9624
	12000	6500			425005	420932
	670	1226	50	63	32774	29319
			778	2274	5692	4769
			778	2274	5692	4769
	4280	2024	3949	4716	170825	152196
	4000	1000	3949	4716	51093	45427

1-A-6 续表 20

行　　业	销售费用	管理费用	财务费用
纸和纸板容器制造	8310	11164	3406
其他纸制品制造	30855	25842	3254
印刷和记录媒介复制业	7405	23241	3166
印刷	7405	23241	3166
书、报刊印刷	2692	8389	477
本册印制	1268	1868	574
包装装潢及其他印刷	3446	12984	2114
装订及印刷相关服务			
记录媒介复制			
文教、工美、体育和娱乐用品制造业	20700	34552	4515
文教办公用品制造	94	466	57
文具制造	44	258	16
笔的制造			
教学用模型及教具制造	50	209	41
墨水、墨汁制造			
其他文教办公用品制造			
乐器制造			
中乐器制造			
西乐器制造			
电子乐器制造			
其他乐器及零件制造			
工艺美术及礼仪用品制造	17178	24244	4063
雕塑工艺品制造	967	763	287
金属工艺品制造	439	1997	133
漆器工艺品制造			
花画工艺品制造			
天然植物纤维编织工艺品制造	14604	16874	3348
抽纱刺绣工艺品制造	7	305	49
地毯、挂毯制造			
珠宝首饰及有关物品制造	793	1992	45
其他工艺美术及礼仪用品制造	368	2312	200
体育用品制造	200	725	11
球类制造			
专项运动器材及配件制造	200	725	11
健身器材制造			
运动防护用具制造			
其他体育用品制造			
玩具制造	3199	9064	349
电玩具制造			
塑胶玩具制造	827	4362	97

单位：万元

利息收入	利息支出	投资收益（损失以“-”号记）	营业利润	利润总额	亏损企业亏损额	平均用工人数（人）
-39	3116	29	27219	27488	1358	4837
341	2768	1163	23948	25072	2386	5896
146	2461	13612	50936	51751	2046	5568
146	2461	13612	50936	51751	2046	5568
123	535	13495	23937	24102	195	2210
28	117	116	3724	4252	202	512
-5	1808	2	23275	23397	1649	2846
84	2252	545	25739	26295	1487	33318
	49		265	342		217
	9		165	165		155
	41		100	178		62
77	1874	545	20145	20479	967	23213
5	236		548	643	559	555
			997	1042		697
5	1321		16562	16675	154	20551
	39		-158	-157	157	39
4	46	500	1609	1645	97	577
63	232	45	587	630		794
1	7		-14	59	96	301
1	7		-14	59	96	301
5	285		5185	5268	424	9451
9	96		-90	-30	424	6070

1-A-6 续表 21

行　业	企业单位数（个）	资产总计	固定资产净额	固定资产原价
金属玩具制造				
弹射玩具制造				
娃娃玩具制造	4	12524	2076	7069
儿童乘骑玩耍的童车类产品制造				
其他玩具制造	2	4462	1139	2736
游艺器材及娱乐用品制造	1	939	170	281
露天游乐场所游乐设备制造				
游艺用品及室内游艺器材制造				
其他娱乐用品制造	1	939	170	281
石油、煤炭及其他燃料加工业	22	4500269	1764397	3524877
精炼石油产品制造	19	4338145	1698643	3409004
原油加工及石油制品制造	17	4330690	1697548	3407312
其他原油制造	2	7455	1095	1692
煤炭加工	1	52394	8646	12406
炼焦	1	52394	8646	12406
煤制合成气生产				
煤制液体燃料生产				
煤制品制造				
其他煤炭加工				
核燃料加工				
生物质燃料加工	2	109730	57107	103468
生物质液体燃料生产	1	108530	57107	102530
生物质致密成型燃料加工	1	1200		939
化学原料和化学制品制造业	402	6083101	1599476	3197113
基础化学原料制造	84	1985099	543753	976173
无机酸制造	16	469427	75525	134789
无机碱制造	4	618722	186466	335505
无机盐制造	19	378137	93110	190252
有机化学原料制造	19	243579	80416	119147
其他基础化学原料制造	26	275235	108235	196480
肥料制造	63	1148793	377945	1041617
氮肥制造	6	352921	173225	597468
磷肥制造	5	39229	10030	15287
钾肥制造				
复混肥料制造	37	568367	133436	353049
有机肥料及微生物肥料制造	15	188276	61254	75813
其他肥料制造				
农药制造	27	299369	32971	63439
化学农药制造	26	294348	31658	61375
生物化学农药及微生物农药制造	1	5021	1314	2064

单位：万元

累计折旧	流动资产合计	应收账款	存货	产成品	负债合计	流动负债合计
4668	7171	1408	3084	2357	3593	3305
1597	3270	1363	561	524	3388	3388
111	569	143	456		493	493
111	569	143	456		493	493
1743072	2450158	440092	846085	269020	1646195	1529493
1693798	2362665	428314	812766	257548	1504426	1392420
1693201	2357388	423856	809132	257090	1497516	1385510
597	5277	4458	3633	458	6910	6910
3759	42073	7951	4299	2452	73218	69308
3759	42073	7951	4299	2452	73218	69308
45515	45420	3827	29021	9020	68551	67765
45175	44580	3386	29021	9020	67752	66966
340	840	440			799	799
1492335	3192632	795076	828344	433092	3545680	3185944
417484	994722	232322	176640	77749	1300605	1198044
59263	307956	96703	40040	22354	320671	307436
147546	277627	28218	10316	1330	342360	324390
88432	167323	37798	45254	22441	265439	237285
38731	127719	27664	47276	14556	201188	189385
83511	114098	41940	33754	17069	170947	139548
608502	635505	238460	173886	78570	689821	628832
371230	155379	27099	21468	6935	126282	114383
5197	19115	5968	10419	4479	34570	27818
218545	360562	169463	124300	58050	401630	373280
13531	100448	35930	17700	9107	127339	113351
30105	192654	32070	75788	32765	184550	167107
29391	189693	31499	74203	32103	181719	164276
713	2961	571	1585	662	2831	2831

1-A-6 续表 22

行业	应付账款	所有者权益合计	实收资本	国家资本
金属玩具制造				
弹射玩具制造				
娃娃玩具制造	1408	8930	704	
儿童乘骑玩耍的童车类产品制造				
其他玩具制造	1363	1073	600	
游艺器材及娱乐用品制造	143	446	100	
露天游乐场所游乐设备制造				
游艺用品及室内游艺器材制造				
其他娱乐用品制造	143	446	100	
石油、煤炭及其他燃料加工业	440092	2854074	1340373	1258354
精炼石油产品制造	428314	2833719	1306205	1227386
原油加工及石油制品制造	423856	2833174	1305855	1227386
其他原油制造	4458	545	350	
煤炭加工	7951	-20823	2800	
炼焦	7951	-20823	2800	
煤制合成气生产				
煤制液体燃料生产				
煤制品制造				
其他煤炭加工				
核燃料加工				
生物质燃料加工	3827	41179	31368	30968
生物质液体燃料生产	3386	40778	30968	30968
生物质致密成型燃料加工	440	400	400	
化学原料和化学制品制造业	795076	2537419	1491673	273718
基础化学原料制造	232322	684494	558472	41778
无机酸制造	96703	148755	86274	
无机碱制造	28218	276362	191814	26643
无机盐制造	37798	112699	67115	11375
有机化学原料制造	27664	42391	58265	
其他基础化学原料制造	41940	104288	155004	3760
肥料制造	238460	458972	365348	141158
氮肥制造	27099	226639	115343	
磷肥制造	5968	4659	10789	
钾肥制造				
复混肥料制造	169463	166737	208481	140903
有机肥料及微生物肥料制造	35930	60937	30735	255
其他肥料制造				
农药制造	32070	114819	45674	9755
化学农药制造	31499	112629	44674	9755
生物化学农药及微生物农药制造	571	2190	1000	

单位：万元

集体资本	法人资本	个人资本	港澳台资本	外商资本	营业收入	营业成本
	180	524			82649	76309
	100	500			37083	30461
		100			2811	2530
		100			2811	2530
3480	60868	16896	775		9133561	6883415
3480	59944	14620	775		9027059	6791268
3480	59694	14520	775		9019664	6784093
	250	100			7395	7175
	924	1876			11347	12169
	924	1876			11347	12169
		400			95155	79978
					90917	76732
		400			4238	3246
14893	698024	344308	126782	34048	5930758	5101345
7036	381108	123600		4950	1656206	1423366
3031	45644	32650		4950	227779	219631
2005	138627	24539			268642	204447
	31026	24714			474153	393360
2000	25966	30299			448221	417117
	139845	11398			237410	188811
2823	116183	99719		5465	875355	752427
	38036	77307			241489	213706
765	4829	780		4415	45914	41547
588	54091	12900			499969	433717
1470	19227	8732		1050	87983	63458
	19485	14843	1591		282155	245190
	19485	13843	1591		278296	242703
		1000			3859	2486

1-A-6 续表 23

行业	销售费用	管理费用	财务费用
金属玩具制造			
弹射玩具制造			
娃娃玩具制造	1308	933	58
儿童乘骑玩耍的童车类产品制造			
其他玩具制造	1064	3769	193
游艺器材及娱乐用品制造	28	53	37
露天游乐场所游乐设备制造			
游艺用品及室内游艺器材制造			
其他娱乐用品制造	28	53	37
石油、煤炭及其他燃料加工业	43312	107832	-2488
精炼石油产品制造	39073	103406	-6593
原油加工及石油制品制造	39058	103180	-6594
其他原油制造	15	226	1
煤炭加工	149	1502	2144
炼焦	149	1502	2144
煤制合成气生产			
煤制液体燃料生产			
煤制品制造			
其他煤炭加工			
核燃料加工			
生物质燃料加工	4090	2924	1962
生物质液体燃料生产	3826	2442	1957
生物质致密成型燃料加工	265	482	5
化学原料和化学制品制造业	173288	280100	75201
基础化学原料制造	42245	78875	30896
无机酸制造	6303	6968	10324
无机碱制造	3439	11586	7138
无机盐制造	16433	34431	4440
有机化学原料制造	7489	10067	2930
其他基础化学原料制造	8582	15824	6064
肥料制造	37668	60862	14664
氮肥制造	10488	20365	7143
磷肥制造	1203	3412	626
钾肥制造			
复混肥料制造	18983	31363	5161
有机肥料及微生物肥料制造	6995	5722	1735
其他肥料制造			
农药制造	9216	19267	2932
化学农药制造	8498	18927	2853
生物化学农药及微生物农药制造	718	340	79

单位：万元

利息收入	利息支出	投资收益（损失以“-”号记）	营业利润	利润总额	亏损企业亏损额	平均用工人数(人)
-5	31		3906	3923		2187
2	158		1369	1375		1194
	37		159	147		136
	37		159	147		136
33849	28422	-6	533120	524262	20859	4740
33776	24262	-6	530167	521533	16204	3897
33776	24261	-6	530195	521560	16177	3864
	1		-28	-27	27	33
2	2118		-4650	-4655	4655	232
2	2118		-4650	-4655	4655	232
71	2042		7603	7384		611
71	2037		7372	7017		515
	5		231	366		96
8605	73213	26333	254750	351980	105361	54264
-19	26272	6312	79268	71604	38624	10901
-180	9805	2	-18033	-26469	28565	1094
-38	6475	6703	47135	46898		1099
102	3109	163	24884	18941	8626	4464
6	1498		9446	16896	1302	1355
92	5386	-557	15836	15337	132	2889
-38	13794	2245	-29302	70366	45047	11626
64	6136	771	-47560	51157	27368	4471
15	614	5	-846	-772	892	802
-202	5298	423	8641	8859	16610	5108
85	1747	1045	10463	11123	178	1245
714	2126	-140	5260	4932	4617	3335
714	2047	-140	5031	4651	4617	3252
1	79		229	281		83

1-A-6 续表 24

行 业	企业单位数（个）	资产总计	固定资产净额	固定资产原价
涂料、油墨、颜料及类似产品制造	33	689412	236993	404785
涂料制造	18	107022	15987	26187
油墨及类似产品制造				
工业颜料制造	12	479480	158513	249928
工艺美术颜料制造				
染料制造				
密封用填料及类似品制造	3	102911	62493	128671
合成材料制造	11	118842	37840	49307
初级形态塑料及合成树脂制造	4	65152	15766	20419
合成橡胶制造	1	3984	264	670
合成纤维单（聚合）体制造	2	6302	1762	2280
其他合成材料制造	4	43404	20048	25938
专用化学产品制造	116	1023969	229311	410179
化学试剂和助剂制造	11	97967	25853	40091
专项化学用品制造	11	146335	78281	126009
林产化学产品制造	73	398315	93981	168398
文化用信息化学品制造	2	43432	4377	20759
医学生产用信息化学品制造	1	208394	764	2375
环境污染处理专用药剂材料制造	11	50292	7803	28124
动物胶制造				
其他专用化学产品制造	7	79233	18253	24424
炸药、火工及焰火产品制造	31	210007	43208	76634
炸药及火工产品制造	4	114113	22033	43536
焰火、鞭炮产品制造	27	95894	21175	33098
日用化学产品制造	37	607610	97455	174977
肥皂及洗涤剂制造	4	44577	9615	17601
化妆品制造	5	21783	6338	13492
口腔清洁用品制造	4	446010	63052	107943
香料、香精制造	19	61929	10227	20905
其他日用化学产品制造	5	33313	8223	15036
医药制造业	153	3158155	605298	1133049
化学药品原料药制造	12	314053	111896	170631
化学药品制剂制造	9	139598	24101	53077
中药饮片加工	22	152457	25521	41746
中成药生产	88	2256559	353486	709487
兽用药品制造	7	42240	18085	29021
生物药品制品制造	9	214101	57183	105023
生物药品制造	9	214101	57183	105023
基因工程药物和疫苗制造				
卫生材料及医药用品制造	4	19913	8211	11937

单位：万元

累计折旧	流动资产合计	应收账款	存货	产成品	负债合计	流动负债合计
144595	354918	92256	158483	100686	410463	371278
10190	79730	15925	23596	11087	69318	64912
76066	247560	73104	115716	81274	222599	189685
58339	27628	3227	19171	8325	118546	116681
11450	62989	10034	17346	7629	92348	91117
4653	38969	6951	8663	1484	52937	52459
407	3704	1008	1186		1573	1531
517	3622	294	625	415	1704	1704
5873	16695	1780	6872	5729	36134	35423
173264	488543	133551	157815	100861	573567	471708
14237	59625	8002	16806	7428	51836	46876
47237	59647	34419	6072	1735	82020	51380
69343	246223	55306	102201	75437	259965	220881
16382	34748	867	4608	2853	16054	16054
1611	12992	16918	4634	2428	72987	52217
18388	26849	5412	6318	3577	30641	27834
6065	48460	12629	17176	7405	60064	56465
33284	131236	10783	18481	7908	57475	33589
21504	76443	4788	4999	1909	11559	11459
11780	54793	5994	13483	6000	45917	22131
73653	332065	45600	49905	26923	236851	224270
7986	28972	4254	2738	376	11011	6728
5413	6455	1340	447	186	7176	4915
44303	250799	33102	26974	16791	189230	185653
9428	32180	5266	13349	6672	21590	19129
6524	13660	1638	6399	2899	7845	7845
421938	1791459	320778	433736	162230	1469311	1291957
55981	161001	30165	62115	29335	219422	194877
28960	91760	7406	14027	6127	44819	38997
15938	98455	22330	30818	12738	89513	77391
262489	1296722	235162	262905	81078	977061	894797
10936	15918	1777	3117	1290	33144	8629
38598	113332	20203	56179	27793	88199	68951
38598	113332	20203	56179	27793	88199	68951
3726	7737	519	3977	3389	2191	2047

1-A-6 续表 25

行业	应付账款	所有者权益合计	实收资本	国家资本
涂料、油墨、颜料及类似产品制造	92256	278949	96418	19359
涂料制造	15925	37703	10784	
油墨及类似产品制造				
工业颜料制造	73104	256881	54934	19359
工艺美术颜料制造				
染料制造				
密封用填料及类似品制造	3227	-15635	30700	
合成材料制造	10034	26494	10407	
初级形态塑料及合成树脂制造	6951	12215	6992	
合成橡胶制造	1008	2411	500	
合成纤维单（聚合）体制造	294	4598	764	
其他合成材料制造	1780	7270	2151	
专用化学产品制造	133551	450401	326456	47925
化学试剂和助剂制造	8002	46130	29590	
专项化学用品制造	34419	64315	47937	17654
林产化学产品制造	55306	138350	70129	5031
文化用信息化学品制造	867	27378	30965	
医学生产用信息化学品制造	16918	135407	101006	
环境污染处理专用药剂材料制造	5412	19651	18563	6100
动物胶制造				
其他专用化学产品制造	12629	19170	28266	19140
炸药、火工及焰火产品制造	10783	152532	15769	2550
炸药及火工产品制造	4788	102554	5200	2550
焰火、鞭炮产品制造	5994	49977	10569	
日用化学产品制造	45600	370759	73131	11193
肥皂及洗涤剂制造	4254	33565	10352	
化妆品制造	1340	14607	7894	5194
口腔清洁用品制造	33102	256780	35562	5999
香料、香精制造	5266	40339	15973	
其他日用化学产品制造	1638	25468	3350	
医药制造业	320778	1688844	656289	10604
化学药品原料药制造	30165	94631	74682	
化学药品制剂制造	7406	94779	26665	940
中药饮片加工	22330	62945	28272	
中成药生产	235162	1279497	431710	9664
兽用药品制造	1777	9096	11687	
生物药品制品制造	20203	125902	80423	
生物药品制造	20203	125902	80423	
基因工程药物和疫苗制造				
卫生材料及医药用品制造	519	17722	1650	

单位：万元

集体资本	法人资本	个人资本	港澳台资本	外商资本	营业收入	营业成本
3213	57103	15422	1321		947648	801139
	3269	7515			365724	312117
3213	23334	7707	1321		476880	394670
	30500	200			105044	94352
	8124	1891		392	149726	134122
	6000	600		392	109233	101906
	458	42			10700	7645
	566	198			9333	7594
	1100	1051			20460	16977
11	75654	63756	117170	22039	1275089	1127192
	4243	14686		10661	130413	113332
	24574	5708			136340	112427
11	31218	17392	5200	11378	765421	679627
		20000	10965		35831	34534
			101006		80689	71431
	8213	4250			47169	41712
	7406	1720			79227	74130
1409	10198	1267	344		282756	226202
	2450	200			61928	39176
1409	7748	1067	344		220827	187026
401	30168	23811	6356	1202	461824	391707
	2040	8312			50667	44410
	200	2500			57159	49817
	23307	3556	1538	1162	122520	98709
401	3270	7443	4818	40	165634	145706
	1350	2000			65844	53065
9132	391988	143757	17295	83514	1722704	932362
	66730	6577	600	775	220217	145928
	13000	12725			105518	36482
	6524	4748		17000	115811	84737
9132	255799	108593	16515	32007	1155153	565188
	4910	6777			11766	8049
	44314	2377		33732	80033	62657
	44314	2377		33732	80033	62657
	550	920	180		31021	26609

1-A-6 续表 26

行 业	销售费用	管理费用	财务费用
涂料、油墨、颜料及类似产品制造	31013	46451	9791
涂料制造	16432	14072	2383
油墨及类似产品制造			
工业颜料制造	10990	23467	4380
工艺美术颜料制造			
染料制造			
密封用填料及类似品制造	3591	8912	3028
合成材料制造	3129	4018	861
初级形态塑料及合成树脂制造	1429	1843	477
合成橡胶制造	575	804	194
合成纤维单（聚合）体制造	391	714	44
其他合成材料制造	734	657	146
专用化学产品制造	24010	35317	16848
化学试剂和助剂制造	4594	5135	2189
专项化学用品制造	4659	3914	1768
林产化学产品制造	11090	20232	6423
文化用信息化学品制造	346	1366	275
医学生产用信息化学品制造	40	595	3140
环境污染处理专用药剂材料制造	2595	2227	736
动物胶制造			
其他专用化学产品制造	687	1848	2316
炸药、火工及焰火产品制造	3581	13092	-2599
炸药及火工产品制造	1938	8681	-2862
焰火、鞭炮产品制造	1643	4410	263
日用化学产品制造	22426	22218	1808
肥皂及洗涤剂制造	133	2691	1123
化妆品制造	973	2086	294
口腔清洁用品制造	17551	8300	-270
香料、香精制造	2793	5457	181
其他日用化学产品制造	976	3685	480
医药制造业	386553	146128	11262
化学药品原料药制造	21450	25670	1722
化学药品制剂制造	36911	7128	1566
中药饮片加工	20205	8536	1819
中成药生产	301466	94221	4131
兽用药品制造	2221	2565	326
生物药品制品制造	3045	6252	1635
生物药品制造	3045	6252	1635
基因工程药物和疫苗制造			
卫生材料及医药用品制造	1040	1505	28

单位：万元

利息收入	利息支出	投资收益（损失以"-"号记）	营业利润	利润总额	亏损企业亏损额	平均用工人数(人)
199	9702	319	56140	58410	4970	8322
17	2179	39	19247	19379	360	2184
181	4663	281	40554	42690	937	5405
1	2861		-3661	-3658	3674	733
	638	51	7170	7540		852
2	487		3402	3655		510
			1387	1380		105
-3	43	51	519	597		106
1	108		1862	1907		131
219	13788	7037	74408	76879	10202	7904
62	1625	3	4653	4695	1385	904
36	655	-7	12520	12982	2211	420
71	5985	31	44664	44936	3678	5085
-4	276	10	-762	-727	1485	187
-49	2655	7000	12175	12685		113
33	270		-234	-100	1441	645
70	2321		1391	2409	1	550
3086	368	91	32398	32334	384	6407
3068	175	91	14293	14294		1094
19	193		18104	18041	384	5313
4443	6525	10419	29410	29914	1516	4917
-7	1130		2080	2149	136	511
1	280		3752	3749		432
4430	4208	10419	6524	6657	805	1763
18	471		9830	9962	305	1150
2	435		7224	7398	270	1061
-3077	17273	3933	248949	256837	22219	28329
518	1725	-197	24766	24370	7547	2875
45	1608	12	22541	25519	643	1392
38	1597	41	-161	390	3468	1878
-3690	10211	4077	183444	186756	9589	20037
4	270		-121	-116	598	549
8	1815		16833	18234	258	1123
8	1815		16833	18234	258	1123
	12		1697	1716	27	321

1-A-6 续表 27

行业	企业单位数（个）	资产总计	固定资产净额	固定资产原价
药用辅料及包装材料	2	19234	6815	12126
化学纤维制造业				
纤维素纤维原料及纤维制造				
化纤浆粕制造				
人造纤维（纤维素纤维）制造				
合成纤维制造				
锦纶纤维制造				
涤纶纤维制造				
腈纶纤维制造				
维纶纤维制造				
丙纶纤维制造				
氨纶纤维制造				
其他合成纤维制造				
生物基材料制造				
生物基化学纤维制造				
生物基、淀粉基新材料制造				
橡胶和塑料制品业	144	1320305	350129	554242
橡胶制品业	17	507114	221082	261998
轮胎制造	4	434554	207836	235131
橡胶板、管、带制造	3	4128	1185	2385
橡胶零件制造	4	10808	2846	4616
再生橡胶制造	1	9979	3248	5236
日用及医用橡胶制品制造	4	43542	4945	12155
运动场地用塑胶制造				
其他橡胶制品制造	1	4103	1021	2475
塑料制品业	127	813192	129047	292244
塑料薄膜制造	6	16415	3075	7528
塑料板、管、型材制造	29	303349	37568	76651
塑料丝、绳及编织品制造	49	276743	42762	122436
泡沫塑料制造	5	26605	2844	9597
塑料人造革、合成革制造				
塑料包装箱及容器制造	14	40093	8103	13541
日用塑料制品制造	9	26286	6900	11907
人造草坪制造				
塑料零件及其他塑料制品制造	15	123700	27796	50584
非金属矿物制品业	904	11516398	3381766	6509381
水泥、石灰和石膏制造	150	4747944	1902767	3665485
水泥制造	104	4535849	1832415	3555887
石灰和石膏制造	46	212095	70353	109598
石膏、水泥制品及类似制品制造	365	3166310	492601	1167173

单位：万元

累计折旧	流动资产合计	应收账款	存货	产成品	负债合计	流动负债合计
5311	6535	3217	598	480	14961	6268
155347	727217	113685	191170	97004	768676	655400
40911	183298	36265	40779	21540	272774	237359
27295	132832	26729	29336	16187	229188	197187
1200	2526	305	528	470	2037	1635
1770	7216	4679	3258	352	10318	10318
1988	5265	282	576	486	7004	6108
7205	32614	4119	6482	3634	21371	19254
1454	2845	152	598	410	2856	2856
114436	543919	77420	150391	75464	495902	418041
4454	11025	950	2560	1178	10484	10343
29681	212764	28316	57717	29306	147588	126166
41778	188289	17351	60928	32855	198862	167843
5718	11478	1044	1601	624	13018	4941
5363	28043	8682	10047	4105	29177	28708
4873	14580	3699	3918	2159	18691	18377
22569	77741	17378	13621	5237	78083	61663
2473239	5892928	1744699	982844	443998	5826937	5058723
1327159	1906186	470271	261156	76658	1983398	1697074
1291940	1803478	442379	240403	67677	1866387	1601807
35218	102708	27892	20754	8981	117011	95268
559617	2285109	862238	187642	49306	1882893	1746664

1-A-6 续表 28

行业	应付账款	所有者权益合计	实收资本	国家资本
药用辅料及包装材料	3217	4273	1200	
化学纤维制造业				
纤维素纤维原料及纤维制造				
化纤浆粕制造				
人造纤维（纤维素纤维）制造				
合成纤维制造				
锦纶纤维制造				
涤纶纤维制造				
腈纶纤维制造				
维纶纤维制造				
丙纶纤维制造				
氨纶纤维制造				
其他合成纤维制造				
生物基材料制造				
生物基化学纤维制造				
生物基、淀粉基新材料制造				
橡胶和塑料制品业	113685	551629	285674	10900
橡胶制品业	36265	234340	87820	10900
轮胎制造	26729	205366	78900	10900
橡胶板、管、带制造	305	2090	1400	
橡胶零件制造	4679	490	1040	
再生橡胶制造	282	2975	300	
日用及医用橡胶制品制造	4119	22172	4934	
运动场地用塑胶制造				
其他橡胶制品制造	152	1247	1247	
塑料制品业	77420	317289	197854	
塑料薄膜制造	950	5931	3235	
塑料板、管、型材制造	28316	155761	93090	
塑料丝、绳及编织品制造	17351	77881	67810	
泡沫塑料制造	1044	13586	1957	
塑料人造革、合成革制造				
塑料包装箱及容器制造	8682	10916	5829	
日用塑料制品制造	3699	7595	6938	
人造草坪制造				
塑料零件及其他塑料制品制造	17378	45617	18995	
非金属矿物制品业	1744699	5689451	2457824	278389
水泥、石灰和石膏制造	470271	2764547	1129840	157477
水泥制造	442379	2669462	1082831	157477
石灰和石膏制造	27892	95085	47009	
石膏、水泥制品及类似制品制造	862238	1283410	568493	47011

单位：万元

集体资本	法人资本	个人资本	港澳台资本	外商资本	营业收入	营业成本
	160	1040			3187	2712
71051	114864	78419	760	9680	1215663	1043660
67000	4330	4831	760		187693	151328
67000		1000			131059	105674
	1300	100			5411	4965
		280	760		10361	8489
		300			2729	1956
	3030	1904			35765	28619
		1247			2369	1626
4051	110534	73589		9680	1027970	892332
	450	2785			20989	17871
4000	63992	25099			315477	258115
51	38405	29354			322532	283700
	1557	400			54262	45715
	1821	4008			49488	44319
	2936	4002			48577	45036
	1373	7942		9680	216645	197577
23043	933986	621378	499508	101519	11485731	8976092
5246	385006	82430	448108	51573	4182668	2874824
5246	359495	63683	448108	48823	3812080	2555174
	25512	18747		2750	370587	319650
13428	214135	242066	40218	11636	3566218	3021720

1-A-6 续表 29

行　业	销售费用	管理费用	财务费用
药用辅料及包装材料	214	251	35
化学纤维制造业			
纤维素纤维原料及纤维制造			
化纤浆粕制造			
人造纤维（纤维素纤维）制造			
合成纤维制造			
锦纶纤维制造			
涤纶纤维制造			
腈纶纤维制造			
维纶纤维制造			
丙纶纤维制造			
氨纶纤维制造			
其他合成纤维制造			
生物基材料制造			
生物基化学纤维制造			
生物基、淀粉基新材料制造			
橡胶和塑料制品业	28246	68021	13342
橡胶制品业	3510	17784	287
轮胎制造	899	12592	-472
橡胶板、管、带制造	61	211	-4
橡胶零件制造	112	1211	163
再生橡胶制造	315	448	435
日用及医用橡胶制品制造	2015	2906	3
运动场地用塑胶制造			
其他橡胶制品制造	108	417	162
塑料制品业	24737	50237	13055
塑料薄膜制造	498	1954	270
塑料板、管、型材制造	13096	19352	4309
塑料丝、绳及编织品制造	3602	16733	7116
泡沫塑料制造	2432	2587	98
塑料人造革、合成革制造			
塑料包装箱及容器制造	779	2274	305
日用塑料制品制造	833	1891	488
人造草坪制造			
塑料零件及其他塑料制品制造	3496	5447	470
非金属矿物制品业	445392	482548	102692
水泥、石灰和石膏制造	102352	137349	37950
水泥制造	88769	127517	33162
石灰和石膏制造	13584	9832	4788
石膏、水泥制品及类似制品制造	175221	143843	21534

单位：万元

利息收入	利息支出	投资收益（损失以“-”号记）	营业利润	利润总额	亏损企业亏损额	平均用工人数（人）
	35		-49	-32	90	154
-345	11347	1539	58516	60457	6468	22343
-748	1084	1190	14765	15246	560	4724
-832	708	1130	12548	13118	59	2410
-3			160	161		131
1	134		309	328	39	779
		60	-411	-274	274	70
86	80		2124	1877	189	1142
	162		36	36		192
403	10263	349	43751	45211	5908	17619
	158	9	328	353	1	320
90	2110	80	18939	20216	2071	3104
192	6860	252	10393	10088	2313	7815
	98		3283	3275	280	1417
129	262		1416	1548	693	864
40	306		196	404	308	1307
-48	470	8	9197	9328	241	2792
-2056	96211	17047	1416648	1455074	30291	141496
-3449	39168	44	997902	997777	3817	28729
-3656	35130	44	977450	977369	3124	22449
207	4038		20452	20407	693	6280
500	17527	13944	196579	197713	12077	34714

1-A-6 续表 30

行　业	企业单位数（个）	资产总计	固定资产净额	固定资产原价
水泥制品制造	349	2918596	409090	994307
砼结构构件制造	9	170156	51642	129949
石棉水泥制品制造	1	10486	471	497
轻质建筑材料制造	5	41934	17167	21210
其他水泥类似制品制造	1	25138	14231	21210
砖瓦、石材等建筑材料制造	216	1222032	350204	509666
粘土砖瓦及建筑砌块制造	101	469181	166845	252422
建筑用石加工	73	368198	85654	113790
防水建筑材料制造	9	72690	8904	13439
隔热和隔音材料制造	1	2366	14	86
其他建筑材料制造	32	309597	88787	129929
玻璃制造	10	182059	94472	101816
平板玻璃制造	3	162741	90174	94952
特种玻璃制造	3	7094	2010	2794
其他玻璃制造	4	12224	2288	4071
玻璃制品制造	10	169450	62055	115471
技术玻璃制品制造	2	35077	13910	33481
光学玻璃制造	1	14404	8098	12150
玻璃仪器制造				
日用玻璃制品制造				
玻璃包装容器制造	6	111111	36121	62640
玻璃保温容器制造				
制镜及类似品加工				
其他玻璃制品制造	1	8858	3927	7199
玻璃纤维和玻璃纤维增强塑料制品制造				
玻璃纤维及制品制造				
玻璃纤维增强塑料制品制造				
陶瓷制品制造	76	941849	214788	460086
建筑陶瓷制品制造	35	654471	174411	369371
卫生陶瓷制品制造	1	12118	5113	8418
特种陶瓷制品制造				
日用陶瓷制品制造	39	267892	35263	78863
陈设艺术陶瓷制造	1	7367	1	3434
园艺陶瓷制造				
其他陶瓷制品制造				
耐火材料制品制造	6	117944	15532	27463
石棉制品制造				
云母制品制造	1	36809	528	606
耐火陶瓷制品及其他耐火材料制造	5	81135	15004	26857
石墨及其他非金属矿物制品制造	71	968810	249348	462221

单位：万元

累计折旧	流动资产合计	应收账款	存货	产成品	负债合计	流动负债合计
470966	2154277	813518	174655	43919	1716248	1595114
77603	103052	36456	3261	963	132734	120315
26	4750	3745	3066	1702	5352	5352
4043	14326	1550	5272	2182	15546	12870
6979	8705	6969	1388	540	13013	13013
132138	515616	104355	137607	66385	544145	423870
68168	160217	32176	32702	18623	194451	124890
23296	140462	11894	32994	20781	121197	90422
3904	59184	6645	9024	4096	18572	18352
72	2351	1208			1251	1251
36699	153402	52431	62887	22885	208673	188954
7186	64804	23348	21555	9989	118305	95960
4778	52141	18948	17661	9044	105329	83245
784	4318	1092	1264	648	3939	3685
1624	8346	3308	2630	298	9037	9031
53416	82945	41041	25535	17008	94449	86934
19571	18578	4273	3966	1098	9650	9538
4053	2254	507	259	251	6227	2307
26520	57403	35728	19960	14441	71359	68085
3273	4710	534	1350	1218	7214	7004
188294	506631	123520	230830	167020	673281	560868
142470	328945	92199	162450	119187	434063	359655
3306	6583	3128	4257	2831	16440	16344
40280	167206	27527	62761	43640	215604	178919
2237	3896	666	1362	1362	7173	5950
6878	74840	6357	14567	5448	52064	50453
77	21562	30	6705	1026	254	143
6801	53279	6326	7862	4422	51810	50310
198551	456796	113571	103951	52186	478403	396900

1-A-6 续表 31

行 业	应付账款	所有者权益合计	实收资本	国家资本
水泥制品制造	813518	1202343	529528	36011
砼结构构件制造	36456	37422	29089	8000
石棉水泥制品制造	3745	5134	2400	
轻质建筑材料制造	1550	26387	4476	3000
其他水泥类似制品制造	6969	12125	3000	
砖瓦、石材等建筑材料制造	104355	677886	265883	150
粘土砖瓦及建筑砌块制造	32176	274730	101316	150
建筑用石加工	11894	247000	55693	
防水建筑材料制造	6645	54118	26299	
隔热和隔音材料制造	1208	1114	1000	
其他建筑材料制造	52431	100923	81575	
玻璃制造	23348	63754	19411	
平板玻璃制造	18948	57412	15410	
特种玻璃制造	1092	3155	1346	
其他玻璃制造	3308	3187	2655	
玻璃制品制造	41041	75001	40663	
技术玻璃制品制造	4273	25427	10500	
光学玻璃制造	507	8177	500	
玻璃仪器制造				
日用玻璃制品制造				
玻璃包装容器制造	35728	39752	29455	
玻璃保温容器制造				
制镜及类似品加工				
其他玻璃制品制造	534	1645	208	
玻璃纤维和玻璃纤维增强塑料制品制造				
玻璃纤维及制品制造				
玻璃纤维增强塑料制品制造				
陶瓷制品制造	123520	268568	118904	2519
建筑陶瓷制品制造	92199	220408	90929	
卫生陶瓷制品制造	3128	–4322	550	550
特种陶瓷制品制造				
日用陶瓷制品制造	27527	52288	25416	1970
陈设艺术陶瓷制造	666	194	2009	
园艺陶瓷制造				
其他陶瓷制品制造				
耐火材料制品制造	6357	65880	15648	
石棉制品制造				
云母制品制造	30	36555	10493	
耐火陶瓷制品及其他耐火材料制造	6326	29325	5156	
石墨及其他非金属矿物制品制造	113571	490406	298984	71232

单位：万元

集体资本	法人资本	个人资本	港澳台资本	外商资本	营业收入	营业成本
13428	205642	222594	40218	11636	3338301	2825248
	8017	13072			145697	128489
		2400			2226	1981
	476	1000			40670	28245
		3000			39325	37758
3198	106731	152803		3000	1786756	1493807
80	35162	62923		3000	775287	662063
	15992	39701			602294	484955
	15979	10320			78841	53834
	1000				2990	2655
3118	38598	39859			327344	290300
	14891	4520			72808	54530
	13158	2252			51290	34980
	200	1146			9317	8218
	1533	1122			12200	11331
	18483	12180		10000	193252	162442
		500		10000	36897	29432
		500			317	211
	18483	10972			146814	124510
		208			9225	8289
1139	33608	77501	20	4117	883892	755681
	31582	59347			531880	436893
					11050	9405
50	2026	17234	20	4117	338054	305484
1089		920			2907	3900
32	12065	3000	551		75098	69722
	10493				7273	6692
32	1572	3000	551		67825	63030
	149069	46878	10611	21194	725040	543365

1-A-6 续表 32

行　业	销售费用	管理费用	财务费用
水泥制品制造	166618	138162	20284
砼结构构件制造	6178	4292	932
石棉水泥制品制造	82	52	25
轻质建筑材料制造	1632	822	306
其他水泥类似制品制造	711	515	-14
砖瓦、石材等建筑材料制造	55880	88971	15001
粘土砖瓦及建筑砌块制造	17284	33922	4613
建筑用石加工	22423	32768	5124
防水建筑材料制造	5132	9441	67
隔热和隔音材料制造	9	209	12
其他建筑材料制造	11032	12631	5184
玻璃制造	989	11823	2066
平板玻璃制造	699	10696	1771
特种玻璃制造	133	698	49
其他玻璃制造	157	430	247
玻璃制品制造	12883	7830	1726
技术玻璃制品制造	1838	3588	-109
光学玻璃制造	15	89	13
玻璃仪器制造			
日用玻璃制品制造			
玻璃包装容器制造	10767	3420	1565
玻璃保温容器制造			
制镜及类似品加工			
其他玻璃制品制造	264	733	258
玻璃纤维和玻璃纤维增强塑料制品制造			
玻璃纤维及制品制造			
玻璃纤维增强塑料制品制造			
陶瓷制品制造	22086	44567	14815
建筑陶瓷制品制造	11064	29556	10413
卫生陶瓷制品制造	363	1502	-1
特种陶瓷制品制造			
日用陶瓷制品制造	10629	13329	4292
陈设艺术陶瓷制造	30	181	111
园艺陶瓷制造			
其他陶瓷制品制造			
耐火材料制品制造	1295	3350	155
石棉制品制造			
云母制品制造	4	1539	-8
耐火陶瓷制品及其他耐火材料制造	1291	1811	163
石墨及其他非金属矿物制品制造	74685	44815	9444

单位：万元

利息收入	利息支出	投资收益（损失以“-”号记）	营业利润	利润总额	亏损企业亏损额	平均用工人数（人）
437	16378	13939	182136	182986	11837	32907
53	813	5	4750	4775	240	1044
1	26		64	64		31
-5	311		9356	9676		538
15			273	212		194
175	13354	-1671	120865	122302	2133	31433
106	4516		52909	54278	527	15420
34	4654	-1672	49907	49806	813	11750
3	75	1	9950	9915	200	694
11	1		-15	-15	15	133
20	4109		8114	8317	579	3436
178	1967	33	3342	34315	137	1144
178	1801	33	3141	34091		671
			199	223		122
1	166		1	2	137	351
194	1929	155	7337	7198	351	3056
22	53		1694	1770		774
	13		-14	17		311
168	1609	155	6018	5762		1652
4	254		-361	-351	351	319
323	12734	1719	41941	46970	8014	33047
318	9290	44	39492	39419	4806	14099
			-313	164		990
5	3333	1675	4112	8744	1852	17275
	111		-1350	-1357	1357	683
-9	164		296	271	966	1080
-9			-966	-966	966	46
	164		1262	1237		1034
32	9367	2821	48387	48529	2797	8293

1-A-6 续表 33

行业	企业单位数（个）	资产总计		
			固定资产净额	固定资产原价
石墨及碳素制品制造	7	234323	67198	134113
其他非金属矿物制品制造	64	734487	182149	328108
黑色金属冶炼和压延加工业	148	14277707	4008622	6923552
炼铁	2	1116366	80560	113433
炼钢	1	810693	151417	426421
钢压延加工	50	10589586	3426016	5682576
铁合金冶炼	95	1761062	350629	701123
有色金属冶炼和压延加工业	112	12151996	5109406	8107538
常用有色金属冶炼	44	8814234	3785729	6554860
铜冶炼	2	1313245	779667	937402
铅锌冶炼	18	1193043	154322	366061
镍钴冶炼	2	596648	84691	241915
锡冶炼	2	209279	73755	164649
锑冶炼	4	165966	23968	81654
铝冶炼	13	5333215	2668763	4761304
镁冶炼				
硅冶炼	3	2838	563	1877
其他常用有色金属冶炼				
贵金属冶炼	2	11611	3127	11254
金冶炼	2	11611	3127	11254
银冶炼				
其他贵金属冶炼				
稀有稀土金属冶炼	11	158022	34746	74447
钨钼冶炼	1			
稀土金属冶炼	5	134168	28224	63658
其他稀有金属冶炼	5	23854	6522	10789
有色金属合金制造	4	212622	91130	114266
有色金属压延加工	51	2955508	1194674	1352711
铜压延加工	5	86796	6786	35054
铝压延加工	42	2787034	1181915	1309962
贵金属压延加工				
稀有稀土金属压延加工				
其他有色金属压延加工	4	81677	5973	7695
金属制品业	160	1365895	284300	471645
结构性金属制品制造	67	591066	101899	169359
金属结构制造	46	479300	87707	133083
金属门窗制造	21	111766	14192	36276
金属工具制造	9	50210	20283	38358
切削工具制造	2	28430	17759	32919
手工具制造	1	4811	339	1004

单位：万元

累计折旧	流动资产合计	应收账款	存货	产成品	负债合计	流动负债合计
66915	125840	29087	42196	20035	110862	91607
131636	330956	84483	61755	32151	367541	305293
2868688	7270132	2076470	2128021	668313	8894044	7156664
32873	138768	102813	208	63	822632	129755
275004	366755	255006	184048		577904	503569
2241917	5909102	1400209	1681142	531457	6344039	5619209
318895	855506	318443	262623	136792	1149470	904132
2750971	4836016	1318417	1634233	571827	9218607	7520513
2548919	3289046	864676	1182054	372562	6523349	5600697
157735	476083	83889	292643	32860	954441	822728
168689	787965	159862	259272	200326	1205245	1110159
82224	394599	104023	36924	11015	632443	610150
90894	81640	93499	74651	49889	274652	260025
57433	97389	41464	31015	4863	132211	107758
1991095	1449326	380578	485549	71660	3321030	2687032
850	2045	1361	2000	1950	3325	2845
8122	4490	281	1355	84	7109	3551
8122	4490	281	1355	84	7109	3551
28012	94468	13145	41375	17447	76433	66526
23745	77940	6790	35303	12960	59926	51417
4267	16528	6355	6072	4487	16508	15109
20259	106679	46366	60182	25459	112505	75144
145660	1341332	393950	349267	156274	2499211	1774595
16010	62929	4297	15091	5387	64928	64903
127927	1206149	353557	312230	130567	2360003	1635413
1722	72254	36096	21946	20320	74280	74280
173033	870787	204643	228588	99905	828366	752544
53187	381959	87356	110555	36658	407745	366492
43685	317579	77900	90323	30052	347866	309821
9503	64380	9456	20232	6606	59879	56671
18075	27361	5378	8933	2431	30904	28490
15159	10014	4714	4998	38	14995	12950
665	2841		793	793	3004	3004

1-A-6 续表 34

行业	应付账款	所有者权益合计	实收资本	国家资本
石墨及碳素制品制造	29087	123461	54654	16562
其他非金属矿物制品制造	84483	366945	244329	54671
黑色金属冶炼和压延加工业	2076470	5383662	1680946	396970
炼铁	102813	293735	302136	
炼钢	255006	232789	50000	
钢压延加工	1400209	4245547	913463	287925
铁合金冶炼	318443	611592	415348	109045
有色金属冶炼和压延加工业	1318417	2933389	2383622	1315836
常用有色金属冶炼	864676	2290885	1752314	899386
铜冶炼	83889	358803	306000	210000
铅锌冶炼	159862	-12202	92811	32000
镍钴冶炼	104023	-35796	80000	
锡冶炼	93499	-65374	62875	62875
锑冶炼	41464	33755	29180	3534
铝冶炼	380578	2012185	1181278	590977
镁冶炼				
硅冶炼	1361	-488	170	
其他常用有色金属冶炼				
贵金属冶炼	281	4502	2466	
金冶炼	281	4502	2466	
银冶炼				
其他贵金属冶炼				
稀有稀土金属冶炼	13145	81588	32300	19792
钨钼冶炼				
稀土金属冶炼	6790	74242	29400	19792
其他稀有金属冶炼	6355	7346	2900	
有色金属合金制造	46366	100117	34100	
有色金属压延加工	393950	456297	562442	396658
铜压延加工	4297	21869	29205	18676
铝压延加工	353557	427031	522398	377982
贵金属压延加工				
稀有稀土金属压延加工				
其他有色金属压延加工	36096	7398	10839	
金属制品业	204643	537529	286009	46445
结构性金属制品制造	87356	183322	117344	15285
金属结构制造	77900	131435	94440	15285
金属门窗制造	9456	51887	22904	
金属工具制造	5378	19306	9025	
切削工具制造	4714	13436	6807	
手工具制造		1808	310	

单位：万元

集体资本	法人资本	个人资本	港澳台资本	外商资本	营业收入	营业成本
	4265	12745	1882	19200	229369	189078
	144804	34133	8729	1994	495671	354287
	672028	576949	1800	33200	19108708	16702103
	302136				4374	3335
	40500	9500			1920298	1858166
	147826	469904	1800	6008	15384656	13192297
	181566	97545		27191	1799380	1648306
34701	732075	203561		97450	11534036	10796188
	644797	115682		92450	8728793	8136868
	6000			90000	2265618	2191387
	9655	51156			1775277	1736999
	40000	40000			332582	320495
					233651	244878
	1120	24526			114114	105881
	587852			2450	4001498	3531557
	170				6053	5671
	2466				9362	7093
	2466				9362	7093
	2540	9968			182428	162027
	540	9068			147577	129866
	2000	900			34851	32161
27600	6500				446680	416981
7101	75772	77912		5000	2166773	2073219
857	4500	5172			204191	190913
6244	67858	65315		5000	1927870	1851971
	3414	7425			34712	30335
1088	140632	67767	18577	11500	1993729	1732679
1000	67007	34052			756306	647851
1000	53594	24561			602799	510919
	13413	9491			153507	136932
	358	2060		6607	90499	79091
	200			6607	30409	26126
		310			44399	39065

1-A-6 续表 35

行 业	销售费用	管理费用	财务费用
石墨及碳素制品制造	2616	15601	3973
其他非金属矿物制品制造	72069	29214	5471
黑色金属冶炼和压延加工业	135324	408843	137421
炼铁	224	1498	1627
炼钢	14505	18664	14446
钢压延加工	89172	340222	99444
铁合金冶炼	31424	48459	21905
有色金属冶炼和压延加工业	88020	179406	148630
常用有色金属冶炼	51359	125579	93741
铜冶炼	6672	8536	29600
铅锌冶炼	12154	29857	23915
镍钴冶炼	1205	8906	8088
锡冶炼	914	8350	995
锑冶炼	478	4677	2474
铝冶炼	29612	64788	28616
镁冶炼			
硅冶炼	324	465	53
其他常用有色金属冶炼			
贵金属冶炼	17	2271	104
金冶炼	17	2271	104
银冶炼			
其他贵金属冶炼			
稀有稀土金属冶炼	1837	8253	1259
钨钼冶炼			
稀土金属冶炼	773	7288	1043
其他稀有金属冶炼	1065	965	216
有色金属合金制造	3820	3320	4507
有色金属压延加工	30987	39983	49019
铜压延加工	1711	3949	2625
铝压延加工	26938	35283	44521
贵金属压延加工			
稀有稀土金属压延加工			
其他有色金属压延加工	2339	751	1874
金属制品业	47935	129203	15422
结构性金属制品制造	16046	52216	5834
金属结构制造	10466	44923	4515
金属门窗制造	5580	7293	1319
金属工具制造	1887	5268	1240
切削工具制造	482	1995	397
手工具制造	1171	2480	531

单位：万元

利息收入	利息支出	投资收益（损失以“-”号记）	营业利润	利润总额	亏损企业亏损额	平均用工人数（人）
266	3744	1952	16646	16706		1855
-234	5623	870	31741	31823	2797	6438
37910	166480	97221	1755635	1769395	33188	52157
	1562		-2366	-2366	2781	1991
698	10281	258	10942	11498		2437
35874	130839	97042	1701698	1710225	9787	34707
1338	23797	-79	45361	50037	20620	13022
18381	170861	-11839	238239	268417	177678	45935
18287	104915	-5367	251428	279092	123854	30139
810	27463		25255	26557	543	2115
-384	19743	-266	-33584	-24538	44626	7422
765	8540		-6947	-7408	8446	1361
8	998		-22496	-21607	21607	2112
128	2667	331	-46	409	840	1988
16961	45505	-5432	289723	306000	47334	15001
1			-477	-321	458	140
1	109		-179	-195	232	302
1	109		-179	-195	232	302
156	1421	-6881	8240	9797	265	1143
158	1207	-6875	7839	9356	18	831
-2	214	-6	402	440	248	312
70	3025		18885	18149	452	1690
-133	61391	409	-40135	-38425	52875	12661
15	2448		4969	4806	2301	1846
-154	57076	409	-44441	-43216	50154	10189
6	1868		-663	15	421	626
352	14166	2115	62152	65241	8250	22917
123	4831	1778	31298	32802	3528	9120
85	3622	1556	29676	30907	2514	6387
38	1210	222	1621	1896	1014	2733
3	1059		2460	2706	88	1529
3	217		1273	1446		826
	531		807	812		108

1-A-6 续表 36

行 业	企业单位数（个）	资产总计	固定资产净额	固定资产原价
农用及园林用金属工具制造	1	1000		
刀剪及类似日用金属工具制造	2	5627	1527	2732
其他金属工具制造	3	10341	657	1703
集装箱及金属包装容器制造	13	171788	66097	93704
集装箱制造				
金属压力容器制造	7	79735	21599	32881
金属包装容器及材料制造	6	92052	44499	60823
金属丝绳及其制品制造	2	126088	15269	18771
建筑、安全用金属制品制造	9	46772	12037	15834
建筑、家具用金属配件制造	3	17513	3992	4656
建筑装饰及水暖管道零件制造				
安全、消防用金属制品制造	5	21245	4503	5652
其他建筑、安全用金属制品制造	1	8014	3542	5526
金属表面处理及热处理加工	6	29294	3547	13240
搪瓷制品制造	4	31228	1838	2574
生产专用搪瓷制品制造	1	23032	1474	1827
建筑装饰搪瓷制品制造				
搪瓷卫生洁具制造				
搪瓷日用品及其他搪瓷制品制造	3	8196	363	747
金属制日用品制造	17	82463	13107	23923
金属制厨房用器具制造				
金属制餐具和器皿制造	3	15982	1263	1775
金属制卫生器具制造				
其他金属制日用品制造	14	66481	11844	22147
铸造及其他金属制品制造	33	236988	50223	95882
黑色金属铸造	25	192927	42881	83066
有色金属铸造	1	4040	555	778
锻件及粉末冶金制品制造	1			
交通及公共管理用金属标牌制造	3	30710	5400	7575
其他未列明金属制品制造	3	9310	1388	4463
通用设备制造业	105	3459975	543318	1182981
锅炉及原动设备制造	21	2289717	339998	767273
锅炉及辅助设备制造	9	76894	8214	18497
内燃机及配件制造	8	2166684	326740	742019
汽轮机及辅机制造				
水轮机及辅机制造	3	41135	2863	4572
风能原动设备制造				
其他原动设备制造	1	5005	2180	2185
金属加工机械制造	13	161516	20363	42262
金属切削机床制造	4	95056	7127	21602

单位：万元

累计折旧	流动资产合计	应收账款	存货	产成品	负债合计	流动负债合计
	1000					
1205	3913	309	1403	807	3567	3198
1046	9593	355	1739	794	9338	9338
27607	75317	25816	19889	7522	98907	94552
11283	36078	15975	7967	2084	62020	58744
16324	39239	9841	11923	5439	36888	35808
3503	108080	22627	14606	10043	39902	33002
3797	32078	3218	6285	5002	27740	26861
664	12415	1989	2022	1562	13888	13888
1149	15191	1229	3362	2545	11511	10633
1984	4472		902	895	2341	2341
9692	22019	3214	5902	2712	18282	15658
736	21072	4848	1171	203	15522	13666
353	14814	5254	837	117	9755	9755
384	6257	–406	334	86	5767	3911
10816	56879	8953	18705	7036	45183	35287
512	14533	2472	4172	541	7065	4065
10303	42346	6481	14533	6496	38117	31221
45620	146023	43234	42541	28298	144183	138536
40152	112902	37681	35967	24724	127047	121811
224	1799	404	387	56	1213	1213
2175	24258	4637	2287	1205	11599	11599
3070	7065	511	3900	2313	4323	3913
627625	2499220	581104	511026	224286	1965807	1828284
421329	1702670	349218	264866	143723	1200572	1132572
10283	43982	5212	16826	7321	68261	57882
409333	1625367	330951	231592	134093	1097249	1041441
1708	30495	10605	16083	2093	32206	30692
5	2825	2450	365	216	2857	2557
21869	122097	39863	37736	16872	124343	113531
14475	80603	29641	21116	10421	91733	85726

1-A-6 续表 37

行 业	应付账款	所有者权益合计	实收资本	国家资本
农用及园林用金属工具制造		1000	1000	
刀剪及类似日用金属工具制造	309	2060	600	
其他金属工具制造	355	1003	308	
集装箱及金属包装容器制造	25816	72880	65134	50
集装箱制造				
金属压力容器制造	15975	17715	14363	50
金属包装容器及材料制造	9841	55165	50770	
金属丝绳及其制品制造	22627	86186	13818	
建筑、安全用金属制品制造	3218	19032	12456	110
建筑、家具用金属配件制造	1989	3625	3266	
建筑装饰及水暖管道零件制造				
安全、消防用金属制品制造	1229	9734	5610	110
其他建筑、安全用金属制品制造		5673	3581	
金属表面处理及热处理加工	3214	11012	5270	
搪瓷制品制造	4848	15706	1780	
生产专用搪瓷制品制造	5254	13277	1680	
建筑装饰搪瓷制品制造				
搪瓷卫生洁具制造				
搪瓷日用品及其他搪瓷制品制造	–406	2429	100	
金属制日用品制造	8953	37280	9736	
金属制厨房用器具制造				
金属制餐具和器皿制造	2472	8917	300	
金属制卫生器具制造				
其他金属制日用品制造	6481	28363	9436	
铸造及其他金属制品制造	43234	92805	51446	31000
黑色金属铸造	37681	65880	39357	25000
有色金属铸造	404	2827	1166	
锻件及粉末冶金制品制造				
交通及公共管理用金属标牌制造	4637	19111	6000	6000
其他未列明金属制品制造	511	4987	4924	
通用设备制造业	581104	1494169	405960	91635
锅炉及原动设备制造	349218	1089145	150597	18734
锅炉及辅助设备制造	5212	8633	13773	
内燃机及配件制造	330951	1069435	131736	17814
汽轮机及辅机制造				
水轮机及辅机制造	10605	8929	3088	920
风能原动设备制造				
其他原动设备制造	2450	2148	2000	
金属加工机械制造	39863	37173	24934	608
金属切削机床制造	29641	3323	9144	608

单位：万元

					营业收入	营业成本
集体资本	法人资本	个人资本	港澳台资本	外商资本		
		1000				
		600			4698	4175
	158	150			10994	9725
	43666	2840	18577		241700	222800
	12313	2000			146882	140270
	31353	840	18577		94818	82530
	11318	2500			102261	94126
	6696	5651			85812	65593
	2696	570			11653	10312
	4000	1500			13516	11080
		3581			60643	44201
	3550	1720			132591	120470
	1780				118367	95238
	1680				31060	24768
	100				87307	70470
	1098	8470		169	148741	112794
	50	250			88199	61239
	1048	8220		169	60543	51555
88	5160	10475		4723	317452	294717
88	3994	10275			260946	246384
	1166				4070	2604
					38629	33121
		200		4723	13807	12608
2193	157133	54269	648	100082	2987413	2541699
	45767	10897		75199	1801091	1467136
	5618	1938		6217	39493	34561
	40149	4791		68982	1748608	1421312
		2168			10240	8941
		2000			2751	2319
	7030	17296			58123	46784
	1530	7006			20073	15734

1-A-6 续表 38

行 业	销售费用	管理费用	财务费用
农用及园林用金属工具制造			
刀剪及类似日用金属工具制造	25	244	99
其他金属工具制造	209	549	213
集装箱及金属包装容器制造	7708	7252	1023
集装箱制造			
金属压力容器制造	2182	3918	433
金属包装容器及材料制造	5525	3334	590
金属丝绳及其制品制造	1688	4962	1073
建筑、安全用金属制品制造	2540	8330	1396
建筑、家具用金属配件制造	1	1116	92
建筑装饰及水暖管道零件制造			
安全、消防用金属制品制造	750	1065	137
其他建筑、安全用金属制品制造	1788	6149	1167
金属表面处理及热处理加工	2195	5887	859
搪瓷制品制造	4536	16107	333
生产专用搪瓷制品制造	1536	3960	27
建筑装饰搪瓷制品制造			
搪瓷卫生洁具制造			
搪瓷日用品及其他搪瓷制品制造	3000	12147	306
金属制日用品制造	7903	17444	1870
金属制厨房用器具制造			
金属制餐具和器皿制造	5623	14184	238
金属制卫生器具制造			
其他金属制日用品制造	2279	3260	1632
铸造及其他金属制品制造	3435	11738	1795
黑色金属铸造	2681	7996	1458
有色金属铸造	187	921	74
锻件及粉末冶金制品制造			
交通及公共管理用金属标牌制造	222	2265	133
其他未列明金属制品制造	345	557	130
通用设备制造业	124569	165465	10584
锅炉及原动设备制造	98044	114791	-2308
锅炉及辅助设备制造	1152	3738	1725
内燃机及配件制造	96686	110240	-4320
汽轮机及辅机制造			
水轮机及辅机制造	195	748	288
风能原动设备制造			
其他原动设备制造	12	65	-1
金属加工机械制造	1566	6800	1025
金属切削机床制造	824	3272	370

单位：万元

利息收入	利息支出	投资收益（损失以“–”号记）	营业利润	利润总额	亏损企业亏损额	平均用工人数（人）
	99		122	191		434
1	212		257	257	88	161
34	1074		2377	2786	2628	1191
–48	517		–78	202	1435	729
81	557		2455	2584	1194	462
1	1016	135	457	84	121	1967
14	1405		6955	6981	142	1480
	92		37	481	23	419
4	136		344	389	119	490
10	1177		6574	6111		571
2	790		1555	1636	44	985
	278	6	2118	2123		452
	23		734	739		129
	255	6	1384	1384		323
9	1867	75	8557	8990	341	2913
	238		6905	6905	8	498
9	1629	75	1652	2086	333	2415
165	1847	121	6377	7133	1358	3280
128	1564		2814	3455	1280	2491
2	30		615	633		36
36	167	121	2838	2935		343
	86		110	110	78	410
12057	26762	16729	145727	149786	11563	23640
11670	16054	16423	127790	130078	2299	10170
1	1701	26	–1743	–1359	2022	668
11669	14151	16396	129200	131106	83	9198
	201		22	20	194	296
–1			312	311		8
10	1032	220	1977	2385	457	1294
8	379		–202	129	455	596

1-A-6 续表 39

行业	企业单位数（个）	资产总计	固定资产净额	固定资产原价
金属成形机床制造	2	12196	1485	4709
铸造机械制造	4	43009	10680	13615
金属切割及焊接设备制造	1	1731	356	471
机床功能部件及附件制造				
其他金属加工机械制造	2	9526	715	1865
物料搬运设备制造	9	413175	85423	117746
轻小型起重设备制造	1	1734	282	379
生产专用起重机制造	3	264481	56686	71026
生产专用车辆制造	2	80840	13924	26789
连续搬运设备制造	1	49523	9975	14262
电梯、自动扶梯及升降机制造	2	16596	4556	5291
客运索道制造				
机械式停车设备制造				
其他物料搬运设备制造				
泵、阀门、压缩机及类似机械制造	13	157413	38178	73185
泵及真空设备制造	4	41791	5002	10733
气体压缩机械制造	3	46979	4109	11147
阀门和旋塞制造	2	8452	2732	4626
液压动力机械及元件制造	4	60190	26335	46679
液力动力机械元件制造				
气压动力机械及元件制造				
轴承、齿轮和传动部件制造	5	112831	22164	59231
滚动轴承制造				
滑动轴承制造				
齿轮及齿轮减、变速箱制造	2	41635	10985	20166
其他传动部件制造	3	71197	11180	39066
烘炉、风机、包装等设备制造	6	52498	5987	19692
烘炉、熔炉及电炉制造				
风机、风扇制造				
气体、液体分离及纯净设备制造				
制冷、空调设备制造	4	32852	3577	10793
风动和电动工具制造	1	14353	1381	7870
喷枪及类似器具制造				
包装专用设备制造	1	5293	1030	1030
文化、办公用机械制造	4	18242	485	1960
电影机械制造				
幻灯及投影设备制造	1	7123	421	1712
照相机及器材制造				
复印和胶印设备制造	2	10265	63	248
计算器及货币专用设备制造	1	855		

单位：万元

累计折旧	流动资产合计	应收账款	存货	产成品	负债合计	流动负债合计
3224	8586	1873	5462	2118	4201	4201
2905	24989	7587	10408	4127	26587	21782
115	1313	726	565	103	1165	1165
1150	6605	37	185	103	657	657
32324	274867	80415	110422	28581	309332	291280
97	1427	368	1		913	913
14340	193529	45384	85506	11365	191841	190105
12865	42980	16827	14879	10064	74235	71850
4287	32310	15806	8090	5498	38298	24366
735	4620	2030	1946	1655	4047	4047
34869	94787	19212	23938	10870	78925	66972
5691	28151	2750	5148	2842	25085	23256
7039	35008	7063	13454	6290	28697	26710
1894	3657	589	767	767	6112	2476
20246	27972	8810	4569	971	19032	14529
37067	85922	31329	13826	7881	61895	57583
9181	29172	2218	8113	7264	14575	10889
27886	56751	29111	5713	617	47320	46694
11101	41455	14612	7457	2931	35996	35233
4612	24403	7020	6744	2931	25875	25115
6489	12792	4220	560		4780	4778
	4259	3371	154		5341	5341
1448	17328	812	4248	391	14932	14555
1291	6701		1066	391	6041	6041
157	10022	812	3109		8335	8335
	605		74		556	179

1-A-6 续表 40

行 业	应付账款	所有者权益合计	实收资本	国家资本
金属成形机床制造	1873	7994	5700	
铸造机械制造	7587	16421	7331	
金属切割及焊接设备制造	726	566	500	
机床功能部件及附件制造				
其他金属加工机械制造	37	8869	2260	
物料搬运设备制造	80415	103843	53482	3281
轻小型起重设备制造	368	822	609	
生产专用起重机制造	45384	72640	6281	3281
生产专用车辆制造	16827	6607	35004	
连续搬运设备制造	15806	11225	10000	
电梯、自动扶梯及升降机制造	2030	12549	1588	
客运索道制造				
机械式停车设备制造				
其他物料搬运设备制造				
泵、阀门、压缩机及类似机械制造	19212	78488	76499	46300
泵及真空设备制造	2750	16707	11807	
气体压缩机械制造	7063	18282	22184	11300
阀门和旋塞制造	589	2340	1000	
液压动力机械及元件制造	8810	41159	41508	35000
液力动力机械元件制造				
气压动力机械及元件制造				
轴承、齿轮和传动部件制造	31329	50937	33720	20000
滚动轴承制造				
滑动轴承制造				
齿轮及齿轮减、变速箱制造	2218	27060	12120	
其他传动部件制造	29111	23877	21600	20000
烘炉、风机、包装等设备制造	14612	16502	11713	2706
烘炉、熔炉及电炉制造				
风机、风扇制造				
气体、液体分离及纯净设备制造				
制冷、空调设备制造	7020	6977	6750	2706
风动和电动工具制造	4220	9572	4962	
喷枪及类似器具制造				
包装专用设备制造	3371	-47		
文化、办公用机械制造	812	3310	3090	
电影机械制造				
幻灯及投影设备制造		1081	1000	
照相机及器材制造				
复印和胶印设备制造	812	1930	1792	
计算器及货币专用设备制造		299	299	

单位：万元

集体资本	法人资本	个人资本	港澳台资本	外商资本	营业收入	营业成本
	5500	200			7849	5992
		7331			22076	19097
		500			3563	3255
		2260			4563	2707
	47873	2328			260203	230936
	609				2479	2123
	1460	1540			126577	105540
	35004				80840	77253
	10000				43775	40982
	800	788			6533	5038
	13200	12695		4304	102412	84133
	3388	8419			30210	24149
	5454	1126		4304	21965	16797
		1000			2695	2299
	4358	2150			47542	40887
1000	12000	720			239525	227295
	12000	120			29847	22731
1000		600			209679	204564
594	3000	450		4962	57058	49857
594	3000	450			31748	28145
				4962	23496	19886
					1815	1825
299		2144	648		50108	47858
		1000			38014	36890
		1144	648		10037	9043
299					2058	1925

1-A-6 续表 41

行　　业	销售费用	管理费用	财务费用
金属成形机床制造	103	1141	92
铸造机械制造	210	1744	484
金属切割及焊接设备制造	76	108	78
机床功能部件及附件制造			
其他金属加工机械制造	354	535	1
物料搬运设备制造	11867	14211	5337
轻小型起重设备制造	23	163	
生产专用起重机制造	6411	8682	3448
生产专用车辆制造	4647	3682	972
连续搬运设备制造	490	1399	662
电梯、自动扶梯及升降机制造	297	285	255
客运索道制造			
机械式停车设备制造			
其他物料搬运设备制造			
泵、阀门、压缩机及类似机械制造	4620	7065	825
泵及真空设备制造	1181	2591	502
气体压缩机械制造	2828	2139	148
阀门和旋塞制造	31	62	85
液压动力机械及元件制造	579	2274	91
液力动力机械元件制造			
气压动力机械及元件制造			
轴承、齿轮和传动部件制造	1235	6814	241
滚动轴承制造			
滑动轴承制造			
齿轮及齿轮减、变速箱制造	668	3580	163
其他传动部件制造	567	3234	78
烘炉、风机、包装等设备制造	884	3150	433
烘炉、熔炉及电炉制造			
风机、风扇制造			
气体、液体分离及纯净设备制造			
制冷、空调设备制造	783	2267	644
风动和电动工具制造	99	882	-211
喷枪及类似器具制造			
包装专用设备制造	3	1	
文化、办公用机械制造	1003	1465	139
电影机械制造			
幻灯及投影设备制造	395	382	51
照相机及器材制造			
复印和胶印设备制造	508	471	-6
计算器及货币专用设备制造	100	613	93

单位：万元

利息收入	利息支出	投资收益（损失以“-”号记）	营业利润	利润总额	亏损企业亏损额	平均用工人数（人）
	93		495	533	2	288
1	483		496	512		280
	78		42	54		45
1		220	1146	1157		85
12	2988		-4082	-3454	5663	2536
			159	154		60
3	1272		1441	1439	67	1341
8	1076		-6173	-5596	5596	585
1	641		-21	37		450
			512	512		100
107	776	67	5946	6482	712	1346
-4	505		1648	2128	58	457
25	3	67	175	200	643	270
	84		214	214	12	131
86	184		3909	3939		488
155	665	17	4033	3973		2408
-101	264	17	2870	2680		1527
256	402		1163	1294		881
83	665	2	2460	2487	1270	698
17	665	2	-216	-171	1223	405
66			2723	2706		241
			-47	-47	47	52
	93		-386	-347	684	1206
	51		281	281		1010
			18	55		138
	41		-684	-684	684	58

1-A-6 续表 42

行　业	企业单位数（个）	资产总计	固定资产净额	固定资产原价
其他文化、办公用机械制造				
通用零部件制造	31	246144	30334	96345
金属密封件制造				
紧固件制造	3	20095	2263	6404
弹簧制造				
机械零部件加工	23	171779	17464	67213
其他通用零部件制造	5	54270	10607	22728
其他通用设备制造业	3	8438	387	5287
工业机器人制造				
特殊作业机器人制造				
增材制造装备制造				
其他未列明通用设备制造业	3	8438	387	5287
专用设备制造业	150	5175900	476624	844463
采矿、冶金、建筑专用设备制造	53	3568206	233225	426640
矿山机械制造	18	301009	38880	81926
石油钻采专用设备制造				
深海石油钻探设备制造				
建筑工程用机械制造	23	3082349	178042	316075
建筑材料生产专用机械制造	6	21672	3543	7838
冶金专用设备制造	4	139867	11653	17713
隧道施工专用机械制造	2	23310	1107	3089
化工、木材、非金属加工专用设备制造	22	413281	80983	165544
炼油、化工生产专用设备制造	2	29911	696	4944
橡胶加工专用设备制造	5	179110	11411	39278
塑料加工专用设备制造	2	42799	1174	2526
木竹材加工机械制造	1	2790	340	780
模具制造	12	158672	67362	118016
其他非金属加工专用设备制造				
食品、饮料、烟草及饲料生产专用设备制造	9	60418	4600	13206
食品、酒、饮料及茶生产专用设备制造				
农副食品加工专用设备制造	8	54805	4351	12522
烟草生产专用设备制造				
饲料生产专用设备制造	1	5613	249	684
印刷、制药、日化及日用品生产专用设备制造	4	21059	5705	8888
制浆和造纸专用设备制造				
印刷专用设备制造	3	17668	5227	8099
日用化工专用设备制造				
制药专用设备制造				
照明器具生产专用设备制造				
玻璃、陶瓷和搪瓷制品生产专用设备制造	1	3391	477	789

单位：万元

累计折旧	流动资产合计	应收账款	存货	产成品	负债合计	流动负债合计
65694	153139	45362	46304	11938	136744	113491
4141	17192	4418	10150	2711	15104	10182
49432	108157	35747	27636	7008	81357	75995
12121	27790	5197	8518	2219	40283	27314
1926	6956	281	2228	1100	3067	3067
1926	6956	281	2228	1100	3067	3067
348807	3343269	729584	694483	351019	3007863	2507709
190820	2348410	503897	479182	291053	2130476	1786405
41760	217530	54191	73133	31705	217137	190768
138032	1978018	420090	395885	256654	1813084	1503739
2986	14365	1818	4400	1132	13729	11997
6060	121444	25445	5028	1127	80029	76151
1981	17054	2353	736	436	6498	3750
83332	298020	75129	84334	22174	252919	236365
4248	28104	2235	9284	549	16055	12255
27867	146896	29732	40942	123	113867	107919
1352	40535	7357	6777	5687	39401	38041
440	2352	228	65		1558	1558
49425	80133	35578	27265	15815	82039	76593
8260	43170	1910	4977	2544	22563	20895
7826	38597	1640	4242	1808	18758	17159
435	4573	270	735	735	3805	3736
3183	11450	124	4431	370	8990	7817
2872	9174	124	4182	180	7046	5874
311	2276		250	190	1944	1944

1-A-6 续表 43

行业	应付账款	所有者权益合计	实收资本	国家资本
其他文化、办公用机械制造				
通用零部件制造	45362	109401	51224	6
金属密封件制造				
紧固件制造	4418	4992	1325	
弹簧制造				
机械零部件加工	35747	90423	38721	6
其他通用零部件制造	5197	13986	11178	
其他通用设备制造业	281	5371	700	
工业机器人制造				
特殊作业机器人制造				
增材制造装备制造				
其他未列明通用设备制造业	281	5371	700	
专用设备制造业	729584	2168035	778270	270558
采矿、冶金、建筑专用设备制造	503897	1437730	484212	239169
矿山机械制造	54191	83871	62132	36453
石油钻采专用设备制造				
深海石油钻探设备制造				
建筑工程用机械制造	420090	1269265	398933	201216
建筑材料生产专用机械制造	1818	7943	7715	
冶金专用设备制造	25445	59838	3000	1500
隧道施工专用机械制造	2353	16812	12432	
化工、木材、非金属加工专用设备制造	75129	160361	93075	19017
炼油、化工生产专用设备制造	2235	13856	5800	
橡胶加工专用设备制造	29732	65243	29180	10000
塑料加工专用设备制造	7357	3398	3600	
木竹材加工机械制造	228	1232	1080	
模具制造	35578	76632	53415	9017
其他非金属加工专用设备制造				
食品、饮料、烟草及饲料生产专用设备制造	1910	37855	8496	2400
食品、酒、饮料及茶生产专用设备制造				
农副食品加工专用设备制造	1640	36047	6778	2400
烟草生产专用设备制造				
饲料生产专用设备制造	270	1809	1718	
印刷、制药、日化及日用品生产专用设备制造	124	12069	12470	
制浆和造纸专用设备制造				
印刷专用设备制造	124	10622	12300	
日用化工专用设备制造				
制药专用设备制造				
照明器具生产专用设备制造				
玻璃、陶瓷和搪瓷制品生产专用设备制造		1448	170	

单位：万元

					营业收入	营业成本
集体资本	法人资本	个人资本	港澳台资本	外商资本		
300	28064	7238		15616	402420	373468
	1200	125			19283	16475
300	17814	4985		15616	255655	235706
	9050	2128			127483	121287
	200	500			16471	14234
	200	500			16471	14234
31340	221779	191336	45745	17512	3629357	3080477
1707	106425	124632	12280		2486611	2177949
500	1944	15866	7370		238524	204789
1207	93995	100741	1775		1945373	1683573
	4020	560	3135		13149	10060
	134	1366			273927	266225
	6332	6100			15638	13302
	36928	4541	23608	8982	447413	380797
	5000	800			120469	105450
	18680	500			88964	66773
	1000	2600			5373	4244
	1080				2635	2175
	11168	641	23608	8982	229972	202155
	2322	3774			44225	34550
	800	3578			26980	20937
	1522	196			17245	13612
	10300	2170			10347	8822
	10300	2000			3525	2514
		170			6823	6308

1-A-6 续表 44

行　业	销售费用	管理费用	财务费用
其他文化、办公用机械制造			
通用零部件制造	4647	10024	4841
金属密封件制造			
紧固件制造	622	1243	575
弹簧制造			
机械零部件加工	2500	5879	2508
其他通用零部件制造	1525	2902	1758
其他通用设备制造业	703	1146	50
工业机器人制造			
特殊作业机器人制造			
增材制造装备制造			
其他未列明通用设备制造业	703	1146	50
专用设备制造业	157708	192512	34530
采矿、冶金、建筑专用设备制造	115872	99619	19923
矿山机械制造	9087	16595	1636
石油钻采专用设备制造			
深海石油钻探设备制造			
建筑工程用机械制造	104212	78820	17817
建筑材料生产专用机械制造	880	1696	360
冶金专用设备制造	441	1872	91
隧道施工专用机械制造	1252	637	19
化工、木材、非金属加工专用设备制造	16192	30395	4006
炼油、化工生产专用设备制造	7074	6976	65
橡胶加工专用设备制造	5857	11837	1794
塑料加工专用设备制造	365	644	-20
木竹材加工机械制造	173	240	
模具制造	2724	10699	2167
其他非金属加工专用设备制造			
食品、饮料、烟草及饲料生产专用设备制造	2021	3909	439
食品、酒、饮料及茶生产专用设备制造			
农副食品加工专用设备制造	550	3080	208
烟草生产专用设备制造			
饲料生产专用设备制造	1471	829	231
印刷、制药、日化及日用品生产专用设备制造	274	867	172
制浆和造纸专用设备制造			
印刷专用设备制造	246	691	172
日用化工专用设备制造			
制药专用设备制造			
照明器具生产专用设备制造			
玻璃、陶瓷和搪瓷制品生产专用设备制造	28	176	1

单位：万元

利息收入	利息支出	投资收益（损失以"-"号记）	营业利润	利润总额	亏损企业亏损额	平均用工人数(人)
20	4488		7692	7898	457	3767
	592		318	360		380
12	2489		7683	7652	126	2519
8	1407		-309	-114	331	868
	1		296	284	21	215
	1		296	284	21	215
15347	38269	28670	160297	163522	30901	33209
15320	23112	28050	78990	81346	26340	16107
-6	1598	1731	2383	2527	6080	2762
15295	21038	26317	71666	73560	19785	9412
1	366		20	148	76	460
12	74	1	4526	4714	399	3258
19	36		395	398		215
160	3454	56	13791	15191	128	5439
-17	95		629	803		383
135	1593	62	2283	2825	94	1310
			120	103	30	159
			37	36		59
42	1766	-6	10721	11424	4	3528
43	475		3257	3388	191	770
42	230		2221	2352	191	665
1	245		1036	1036		105
1	173		116	141	221	245
	173		-157	-132	221	146
1			273	273		99

1-A-6 续表 45

行 业	企业单位数（个）	资产总计	固定资产净额	固定资产原价
其他日用品生产专用设备制造				
纺织、服装和皮革加工专用设备制造				
纺织专用设备制造				
皮革、毛皮及其制品加工专用设备制造				
缝制机械制造				
洗涤机械制造				
电子和电工机械专用设备制造	1	6856	831	1516
电工机械专用设备制造				
半导体器件专用设备制造				
电子元器件与机电组件设备制造				
其他电子专用设备制造	1	6856	831	1516
农、林、牧、渔专用机械制造	24	268997	72547	114736
拖拉机制造	7	151448	58665	91736
机械化农业及园艺机具制造	13	105556	13791	20387
营林及木竹采伐机械制造				
畜牧机械制造				
渔业机械制造				
农林牧渔机械配件制造	2	4872		2396
棉花加工机械制造				
其他农、林、牧、渔业机械制造	2	7121	91	218
医疗仪器设备及器械制造	17	190813	26225	46761
医疗诊断、监护及治疗设备制造	8	84005	5833	14390
口腔科用设备及器具制造	1	64792	8061	13649
医疗实验室及医用消毒设备和器具制造				
医疗、外科及兽医用器械制造	2	14010	4723	6580
机械治疗及病房护理设备制造	1	23979	7015	10927
康复辅具制造	1	463	22	55
眼镜制造	1	589	155	264
其他医疗设备及器械制造	3	2974	415	897
环保、邮政、社会公共服务及其他专用设备制造	20	646269	52509	67172
环境保护专用设备制造	12	614813	49819	62589
地质勘查专用设备制造				
邮政专用机械及器材制造				
商业、饮食、服务专用设备制造	1	4749	185	590
社会公共安全设备及器材制造	2	8833	1714	3007
交通安全、管制及类似专用设备制造	2	6657	780	965
水资源专用机械制造				
其他专用设备制造	3	11218	11	22
汽车制造业	361	16203405	3467690	6222168
汽车整车制造	7	6944110	1617789	3152809

单位：万元

累计折旧	流动资产合计	应收账款	存货		负债合计	流动负债合计
				产成品		
684	4746	480	1541		4380	3563
684	4746	480	1541		4380	3563
27419	131163	21618	40408	10249	93118	83958
20093	58298	17834	19613	4178	42969	36257
6478	63524	1327	18940	5856	42156	39776
722	2517	674	790	187	2716	2648
127	6824	1782	1065	27	5277	5277
20536	147675	21467	42230	16231	69742	61902
8557	71364	10113	23737	8798	30816	29924
5588	50922	2381	9366	2952	10845	10845
1856	6876	2214	1384	958	9043	8474
3912	15389	5576	6040	2648	15309	8979
32	421	94	155	141	128	128
109	434	217			519	519
482	2269	872	1548	734	3083	3033
14573	358635	104960	37381	8399	425676	306805
12679	333903	100955	30243	4730	404749	291975
405	3521	349	768	596	1775	1775
1293	6347	1667	1230	695	6810	6712
185	5355	1755	2262	1302	5429	5429
11	9509	235	2879	1076	6913	915
2714701	10032816	4447950	2018610	1327443	11713750	10895005
1524648	4304394	2745066	728759	597004	5293657	5156883

1-A-6 续表 46

行　业	应付账款	所有者权益合计	实收资本	国家资本
其他日用品生产专用设备制造				
纺织、服装和皮革加工专用设备制造				
纺织专用设备制造				
皮革、毛皮及其制品加工专用设备制造				
缝制机械制造				
洗涤机械制造				
电子和电工机械专用设备制造	480	2476	1800	
电工机械专用设备制造				
半导体器件专用设备制造				
电子元器件与机电组件设备制造				
其他电子专用设备制造	480	2476	1800	
农、林、牧、渔专用机械制造	21618	175879	75741	5000
拖拉机制造	17834	108479	18470	
机械化农业及园艺机具制造	1327	63400	54001	5000
营林及木竹采伐机械制造				
畜牧机械制造				
渔业机械制造				
农林牧渔机械配件制造	674	2156	1870	
棉花加工机械制造				
其他农、林、牧、渔业机械制造	1782	1844	1400	
医疗仪器设备及器械制造	21467	121071	28182	
医疗诊断、监护及治疗设备制造	10113	53190	13056	
口腔科用设备及器具制造	2381	53948	100	
医疗实验室及医用消毒设备和器具制造				
医疗、外科及兽医用器械制造	2214	4967	4318	
机械治疗及病房护理设备制造	5576	8671	9857	
康复辅具制造	94	336	100	
眼镜制造	217	70	100	
其他医疗设备及器械制造	872	-109	650	
环保、邮政、社会公共服务及其他专用设备制造	104960	220593	74294	4972
环境保护专用设备制造	100955	210064	62310	4972
地质勘查专用设备制造				
邮政专用机械及器材制造				
商业、饮食、服务专用设备制造	349	2974	2500	
社会公共安全设备及器材制造	1667	2023	2000	
交通安全、管制及类似专用设备制造	1755	1228	7000	
水资源专用机械制造				
其他专用设备制造	235	4305	484	
汽车制造业	4447950	4489650	1645020	317408
汽车整车制造	2745066	1650453	397815	222376

单位：万元

集体资本	法人资本	个人资本	港澳台资本	外商资本	营业收入	营业成本
		1800			2978	1794
		1800			2978	1794
2500	46129	22112			129004	107250
2500	11470	4500			70720	61552
	33809	15192			44580	35062
	850	1020			9380	7102
		1400			4325	3533
5226	4929	5639	9857	2530	164097	111633
5226	809	4491		2530	65649	41990
	100				33032	17507
	3800	518			37754	31122
			9857		20006	16237
		100			328	141
	100				2369	1992
	120	530			4961	2644
21908	14746	26669		6000	344680	257683
21908	10765	18665		6000	322992	239380
	2500				2991	2031
	1000	1000			3918	3267
		7000			5169	3733
	481	4			9610	9273
19986	861476	238741	19628	187781	21527845	18529068
5244	85800			84395	12509921	10488711

1-A-6 续表 47

行　业	销售费用	管理费用	财务费用
其他日用品生产专用设备制造			
纺织、服装和皮革加工专用设备制造			
纺织专用设备制造			
皮革、毛皮及其制品加工专用设备制造			
缝制机械制造			
洗涤机械制造			
电子和电工机械专用设备制造	85	737	3
电工机械专用设备制造			
半导体器件专用设备制造			
电子元器件与机电组件设备制造			
其他电子专用设备制造	85	737	3
农、林、牧、渔专用机械制造	4465	9955	1302
拖拉机制造	1379	4349	455
机械化农业及园艺机具制造	2424	4691	776
营林及木竹采伐机械制造			
畜牧机械制造			
渔业机械制造			
农林牧渔机械配件制造	409	387	73
棉花加工机械制造			
其他农、林、牧、渔业机械制造	253	527	-2
医疗仪器设备及器械制造	11254	23715	-190
医疗诊断、监护及治疗设备制造	5492	16665	82
口腔科用设备及器具制造	3092	3405	-1363
医疗实验室及医用消毒设备和器具制造			
医疗、外科及兽医用器械制造	449	612	479
机械治疗及病房护理设备制造	1298	1252	582
康复辅具制造	68	56	
眼镜制造		334	11
其他医疗设备及器械制造	855	1392	19
环保、邮政、社会公共服务及其他专用设备制造	7545	23314	8875
环境保护专用设备制造	6921	21005	8755
地质勘查专用设备制造			
邮政专用机械及器材制造			
商业、饮食、服务专用设备制造	438	408	40
社会公共安全设备及器材制造	99	475	-1
交通安全、管制及类似专用设备制造	61	1206	78
水资源专用机械制造			
其他专用设备制造	26	220	4
汽车制造业	889686	930504	8288
汽车整车制造	719989	477380	-62852

单位：万元

利息收入	利息支出	投资收益（损失以“-”号记）	营业利润	利润总额	亏损企业亏损额	平均用工人数（人）
1	6		317	411		94
1	6		317	411		94
342	1000	107	6555	7160	900	3504
330	337	46	2922	3367	25	1913
3	657	58	2276	2356	822	1320
-1	3		1349	1377	50	176
10	2	4	7	61	3	95
94	1028	454	22059	21151	2327	3429
93	69	553	6509	7354	107	1436
			10100	10108		290
	452	-97	4871	2932	2154	475
	480		491	602		800
			60	60		34
	11		19	34		226
	16	-3	9	61	67	168
-613	9023	3	35212	34734	794	3621
-620	8901	3	34901	34364	429	2657
	37		96	115		120
			65	33	10	298
6	81		73	152	350	311
	4		77	70	6	235
-6383	76898	9189	849209	861442	70166	129844
-17023	10225	1514	585272	582305	4284	32384

1-A-6 续表 48

行业	企业单位数（个）	资产总计	固定资产净额	固定资产原价
汽柴油车整车制造	5	6776404	1602026	3134380
新能源车整车制造	2	167706	15763	18429
汽车用发动机制造	2	247179	35256	83837
改装汽车制造	6	566566	32093	49530
低速汽车制造	1	14464	4954	8219
电车制造	2	123179	27428	70288
汽车车身、挂车制造	3	17122	7166	8812
汽车零部件及配件制造	340	8290785	1743004	2848675
铁路、船舶、航空航天和其他运输设备制造业	46	888092	189574	300409
铁路运输设备制造	2	16124	1664	3692
高铁车组制造				
铁路机车车辆制造				
窄轨机车车辆制造				
高铁设备、配件制造				
铁路机车车辆配件制造	1	5116	607	1321
铁路专用设备及器材、配件制造				
其他铁路运输设备制造	1	11008	1057	2371
城市轨道交通设备制造	4	128244	31983	38318
船舶及相关装置制造	30	616117	126538	227526
金属船舶制造	27	509823	107814	182181
非金属船舶制造				
娱乐船和运动船制造				
船用配套设备制造	3	106295	18724	45346
船舶改装				
船舶拆除				
海洋工程装备制造				
航标器材及其他相关装置制造				
航空、航天器及设备制造				
飞机制造				
航天器及运载火箭制造				
航天相关设备制造				
航空相关设备制造				
其他航空航天器制造				
摩托车制造	1	74762	707	1316
摩托车整车制造	1	74762	707	1316
摩托车零部件及配件制造				
自行车和残疾人座车制造				
自行车制造				
残疾人座车制造				
助动车制造	9	52844	28682	29556

单位：万元

累计折旧	流动资产合计	应收账款	存货	产成品	负债合计	流动负债合计
1521982	4200172	2739981	702973	577547	5221460	5118347
2665	104222	5085	25786	19458	72197	38536
48327	156272	55779	58358	34719	165407	163674
17437	358282	156559	37467	9746	365291	343822
3265	5987	2288	1187	520	10917	10917
42859	94661	42584	5717	249	66161	63883
1646	8886	3999	4532	3729	13966	13966
1076519	5104333	1441676	1182590	681477	5798352	5141860
96530	502127	165303	115962	53138	518955	436057
2028	14460	4351	653	388	11688	11286
714	4509	1841	185		3430	3290
1314	9951	2510	468	388	8259	7996
6335	80839	55485	4715	160	87520	80410
86683	315751	88816	104337	48436	299676	224290
60061	246747	73902	82343	39028	259788	197171
26622	69004	14915	21994	9409	39888	27119
609	69757		1307	1307	88004	88004
609	69757		1307	1307	88004	88004
875	21321	16651	4949	2846	32068	32068

1-A-6 续表 49

行业	应付账款	所有者权益合计	实收资本	国家资本
汽柴油车整车制造	2739981	1554945	323015	222376
新能源车整车制造	5085	95509	74800	
汽车用发动机制造	55779	81772	20312	
改装汽车制造	156559	201275	220136	2000
低速汽车制造	2288	3546		
电车制造	42584	57018	8810	7810
汽车车身、挂车制造	3999	3156	2200	
汽车零部件及配件制造	1441676	2492430	995748	85223
铁路、船舶、航空航天和其他运输设备制造业	165303	369137	273433	89031
铁路运输设备制造	4351	4436	3130	
高铁车组制造				
铁路机车车辆制造				
窄轨机车车辆制造				
高铁设备、配件制造				
铁路机车车辆配件制造	1841	1686	1000	
铁路专用设备及器材、配件制造				
其他铁路运输设备制造	2510	2749	2130	
城市轨道交通设备制造	55485	40724	25800	20000
船舶及相关装置制造	88816	316442	228052	69031
金属船舶制造	73902	250035	192242	34451
非金属船舶制造				
娱乐船和运动船制造				
船用配套设备制造	14915	66407	35810	34581
船舶改装				
船舶拆除				
海洋工程装备制造				
航标器材及其他相关装置制造				
航空、航天器及设备制造				
飞机制造				
航天器及运载火箭制造				
航天相关设备制造				
航空相关设备制造				
其他航空航天器制造				
摩托车制造		-13242	2000	
摩托车整车制造		-13242	2000	
摩托车零部件及配件制造				
自行车和残疾人座车制造				
自行车制造				
残疾人座车制造				
助动车制造	16651	20776	14452	

单位：万元

集体资本	法人资本	个人资本	港澳台资本	外商资本	营业收入	营业成本
5244	11000			84395	12334180	10330080
	74800				175741	158631
	10012	4120		6180	228905	198182
	189111	29025			468502	411331
					12565	10993
		1000			156656	149435
	200	2000			24086	20871
14742	576352	202596	19628	97206	8127210	7249545
2461	161747	20194			702355	565942
2130	1000				37108	33966
	1000				10942	10430
2130					26166	23537
	5800				99555	93159
331	152199	6491			496457	378056
331	151470	5991			456978	349701
	729	500			39479	28355
	1800	200				
	1800	200				
	949	13503				69234	60761

1-A-6 续表 50

行 业	销售费用	管理费用	财务费用
汽柴油车整车制造	719352	475181	-62950
新能源车整车制造	637	2199	98
汽车用发动机制造	-8032	21635	801
改装汽车制造	5813	18811	3194
低速汽车制造	508	572	-64
电车制造	167	7179	-2078
汽车车身、挂车制造	140	1450	179
汽车零部件及配件制造	171102	403478	69109
铁路、船舶、航空航天和其他运输设备制造业	13012	71511	2359
铁路运输设备制造		3616	-1
高铁车组制造			
铁路机车车辆制造			
窄轨机车车辆制造			
高铁设备、配件制造			
铁路机车车辆配件制造		658	1
铁路专用设备及器材、配件制造			
其他铁路运输设备制造		2958	-3
城市轨道交通设备制造	520	3324	-84
船舶及相关装置制造	10381	62317	1829
金属船舶制造	8625	56059	1746
非金属船舶制造			
娱乐船和运动船制造			
船用配套设备制造	1756	6258	82
船舶改装			
船舶拆除			
海洋工程装备制造			
航标器材及其他相关装置制造			
航空、航天器及设备制造			
飞机制造			
航天器及运载火箭制造			
航天相关设备制造			
航空相关设备制造			
其他航空航天器制造			
摩托车制造		110	
摩托车整车制造		110	
摩托车零部件及配件制造			
自行车和残疾人座车制造			
自行车制造			
残疾人座车制造			
助动车制造	2111	2144	616

单位：万元

利息收入	利息支出	投资收益（损失以“-”号记）	营业利润	利润总额	亏损企业亏损额	平均用工人数(人)
-17032	9941	1514	571230	567098	4284	31948
10	283		14042	15207		436
897	1858		15544	15602		2458
19	3582	31	26000	24816	14060	1282
71	6		369	338		148
1838			2006	2185		850
1	172		1368	1442	15	479
7813	61055	7644	218651	234754	51808	92243
826	2625	968	49537	49691	4272	16822
6			-783	422		787
2			-209	187		156
4			-574	235		631
43	116		3016	3245	1112	495
776	2003	968	44139	42715	3069	14963
469	1737	1056	40798	39284	3069	14185
307	266	-89	3341	3431		778
			-110	-91	91	4
			-110	-91	91	4
1	505		3276	3400		573

1-A-6 续表 51

行业	企业单位数（个）	资产总计	固定资产净额	固定资产原价
非公路休闲车及零配件制造				
潜水救捞及其他未列明运输设备制造				
潜水装备制造				
水下救捞装备制造				
其他未列明运输设备制造				
电气机械和器材制造业	147	2707676	519903	818362
电机制造	13	185314	54631	72317
发电机及发电机组制造	6	84861	34080	36997
电动机制造	4	53837	12456	20839
微特电机及组件制造	3	46615	8095	14482
其他电机制造				
输配电及控制设备制造	73	1028066	201474	331276
变压器、整流器和电感器制造	19	442890	141981	173451
电容器及其配套设备制造	4	134418	5837	45752
配电开关控制设备制造	40	348536	23856	46477
电力电子元器件制造	4	71719	20176	47793
光伏设备及元器件制造	1	11785	8323	15159
其他输配电及控制设备制造	5	18717	1301	2644
电线、电缆、光缆及电工器材制造	36	965786	102584	178121
电线、电缆制造	33	869471	78928	140838
光纤制造				
光缆制造				
绝缘制品制造	1	86475	23575	36937
其他电工器材制造	2	9839	82	346
电池制造	14	428856	140453	206258
锂离子电池制造	6	280586	75252	113086
镍氢电池制造	2	5827	1977	13298
铅蓄电池制造	2	31000	10512	10969
锌锰电池制造	1	3667	1279	1566
其他电池制造	3	107776	51432	67340
家用电力器具制造	4	22943	4935	12044
家用制冷电器具制造				
家用空气调节器制造	2	13442	4082	6586
家用通风电器具制造	1	6507	168	4359
家用厨房电器具制造	1	2994	684	1099
家用清洁卫生电器具制造				
家用美容、保健护理电器具制造				
家用电力器具专用配件制造				
其他家用电力器具制造				
非电力家用器具制造	1	8268	1641	2096

单位：万元

累计折旧	流动资产合计	应收账款	存货	产成品	负债合计	流动负债合计
253704	1796758	469457	387003	185847	1592307	1386816
17275	112914	19067	32292	9004	81426	62199
2735	47860	3591	18416	1671	28078	21150
8153	33355	6513	7516	3882	39314	27189
6387	31700	8963	6360	3452	14034	13860
117823	693828	177664	164337	84044	497137	409130
31338	270401	59347	69868	44233	201543	145987
28669	92000	27104	14204	8703	41836	38460
22120	273411	80781	68507	27886	177121	171568
27517	42142	6536	7276	1969	51444	35559
6836	1012	2536	938	3	16669	9169
1343	14862	1359	3545	1250	8524	8388
69707	698264	162725	105356	59344	685032	636897
56080	659949	159699	91661	54626	648582	605463
13363	28752	2429	13061	4394	29524	24508
264	9563	596	635	325	6926	6926
39980	222552	105590	64277	26855	289251	242587
12009	160208	91579	41399	20263	253620	214057
11321	3520	2200	1150	379	2294	2294
457	13376	3774	5445	633	20678	14592
286	2219	301	1849	214	1321	1321
15907	43229	7737	14434	5367	11338	10323
6399	16188	3188	6991	5779	9670	8762
2504	8377	2682	1038	606	4458	4186
3481	5562	461	5154	4624	4280	3644
415	2249	45	800	550	932	932
455	6386	1069	813	650	3317	3317

1-A-6 续表 52

行业	应付账款	所有者权益合计	实收资本	国家资本
非公路休闲车及零配件制造				
潜水救捞及其他未列明运输设备制造				
潜水装备制造				
水下救捞装备制造				
其他未列明运输设备制造				
电气机械和器材制造业	469457	1115367	521113	4938
电机制造	19067	103888	37957	
发电机及发电机组制造	3591	56784	16654	
电动机制造	6513	14523	6300	
微特电机及组件制造	8963	32582	15003	
其他电机制造				
输配电及控制设备制造	177664	530928	222149	2036
变压器、整流器和电感器制造	59347	241347	57541	
电容器及其配套设备制造	27104	92583	18481	2036
配电开关控制设备制造	80781	171415	108960	
电力电子元器件制造	6536	20275	21900	
光伏设备及元器件制造	2536	-4885	10000	
其他输配电及控制设备制造	1359	10193	5268	
电线、电缆、光缆及电工器材制造	162725	280754	165219	
电线、电缆制造	159699	220889	134905	
光纤制造				
光缆制造				
绝缘制品制造	2429	56951	27830	
其他电工器材制造	596	2914	2484	
电池制造	105590	139605	83009	2902
锂离子电池制造	91579	26967	18842	2902
镍氢电池制造	2200	3533	287	
铅蓄电池制造	3774	10322	10608	
锌锰电池制造	301	2346	2250	
其他电池制造	7737	96438	51022	
家用电力器具制造	3188	13274	5452	
家用制冷电器具制造				
家用空气调节器制造	2682	8985	2917	
家用通风电器具制造	461	2227	1535	
家用厨房电器具制造	45	2062	1000	
家用清洁卫生电器具制造				
家用美容、保健护理电器具制造				
家用电力器具专用配件制造				
其他家用电力器具制造				
非电力家用器具制造	1069	4951	2766	

单位：万元

集体资本	法人资本	个人资本	港澳台资本	外商资本	营业收入	营业成本
53437	256952	183136	8739	13911	2589650	2223758
	16835	5800	7822	7500	122455	102780
	8730	424		7500	28069	22957
	4233	2067			21591	16526
	3871	3309	7822		72794	63297
24335	77437	118342			884570	759654
12798	28795	15948			204734	173151
11537	108	4800			84758	70704
	27236	81724			505222	442996
	20238	1662			69727	55048
		10000			3324	4841
	1060	4208			16804	12914
27147	82286	49375		6411	999372	883562
26343	54456	47695		6411	899295	800178
	27830				67781	59223
804		1680			32296	24162
1955	76630	1522			508809	416537
1955	13920	65			320899	265970
		287			6273	5402
	10608				34733	24199
	2100	150			4597	3995
	50002	1020			142308	116971
	1000	3535	917		32140	24982
		2000	917		16579	14368
		1535			5198	3816
	1000				10364	6799
	2766				6659	5723

1-A-6　续表　53

行　业	销售费用	管理费用	财务费用
非公路休闲车及零配件制造			
潜水救捞及其他未列明运输设备制造			
潜水装备制造			
水下救捞装备制造			
其他未列明运输设备制造			
电气机械和器材制造业	56976	163372	33480
电机制造	3816	10873	981
发电机及发电机组制造	1593	3615	613
电动机制造	1260	3834	768
微特电机及组件制造	963	3424	-400
其他电机制造			
输配电及控制设备制造	32106	52653	12075
变压器、整流器和电感器制造	5589	14996	4182
电容器及其配套设备制造	6288	7333	-423
配电开关控制设备制造	17079	22254	5086
电力电子元器件制造	2659	5332	2762
光伏设备及元器件制造	65	596	404
其他输配电及控制设备制造	427	2142	64
电线、电缆、光缆及电工器材制造	11417	46573	14529
电线、电缆制造	9524	32264	13977
光纤制造			
光缆制造			
绝缘制品制造	759	7387	551
其他电工器材制造	1134	6921	
电池制造	7343	47056	5467
锂离子电池制造	2372	31601	3936
镍氢电池制造	376	399	11
铅蓄电池制造	3219	7436	416
锌锰电池制造	204	360	7
其他电池制造	1172	7261	1097
家用电力器具制造	1109	3807	203
家用制冷电器具制造			
家用空气调节器制造	175	224	50
家用通风电器具制造	435	822	77
家用厨房电器具制造	499	2762	76
家用清洁卫生电器具制造			
家用美容、保健护理电器具制造			
家用电力器具专用配件制造			
其他家用电力器具制造			
非电力家用器具制造	53	647	13

单位：万元

利息收入	利息支出	投资收益（损失以“-”号记）	营业利润	利润总额	亏损企业亏损额	平均用工人数(人)
3434	33809	2377	100540	104719	22522	30417
2	1132	114	4661	5136	2279	4576
-19	254		-837	-774	862	412
	768		-1054	-796	1416	529
21	110	114	6553	6706		3635
-479	11643	626	25477	26247	10169	10421
28	4161		6542	6308	5898	2922
-437	23	554	676	686	248	1089
59	4297	72	16113	17086	1478	5051
-143	2691		3626	3523		845
13	416		-2584	-2544	2544	127
2	55		1104	1188		387
3861	15386	1637	43199	44181	5076	7874
3827	14778	1518	42751	43590	5076	7046
36	607	119	397	543		711
-1	1		52	49		117
46	5367		23297	25059	4987	4809
46	4122		13723	14899	3740	3037
			72	72		167
	417		-1080	-1013	1247	384
3	5		26	74		271
-3	823		10557	11027		950
	204		1957	1965		507
	51		1703	1701		239
	77		26	31		173
	76		227	233		95
	13		214	214		60

1-A-6 续表 54

行 业	企业单位数（个）	资产总计	固定资产净额	固定资产原价
燃气及类似能源家用器具制造				
太阳能器具制造	1	8268	1641	2096
其他非电力家用器具制造				
照明器具制造	6	68444	14185	16250
电光源制造				
照明灯具制造	6	68444	14185	16250
舞台及场地用灯制造				
智能照明器具制造				
灯用电器附件及其他照明器具制造				
其他电气机械及器材制造				
电气信号设备装置制造				
其他未列明电气机械及器材制造				
计算机、通信和其他电子设备制造业	147	6271435	666892	1156858
计算机制造	27	1238402	222129	392187
计算机整机制造	3	389124	26993	78784
计算机零部件制造	15	434024	80672	110858
计算机外围设备制造	7	382559	106802	191574
工业控制计算机及系统制造				
信息安全设备制造				
其他计算机制造	2	32695	7662	10971
通信设备制造	15	512752	121576	179803
通信系统设备制造	8	135536	16209	30343
通信终端设备制造	7	377216	105367	149461
广播电视设备制造	2	40444	6664	9432
广播电视节目制作及发射设备制造				
广播电视接收设备制造	1	2256	480	549
广播电视专用配件制造				
专业音响设备制造				
应用电视设备及其他广播电视设备制造	1	38189	6184	8883
雷达及配套设备制造	1	91367	6400	24308
非专业视听设备制造	16	201378	20479	44808
电视机制造	4	20812	978	1558
音响设备制造	8	117253	17431	40219
影视录放设备制造	4	63313	2071	3030
智能消费设备制造	3	20086	5011	9201
可穿戴智能设备制造	1			
智能车载设备制造				
智能无人飞行器制造				
服务消费机器人制造				
其他智能消费设备制造	2	20086	5011	9201

单位：万元

累计折旧	流动资产合计	应收账款	存货	产成品	负债合计	流动负债合计
455	6386	1069	813	650	3317	3317
2065	46626	154	12937	170	26477	23925
2065	46626	154	12937	170	26477	23925
482513	5201136	3049961	945686	183336	4427300	4130032
166450	836484	397702	168752	37421	769140	677977
51791	323380	151411	69234	8713	246187	221830
26578	291237	133441	35985	7949	302354	283210
84772	199636	108446	56764	19740	201365	153703
3309	22231	4404	6769	1019	19234	19234
55557	342961	93906	31196	8942	293144	180633
12965	107175	29440	14026	3550	67987	64541
42592	235786	64466	17171	5392	225156	116092
2754	30714	5719	18402	5130	11484	9598
55	1754	447	131	103	1743	1743
2699	28961	5271	18272	5028	9740	7855
17501	75666	25491	44031	30	55952	43492
24330	165755	60882	48677	20664	96231	92734
581	18746	9989	12398	58	12405	12405
22788	91552	47104	25840	15440	70366	66907
961	55457	3788	10438	5166	13460	13422
4190	11914	1194	3072	2961	11080	6762
4190	11914	1194	3072	2961	11080	6762

1-A-6 续表 55

行业	应付账款	所有者权益合计	实收资本	国家资本
燃气及类似能源家用器具制造				
太阳能器具制造	1069	4951	2766	
其他非电力家用器具制造				
照明器具制造	154	41967	4562	
电光源制造				
照明灯具制造	154	41967	4562	
舞台及场地用灯制造				
智能照明器具制造				
灯用电器附件及其他照明器具制造				
其他电气机械及器材制造				
电气信号设备装置制造				
其他未列明电气机械及器材制造				
计算机、通信和其他电子设备制造业	3049961	1844134	728595	62484
计算机制造	397702	469263	225078	370
计算机整机制造	151411	142937	49919	
计算机零部件制造	133441	131670	96845	370
计算机外围设备制造	108446	181194	68458	
工业控制计算机及系统制造				
信息安全设备制造				
其他计算机制造	4404	13461	9857	
通信设备制造	93906	219608	103919	18091
通信系统设备制造	29440	67549	40700	17891
通信终端设备制造	64466	152059	63219	200
广播电视设备制造	5719	28961	10000	1517
广播电视节目制作及发射设备制造				
广播电视接收设备制造	447	513		
广播电视专用配件制造				
专业音响设备制造				
应用电视设备及其他广播电视设备制造	5271	28448	10000	1517
雷达及配套设备制造	25491	35415	19498	19498
非专业视听设备制造	60882	105147	54501	
电视机制造	9989	8407	1082	
音响设备制造	47104	46886	24535	
影视录放设备制造	3788	49853	28884	
智能消费设备制造	1194	9005	3180	
可穿戴智能设备制造				
智能车载设备制造				
智能无人飞行器制造				
服务消费机器人制造				
其他智能消费设备制造	1194	9005	3180	

单位：万元

集体资本	法人资本	个人资本	港澳台资本	外商资本	营业收入	营业成本
	2766				6659	5723
		4562			35645	30521
		4562			35645	30521
5223	258892	158088	192153	51755	11927080	10917911
	68614	50741	105353		3677110	3191463
	48919	1000			1106554	958062
	14400	19079	62996		1916931	1658687
	2295	23805	42358		582174	517118
	3000	6857			71452	57596
	46541	11696	27591		847240	725444
	12241	10568			65103	51250
	34301	1128	27591		782137	674195
		8483			22110	15524
					2173	1738
		8483			19937	13785
					47123	39791
	19293	24140	10686	382	381069	349128
	45	100	555	382	85214	78199
	14204	200	10131		258695	243206
	5044	23840			37161	27723
	612	2568			10319	6422
	612	2568			10319	6422

1-A-6 续表 56

行　业	销售费用	管理费用	财务费用
燃气及类似能源家用器具制造			
太阳能器具制造	53	647	13
其他非电力家用器具制造			
照明器具制造	1133	1763	213
电光源制造			
照明灯具制造	1133	1763	213
舞台及场地用灯制造			
智能照明器具制造			
灯用电器附件及其他照明器具制造			
其他电气机械及器材制造			
电气信号设备装置制造			
其他未列明电气机械及器材制造			
计算机、通信和其他电子设备制造业	75179	179910	-8129
计算机制造	16445	43539	-1563
计算机整机制造	2646	12527	1820
计算机零部件制造	8578	20640	-779
计算机外围设备制造	3626	7355	-3167
工业控制计算机及系统制造			
信息安全设备制造			
其他计算机制造	1596	3018	563
通信设备制造	8995	20741	3821
通信系统设备制造	2972	8920	-475
通信终端设备制造	6023	11822	4296
广播电视设备制造	1096	3075	8
广播电视节目制作及发射设备制造			
广播电视接收设备制造	172	72	
广播电视专用配件制造			
专业音响设备制造			
应用电视设备及其他广播电视设备制造	924	3003	8
雷达及配套设备制造	598	4663	-1
非专业视听设备制造	6565	18464	-1223
电视机制造	2117	1786	166
音响设备制造	1021	12160	-1337
影视录放设备制造	3427	4517	-52
智能消费设备制造	470	2292	500
可穿戴智能设备制造			
智能车载设备制造			
智能无人飞行器制造			
服务消费机器人制造			
其他智能消费设备制造	470	2292	500

单位：万元

利息收入	利息支出	投资收益（损失以“-”号记）	营业利润	利润总额	亏损企业亏损额	平均用工人数(人)
	13		214	214		60
3	65		1735	1917	12	2170
3	65		1735	1917	12	2170
-76786	89137	1835	749103	777010	9880	85598
-71164	78232	489	425253	435840	956	13894
-74420	76238	446	129718	135626		1603
441	850	10	230174	234313	940	6863
2820	585	33	57355	57887	17	3897
-5	558		8006	8014		1531
110	2294	183	85999	90526	2889	9521
9	187	18	883	1649	1023	703
102	2108	165	85116	88877	1866	8818
17	14	10	2941	2905		438
3			179	181		82
14	14	10	2762	2724		356
209	206	12	2137	2156		748
228	115	150	11480	13507	1835	7895
	49		2850	2976	576	175
78	14		7239	8314	132	6867
150	52	150	1391	2218	1127	853
	388	53	625	939		277
	388	53	625	939		277

1-A-6 续表 57

行 业	企业单位数（个）	资产总计	固定资产净额	固定资产原价
电子器件制造	27	1540257	101925	138844
电子真空器件制造	1	2064	55	66
半导体分立器件制造	1	4223	1485	5594
集成电路制造	3	82396	4391	4894
显示器件制造	9	204499	50056	61326
半导体照明器件制造	3	86958	4332	4844
光电子器件制造	7	999341	26079	38458
其他电子器件制造	3	160776	15528	23662
电子元件及电子专用材料制造	39	2290039	115704	257599
电阻电容电感元件制造	15	94772	21826	34869
电子电路制造				
敏感元件及传感器制造	3	25058	3945	11395
电声器件及零件制造	7	66972	12392	20553
电子专用材料制造	1	1908317	17301	67333
其他电子元件制造	13	194921	60240	123450
其他电子设备制造	17	336710	67006	100675
仪器仪表制造业	29	344929	50895	77433
通用仪器仪表制造	21	303550	43819	61797
工业自动控制系统装置制造	7	31207	3027	4940
电工仪器仪表制造	2	7829	3698	3957
绘图、计算及测量仪器制造	5	243045	35841	50313
实验分析仪器制造	3	12969	253	593
试验机制造				
供应用仪器仪表制造	3	5319	795	1428
其他通用仪器制造	1	3182	205	566
专用仪器仪表制造	2	10638	2526	3486
环境监测专用仪器仪表制造				
运输设备及生产用计数仪表制造	1	2227	263	656
导航、测绘、气象及海洋专用仪器制造				
农林牧渔专用仪器仪表制造				
地质勘探和地震专用仪器制造				
教学专用仪器制造				
核子及核辐射测量仪器制造				
电子测量仪器制造				
其他专用仪器制造	1	8412	2263	2829
钟表与计时仪器制造	3	23153	2997	9560
光学仪器制造	2	7588	1553	2591
衡器制造				
其他仪器仪表制造业	1			
其他制造业	10	45570	9977	36545
日用杂品制造	4	20103	2221	24621
鬃毛加工、制刷及清扫工具制造	1	14695		21663

单位：万元

累计折旧	流动资产合计	应收账款	存货	产成品	负债合计	流动负债合计
36916	1404223	1087120	88105	30104	1323224	1297827
11	1932		56		1711	1711
4109	2378	354	1704	757	2439	2439
503	73234	18730	4154	1674	69669	65172
11270	140990	104839	37834	14527	130259	125105
512	81371	69374	998	547	85608	85608
12377	959900	854920	15086	5237	888946	873609
8134	144418	38904	28274	7363	144593	144184
141547	2118274	1277301	487354	52023	1699101	1667497
13041	52979	14996	14471	6929	47767	30207
7364	17002	5013	9748	3805	10208	6454
7901	54350	40100	15486	8031	48736	48675
50031	1871061	1177266	428015	27466	1503910	1503910
63210	122881	39927	19636	5792	88479	78251
33269	215145	100647	56098	26061	167945	153513
26456	239809	26523	29132	10600	146052	135157
17897	208165	25019	20177	6908	137936	128035
1913	27477	11237	2788	1113	14776	14443
258	3831	-54	1651	51	4812	2602
14393	160235	11124	11879	3717	99618	92552
338	9123	1336	2714	1929	12943	12668
633	4523	1384	630	98	3028	3012
361	2977	-7	515		2758	2758
960	7607	504	1995	1002	1750	1582
393	1896	300	15	1	1342	1175
566	5711	204	1981	1001	408	408
6563	18583	861	5684	1422	4057	3390
1037	5455	139	1276	1267	2309	2149
18601	21956	2766	5083	1410	21695	20291
14432	9381	1212	2390	804	13523	12226
13817	6614	1212	1879	602	10459	9161

1-A-6 续表 58

行业	应付账款	所有者权益合计	实收资本	国家资本
电子器件制造	1087120	217032	81388	
电子真空器件制造		353	298	
半导体分立器件制造	354	1784	2000	
集成电路制造	18730	12728	9270	
显示器件制造	104839	74240	32673	
半导体照明器件制造	69374	1351	1089	
光电子器件制造	854920	110395	28909	
其他电子器件制造	38904	16183	7150	
电子元件及电子专用材料制造	1277301	590939	192228	23008
电阻电容电感元件制造	14996	47005	27383	5625
电子电路制造				
敏感元件及传感器制造	5013	14850	10876	
电声器件及零件制造	40100	18236	20017	
电子专用材料制造	1177266	404407	65033	
其他电子元件制造	39927	106442	68919	17383
其他电子设备制造	100647	168765	38803	
仪器仪表制造业	26523	198878	106457	300
通用仪器仪表制造	25019	165614	94099	300
工业自动控制系统装置制造	11237	16431	4485	
电工仪器仪表制造	-54	3016	3001	
绘图、计算及测量仪器制造	11124	143427	80105	
实验分析仪器制造	1336	25	3809	300
试验机制造				
供应用仪器仪表制造	1384	2291	2400	
其他通用仪器制造	-7	425	300	
专用仪器仪表制造	504	8889	1155	
环境监测专用仪器仪表制造				
运输设备及生产用计数仪表制造	300	885	155	
导航、测绘、气象及海洋专用仪器制造				
农林牧渔专用仪器仪表制造				
地质勘探和地震专用仪器制造				
教学专用仪器制造				
核子及核辐射测量仪器制造				
电子测量仪器制造				
其他专用仪器制造	204	8004	1000	
钟表与计时仪器制造	861	19097	7004	
光学仪器制造	139	5278	4000	
衡器制造				
其他仪器仪表制造业				
其他制造业	2766	23875	12755	
日用杂品制造	1212	6580	5316	
鬃毛加工、制刷及清扫工具制造	1212	4237	4903	

单位：万元

集体资本	法人资本	个人资本	港澳台资本	外商资本	营业收入	营业成本
3183	30283	36157	4515	7250	1018934	966536
	298				3814	3428
		2000			3334	2347
	5690	3580			29500	28039
	14911	17683	79		163550	147377
	745	345			82924	82600
3183	8640	6550	3286	7250	533981	513277
		6000	1150		201832	189469
40	92091	18003	17163	41923	5261631	5067312
20	13282	7466	989		175513	160910
	3407	7469			26649	21827
20	6696	220	13081		76992	75124
	65033				4773730	4636343
	3672	2848	3093	41923	208749	173109
2000	1458	6300	26845	2200	661544	556291
3994	8465	93543		155	167449	137021
1207	8365	84227			80674	63712
	3125	1360			27709	23949
		3001			2740	2251
1207	3000	75898			36620	25910
	1040	2469			5953	4903
	1200	1200			3154	2382
		300			4499	4317
		1000		155	39869	34744
				155	2040	1128
		1000			37829	33616
1788	100	5116			43446	36536
1000		3000			3460	2029
		200				
	3682	3940	4903	230	36900	29481
	132	120	4903	161	24812	20622
			4903		7377	8135

1-A-6 续表 59

行　　业	销售费用	管理费用	财务费用
电子器件制造	12578	24266	-1183
电子真空器件制造	127	214	26
半导体分立器件制造	79	297	50
集成电路制造	343	719	63
显示器件制造	3090	7906	269
半导体照明器件制造	413	429	-1
光电子器件制造	7175	7521	-1675
其他电子器件制造	1351	7181	85
电子元件及电子专用材料制造	15511	44977	-8772
电阻电容电感元件制造	1312	5625	456
电子电路制造			
敏感元件及传感器制造	578	2532	200
电声器件及零件制造	373	1252	-1065
电子专用材料制造	8835	15455	-8381
其他电子元件制造	4413	20112	18
其他电子设备制造	12923	17894	285
仪器仪表制造业	4319	19340	3382
通用仪器仪表制造	2653	12982	3296
工业自动控制系统装置制造	339	4151	650
电工仪器仪表制造	29	499	122
绘图、计算及测量仪器制造	1664	6712	2294
实验分析仪器制造	422	983	18
试验机制造			
供应用仪器仪表制造	156	487	55
其他通用仪器制造	43	150	156
专用仪器仪表制造	694	1231	-16
环境监测专用仪器仪表制造			
运输设备及生产用计数仪表制造	90	423	-17
导航、测绘、气象及海洋专用仪器制造			
农林牧渔专用仪器仪表制造			
地质勘探和地震专用仪器制造			
教学专用仪器制造			
核子及核辐射测量仪器制造			
电子测量仪器制造			
其他专用仪器制造	603	808	2
钟表与计时仪器制造	882	4407	79
光学仪器制造	90	720	23
衡器制造			
其他仪器仪表制造业			
其他制造业	1903	3791	619
日用杂品制造	1130	2428	469
鬃毛加工、制刷及清扫工具制造	406	455	129

单位：万元

利息收入	利息支出	投资收益（损失以“-”号记）	营业利润	利润总额	亏损企业亏损额	平均用工人数（人）
-4018	3287	65	15834	19585	1714	7082
			19	19		265
	50	14	554	557		84
-20	48	5	188	680		504
	298	1	4589	5221	908	2698
	151		-534	-529	806	273
-4002	2644	45	6963	9527		2145
4	97		4055	4110		1113
-2231	4174	821	136757	139907	2486	36436
-6	595	631	7245	7787	723	5385
3	217	52	1492	1879		375
-11			1592	1566	145	4347
-2407	2890	-145	116174	116252		15814
190	472	284	10254	12424	1619	10515
64	427	53	68078	71645		9307
4	3921	-4397	-2793	-1117	11773	4112
3	3811	-4603	-7913	-7246	11670	2670
-20	1127		-1528	-1004	1268	746
	121		-215	-16	47	136
21	2337	-4603	-5643	-5562	9346	1516
1	16		-409	-401	602	132
	53		64	-82	225	99
	156		-181	-181	181	41
18			3106	3120		173
18			381	395		78
			2725	2725		95
-17	97	206	1484	2489		1096
	13		530	520	103	173
-2	451		866	921	1794	1588
1	332		33	14	1720	1309
1			-1714	-1720	1720	530

1-A-6 续表 60

行　业	企业单位数（个）	资产总计	固定资产净额	固定资产原价
其他日用杂品制造	3	5407	2221	2958
核辐射加工	1	1496	1110	2134
其他未列明制造业	5	23971	6646	9791
废弃资源综合利用业	45	716415	141956	169028
金属废料和碎屑加工处理	39	677863	130305	152742
非金属废料和碎屑加工处理	6	38551	11650	16286
金属制品、机械和设备修理业	7	488473	27251	70470
金属制品修理				
通用设备修理				
专用设备修理	1	217755	499	2281
铁路、船舶、航空航天等运输设备修理	5	266216	26175	66306
铁路运输设备修理	1	230172	22723	55884
船舶修理	4	36044	3452	10422
航空航天器修理				
其他运输设备修理				
电气设备修理	1	4503	577	1884
仪器仪表修理				
其他机械和设备修理业				
电力、热力、燃气及水生产和供应业	**281**	**33461636**	**20930611**	**34761274**
电力、热力生产和供应业	204	30398341	19615822	32740164
电力生产	151	18354005	12371692	19064740
火力发电	17	4392928	3123070	5057550
热电联产	6	599381	319487	648864
水力发电	86	6175364	4607043	8576678
核力发电	1	4329077	2716399	2990596
风力发电	19	1950235	1275933	1407636
太阳能发电	9	450291	243194	259029
生物质能发电	11	401889	86455	124126
其他电力生产	2	54841	111	262
电力供应	46	11891381	7171448	13586313
热力生产和供应	7	152955	72682	89111
燃气生产和供应业	25	883203	329907	450477
燃气生产和供应业	25	883203	329907	450477
天然气生产和供应业	21	756723	293410	400895
液化石油气生产和供应业	2	91700	22458	33565
煤气生产和供应业	2	34780	14039	16017
生物质燃气生产和供应业				
水的生产和供应业	52	2180092	984882	1570633
自来水生产和供应	48	2142212	977866	1549468
污水处理及其再生利用	3	36621	6417	20383
海水淡化处理				
其他水的处理、利用与分配	1	1259	598	782

单位：万元

累计折旧	流动资产合计	应收账款	存货	产成品	负债合计	流动负债合计
615	2767		512	202	3064	3064
1024	240	7			636	591
3145	12336	1547	2693	606	7536	7474
27072	525248	63869	270188	262076	586261	509892
22437	500850	58291	267550	261063	568242	494156
4635	24398	5578	2638	1013	18019	15736
38370	264201	99416	17111	2441	369385	336996
1782	66374	2655	5	1	180330	164962
35281	194087	96761	17096	2441	188644	171624
33128	181164	96208	14952	636	171711	157488
2153	12923	553	2144	1805	16933	14136
1307	3741		9		411	411
13130549	**5843826**	**1636336**	**501389**	**26720**	**23319039**	**10186267**
12469793	4999668	1560256	454411	5324	21563670	9407396
6243833	2530403	777802	395931	741	13507885	4729631
1799466	817432	224680	163859	30	3607401	1417826
238050	99274	18487	14532		389285	231911
3765047	709370	125114	8235	310	3723876	1467166
274197	355888	112105	203642		3677151	877400
130147	288337	238274	853	49	1466643	492286
15653	154300	19907	49	47	335755	131651
21120	96321	34738	4222	304	267259	105526
152	9481	4497	540		40516	5865
6209531	2439856	772141	58064	4584	7940055	4617648
16429	29408	10313	415		115730	60118
111889	357787	43257	27651	18628	500900	369725
111889	357787	43257	27651	18628	500900	369725
98805	280098	30827	14213	5604	393788	292614
11107	61512	10317	13067	12969	80851	50851
1978	16177	2113	371	56	26261	26261
548867	486372	32824	19328	2768	1254469	409145
542223	466722	30297	19247	2687	1244063	400093
6566	19224	2527	18	18	9754	8399
78	426		63	63	653	653

1-A-6 续表 61

行业	应付账款	所有者权益合计	实收资本	国家资本
其他日用杂品制造		2343	413	
核辐射加工	7	860	550	
其他未列明制造业	1547	16436	6889	
废弃资源综合利用业	63869	130154	66975	
金属废料和碎屑加工处理	58291	109621	51285	
非金属废料和碎屑加工处理	5578	20533	15690	
金属制品、机械和设备修理业	99416	119088	74874	71824
金属制品修理				
通用设备修理				
专用设备修理	2655	37424	10000	10000
铁路、船舶、航空航天等运输设备修理	96761	77572	59874	56824
铁路运输设备修理	96208	58461	56824	56824
船舶修理	553	19111	3050	
航空航天器修理				
其他运输设备修理				
电气设备修理		4092	5000	5000
仪器仪表修理				
其他机械和设备修理业				
电力、热力、燃气及水生产和供应业	**1636336**	**10142596**	**5764793**	**4241095**
电力、热力生产和供应业	1560256	8834670	5335520	4069608
电力生产	777802	4846120	3787158	2629484
火力发电	224680	785527	1187150	590544
热电联产	18487	210096	226794	26825
水力发电	125114	2451488	1212261	1073624
核力发电	112105	651926	585000	585000
风力发电	238274	483592	359540	281848
太阳能发电	19907	114536	79603	38300
生物质能发电	34738	134630	122310	29000
其他电力生产	4497	14325	14500	4344
电力供应	772141	3951325	1516690	1421177
热力生产和供应	10313	37225	31672	18947
燃气生产和供应业	43257	382303	139753	19833
燃气生产和供应业	43257	382303	139753	19833
天然气生产和供应业	30827	362935	127465	19833
液化石油气生产和供应业	10317	10850	8289	
煤气生产和供应业	2113	8519	4000	
生物质燃气生产和供应业				
水的生产和供应业	32824	925622	289520	151654
自来水生产和供应	30297	898149	284502	151211
污水处理及其再生利用	2527	26867	4412	442
海水淡化处理				
其他水的处理、利用与分配		606	606	

单位：万元

集体资本	法人资本	个人资本	港澳台资本	外商资本	营业收入	营业成本
	132	120		161	17435	12487
	550				498	253
	3000	3820		69	11590	8606
2000	44538	20437			3470947	3185933
2000	30953	18332			3207708	2959432
	13585	2105			263239	226501
	260	2790			210595	174514
					3299	1999
	260	2790			205011	169385
					168749	144233
	260	2790			36262	25152
					2285	3130
65089	**886496**	**47037**	**399400**	**125675**	**13362746**	**11450131**
44805	699660	43546	380600	97299	12270089	10613404
44744	592433	42596	380600	97299	4357712	3130762
1628	248108	1300	345570		2002750	1890702
	107310	5120		87539	199949	178539
12055	104061	16761		5760	1287077	571079
					492877	304232
	45409	9589	22695		203669	88997
10638	27995	2670			37853	15503
20424	50550	6000	12336	4000	124310	75520
	9000	1156			9228	6189
61	95402	50			7866713	7440028
	11825	900			45664	42615
13841	74966	990	18800	11324	693917	584663
13841	74966	990	18800	11324	693917	584663
13841	66677	990	14800	11324	369102	273541
	8289				310872	300116
			4000		13942	11005
6443	111870	2501		17052	398741	252064
2674	111064	2501		17052	380166	238321
3769	200				9902	5991
	606				8673	7752

1-A-6 续表 62

行 业	销售费用	管理费用	财务费用
其他日用杂品制造	724	1973	340
核辐射加工	26	67	24
其他未列明制造业	747	1296	126
废弃资源综合利用业	19191	34721	11935
金属废料和碎屑加工处理	18022	33171	11359
非金属废料和碎屑加工处理	1169	1551	577
金属制品、机械和设备修理业	2166	21010	3386
金属制品修理			
通用设备修理			
专用设备修理		1218	2917
铁路、船舶、航空航天等运输设备修理	2166	19519	472
铁路运输设备修理	1364	17789	–276
船舶修理	802	1730	748
航空航天器修理			
其他运输设备修理			
电气设备修理		273	–4
仪器仪表修理			
其他机械和设备修理业			
电力、热力、燃气及水生产和供应业	**61351**	**334652**	**656927**
电力、热力生产和供应业	19660	271880	626123
电力生产	598	154394	451874
火力发电	377	66243	141500
热电联产	8	6643	13045
水力发电	212	61742	127916
核力发电		10706	111139
风力发电	1	1312	37694
太阳能发电		1052	10301
生物质能发电		5903	8550
其他电力生产		794	1728
电力供应	18004	116015	169907
热力生产和供应	1058	1471	4342
燃气生产和供应业	24978	16745	5972
燃气生产和供应业	24978	16745	5972
天然气生产和供应业	17879	14624	4064
液化石油气生产和供应业	6930	1058	1920
煤气生产和供应业	169	1064	–13
生物质燃气生产和供应业			
水的生产和供应业	16713	46027	24832
自来水生产和供应	16527	45617	24714
污水处理及其再生利用		278	–1
海水淡化处理			
其他水的处理、利用与分配	186	133	119

单位：万元

利息收入	利息支出	投资收益（损失以“–”号记）	营业利润	利润总额	亏损企业亏损额	平均用工人数（人）
	332		1747	1734		779
1	25		119	169		27
–3	94		715	738	75	252
–8	4761		190360	197625	92	7312
–9	4180		157870	165119	92	6651
2	581		32491	32506		661
94	3836	755	9294	9229	3040	3386
1	2916	755	–2012	–1317	1317	374
98	919		12320	12269		2875
83	123		4724	4669		2659
15	796		7596	7600		216
–4	1		–1013	–1723	1723	137
41302	**647301**	**23171**	**828294**	**861140**	**168022**	**95128**
40480	619416	22213	708492	709902	164553	81790
23634	429569	8188	595111	597154	158603	20782
2137	141620	56	–106863	–108240	126949	6666
118	11910	38	187	2681	13391	804
18685	115197	7659	509796	509021	18263	10411
43	109096	490	67097	66961		1114
3214	35104	41	74923	74159		622
–527	7871	–129	12459	12513		129
–43	7818	24	36916	39471		972
9	954	9	596	589		64
16787	185759	13225	116588	114645	464	60710
59	4088	800	–3206	–1897	5486	298
–158	6006	84	60040	87737	836	3384
–158	6006	84	60040	87737	836	3384
–103	4209	83	57667	85658	476	3138
19	1737		684	394	360	130
–75	61	1	1690	1685		116
980	21879	874	59762	63501	2634	9954
980	21759	874	55525	59142	2634	9769
	1		3887	4010		128
	119		350	350		57

1-A-7 按行业分组的规模以上国有控股

行业	企业单位数（个）	资产总计	固定资产净额
总 计	**562**	**77950990**	**32648375**
采矿业	**60**	**5762285**	**758886**
煤炭开采和洗选业	6	724506	49004
烟煤和无烟煤开采洗选			
褐煤开采洗选	5	659279	45910
其他煤炭采选	1	65227	3094
石油和天然气开采业	1	392062	26612
石油开采	1	392062	26612
天然气开采			
黑色金属矿采选业	2	72624	2757
铁矿采选			
锰矿、铬矿采选	2	72624	2757
其他黑色金属矿采选			
有色金属矿采选业	15	1536857	277541
常用有色金属矿采选	10	1480413	249371
贵金属矿采选	1	5033	1942
稀有稀土金属矿采选	4	51411	26228
非金属矿采选业	6	155095	23530
土砂石开采	3	67018	7952
化学矿开采			
采盐			
石棉及其他非金属矿采选	3	88076	15578
开采专业及辅助性活动			
煤炭开采和洗选专业及辅助性活动			
石油和天然气开采专业及辅助性活动			
其他开采专业及辅助性活动			
其他采矿业			
制造业	**690**	**91090295**	**26700665**
农副食品加工业	48	3373712	780227
谷物磨制	1	112857	48570
饲料加工	3	8928	2151

工业企业主要经济指标（大、中类行业）

单位：万元

固定资产原价	累计折旧	流动资产合计	应收账款	存货	产成品	负债合计
57519445	**23967179**	**29617129**	**4156553**	**7468529**	**2494696**	**50699287**
1986697	**1218551**	**2405129**	**190880**	**137513**	**67442**	**3161541**
215946	163563	326271	30251	23336	20368	476130
212593	163304	300133	25326	22938	19970	432032
3352	259	26138	4925	398	398	44099
227247	200636	42380		851		54223
227247	200636	42380		851		54223
3711	954	32164	7884	3603	852	47825
3711	954	32164	7884	3603	852	47825
482217	203425	727484	46437	28415	9322	932009
432732	182270	711985	44227	25457	6969	916342
5444	3502	2373		75		125
44042	17654	13127	2209	2883	2353	15543
64228	40698	74265	10869	12552	3179	70583
29188	21236	16395	972	1581	766	38522
35040	19462	57870	9897	10971	2413	32061
49504885	**21925242**	**47338037**	**6641452**	**14039352**	**4908464**	**56541596**
1692616	895835	1897461	114434	528058	266435	2248147
53858	5289	49791	2647	20055	4327	81049
3007	856	5312	234	55194	685	5777

1-A-7　续表　1

行　　业	流动负债合计	应付账款	所有者权益合计
总　计	**34033693**	**9182385**	**27251702**
采矿业	**2107750**	**265126**	**2600745**
煤炭开采和洗选业	360698	24399	248376
烟煤和无烟煤开采洗选			
褐煤开采洗选	316847	24399	227248
其他煤炭采选	43852		21128
石油和天然气开采业	4237		337839
石油开采	4237		337839
天然气开采			
黑色金属矿采选业	47571	4791	24798
铁矿采选			
锰矿、铬矿采选	47571	4791	24798
其他黑色金属矿采选			
有色金属矿采选业	598245	102341	604847
常用有色金属矿采选	586887	101620	564071
贵金属矿采选	125	2	4909
稀有稀土金属矿采选	11233	719	35868
非金属矿采选业	43124	1032	84512
土砂石开采	22135	349	28496
化学矿开采			
采盐			
石棉及其他非金属矿采选	20989	683	56016
开采专业及辅助性活动			
煤炭开采和洗选专业及辅助性活动			
石油和天然气开采专业及辅助性活动			
其他开采专业及辅助性活动			
其他采矿业			
制造业	**47690119**	**15276716**	**34548698**
农副食品加工业	2024377	774447	1125564
谷物磨制	51266	3727	31809
饲料加工	3321	463	3151

单位：万元

实收资本						
	国家资本	集体资本	法人资本	个人资本	港澳台资本	外商资本
13410240	**9556830**	**118884**	**3146409**	**252942**	**25519**	**309656**
745200	**323130**	**5819**	**415206**		**1045**	
31771	14525		17247			
27247	10000		17247			
4525	4525					
4928	4928					
4928	4928					
280398	93732	2909	183756			
254398	69575	1067	183756			
3000	3000					
23000	21157	1843				
55503	48380		6600		522	
47604	41004		6600			
7899	7376				522	
16481364	**10412262**	**205779**	**4755140**	**491904**	**31072**	**585208**
534193	271748	11708	218449	21039		11250
2400	1224			1176		
373	337	32		4		

1-A-7 续表 2

行业	营业收入	营业成本	销售费用	管理费用
总 计	**69844939**	**58119515**	**1525105**	**2129469**
采矿业	**1883434**	**1079189**	**30694**	**173341**
煤炭开采和洗选业	111668	78989	2689	31369
烟煤和无烟煤开采洗选				
褐煤开采洗选	109685	78945	2279	19502
其他煤炭采选	1982	44	410	11867
石油和天然气开采业	180762	23125	265	962
石油开采	180762	23125	265	962
天然气开采				
黑色金属矿采选业	40072	27828	1023	3459
铁矿采选				
锰矿、铬矿采选	40072	27828	1023	3459
其他黑色金属矿采选				
有色金属矿采选业	546913	380605	2881	44301
常用有色金属矿采选	500494	346222	2658	40138
贵金属矿采选	507	428	76	1262
稀有稀土金属矿采选	45913	33955	148	2900
非金属矿采选业	62302	29048	8488	6579
土砂石开采	17656	10342	531	3240
化学矿开采				
采盐				
石棉及其他非金属矿采选	44646	18706	7957	3340
开采专业及辅助性活动				
煤炭开采和洗选专业及辅助性活动				
石油和天然气开采专业及辅助性活动				
其他开采专业及辅助性活动				
其他采矿业				
制造业	**114223999**	**94833846**	**2943698**	**3504994**
农副食品加工业	3992995	3783987	56900	141206
谷物磨制	76270	75225	1218	1280
饲料加工	29451	28498	245	444

单位：万元

财务费用	利息收入	利息支出	投资收益(损失以“-”号记)	营业利润	利润总额	亏损企业亏损额	平均用工人数(人)
879348	**140383**	**1021036**	**102706**	**4044344**	**4179800**	**538398**	**313570**
73034	**4913**	**67114**	**2171**	**582905**	**583699**	**45873**	**33426**
1723	946	1187	19	7327	6696	14672	5077
5760	22	5779	19	6024	5384	14672	4501
-4037	924	-4591		1303	1313		576
2100	-11			144128	144128		122
2100	-11			144128	144128		122
436	12	448	342	5377	5293		592
436	12	448	342	5377	5293		592
30462	186	31540	222	120954	121943	4623	8666
30236	118	31253	112	118409	119368	2920	7785
-28	28			-1397	-1409	1409	140
254	40	286	110	3942	3984	293	741
1796	1324	383	502	13668	13789	3643	2256
1272	1279	-5		1631	1760	3457	227
524	45	388	502	12037	12030	186	2029
516437	**195111**	**821200**	**204576**	**6136736**	**6394477**	**703499**	**419526**
80416	13051	79558	25339	-76669	-77330	142918	24603
2172	39	1997		-190	712		165
124	1	124		133	133		111

1-A-7 续表 3

行业	企业单位数（个）	资产总计	固定资产净额
植物油加工	4	1018028	218947
制糖业	31	2174221	502596
屠宰及肉类加工	4	24187	4958
水产品加工			
蔬菜、菌类、水果和坚果加工	1	2331	487
其他农副食品加工	4	33159	2518
食品制造业	9	183658	94096
焙烤食品制造	2	22023	9144
糖果、巧克力及蜜饯制造			
方便食品制造			
乳制品制造	2	5857	1737
罐头食品制造	1	23594	3413
调味品、发酵制品制造	1	108893	73322
其他食品制造	3	23292	6480
酒、饮料和精制茶制造业	6	389584	196686
酒的制造	2	358032	188170
饮料制造	2	4822	2890
精制茶加工	2	26731	5627
烟草制品业	2	2302501	302647
烟叶复烤	1	52380	5298
卷烟制造	1	2250120	297349
其他烟草制品制造			
纺织业	8	201500	16038
棉纺织及印染精加工	1	155047	
毛纺织及染整精加工	2	9140	3106
麻纺织及染整精加工	2	15122	3549
丝绢纺织及印染精加工	1	6575	1324
化纤织造及印染精加工			
针织或钩针编织物及其制品制造	2	15617	8059
家用纺织制成品制造			
产业用纺织制成品制造			

单位：万元

固定资产原价	累计折旧	流动资产合计	应收账款	存货		负债合计
					产成品	
350662	131714	770433	23048	262265	87935	759639
1269822	750830	1045605	82206	230701	169277	1369571
8492	3524	3354	316	72	18	8957
1818	1331	1844	40	1119	1015	468
4958	2293	21122	5944	11063	3179	22688
126707	32610	69214	21929	23395	8772	104991
12667	3524	12662	3274	247	56	4202
3691	1954	3365	840	335	177	6212
6747	3334	9905	711	1546	162	10168
94999	21677	31621	14049	16330	5843	74939
8603	2122	11661	3055	4937	2534	9471
470512	238106	106569	19429	57463	8157	143812
459888	235999	87865	19073	46858	6956	123570
4651	1761	1724	255	386	98	5019
5973	346	16980	101	10220	1102	15223
754535	451888	1621091	96970	860703	44874	853680
15691	10393	44380	870	2356	1905	3856
738844	441495	1576711	96100	858347	42969	849825
113363	43668	118006	21361	37385	11828	140390
82595	28937	94305	17929	27560	7326	113153
6721	3615	4133	301	75		4659
10180	6631	7955	1727	5905	2162	11391
2043	719	5249		3521	2272	5917
11825	3766	6364	1404	323	68	5269

1-A-7 续表 4

行业	流动负债合计	应付账款	所有者权益合计
植物油加工	722650	548586	258389
制糖业	1216908	220911	804650
屠宰及肉类加工	8845	23	15231
水产品加工			
蔬菜、菌类、水果和坚果加工	468	33	1863
其他农副食品加工	20919	703	10472
食品制造业	72381	16626	78667
焙烤食品制造	4132	1391	17821
糖果、巧克力及蜜饯制造			
方便食品制造			
乳制品制造	4437	428	-356
罐头食品制造	10168	1096	13425
调味品、发酵制品制造	49774	12073	33954
其他食品制造	3871	1640	13822
酒、饮料和精制茶制造业	136259	50284	245772
酒的制造	123570	47741	234462
饮料制造	4739	133	-197
精制茶加工	7950	2411	11508
烟草制品业	708869	193501	1448820
烟叶复烤	1017	233	48525
卷烟制造	707852	193269	1400296
其他烟草制品制造			
纺织业	79711	9685	61110
棉纺织及印染精加工	67030	6779	41894
毛纺织及染整精加工	571	75	4481
麻纺织及染整精加工	3596	2662	3730
丝绢纺织及印染精加工	5917	46	658
化纤织造及印染精加工			
针织或钩针编织物及其制品制造	2596	124	10348
家用纺织制成品制造			
产业用纺织制成品制造			

单位：万元

实收资本	国家资本	集体资本	法人资本	个人资本	港澳台资本	外商资本
202004	190754					11250
315512	73526	11675	210452	19859		
783	783					
1125	1125					
11996	4000		7996			
28694	25258			3435		
1200	1200					
226	190			35		
650	650					
17100	17100					
9518	6118			3400		
84537	43400	34937	6200			
77937	43000	34937				
1600	400		1200			
5000			5000			
517154	474529		42625			
42625			42625			
474529	474529					
18168	16544		1200	424		
10310	10310					
400			400			
3300	3170			130		
3000	2706			294		
1158	358		800			

1-A-7 续表 5

行　业	营业收入	营业成本	销售费用	管理费用
植物油加工	1957187	1889720	19329	15087
制糖业	1698247	1596099	31520	108964
屠宰及肉类加工	167814	134856	3311	13668
水产品加工				
蔬菜、菌类、水果和坚果加工	3256	2538	394	192
其他农副食品加工	60771	57051	883	1570
食品制造业	120906	86433	8776	5686
焙烤食品制造	17005	8824	2729	1811
糖果、巧克力及蜜饯制造				
方便食品制造				
乳制品制造	5408	3683	981	381
罐头食品制造	10481	6772	1886	821
调味品、发酵制品制造	70136	51622	1533	1986
其他食品制造	17877	15532	1648	688
酒、饮料和精制茶制造业	460151	291392	38868	34155
酒的制造	438896	276035	36702	32608
饮料制造	7794	6413	727	667
精制茶加工	13461	8944	1439	880
烟草制品业	2227683	753816	47408	126843
烟叶复烤	8421	4752		3864
卷烟制造	2219262	749064	47408	122979
其他烟草制品制造				
纺织业	91726	83620	1078	10217
棉纺织及印染精加工	55068	52801	1021	4013
毛纺织及染整精加工	7473	4985		2344
麻纺织及染整精加工	11895	11730	14	419
丝绢纺织及印染精加工	6982	6494	42	256
化纤织造及印染精加工				
针织或钩针编织物及其制品制造	10309	7610		3185
家用纺织制成品制造				
产业用纺织制成品制造				

单位：万元

财务费用			投资收益(损失以“-”号记)	营业利润	利润总额	亏损企业亏损额	平均用工人数(人)
	利息收入	利息支出					
25675	9996	21676	2788	12831	14134	7375	1693
52407	2979	55690	22548	-105744	-107754	135194	20004
20		20		15048	14173	330	1853
8	2	8		58	60		182
11	34	44	2	1194	1212	19	595
4570	53	4851	298	14675	15412	973	2108
-1	-6	17	4	3768	3909		458
60	3	43		267	275	19	249
-53	53		141	821	952		428
4463	1	4721	154	10373	10456		705
101	2	70		-554	-180	954	268
56	685	732	95	55551	55256	566	7092
-230	681	450	92	53688	53407		6807
87	1	88		-134	-127	488	145
198	4	195	4	1997	1975	78	140
-4061	11603	7492	368	111059	111325		3455
-1342	1343			524	508		457
-2719	10260	7492	368	110535	110817		2998
1111	341	1539	80	-4261	1982	1607	2238
784	123	902		-3700	3036		1090
150	66	215	1	-136	-1462	1468	220
12	2	13		250	254	139	448
178	121	298					283
-12	30	112	79	-674	155		197

1-A-7 续表 6

行 业	企业单位数（个）	资产总计	固定资产净额
纺织服装、服饰业	6	43525	8555
机织服装制造	4	32342	7170
针织或钩针编织服装制造			
服饰制造	2	11182	1385
皮革、毛皮、羽毛及其制品和制鞋业			
皮革鞣制加工			
皮革制品制造			
毛皮鞣制及制品加工			
羽毛(绒)加工及制品制造			
制鞋业			
木材加工和木、竹、藤、棕、草制品业	14	366633	150011
木材加工			
人造板制造	14	366633	150011
木质制品制造			
竹、藤、棕、草等制品制造			
家具制造业			
木质家具制造			
竹、藤家具制造			
金属家具制造			
塑料家具制造			
其他家具制造			
造纸和纸制品业	7	195020	76171
纸浆制造	1	12732	4806
造纸	3	127174	54586
纸制品制造	3	55114	16778
印刷和记录媒介复制业	12	171278	43474
印刷	12	171278	43474
装订及印刷相关服务			
记录媒介复制			
文教、工美、体育和娱乐用品制造业	2	8145	3635
文教办公用品制造			

单位：万元

固定资产原价	累计折旧	流动资产合计	应收账款	存货	产成品	负债合计
20746	12191	33330	40	213	57	6442
15402	8232	23532	3	213	57	5225
5343	3959	9798	38			1217
238330	88266	180609	34879	76362	40899	276144
238330	88266	180609	34879	76362	40899	276144
155395	70381	79149	22987	18337	6011	175748
14355	9535	6792		1478	50	2372
106912	43496	38667	12617	9414	3239	145897
34129	17350	33690	10371	7444	2722	27479
97108	53516	89973	21326	19321	9559	75156
97108	53516	89973	21326	19321	9559	75156
7806	4172	4117	204	328	205	3873

1-A-7 续表 7

行　　业	流动负债合计	应付账款	所有者权益合计
纺织服装、服饰业	4587	561	37083
机织服装制造	3402	371	27117
针织或钩针编织服装制造			
服饰制造	1185	190	9965
皮革、毛皮、羽毛及其制品和制鞋业			
皮革鞣制加工			
皮革制品制造			
毛皮鞣制及制品加工			
羽毛(绒)加工及制品制造			
制鞋业			
木材加工和木、竹、藤、棕、草制品业	220376	59335	90489
木材加工			
人造板制造	220376	59335	90489
木质制品制造			
竹、藤、棕、草等制品制造			
家具制造业			
木质家具制造			
竹、藤家具制造			
金属家具制造			
塑料家具制造			
其他家具制造			
造纸和纸制品业	84750	18538	19272
纸浆制造	2187		10360
造纸	55270	9170	-18722
纸制品制造	27294	9369	27635
印刷和记录媒介复制业	71525	17820	96121
印刷	71525	17820	96121
装订及印刷相关服务			
记录媒介复制			
文教、工美、体育和娱乐用品制造业	1945	139	4273
文教办公用品制造			

单位：万元

实收资本	国家资本	集体资本	法人资本	个人资本	港澳台资本	外商资本
10333	5050		4388	895		
9338	5050		3393	895		
995			995			
110763	5118		98763	1882	5000	
110763	5118		98763	1882	5000	
68413	24287		42748		1378	
3000			3000			
43092	3000		38714		1378	
22321	21287		1034			
63635	49223	1000	4690		8722	
63635	49223	1000	4690		8722	
2038	1368		670			

1-A-7 续表 8

行　　业	营业收入	营业成本	销售费用	管理费用
纺织服装、服饰业	30072	20128	84	7003
机织服装制造	21364	13651	84	5718
针织或钩针编织服装制造				
服饰制造	8708	6477		1286
皮革、毛皮、羽毛及其制品和制鞋业				
皮革鞣制加工				
皮革制品制造				
毛皮鞣制及制品加工				
羽毛(绒)加工及制品制造				
制鞋业				
木材加工和木、竹、藤、棕、草制品业	248654	229133	12023	9054
木材加工				
人造板制造	248654	229133	12023	9054
木质制品制造				
竹、藤、棕、草等制品制造				
家具制造业				
木质家具制造				
竹、藤家具制造				
金属家具制造				
塑料家具制造				
其他家具制造				
造纸和纸制品业	168220	141560	3041	10884
纸浆制造	22548	17995	77	820
造纸	91129	79318	1006	4241
纸制品制造	54543	44247	1958	5823
印刷和记录媒介复制业	157173	121683	2288	11762
印刷	157173	121683	2288	11762
装订及印刷相关服务				
记录媒介复制				
文教、工美、体育和娱乐用品制造业	14216	12270	7	1633
文教办公用品制造				

单位：万元

财务费用			投资收益(损失以“-”号记)	营业利润	利润总额	亏损企业亏损额	平均用工人数(人)
	利息收入	利息支出					
-717	627	79	193	2936	3777		615
-530	439	79	182	1964	2809		498
-187	187		11	973	969		117
10851	57	9515	-694	-10931	-7182	11889	3639
10851	57	9515	-694	-10931	-7182	11889	3639
3313	154	3481	2840	6079	6161	5964	2483
89	12	100		3308	3376		452
3265	-18	3347	2567	466	232	5964	958
-40	160	35	273	2305	2552		1073
-27	-19	190	37	31989	32141	125	1684
-27	-19	190	37	31989	32141	125	1684
89	63	139	3	136	164	157	158

1-A-7 续表 9

行　业	企业单位数（个）	资产总计	固定资产净额
乐器制造			
工艺美术及礼仪用品制造	2	8145	3635
体育用品制造			
玩具制造			
游艺器材及娱乐用品制造			
石油、煤炭及其他燃料加工业	7	3867386	1592652
精炼石油产品制造	7	3867386	1592652
煤炭加工			
核燃料加工			
生物质燃料加工			
化学原料和化学制品制造业	30	1529607	621239
基础化学原料制造	4	220214	118673
肥料制造	6	410414	202845
农药制造	4	59817	6997
涂料、油墨、颜料及类似产品制造	4	259785	136843
合成材料制造			
专用化学产品制造	10	189902	93478
炸药、火工及焰火产品制造	1	25775	8057
日用化学产品制造	1	363701	54346
医药制造业	9	589400	84052
化学药品原料药制造	1	20048	11487
化学药品制剂制造	1	24515	416
中药饮片加工			
中成药生产	7	544837	72149
兽用药品制造			
生物药品制品制造			
卫生材料及医药用品制造			
药用辅料及包装材料			
化学纤维制造业			
纤维素纤维原料及纤维制造			
合成纤维制造			

单位：万元

固定资产原价	累计折旧	流动资产合计	应收账款	存货	产成品	负债合计
7806	4172	4117	204	328	205	3873
3243080	1633865	2102965	209925	750938	225942	1136147
3243080	1633865	2102965	209925	750938	225942	1136147
1381524	701223	671802	88994	180560	92474	817597
184351	60623	74241	9126	16667	6391	160559
674463	432818	180696	39321	50300	22296	167678
14707	7388	41211	10145	16601	11306	47936
243084	92067	90955	5258	50682	27374	185896
156689	62646	77100	10068	23461	13217	135507
17371	9314	8879	1521	3126	1382	6414
90859	36367	198720	13555	19724	10509	113608
142786	58477	332169	60569	39047	11153	187506
13838	2351	7277	520	4563	639	10125
1625	1193	24037	22339			2893
127322	54933	300854	37710	34485	10513	174487

1-A-7 续表 10

行 业	流动负债合计	应付账款	所有者权益合计
乐器制造			
工艺美术及礼仪用品制造	1945	139	4273
体育用品制造			
玩具制造			
游艺器材及娱乐用品制造			
石油、煤炭及其他燃料加工业	1086748	345609	2731239
精炼石油产品制造	1086748	345609	2731239
煤炭加工			
核燃料加工			
生物质燃料加工			
化学原料和化学制品制造业	745943	133650	712010
基础化学原料制造	155643	13345	59655
肥料制造	152635	38922	242737
农药制造	44768	4058	11881
涂料、油墨、颜料及类似产品制造	174407	22226	73889
合成材料制造			
专用化学产品制造	101693	43640	54395
炸药、火工及焰火产品制造	6414	2728	19361
日用化学产品制造	110384	8731	250093
医药制造业	182555	90946	401894
化学药品原料药制造	9954	400	9923
化学药品制剂制造	1551	1342	21622
中药饮片加工			
中成药生产	171050	89203	370350
兽用药品制造			
生物药品制品制造			
卫生材料及医药用品制造			
药用辅料及包装材料			
化学纤维制造业			
纤维素纤维原料及纤维制造			
合成纤维制造			

单位：万元

实收资本	国家资本	集体资本	法人资本	个人资本	港澳台资本	外商资本
2038	1368		670			
1241586	1218386	3480	12400	7320		
1241586	1218386	3480	12400	7320		
566349	260425	5219	242243	58027	436	
173939	38018	2005	133916			
223311	140903		25271	57137		
10555	9755		800			
53276	19359	3213	30704			
69636	43842		25794			
5000	2550		2450			
30632	5999		23307	890	436	
76607	6235		69564	809		
12600			12600			
64007	6235		56964	809		

1-A-7 续表 11

行 业	营业收入	营业成本	销售费用	管理费用
乐器制造				
工艺美术及礼仪用品制造	14216	12270	7	1633
体育用品制造				
玩具制造				
游艺器材及娱乐用品制造				
石油、煤炭及其他燃料加工业	8638070	6431307	36920	93428
精炼石油产品制造	8638070	6431307	36920	93428
煤炭加工				
核燃料加工				
生物质燃料加工				
化学原料和化学制品制造业	1059501	906992	44805	75620
基础化学原料制造	130866	96909	5341	10718
肥料制造	262346	222955	10815	30179
农药制造	87489	82081	3045	4062
涂料、油墨、颜料及类似产品制造	265805	238408	6649	17321
合成材料制造				
专用化学产品制造	176844	157728	1680	3556
炸药、火工及焰火产品制造	19426	14369	807	2694
日用化学产品制造	116726	94543	16468	7091
医药制造业	310431	82661	139934	21778
化学药品原料药制造	15872	10453	375	1756
化学药品制剂制造	9342	4989		10
中药饮片加工				
中成药生产	285217	67219	139558	20011
兽用药品制造				
生物药品制品制造				
卫生材料及医药用品制造				
药用辅料及包装材料				
化学纤维制造业				
纤维素纤维原料及纤维制造				
合成纤维制造				

单位：万元

财务费用	利息收入	利息支出	投资收益(损失以“-”号记)	营业利润	利润总额	亏损企业亏损额	平均用工人数(人)
89	63	139	3	136	164	157	158
-18680	33803	13384	1573	531834	524953	378	2976
-18680	33803	13384	1573	531834	524953	378	2976
22249	5459	23972	23327	-7430	93640	25871	10378
5338	59	4781	273	10379	10487		1480
7318	134	6786	22383	-32690	66173	15155	3352
779	638	-20	193	-2967	-2572	4176	709
4933	43	4994	-23	-751	-493	3418	2322
4060	133	3113	-899	10171	11477	3122	724
156	20	175		1150	1162		456
-334	4431	4144	1401	7278	7405		1335
-2463	-2726	787	717	67353	67670	74	3044
369	8	356	33	2787	2639		183
-2		-2	1	4254	4268		42
-2831	-2734	433	684	60313	60763	74	2819

1-A-7 续表 12

行 业	企业单位数（个）	资产总计	固定资产净额
生物基材料制造			
橡胶和塑料制品业	4	89200	23867
橡胶制品业	3	88664	23865
塑料制品业	1	536	2
非金属矿物制品业	56	2062201	774417
水泥、石灰和石膏制造	21	1489596	685121
石膏、水泥制品及类似制品制造	29	388080	59539
砖瓦、石材等建筑材料制造	1	1342	986
玻璃制造			
玻璃制品制造			
玻璃纤维和玻璃纤维增强塑料制品制造			
陶瓷制品制造	2	25106	7322
耐火材料制品制造			
石墨及其他非金属矿物制品制造	3	158078	21450
黑色金属冶炼和压延加工业	13	8550542	2539412
炼铁	1	1111943	79953
炼钢	1	810693	151417
钢压延加工	8	6206215	2275473
铁合金冶炼	3	421692	32569
有色金属冶炼和压延加工业	28	7220033	3444836
常用有色金属冶炼	15	5134851	2334972
贵金属冶炼	2	11611	3127
稀有稀土金属冶炼	3	118346	26049
有色金属合金制造	1	183244	89693
有色金属压延加工	7	1771982	990994
金属制品业	12	255125	51494
结构性金属制品制造	5	152404	26843
金属工具制造			
集装箱及金属包装容器制造	2	11634	89
金属丝绳及其制品制造			
建筑、安全用金属制品制造	1	5796	517

单位：万元

固定资产原价	累计折旧	流动资产合计	应收账款	存货	产成品	负债合计
34340	10473	50182	14134	10408	5736	47003
34318	10453	49649	13781	10259	5593	45856
23	21	533	353	149	143	1146
1502901	659796	960755	258297	123056	51188	877934
1265531	516195	593811	58839	73673	25305	573464
172910	109080	290380	182112	31262	16382	242463
2061	894	291	125	76		845
11790	4469	8815	1122	4439	2937	18758
50609	29159	67457	16098	13606	6564	42404
4615862	2076450	4032830	130636	1406131	313581	5428289
112349	32396	136425	2001	138		818907
426421	275004	366755	32812	184048		577904
3978637	1703164	3452990	92922	1200011	305265	3666144
98456	65887	76661	2902	21935	8316	365335
5226075	1639407	2347885	185303	977328	214291	5618519
3993074	1527963	1595262	80621	694634	116296	4063977
11254	8122	4490	747	1355	84	7109
60464	22726	65131	11086	26987	10970	50887
108702	19009	80456	22088	51433	20123	93052
1052582	61588	602546	70762	202919	66818	1403494
95134	43640	169962	32986	57881	11660	107433
44698	17855	112917	13275	41338	4938	132150
856	767	11083	6215	2565		11470
716	199	4912	30	3212	2448	1059

1-A-7 续表 13

行 业	流动负债合计	应付账款	所有者权益合计
生物基材料制造			
橡胶和塑料制品业	26865	7759	42197
橡胶制品业	25719	7380	42808
塑料制品业	1146	379	-611
非金属矿物制品业	787399	244886	1184266
水泥、石灰和石膏制造	502968	118878	916131
石膏、水泥制品及类似制品制造	229867	111965	145616
砖瓦、石材等建筑材料制造	674		497
玻璃制造			
玻璃制品制造			
玻璃纤维和玻璃纤维增强塑料制品制造			
陶瓷制品制造	18662	4590	6348
耐火材料制品制造			
石墨及其他非金属矿物制品制造	35228	9452	115674
黑色金属冶炼和压延加工业	3869243	1101346	3122253
炼铁	126030	102813	293037
炼钢	503569	255006	232789
钢压延加工	3000047	676903	2540071
铁合金冶炼	239597	66624	56357
有色金属冶炼和压延加工业	4278042	663823	1601515
常用有色金属冶炼	3282515	515507	1070875
贵金属冶炼	3551	281	4502
稀有稀土金属冶炼	42379	2323	67459
有色金属合金制造	55893	41373	90192
有色金属压延加工	893705	104340	368488
金属制品业	184302	50512	67693
结构性金属制品制造	132124	28069	20254
金属工具制造			
集装箱及金属包装容器制造	11470	7875	164
金属丝绳及其制品制造			
建筑、安全用金属制品制造	1050	6	4737

单位：万元

实收资本	国家资本	集体资本	法人资本	个人资本	港澳台资本	外商资本
13945	10900		3045			
13845	10900		2945			
100			100			
539453	222348	2683	278698	9528		26197
349375	157477		158702	7000		26197
66347	38407	2683	23226	2031		
497				497		
2259	2259					
120975	24205		96770			
881192	396460		458912	25820		
302136			302136			
50000			40500	9500		
420011	287415		116276	16320		
109045	109045					
1756019	1301345	27600	324318	10306		92450
1287733	899386		294352	1546		92450
2466			2466			
26500	19792			6708		
27600		27600				
411720	382168		27500	2052		
47508	46445		1040	23		
15335	15285		27	23		
63	50		13			
110	110					

1-A-7 续表 14

行　　业	营业收入	营业成本	销售费用	管理费用
生物基材料制造				
橡胶和塑料制品业	52224	38813	2109	7266
橡胶制品业	51198	37841	2103	7198
塑料制品业	1026	972	5	68
非金属矿物制品业	1986146	1407098	77232	75318
水泥、石灰和石膏制造	1401308	912242	59988	46001
石膏、水泥制品及类似制品制造	515570	444521	15020	16430
砖瓦、石材等建筑材料制造	2802	2658		9
玻璃制造				
玻璃制品制造				
玻璃纤维和玻璃纤维增强塑料制品制造				
陶瓷制品制造	13860	11658	421	1912
耐火材料制品制造				
石墨及其他非金属矿物制品制造	52606	36020	1803	10967
黑色金属冶炼和压延加工业	12382897	11020696	69034	204433
炼铁				1219
炼钢	1920298	1858166	14505	18664
钢压延加工	10321029	9029088	51660	180046
铁合金冶炼	141571	133443	2870	4504
有色金属冶炼和压延加工业	6775736	6329752	45308	97472
常用有色金属冶炼	5379689	5019958	27834	66646
贵金属冶炼	9362	7093	17	2271
稀有稀土金属冶炼	130198	113376	618	6894
有色金属合金制造	404689	377179	3570	1579
有色金属压延加工	851799	812146	13269	20083
金属制品业	177383	160947	1491	8677
结构性金属制品制造	89631	83363	831	3276
金属工具制造				
集装箱及金属包装容器制造	9424	8831		431
金属丝绳及其制品制造				
建筑、安全用金属制品制造	3554	2208	496	352

单位：万元

财务费用	利息收入	利息支出	投资收益(损失以"-"号记)	营业利润	利润总额	亏损企业亏损额	平均用工人数(人)
6	-73	255	304	4438	4775	112	1459
6	-73	255	276	4491	4829	59	1434
			28	-54	-53	53	25
15329	295	14488	1401	395443	396218	1771	14239
12080	-61	11595	449	359185	359294	7	7072
2979	56	2370	845	33266	33498	1765	4217
4				85	85		56
2		2		-237	240		1296
264	300	521	107	3144	3101		1598
94083	19947	108139	-2230	1049313	1043286	24194	23993
1562		1562		-2781	-2781	2781	1660
14446	698	10281		10942	11498		2437
67626	19311	85785	-3152	1052393	1044366	8330	18364
10449	-63	10511	922	-11241	-9797	13083	1532
76862	6876	90050	10010	155017	180196	98345	24379
47067	6706	47386	9822	158792	182557	67501	17897
104	1	109		-179	-195	232	302
980	162	1138	132	7604	9114		673
3943	69	2531	373	19282	18493		1194
24769	-62	38886	-318	-30482	-29773	30612	4313
692	-72	730	1031	1884	4891	259	2539
419	50	398	339	598	493	108	1342
76	-157	231		37	37	71	184
-2			76	385	422		197

1-A-7 续表 15

行业	企业单位数（个）	资产总计	固定资产净额
金属表面处理及热处理加工			
搪瓷制品制造			
金属制日用品制造			
铸造及其他金属制品制造	4	85293	24045
通用设备制造业	13	612887	118409
锅炉及原动设备制造	5	128621	15513
金属加工机械制造	1	5123	94
物料搬运设备制造	3	353010	71871
泵、阀门、压缩机及类似机械制造	3	64919	21689
轴承、齿轮和传动部件制造	1	61214	9241
烘炉、风机、包装等设备制造			
文化、办公用机械制造			
通用零部件制造			
其他通用设备制造业			
专用设备制造业	16	3458710	232932
采矿、冶金、建筑专用设备制造	8	3145575	189596
化工、木材、非金属加工专用设备制造	4	242063	33478
食品、饮料、烟草及饲料生产专用设备制造	1	13874	2854
印刷、制药、日化及日用品生产专用设备制造	1	12286	3867
纺织、服装和皮革加工专用设备制造			
电子和电工机械专用设备制造			
农、林、牧、渔专用机械制造	1	19819	345
医疗仪器设备及器械制造			
环保、邮政、社会公共服务及其他专用设备制造	1	25092	2792
汽车制造业	20	8740086	1988232
汽车整车制造	4	6719422	1600474
汽车用发动机制造	2	247179	35256
改装汽车制造	2	61383	11030
低速汽车制造			
电车制造	1	121566	27164
汽车车身、挂车制造			

单位：万元

固定资产原价	累计折旧	流动资产合计	应收账款	存货	产成品	负债合计
48864	24820	41050	13467	10766	4273	42754
200635	82226	444112	173177	142893	37645	403449
26535	11021	106635	29740	29102	12905	69555
1455	1361	4990	573	2962	116	4563
96025	24154	246482	108269	101972	23129	259680
39782	18093	34265	12330	4673	1495	28778
36838	27597	51740	22266	4185		40873
445004	210844	2255842	715892	477833	269164	2010059
343038	153442	2029009	647841	411711	252647	1835334
89259	54554	185077	51412	54902	12344	137947
4069	1214	7636	4075	1641	910	7074
5006	1138	7694	2476	3989	156	4334
418	73	17401	8832	5032	3107	11026
3215	423	9025	1256	558		14345
3780837	1781961	5375566	869190	1048852	800100	6694559
3122017	1511170	4147473	597679	697704	576734	5209244
83837	48327	156272	37329	58358	34719	165407
23252	12222	39860	14058	16124	8187	86170
69934	42770	93348	30855	5425	71	65567

1-A-7 续表 16

行业	流动负债合计	应付账款	所有者权益合计
金属表面处理及热处理加工			
搪瓷制品制造			
金属制日用品制造			
铸造及其他金属制品制造	39657	14562	42539
通用设备制造业	381200	146754	209439
锅炉及原动设备制造	69167	34668	59065
金属加工机械制造	4503	3127	561
物料搬运设备制造	243650	72381	93331
泵、阀门、压缩机及类似机械制造	23633	8801	36142
轴承、齿轮和传动部件制造	40247	27777	20341
烘炉、风机、包装等设备制造			
文化、办公用机械制造			
通用零部件制造			
其他通用设备制造业			
专用设备制造业	1680846	460122	1448651
采矿、冶金、建筑专用设备制造	1521534	416517	1310242
化工、木材、非金属加工专用设备制造	131024	42774	104116
食品、饮料、烟草及饲料生产专用设备制造	5475	441	6801
印刷、制药、日化及日用品生产专用设备制造	4334		7952
纺织、服装和皮革加工专用设备制造			
电子和电工机械专用设备制造			
农、林、牧、渔专用机械制造	9401		8793
医疗仪器设备及器械制造			
环保、邮政、社会公共服务及其他专用设备制造	9079	391	10748
汽车制造业	6510515	3017198	2045527
汽车整车制造	5106132	2735042	1510178
汽车用发动机制造	163674	55779	81772
改装汽车制造	72584	47753	-24787
低速汽车制造			
电车制造	63290	42223	55999
汽车车身、挂车制造			

单位：万元

实收资本	国家资本	集体资本	法人资本	个人资本	港澳台资本	外商资本
32000	31000		1000			
128384	77683		45328	4533		840
20307	7494		7440	4533		840
608	608					
38081	3281		34800			
49388	46300		3088			
20000	20000					
487253	269558	672	112914	95128		8982
405760	239169	672	73621	92299		
55292	19017		27293			8982
2400	2400					
10000			10000			
7000	5000		2000			
6801	3972			2830		
682706	276915	5244	241542	6120		152885
301015	222376	5244				73395
20312			10012	4120		6180
9500	2000		7500			
7810	7810					

1-A-7 续表 17

行　　业	营业收入	营业成本	销售费用	管理费用
金属表面处理及热处理加工				
搪瓷制品制造				
金属制日用品制造				
铸造及其他金属制品制造	74774	66545	164	4618
通用设备制造业	426861	367653	20991	24509
锅炉及原动设备制造	123403	95482	10977	7824
金属加工机械制造	3461	2612	41	747
物料搬运设备制造	170622	147881	8943	10695
泵、阀门、压缩机及类似机械制造	34731	29611	819	2475
轴承、齿轮和传动部件制造	94645	92067	212	2767
烘炉、风机、包装等设备制造				
文化、办公用机械制造				
通用零部件制造				
其他通用设备制造业				
专用设备制造业	2196921	1898097	108941	99115
采矿、冶金、建筑专用设备制造	2008826	1750679	101796	80530
化工、木材、非金属加工专用设备制造	167367	136165	5701	14681
食品、饮料、烟草及饲料生产专用设备制造	4372	2669	304	997
印刷、制药、日化及日用品生产专用设备制造	1171	701	122	405
纺织、服装和皮革加工专用设备制造				
电子和电工机械专用设备制造				
农、林、牧、渔专用机械制造	8447	5402	960	1464
医疗仪器设备及器械制造				
环保、邮政、社会公共服务及其他专用设备制造	6738	2482	58	1038
汽车制造业	14819931	12583760	743152	616984
汽车整车制造	12309333	10308956	718100	471793
汽车用发动机制造	228905	198182	-8032	21635
改装汽车制造	125003	117138	3211	7165
低速汽车制造				
电车制造	154521	147463	143	7072
汽车车身、挂车制造				

单位：万元

财务费用	利息收入	利息支出	投资收益(损失以"-"号记)	营业利润	利润总额	亏损企业亏损额	平均用工人数(人)
198	35	100	616	3865	3940	80	816
3472	677	2319	2002	6946	7529	2833	4519
18	319	526	1977	6567	6607	96	1507
			9	51	165		117
3879	14	1793	219	-2040	-1945	2679	1910
-102	87		-115	2423	2611	58	404
-323	256		-88	-55	91		581
19593	15509	22869	17769	82288	84957	18987	14491
16282	15303	19816	16326	71165	73073	18767	11982
2393	172	2152	806	7405	8027		2110
155	5	160	179	462	523		116
162	1	162	14	-241	-221	221	77
47	3		296	1124	1164		112
555	26	580	149	2373	2391		94
-56947	-9832	16233	16489	625141	623731	8984	49133
62013	17400	9941	14566	571434	567302	4079	31434
801	897	1858	668	15544	15602		2458
663	165	967	712	-4006	-3785	3785	599
-2078	1838		274	1978	2142		812

1-A-7 续表 18

行 业	企业单位数（个）	资产总计	固定资产净额
汽车零部件及配件制造	11	1590536	314308
铁路、船舶、航空航天和其他运输设备制造业	7	457339	111958
铁路运输设备制造			
城市轨道交通设备制造	3	55380	25934
船舶及相关装置制造	4	401958	86024
航空、航天器及设备制造			
摩托车制造			
自行车和残疾人座车制造			
助动车制造			
非公路休闲车及零配件制造			
潜水救捞及其他未列明运输设备制造			
电气机械和器材制造业	4	222349	50269
电机制造			
输配电及控制设备制造	2	84431	26694
电线、电缆、光缆及电工器材制造	1	86475	23575
电池制造	1	51443	
家用电力器具制造			
非电力家用器具制造			
照明器具制造			
其他电气机械及器材制造			
计算机、通信和其他电子设备制造业	5	169064	18439
计算机制造	1	7048	659
通信设备制造	2	13481	1015
广播电视设备制造			
雷达及配套设备制造	1	91367	6400
非专业视听设备制造			
智能消费设备制造			
电子器件制造			
电子元件及电子专用材料制造	1	57168	10365
其他电子设备制造			
仪器仪表制造业	1	3937	153
通用仪器仪表制造	1	3937	153

单位：万元

固定资产原价	累计折旧	流动资产合计	应收账款	存货	产成品	负债合计
481798	167472	938612	189270	271242	180390	1168171
171744	59782	221968	53820	57790	9018	218797
31830	5896	27115	12917	4236	2	18747
139914	53886	194852	40903	53555	9016	200050
120542	44448	93406	26990	28221	8407	158818
55417	28723	46289	17008	9604	4001	61654
36937	13363	28752	4787	13061	4394	29524
28187	2362	18366	5195	5556	12	67640
51511	32666	138580	36598	53662	5418	89610
1574	914	6374	886	2199	1303	2526
1916	902	12067	5524	2331	1080	6864
24308	17501	75666	11647	44031	30	55952
23714	13349	44473	18541	5102	3005	24268
178	26	3526	1750	1186	591	3158
178	26	3526	1750	1186	591	3158

1-A-7 续表 19

行 业	流动负债合计	应付账款	所有者权益合计
汽车零部件及配件制造	1104835	136402	422365
铁路、船舶、航空航天和其他运输设备制造业	171556	75413	238542
铁路运输设备制造			
城市轨道交通设备制造	15867	6508	36634
船舶及相关装置制造	155689	68906	201908
航空、航天器及设备制造			
摩托车制造			
自行车和残疾人座车制造			
助动车制造			
非公路休闲车及零配件制造			
潜水救捞及其他未列明运输设备制造			
电气机械和器材制造业	125890	13597	63531
电机制造			
输配电及控制设备制造	38728	8166	22778
电线、电缆、光缆及电工器材制造	24508	2429	56951
电池制造	62654	3002	-16198
家用电力器具制造			
非电力家用器具制造			
照明器具制造			
其他电气机械及器材制造			
计算机、通信和其他电子设备制造业	72375	36970	79454
计算机制造	2372	1861	4522
通信设备制造	6801	4831	6617
广播电视设备制造			
雷达及配套设备制造	43492	25491	35415
非专业视听设备制造			
智能消费设备制造			
电子器件制造			
电子元件及电子专用材料制造	19710	4787	32900
其他电子设备制造			
仪器仪表制造业	2883	1264	779
通用仪器仪表制造	2883	1264	779

单位：万元

实收资本	国家资本	集体资本	法人资本	个人资本	港澳台资本	外商资本
344070	44730		224030	2000		73310
202801	88731		114070			
20800	20000		800			
182001	68731		113270			
55987	2902	10348	42080	657		
24777		10277	13908	592		
27830			27830			
3381	2902	71	343	65		
39157	39151			6		
376	370			6		
2200	2200					
19498	19498					
17083	17083					
300	300					
300	300					

1-A-7 续表 20

行 业	营业收入	营业成本	销售费用	管理费用
汽车零部件及配件制造	2002169	1812022	29731	109320
铁路、船舶、航空航天和其他运输设备制造业	209734	183884	3012	18758
铁路运输设备制造				
城市轨道交通设备制造	82906	76635	520	1959
船舶及相关装置制造	126827	107250	2491	16799
航空、航天器及设备制造				
摩托车制造				
自行车和残疾人座车制造				
助动车制造				
非公路休闲车及零配件制造				
潜水救捞及其他未列明运输设备制造				
电气机械和器材制造业	213025	189179	3411	15783
电机制造				
输配电及控制设备制造	63279	51434	2318	5606
电线、电缆、光缆及电工器材制造	67781	59223	759	7387
电池制造	81965	78523	334	2790
家用电力器具制造				
非电力家用器具制造				
照明器具制造				
其他电气机械及器材制造				
计算机、通信和其他电子设备制造业	142526	117916	3461	13303
计算机制造	36336	35087	537	233
通信设备制造	31623	26943	1108	2035
广播电视设备制造				
雷达及配套设备制造	47123	39791	598	4663
非专业视听设备制造				
智能消费设备制造				
电子器件制造				
电子元件及电子专用材料制造	27444	16094	1218	6373
其他电子设备制造				
仪器仪表制造业	3616	2788	152	479
通用仪器仪表制造	3616	2788	152	479

单位：万元

财务费用			投资收益(损失以"-"号记)	营业利润	利润总额	亏损企业亏损额	平均用工人数(人)
	利息收入	利息支出					
5681	4668	3468	268	40191	42470	1119	13830
-165	838	563	709	7002	7829	811	2554
75	47	116	1	4173	4357		288
-240	791	447	708	2830	3471	811	2266
5667	-85	5666	344	10	230	1893	1802
2836	-148	2751	134	1681	1580		731
551	36	607	190	397	543		711
2280	28	2308	20	-2067	-1893	1893	360
297	243	530	264	7098	7176		2637
-20	20		-8	514	477		815
3	4	1	134	1339	1338		138
-1	209	206	-86	2137	2156		748
315	10	322	224	3108	3206		936
2	1		50	166	166		62
2	1		50	166	166		62

1-A-7 续表 21

行 业	企业单位数（个）	资产总计	固定资产净额
专用仪器仪表制造			
钟表与计时仪器制造			
光学仪器制造			
衡器制造			
其他仪器仪表制造业			
其他制造业			
日用杂品制造			
核辐射加工			
其他未列明制造业			
废弃资源综合利用业	3	29297	2635
金属废料和碎屑加工处理	2	18472	2122
非金属废料和碎屑加工处理	1	10824	513
金属制品、机械和设备修理业	3	452429	23799
金属制品修理			
通用设备修理			
专用设备修理	1	217755	499
铁路、船舶、航空航天等运输设备修理	1	230172	22723
电气设备修理	1	4503	577
仪器仪表修理			
其他机械和设备修理业			
电力、热力、燃气及水生产和供应业	**374**	**59049400**	**37837198**
电力、热力生产和供应业	140	27333254	17890464
电力生产	93	15354754	10670508
电力供应	43	11862237	7161346
热力生产和供应	4	116263	58610
燃气生产和供应业	5	138883	63173
燃气生产和供应业	5	138883	63173
生物质燃气生产和供应业			
水的生产和供应业	42	2052563	964961
自来水生产和供应	42	2052563	964961
污水处理及其再生利用			
海水淡化处理			
其他水的处理、利用与分配			

单位：万元

固定资产原价	累计折旧	流动资产合计	应收账款	存货	产成品	负债合计
3125	490	16675	2423	1153	432	11086
2612	490	6980	494	408	27	9147
513		9695	1929	745	405	1940
60048	36217	251279	106482	14967	637	352452
2281	1782	66374	2	5	1	180330
55884	33128	181164	103739	14952	636	171711
1884	1307	3741	2741	9		411
63547308	**24790565**	**9491093**	**1480773**	**812604**	**13486**	**41695437**
30192912	11846771	4276378	704266	386389	4996	19608873
16554665	5633814	1834208	525283	327948	412	11583286
13565139	6198460	2420903	175999	58064	4584	7936823
73108	14498	21267	2983	376		88764
100167	36993	18292	3753	2728	134	54994
100167	36993	18292	3753	2728	134	54994
1480575	511518	450876	32368	17186	1613	1183852
1480575	511518	450876	32368	17186	1613	1183852

1-A-7 续表 22

行业	流动负债合计	应付账款	所有者权益合计
专用仪器仪表制造			
钟表与计时仪器制造			
光学仪器制造			
衡器制造			
其他仪器仪表制造业			
其他制造业			
日用杂品制造			
核辐射加工			
其他未列明制造业			
废弃资源综合利用业	11059	8711	18210
金属废料和碎屑加工处理	9120	7205	9326
非金属废料和碎屑加工处理	1940	1506	8885
金属制品、机械和设备修理业	322861	98863	99977
金属制品修理			
通用设备修理			
专用设备修理	164962	2655	37424
铁路、船舶、航空航天等运输设备修理	157488	96208	58461
电气设备修理	411		4092
仪器仪表修理			
其他机械和设备修理业			
电力、热力、燃气及水生产和供应业	**18269517**	**2822927**	**17353962**
电力、热力生产和供应业	8752039	1380591	7724380
电力生产	4090909	604651	3771468
电力供应	4614415	771174	3925413
热力生产和供应	46715	4766	27499
燃气生产和供应业	32040	2455	83889
燃气生产和供应业	32040	2455	83889
生物质燃气生产和供应业			
水的生产和供应业	350680	28417	868712
自来水生产和供应	350680	28417	868712
污水处理及其再生利用			
海水淡化处理			
其他水的处理、利用与分配			

单位：万元

实收资本	国家资本	集体资本	法人资本	个人资本	港澳台资本	外商资本
11685			11685			
2800			2800			
8885			8885			
71824	71824					
10000	10000					
56824	56824					
5000	5000					
9593915	**8378268**	**26171**	**1122472**	**13979**	**18920**	**34104**
4488444	4021450	10431	449573	6990		
2950418	2581326	10431	351671	6990		
1515579	1421177		94402			
22447	18947		3500			
31600	16473		5667		9460	
31600	16473		5667		9460	
276914	151211	2655	105996			17052
276914	151211	2655	105996			17052

1-A-7 续表 23

行业	营业收入	营业成本	销售费用	管理费用
专用仪器仪表制造				
钟表与计时仪器制造				
光学仪器制造				
衡器制造				
其他仪器仪表制造业				
其他制造业				
日用杂品制造				
核辐射加工				
其他未列明制造业				
废弃资源综合利用业	30868	21997	60	1851
金属废料和碎屑加工处理	25147	17372	60	1268
非金属废料和碎屑加工处理	5721	4625		583
金属制品、机械和设备修理业	174333	149362	1364	19280
金属制品修理				
通用设备修理				
专用设备修理	3299	1999		1218
铁路、船舶、航空航天等运输设备修理	168749	144233	1364	17789
电气设备修理	2285	3130		273
仪器仪表修理				
其他机械和设备修理业				
电力、热力、燃气及水生产和供应业	**23582445**	**20325995**	**75818**	**580602**
电力、热力生产和供应业	11364792	9891027	18165	244829
电力生产	3484845	2432721	9	128717
电力供应	7850767	7430365	17980	115483
热力生产和供应	29180	27941	176	629
燃气生产和供应业	68408	50034	3408	2243
燃气生产和供应业	68408	50034	3408	2243
生物质燃气生产和供应业				
水的生产和供应业	358023	221937	16336	43229
自来水生产和供应	358023	221937	16336	43229
污水处理及其再生利用				
海水淡化处理				
其他水的处理、利用与分配				

单位：万元

财务费用			投资收益(损失以“–”号记)	营业利润	利润总额	亏损企业亏损额	平均用工人数(人)
	利息收入	利息支出					
–15	2		–57	6602	6655		313
–7	2			6097	6144		197
–8			–57	505	512		116
2638	79	3040	27	1698	1629	3040	3170
2917	1	2916		–2012	–1317	1317	374
–276	83	123	27	4724	4669		2659
–4	–4	1		–1013	–1723	1723	137
1169225	**80741**	**1153757**	**–1336**	**1369046**	**1381424**	**327424**	**174188**
559740	39367	555049	–993	619888	623273	160666	77214
385942	22524	365665	2675	513119	518151	156206	16453
169869	16792	185715	–3639	109549	107639	238	60596
3929	52	3670	–28	–2780	–2517	4221	165
572	28	463	115	11879	12013	413	776
572	28	463	115	11879	12013	413	776
24301	976	21367	210	52756	55427	2634	9104
24301	976	21367	210	52756	55427	2634	9104

1-A-8 按行业分组的规模以上私营

行　业	企业单位数（个）	资产总计	固定资产净额	固定资产原价
总　计	**3721**	**36394402**	**7271691**	**12445665**
采矿业	**334**	**2408068**	**496915**	**780238**
煤炭开采和洗选业	6	106181	22810	35985
烟煤和无烟煤开采洗选	6	106181	22810	35985
褐煤开采洗选				
其他煤炭采选				
石油和天然气开采业				
石油开采				
天然气开采				
黑色金属矿采选业	19	117878	6478	12887
铁矿采选	4	43471	198	1077
锰矿、铬矿采选	10	34799	3359	4964
其他黑色金属矿采选	5	39608	2920	6847
有色金属矿采选业	30	341288	57960	101344
常用有色金属矿采选	29	311162	47262	86061
贵金属矿采选	1	30127	10697	15283
稀有稀土金属矿采选				
非金属矿采选业	111	638016	160883	239533
土砂石开采	98	482435	154163	228926
化学矿开采	7	138864	1263	3768
采盐				
石棉及其他非金属矿采选	6	16718	5457	6839
开采专业及辅助性活动				
煤炭开采和洗选专业及辅助性活动				
石油和天然气开采专业及辅助性活动				
其他开采专业及辅助性活动				
其他采矿业	2	1340	654	740
制造业	**7058**	**69604116**	**13735855**	**23565018**
农副食品加工业	319	3515398	565057	1139392
谷物磨制	70	254443	57680	83743
饲料加工	81	1034242	154787	366087
植物油加工	20	154549	23350	28847

工业企业主要经济指标（大、中类行业）

单位：万元

累计折旧	流动资产合计	应收账款	存货	产成品	负债合计	流动负债合计
4389271	**22643568**	**6098195**	**5253973**	**2557059**	**24488847**	**21376463**
222561	**1568237**	**303320**	**217484**	**98522**	**1487233**	**1247305**
11532	73433	7999	9539	4154	79428	76968
11532	73433	7999	9539	4154	79428	76968
6409	90060	4565	25379	7774	84160	68563
879	35351	2495	10036	226	39588	33097
1604	23096	2054	3834	1949	17887	9381
3926	31613	16	11510	5600	26686	26086
38754	230787	40344	43099	15825	202507	196258
34168	225822	40344	39600	13674	162295	156047
4586	4966		3499	2151	40211	40211
54542	389676	98709	30670	21454	377294	281636
50656	254256	87675	27611	19765	231487	192754
2504	126826	8614	1250	357	134344	80339
1382	8594	2420	1809	1333	11462	8542
86	325	86	108	108	455	455
8437641	**43446815**	**11855811**	**10218054**	**5013660**	**47022846**	**41229291**
426925	2342445	355164	477986	190346	2331464	1900610
25049	150895	24391	62562	17960	120618	105851
117397	659120	96238	55194	36978	575988	511550
5327	113182	31211	52533	17775	111479	106602

1-A-8 续表 1

行 业	应付账款	所有者权益合计	实收资本	国家资本
总 计	**6104889**	**11904607**	**5433821**	**42075**
采矿业	**282093**	**918979**	**371926**	
煤炭开采和洗选业	9590	26753	17250	
烟煤和无烟煤开采洗选	9590	26753	17250	
褐煤开采洗选				
其他煤炭采选				
石油和天然气开采业				
石油开采				
天然气开采				
黑色金属矿采选业	12381	33718	18461	
铁矿采选	2356	3882	9288	
锰矿、铬矿采选	1871	16913	1623	
其他黑色金属矿采选	8155	12922	7550	
有色金属矿采选业	41104	137855	52084	
常用有色金属矿采选	41104	147939	51584	
贵金属矿采选		-10085	500	
稀有稀土金属矿采选				
非金属矿采选业	77745	260722	97828	
土砂石开采	70704	250947	90202	
化学矿开采	4837	4519	2626	
采盐				
石棉及其他非金属矿采选	2204	5255	5000	
开采专业及辅助性活动				
煤炭开采和洗选专业及辅助性活动				
石油和天然气开采专业及辅助性活动				
其他开采专业及辅助性活动				
其他采矿业	454	885	682	
制造业	**11900824**	**22581230**	**10370093**	**69605**
农副食品加工业	421990	1183933	520483	6719
谷物磨制	31452	133825	48087	
饲料加工	130582	458254	133894	1000
植物油加工	55134	43071	34653	

单位：万元

集体资本	法人资本	个人资本	港澳台资本	外商资本	营业收入	营业成本
102007	**2169840**	**3111712**	**2909**	**5373**	**46818908**	**41189957**
11699	**154762**	**205464**			**2361485**	**1859659**
	5100	12150			123968	111083
	5100	12150			123968	111083
	4550	13911			190429	168786
		9288			23343	21458
	50	1573			130666	119036
	4500	3050			36420	28293
4300	11663	36120			243691	187258
4300	11163	36120			243691	187258
	500					
1549	55868	40410			622274	462437
1549	53670	34982			605191	450370
	1960	666			7210	5377
	238	4762			9873	6691
	400	282			761	530
184577	**4117587**	**5981952**	**5817**	**10747**	**91026636**	**80345560**
15221	256470	241693		380	4474101	4094585
	27787	20300			454961	422183
3500	52508	76886			2100225	1916819
429	28469	5755			203409	190336

1-A-8 续表 2

行　业	销售费用	管理费用	财务费用	利息收入
总　计	**1061489**	**1760020**	**465401**	**24599**
采矿业	**143745**	**134513**	**25472**	**221**
煤炭开采和洗选业	5195	3034	1602	-205
烟煤和无烟煤开采洗选	5195	3034	1602	-205
褐煤开采洗选				
其他煤炭采选				
石油和天然气开采业				
石油开采				
天然气开采				
黑色金属矿采选业	4070	2020	2127	5
铁矿采选	459	408	1379	
锰矿、铬矿采选	1706	661	98	3
其他黑色金属矿采选	1905	950	650	3
有色金属矿采选业	6597	20986	4017	265
常用有色金属矿采选	6597	18361	2536	265
贵金属矿采选		2625	1482	
稀有稀土金属矿采选				
非金属矿采选业	55928	41190	4985	44
土砂石开采	53155	38917	4728	44
化学矿开采	109	1463	47	1
采盐				
石棉及其他非金属矿采选	2664	810	210	
开采专业及辅助性活动				
煤炭开采和洗选专业及辅助性活动				
石油和天然气开采专业及辅助性活动				
其他开采专业及辅助性活动				
其他采矿业	168	56	9	
制造业	**1976931**	**3372075**	**888990**	**48741**
农副食品加工业	78958	152747	56194	1843
谷物磨制	7815	10049	2816	38
饲料加工	39001	76805	12116	525
植物油加工	1715	4006	1377	19

单位：万元

利息支出	投资收益（损失以“-”号记）	营业利润	利润总额	亏损企业亏损额	平均用工人数（人）
431531	**43058**	**2111401**	**2214323**	**376391**	**550537**
24066	**-369**	**159425**	**146439**	**24169**	**27653**
1597		2389	2894	1066	943
1597		2389	2894	1066	943
1844		12971	7034	1248	1210
1235		-446	-378	1220	494
26		9000	2895	26	500
583		4417	4518	2	216
4043		21197	21379	6263	3252
2561		25308	25507	2135	3120
1482		-4112	-4128	4128	132
4549	-185	43162	41919	3499	8364
4295	-185	43430	42107	2472	7639
47		264	266	314	408
207		-532	-454	714	317
		-13	-13	17	115
826884	**86416**	**4021228**	**4240036**	**726299**	**1070576**
55812	27875	31069	34727	111283	35323
2640	-2	11530	12904	727	3417
10511	504	58164	63261	3268	8015
1206		5624	6092	746	906

1-A-8 续表 3

行业	企业单位数（个）	资产总计	固定资产净额	固定资产原价
制糖业	18	1019494	144378	353116
屠宰及肉类加工	25	288680	49445	70208
水产品加工	29	375313	69459	136500
蔬菜、菌类、水果和坚果加工	33	175627	28796	41688
其他农副食品加工	43	213049	37162	59203
食品制造业	87	902742	187069	304796
焙烤食品制造	10	41320	15905	25171
糖果、巧克力及蜜饯制造	9	27936	6728	11932
方便食品制造	20	68165	13606	17565
乳制品制造	5	442374	34955	81112
罐头食品制造	7	24275	4519	9709
调味品、发酵制品制造	4	81168	58555	79535
其他食品制造	32	217505	52801	79771
酒、饮料和精制茶制造业	82	1158689	226072	340587
酒的制造	17	594132	105661	150043
饮料制造	31	269786	55493	87786
精制茶加工	34	294770	64918	102758
烟草制品业				
烟叶复烤				
卷烟制造				
其他烟草制品制造				
纺织业	90	699619	125231	197167
棉纺织及印染精加工	20	202909	45150	68355
毛纺织及染整精加工				
麻纺织及染整精加工	6	8763	619	2189
丝绢纺织及印染精加工	54	453713	71649	116266
化纤织造及印染精加工	1	12021	4766	6196
针织或钩针编织物及其制品制造	4	5465	2484	2670
家用纺织制成品制造	3	12584	47	501
产业用纺织制成品制造	2	4165	516	990
纺织服装、服饰业	39	147733	22233	39122
机织服装制造	31	129667	19164	34092

单位：万元

累计折旧	流动资产合计	应收账款	存货	产成品	负债合计	流动负债合计
191470	757664	61836	39969	19582	866115	666030
20531	182615	14194	62188	8125	218209	206281
34339	226034	57360	86279	64135	236348	142243
12173	119711	41902	12199	4169	93817	82125
20639	133226	28031	38045	21624	108891	79928
116702	421948	76539	80651	34170	528650	404675
9266	15954	-6269	5201	856	21012	20032
5049	15782	1941	6178	1150	14008	11870
3949	43659	8561	12888	8689	52049	43970
46147	187923	25231	6825	1536	177301	86712
4352	12413	4219	4532	2993	13094	9368
20980	18370	-665	8130	2223	125193	123639
26960	127847	43520	36898	16722	125994	109086
110071	670071	85053	362988	115781	742875	601325
44382	367765	6397	256715	43217	423448	342238
30285	150936	52281	39436	16893	176929	149361
35405	151370	26375	66837	55671	142498	109726
62504	455322	68614	197574	70768	531844	391018
23054	96600	9623	19938	5933	170110	62759
1463	7379	594	2597	577	5416	2236
35483	329153	56548	167847	62849	339109	309601
1430	4889		205	8	7233	6983
149	1591	918	197	101	1620	1200
452	12341	194	5994	901	8185	8068
474	3371	737	797	398	171	171
13915	113487	24310	61467	46691	55438	49046
12420	99958	19588	56371	44378	43618	37589

1-A-8 续表 4

行 业	应付账款	所有者权益合计	实收资本	国家资本
制糖业	92945	153380	112878	5719
屠宰及肉类加工	36665	70471	61032	
水产品加工	33090	138965	60560	
蔬菜、菌类、水果和坚果加工	30160	81810	28526	
其他农副食品加工	11963	104158	40852	
食品制造业	79376	374091	187235	
焙烤食品制造	7358	20308	12701	
糖果、巧克力及蜜饯制造	871	13928	3025	
方便食品制造	9459	16116	8294	
乳制品制造	6743	265073	105124	
罐头食品制造	2480	11182	4650	
调味品、发酵制品制造	39504	-44026	7578	
其他食品制造	12961	91512	45863	
酒、饮料和精制茶制造业	86108	415814	161365	
酒的制造	19168	170684	52401	
饮料制造	40770	92857	58556	
精制茶加工	26171	152273	50408	
烟草制品业				
烟叶复烤				
卷烟制造				
其他烟草制品制造				
纺织业	33091	167775	81348	
棉纺织及印染精加工	4988	32799	23008	
毛纺织及染整精加工				
麻纺织及染整精加工	-28	3346	2942	
丝绢纺织及印染精加工	26053	114604	46450	
化纤织造及印染精加工	720	4787	2000	
针织或钩针编织物及其制品制造	248	3845	1698	
家用纺织制成品制造	1037	4399	2192	
产业用纺织制成品制造	72	3994	3058	
纺织服装、服饰业	25712	92294	31098	
机织服装制造	20331	86049	29095	

单位：万元

集体资本	法人资本	个人资本	港澳台资本	外商资本	营业收入	营业成本
10681	70138	26340			544722	491745
	26238	34794			184312	173016
380	20300	39880			480799	446545
30	15133	13363			162424	145854
201	15898	24374		380	343251	308088
9800	18029	159406			561626	472423
	3400	9301			82895	69572
	1000	2025			70082	62146
	241	8053			86958	73156
	1210	103914			106233	93314
	50	4600			30757	26227
	1000	6578			10686	7703
9800	11128	24935			174015	140305
1000	55119	105246			960811	758758
	10714	41687			263319	227211
1000	31838	25718			210802	168296
	12567	37841			486689	363250
305	31180	49862			901433	836345
	10934	12074			92196	83043
	1252	1690			30781	27106
305	15936	30209			749512	699022
		2000			2018	1764
		1698			12594	11656
		2192			8899	8777
	3058				5433	4979
	12852	18246	1		413522	318262
	12352	16743	1		378943	288984

1-A-8 续表 5

行 业	销售费用	管理费用	财务费用	利息收入
制糖业	7633	29068	25930	1410
屠宰及肉类加工	4924	7039	2198	-105
水产品加工	9430	10415	7296	-64
蔬菜、菌类、水果和坚果加工	3368	4680	2051	8
其他农副食品加工	5073	10685	2410	12
食品制造业	25722	35413	15662	153
焙烤食品制造	3307	4604	468	2
糖果、巧克力及蜜饯制造	1499	1335	1075	3
方便食品制造	2578	7209	898	7
乳制品制造	4369	5837	8168	110
罐头食品制造	1639	1466	664	7
调味品、发酵制品制造	640	1492	552	0
其他食品制造	11691	13470	3837	24
酒、饮料和精制茶制造业	52459	70456	26729	86
酒的制造	3231	15644	21566	25
饮料制造	25713	8085	1750	27
精制茶加工	23516	46728	3414	35
烟草制品业				
烟叶复烤				
卷烟制造				
其他烟草制品制造				
纺织业	8985	34622	10698	684
棉纺织及印染精加工	1576	7069	2271	3
毛纺织及染整精加工				
麻纺织及染整精加工	516	1354	283	1
丝绢纺织及印染精加工	6508	24682	7623	678
化纤织造及印染精加工	121	228	216	
针织或钩针编织物及其制品制造	118	185	86	
家用纺织制成品制造	132	832	218	2
产业用纺织制成品制造	15	273	1	
纺织服装、服饰业	8193	57912	1995	103
机织服装制造	7250	55354	1302	103

单位：万元

利息支出	投资收益（损失以“-”号记）	营业利润	利润总额	亏损企业亏损额	平均用工人数(人)
26005		-16539	-15166	28146	6701
2155	8	-2869	-3362	8308	2887
9804	54280	-47783	-52681	68734	5242
1595	-318	6457	7457	705	2654
1896	-26598	16485	16223	649	5501
14893	3260	19699	23646	8028	10759
435		4561	4808	403	1798
1049	-8	1878	1951	148	723
847	1	2868	3202	43	2922
7802	2623	5145	5581	27	908
598		676	729	65	863
551		79	135	597	356
3612	643	4493	7241	6747	3189
20747		35911	38867	23614	16205
15888		-16560	-14778	20247	4034
1646		5901	5521	3249	5622
3214		46570	48123	119	6549
10206	-264	8389	11319	11993	19510
1782		-2450	-2400	5705	3094
157	-292	1489	1484	4	584
7737	26	10022	12826	4957	14934
216		-292	-288	288	80
74		498	494	69	424
240	2	-1029	-954	970	321
1		150	155		73
1507		25413	23134	192	17000
814		24493	22173	88	15338

1-A-8 续表 6

行 业	企业单位数（个）	资产总计	固定资产净额	固定资产原价
针织或钩针编织服装制造	5	12759	2751	4130
服饰制造	3	5307	318	900
皮革、毛皮、羽毛及其制品和制鞋业	49	187937	22086	37832
皮革鞣制加工	2	37477	9574	16519
皮革制品制造	8	43788	1426	4063
毛皮鞣制及制品加工				
羽毛(绒)加工及制品制造	38	104357	10516	16238
制鞋业	1	2316	570	1013
木材加工和木、竹、藤、棕、草制品业	733	2514409	541410	870190
木材加工	160	400188	76972	109225
人造板制造	519	1925824	434264	699033
木质制品制造	31	144905	26088	49285
竹、藤、棕、草等制品制造	23	43492	4087	12647
家具制造业	38	204920	43148	66068
木质家具制造	34	138647	27099	46386
竹、藤家具制造				
金属家具制造	2	16628	13454	14478
塑料家具制造				
其他家具制造	2	49645	2596	5204
造纸和纸制品业	108	1107376	282211	545476
纸浆制造	4	242790	105121	181607
造纸	52	475511	121262	226758
纸制品制造	52	389075	55828	137111
印刷和记录媒介复制业	35	180922	34934	78046
印刷	35	180922	34934	78046
装订及印刷相关服务				
记录媒介复制				
文教、工美、体育和娱乐用品制造业	55	191048	23589	36446
文教办公用品制造	1	251	6	25
乐器制造				
工艺美术及礼仪用品制造	45	175447	20410	27168
体育用品制造				

单位：万元

累计折旧	流动资产合计	应收账款	存货	产成品	负债合计	流动负债合计
1379	8541	2134	4920	2166	7595	7343
116	4988	2588	177	147	4226	4114
15524	132220	47669	48761	27991	111140	105610
6945	25351	1984	19300	5769	19271	19271
2456	18117	5018	5049	2281	16216	13993
5680	88284	40625	24382	19915	75290	71983
443	468	43	31	27	363	363
293063	1656562	411493	548077	265973	1706939	1522727
29658	274216	68928	97435	45568	242692	216670
239554	1257233	309506	412555	202922	1331527	1186747
21251	95118	17570	31922	13131	106760	97816
2600	29994	15488	6165	4351	25960	21494
16384	113192	23366	27096	8168	130300	104981
12751	78741	21369	23705	7423	86802	70901
1024	2879	1669	1126	25	14019	4601
2609	31572	328	2265	720	29479	29479
228689	566433	148566	110617	47226	765270	647986
76060	120125	43328	13158	7584	274998	272516
104178	247940	43888	54832	24987	306166	241908
48451	198369	61349	42627	14654	184107	133562
41249	106476	30644	16795	8576	108735	100312
41249	106476	30644	16795	8576	108735	100312
12348	125589	43746	45740	21296	101220	71842
19	245	74	27	16	94	94
6575	117567	41531	42710	19998	95511	66435

1-A-8 续表 7

行业	应付账款	所有者权益合计	实收资本	国家资本
针织或钩针编织服装制造	3027	5164	1110	
服饰制造	2354	1081	893	
皮革、毛皮、羽毛及其制品和制鞋业	41036	76796	30706	
皮革鞣制加工	6998	18206	941	
皮革制品制造	6229	27571	4482	
毛皮鞣制及制品加工				
羽毛(绒)加工及制品制造	27809	29066	23330	
制鞋业		1953	1953	
木材加工和木、竹、藤、棕、草制品业	311896	807466	377852	4631
木材加工	41044	157497	71880	1566
人造板制造	249758	594292	280934	3065
木质制品制造	17115	38145	16595	
竹、藤、棕、草等制品制造	3980	17532	8443	
家具制造业	20934	74620	25529	
木质家具制造	15822	51845	11766	
竹、藤家具制造				
金属家具制造	1507	2609	1568	
塑料家具制造				
其他家具制造	3605	20166	12195	
造纸和纸制品业	138060	342105	242106	
纸浆制造	25532	-32208	64710	
造纸	79467	169345	110928	
纸制品制造	33061	204968	66468	
印刷和记录媒介复制业	31766	72187	29228	230
印刷	31766	72187	29228	230
装订及印刷相关服务				
记录媒介复制				
文教、工美、体育和娱乐用品制造业	25778	89828	19990	
文教办公用品制造	4	156	129	
乐器制造				
工艺美术及礼仪用品制造	24952	79935	18137	
体育用品制造				

单位：万元

集体资本	法人资本	个人资本	港澳台资本	外商资本	营业收入	营业成本
	500	610			21907	18226
		893			12672	11052
150	1778	28778			392579	368849
	98	843			26410	22043
		4482			63372	54820
150	1680	21500			300372	289942
		1953			2425	2044
13287	137900	222033			6739596	6300954
1005	17842	51467			1247829	1165688
12282	109003	156584			5137437	4812421
	4250	12345			230293	208650
	6805	1638			124037	114196
	8778	16751			331092	298357
	7210	4556			266874	239755
	1568				3160	2525
		12195			61059	56078
7600	108612	125894			1199354	1043257
	20653	44057			91299	80826
5100	67839	37989			550812	509722
2500	20120	43848			557244	452709
	8108	20890			183918	164382
	8108	20890			183918	164382
	12673	7317			869896	817721
		129			2895	2853
	12573	5564			788267	741977

1-A-8 续表 8

行　业	销售费用	管理费用	财务费用	利息收入
针织或钩针编织服装制造	770	1313	594	
服饰制造	173	1245	100	
皮革、毛皮、羽毛及其制品和制鞋业	2646	6438	1922	58
皮革鞣制加工	403	1366	545	
皮革制品制造	1186	3205	360	8
毛皮鞣制及制品加工				
羽毛(绒)加工及制品制造	1026	1709	983	48
制鞋业	32	159	34	2
木材加工和木、竹、藤、棕、草制品业	77586	120406	33411	454
木材加工	15086	18696	4430	192
人造板制造	54290	90911	26121	194
木质制品制造	6633	9126	2344	62
竹、藤、棕、草等制品制造	1578	1672	515	6
家具制造业	10648	12046	2052	16
木质家具制造	9671	10349	1535	8
竹、藤家具制造				
金属家具制造	210	273	86	
塑料家具制造				
其他家具制造	767	1424	431	8
造纸和纸制品业	35172	47142	24218	370
纸浆制造	160	5521	11129	2
造纸	4693	19619	7389	182
纸制品制造	30320	22002	5700	186
印刷和记录媒介复制业	3190	7649	2572	117
印刷	3190	7649	2572	117
装订及印刷相关服务				
记录媒介复制				
文教、工美、体育和娱乐用品制造业	13133	16005	3263	9
文教办公用品制造	6	25		
乐器制造				
工艺美术及礼仪用品制造	12247	14130	3085	9
体育用品制造				

单位：万元

利息支出	投资收益（损失以“-”号记）	营业利润	利润总额	亏损企业亏损额	平均用工人数（人）
594		875	890	94	1098
99		45	71	11	564
1681		11297	11760	437	4587
543		1976	2431		567
178		3372	3349	277	2654
924		5796	5826	160	1076
36		154	154		290
29913	204	186813	194218	15514	98568
3813	1	40025	39439	4849	14363
23785	203	137893	145001	8831	70011
2062		3120	3936	1615	6924
255		5776	5843	218	7270
1871	-6384	7555	12213	2321	4322
1379	-6384	5237	9960	2009	3916
54		47	-11	11	119
439		2271	2264	301	287
23003		46038	48361	20786	16245
10505		-6197	-6166	9205	1192
7378		7165	8893	9777	7392
5121		45070	45634	1804	7661
1764	39	6016	6706	1685	2377
1764	39	6016	6706	1685	2377
1256		18464	18768	988	20314
		11	11		49
1098		15716	15987	810	17077

1-A-8 续表 9

行业	企业单位数（个）	资产总计	固定资产净额	固定资产原价
玩具制造	8	14412	3004	8973
游艺器材及娱乐用品制造	1	939	170	281
石油、煤炭及其他燃料加工业	7	102245	11143	18542
精炼石油产品制造	5	48651	2497	5198
煤炭加工	1	52394	8646	12406
核燃料加工				
生物质燃料加工	1	1200		939
化学原料和化学制品制造业	225	1894843	380989	640276
基础化学原料制造	45	353009	116171	213966
肥料制造	33	447530	72618	119809
农药制造	15	195429	21036	36532
涂料、油墨、颜料及类似产品制造	18	299361	72012	98578
合成材料制造	5	59944	11350	12980
专用化学产品制造	74	297174	49952	86102
炸药、火工及焰火产品制造	12	144968	17732	32413
日用化学产品制造	23	97428	20119	39896
医药制造业	74	610509	118596	208240
化学药品原料药制造	4	21137	2202	5534
化学药品制剂制造	5	89632	19353	40976
中药饮片加工	17	67365	14200	21105
中成药生产	34	373519	62241	107609
兽用药品制造	5	9285	2699	6081
生物药品制品制造	5	12824	4015	5986
卫生材料及医药用品制造	3	19380	8051	11360
药用辅料及包装材料	1	17367	5835	9589
化学纤维制造业				
纤维素纤维原料及纤维制造				
合成纤维制造				
生物基材料制造				
橡胶和塑料制品业	102	548453	107047	176133
橡胶制品业	11	38981	13987	21513
塑料制品业	91	509473	93060	154619

单位：万元

累计折旧	流动资产合计	应收账款	存货	产成品	负债合计	流动负债合计
5643	7208	2142	2548	1282	5121	4820
111	569		456		493	493
6801	68633	7082	16573	3984	112853	108561
2701	25720	2759	12274	1532	38836	38453
3759	42073	3871	4299	2452	73218	69308
340	840	453			799	799
247424	1140045	327698	309813	167937	1116353	971150
97794	181275	46716	50288	29097	248889	227273
45328	302540	146010	58112	25323	285136	258084
15496	115389	17393	47946	17658	109371	95298
22215	174896	41801	59212	39586	147172	126976
1631	34800	8097	6707	798	48379	47668
31661	183616	50417	59543	42736	209708	178159
14681	105042	6611	9706	3520	33649	11355
18619	42488	10653	18299	9221	34050	26337
82260	381085	100520	109451	38868	394391	365868
3333	18427	2086	6358	2620	17427	15387
21623	51333	21800	11989	4959	34633	34633
6618	47361	19564	16260	8244	49854	49147
38272	240133	50896	68582	18265	266018	250011
3382	4729	753	1081	505	4019	3443
1971	6025	2652	882	560	6398	6038
3308	7366	383	3938	3364	1869	1724
3754	5712	2386	362	350	14172	5484
67474	368390	120681	88191	43647	347595	300502
7526	21246	5660	5572	2282	27616	24819
59948	347144	115021	82619	41364	319979	275682

1-A-8 续表 10

行　业	应付账款	所有者权益合计	实收资本	国家资本
玩具制造	680	9291	1624	
游艺器材及娱乐用品制造	143	446	100	
石油、煤炭及其他燃料加工业	15484	-10609	12119	
精炼石油产品制造	7093	9815	8919	
煤炭加工	7951	-20823	2800	
核燃料加工				
生物质燃料加工	440	400	400	
化学原料和化学制品制造业	271468	778489	292239	500
基础化学原料制造	31699	104120	88367	
肥料制造	128378	162394	65038	
农药制造	20897	86058	25102	
涂料、油墨、颜料及类似产品制造	39678	152188	27781	
合成材料制造	7063	11565	6717	
专用化学产品制造	33277	87466	47235	500
炸药、火工及焰火产品制造	3960	111319	8269	
日用化学产品制造	6518	63378	23729	
医药制造业	90513	216118	93173	
化学药品原料药制造	5578	3710	5491	
化学药品制剂制造	5834	54998	11725	
中药饮片加工	12236	17511	6882	
中成药生产	60792	107501	59492	
兽用药品制造	511	5266	6377	
生物药品制品制造	1989	6426	756	
卫生材料及医药用品制造	477	17511	1450	
药用辅料及包装材料	3096	3195	1000	
化学纤维制造业				
纤维素纤维原料及纤维制造				
合成纤维制造				
生物基材料制造				
橡胶和塑料制品业	61674	200858	136924	
橡胶制品业	7096	11364	6131	
塑料制品业	54578	189494	130793	

单位：万元

集体资本	法人资本	个人资本	港澳台资本	外商资本	营业收入	营业成本
	100	1524			75923	70361
		100			2811	2530
	9843	2276			38925	37307
	8919				23340	21892
	924	1876			11347	12169
		400			4238	3246
1088	139254	151497			2565534	2219922
	32097	56271			525516	486260
	43188	21850			326376	273405
	12897	12206			161158	134500
	21660	6121			493136	403706
	5566	1151			104804	97511
	11925	34910			588463	522923
788	7251	230			152072	113612
300	4671	18759			214010	188003
1564	41018	50592			396104	287116
		5491			7943	4975
		11725			69454	27317
	4134	2748			68270	58341
1564	30918	27010			202613	156617
	4910	1467			6585	4179
	506	250			9599	8266
	550	900			29590	25623
		1000			2050	1799
	74448	62475			762565	666541
	1300	4831			24992	21021
	73148	57645			737573	645520

1-A-8 续表 11

行 业	销售费用	管理费用	财务费用	利息收入
玩具制造	852	1797	142	
游艺器材及娱乐用品制造	28	53	37	
石油、煤炭及其他燃料加工业	734	3116	3339	3
精炼石油产品制造	321	1132	1190	1
煤炭加工	149	1502	2144	2
核燃料加工				
生物质燃料加工	265	482	5	
化学原料和化学制品制造业	75756	100169	17675	3103
基础化学原料制造	15538	19636	5407	-44
肥料制造	18044	14351	2510	-175
农药制造	4523	12761	1590	72
涂料、油墨、颜料及类似产品制造	19110	20295	3443	86
合成材料制造	1341	1651	514	2
专用化学产品制造	11601	16508	6126	92
炸药、火工及焰火产品制造	1706	7303	-2962	3057
日用化学产品制造	3895	7664	1046	13
医药制造业	50101	32059	6804	150
化学药品原料药制造	363	1079	565	
化学药品制剂制造	22973	4604	1263	43
中药饮片加工	4873	5368	683	1
中成药生产	19698	17618	3937	107
兽用药品制造	721	1361	328	1
生物药品制品制造	472	718	1	-3
卫生材料及医药用品制造	868	1261	28	
药用辅料及包装材料	132	52		
化学纤维制造业				
纤维素纤维原料及纤维制造				
合成纤维制造				
生物基材料制造				
橡胶和塑料制品业	17870	38587	10321	259
橡胶制品业	985	2299	839	-4
塑料制品业	16884	36287	9482	263

单位：万元

利息支出	投资收益（损失以“-”号记）	营业利润	利润总额	亏损企业亏损额	平均用工人数（人）
121		2579	2624	178	3052
37		159	147		136
3282	3	-5715	-5512	6098	487
1160	3	-1296	-1223	1443	159
2118		-4650	-4655	4655	232
5		231	366		96
17509	2157	137396	146181	13021	23363
4322	1038	-4236	3317	6376	3877
2432	162	18462	19272	768	4324
1596	762	7638	6885	267	1834
3204		43954	44053	637	3770
484		3574	3995		444
4468	195	28885	29412	4230	4424
34		27439	27360	174	2517
970		11680	11887	571	2173
5908	348	16513	20334	8315	8200
		926	926	143	337
1304		12610	15590	521	1025
682	11	-1129	-826	3131	1199
3640	331	2397	2927	3640	4752
270		-95	-130	595	343
	6	65	90	258	200
12		1682	1699	27	268
		58	58		76
8585	11	26945	27197	3512	11202
376		-227	-147	502	1034
8209	11	27172	27344	3010	10168

1-A-8 续表 12

行　　业	企业单位数（个）	资产总计	固定资产净额	固定资产原价
非金属矿物制品业	605	4953274	1221165	2327832
水泥、石灰和石膏制造	81	841414	275222	577474
石膏、水泥制品及类似制品制造	227	1801738	279477	676319
砖瓦、石材等建筑材料制造	178	942121	301553	429143
玻璃制造	9	177848	94065	101120
玻璃制品制造	3	20234	10224	14225
玻璃纤维和玻璃纤维增强塑料制品制造				
陶瓷制品制造	56	644437	143394	317334
耐火材料制品制造	3	38683	14929	25594
石墨及其他非金属矿物制品制造	48	486800	102301	186624
黑色金属冶炼和压延加工业	85	4328321	1143967	1655709
炼铁	1	4423	607	1084
炼钢				
钢压延加工	26	3647878	969555	1338707
铁合金冶炼	58	676019	173805	315919
有色金属冶炼和压延加工业	52	1832074	171358	426965
常用有色金属冶炼	16	1116485	91132	315163
贵金属冶炼				
稀有稀土金属冶炼	3	17871	4568	6157
有色金属合金制造	2	22013	1127	5139
有色金属压延加工	31	675706	74532	100506
金属制品业	110	801108	122457	204138
结构性金属制品制造	47	352135	56068	92607
金属工具制造	6	18660	2423	4993
集装箱及金属包装容器制造	5	27417	2859	6527
金属丝绳及其制品制造	1	122327	14518	17558
建筑、安全用金属制品制造	6	34827	10033	12762
金属表面处理及热处理加工	4	17358	2038	9006
搪瓷制品制造	3	28912	1838	2574
金属制日用品制造	14	75732	10850	20604
铸造及其他金属制品制造	24	123739	21828	37506
通用设备制造业	63	396020	48837	103620

单位：万元

累计折旧	流动资产合计	应收账款	存货	产成品	负债合计	流动负债合计
876998	2747147	1009483	553955	267038	3097510	2622238
250374	389519	87062	91761	30431	580800	485174
293887	1258915	684974	99386	27555	1113011	1011434
110607	415098	102502	110037	53649	456330	363805
6897	61156	2835	20785	9680	114135	93090
4001	8694	3337	706	261	16966	16684
132976	343218	52150	173756	117778	465229	359570
5635	14871	5585	3120	1845	29055	29055
72622	255676	71038	54403	25839	321983	263427
478011	2391292	164458	462777	202457	2517504	2413379
477	2344	139	71	63	3725	3725
355109	2005499	80588	338697	138123	2125808	2093906
122425	383448	83732	124009	64271	387972	315748
169108	1290091	178636	278830	189599	1897775	1800968
146579	757605	39613	183608	121631	1163371	1105665
1589	12476	1208	5097	1959	6853	5454
1135	19168	7991	5987	3196	13631	13428
19804	500843	129823	84137	62813	713921	676421
68059	540242	133551	121833	66403	464865	405084
22956	217978	50243	49237	22223	222987	186640
2570	14327	5330	3094	2182	12947	12578
3667	7044	2195	3432	516	17205	14849
3040	105069	14575	14338	9816	37741	30841
2729	23203	4663	3009	2553	21965	21095
6967	13576	6990	3468	703	11324	9500
736	19719	13187	1136	191	13896	13666
9754	52592	17506	17579	6677	41201	32600
15639	86735	18863	26541	21542	85599	83315
48790	243698	76073	79289	33086	234596	207804

1-A-8 续表 13

行业	应付账款	所有者权益合计	实收资本	国家资本
非金属矿物制品业	887971	1855759	859642	17102
水泥、石灰和石膏制造	122071	260614	131935	
石膏、水泥制品及类似制品制造	474839	688724	326212	230
砖瓦、石材等建筑材料制造	93557	485789	221775	50
玻璃制造	23348	63713	19211	
玻璃制品制造	9004	3268	1500	
玻璃纤维和玻璃纤维增强塑料制品制造				
陶瓷制品制造	88623	179208	82001	260
耐火材料制品制造	3159	9628	3984	
石墨及其他非金属矿物制品制造	73371	164816	73024	16562
黑色金属冶炼和压延加工业	502143	1810817	596314	
炼铁		698		
炼钢				
钢压延加工	392476	1522071	404871	
铁合金冶炼	109667	288048	191443	
有色金属冶炼和压延加工业	445218	-65701	209706	20
常用有色金属冶炼	220196	-46886	114131	
贵金属冶炼				
稀有稀土金属冶炼	3008	11017	1700	
有色金属合金制造	4993	8382	5500	
有色金属压延加工	217021	-38214	88375	20
金属制品业	122487	336242	122315	
结构性金属制品制造	54856	129148	68340	
金属工具制造	513	5713	2060	
集装箱及金属包装容器制造	1042	10212	4368	
金属丝绳及其制品制造	22627	84586	11818	
建筑、安全用金属制品制造	2418	12862	10046	
金属表面处理及热处理加工	1636	6034	1670	
搪瓷制品制造	4848	15016	1780	
金属制日用品制造	7493	34531	9447	
铸造及其他金属制品制造	27056	38140	12786	
通用设备制造业	58948	161424	58722	

单位：万元

集体资本	法人资本	个人资本	港澳台资本	外商资本	营业收入	营业成本
6923	337667	492047	908	4994	5357605	4498953
584	79710	51641			915501	752629
5200	120939	199844			1934065	1655780
	82682	136042		3000	1415567	1187568
	14891	4320			69254	51466
		1500			42638	34582
1139	16333	64269			534987	477671
	984	3000			61395	57399
	22128	31433	908	1994	384199	281859
	128702	467612			4437092	3671010
					4374	3335
	11352	393519			3569911	2885134
	117350	74093			862807	782542
857	39846	168983			1657339	1615889
	5696	108436			881177	860775
		1700			32675	30078
	5500				34012	32141
857	28650	58847			709475	692895
1000	63715	57599			1519109	1317783
1000	38682	28658			596124	501988
		2060			57975	50915
	2000	2368			135594	126875
	11318	500			99500	91778
	4696	5351			81023	62216
	50	1620			122686	112009
	1780				96713	74686
	1030	8417			118918	98168
	4160	8626			210575	199149
1299	20400	37023			664007	607882

1-A-8 续表 14

行 业	销售费用	管理费用	财务费用	利息收入
非金属矿物制品业	244009	240390	57304	1099
水泥、石灰和石膏制造	28803	29242	11171	149
石膏、水泥制品及类似制品制造	92386	88652	14395	159
砖瓦、石材等建筑材料制造	45735	68670	12473	162
玻璃制造	859	11631	2015	178
玻璃制品制造	4082	1085	166	17
玻璃纤维和玻璃纤维增强塑料制品制造				
陶瓷制品制造	15174	21275	9238	200
耐火材料制品制造	1170	1319	68	
石墨及其他非金属矿物制品制造	55800	18516	7779	234
黑色金属冶炼和压延加工业	46549	149798	33799	16650
炼铁	224	280	65	
炼钢				
钢压延加工	30665	118601	29806	15500
铁合金冶炼	15660	30917	3928	1150
有色金属冶炼和压延加工业	14196	27916	37283	780
常用有色金属冶炼	5528	17137	19152	709
贵金属冶炼				
稀有稀土金属冶炼	982	873	91	-4
有色金属合金制造	59	1633	561	1
有色金属压延加工	7626	8275	17480	74
金属制品业	34874	97921	11231	244
结构性金属制品制造	13096	44713	4021	51
金属工具制造	1389	3233	842	1
集装箱及金属包装容器制造	2173	4532	224	40
金属丝绳及其制品制造	1599	4876	1056	1
建筑、安全用金属制品制造	2043	7775	1364	14
金属表面处理及热处理加工	2093	5222	678	1
搪瓷制品制造	4373	15954	231	
金属制日用品制造	5506	5853	1577	8
铸造及其他金属制品制造	2601	5763	1239	128
通用设备制造业	10420	23105	7458	16

单位：万元

利息支出	投资收益（损失以"-"号记）	营业利润	利润总额	亏损企业亏损额	平均用工人数（人）
49626	1596	294069	331121	18899	85449
10448		85938	85524	3309	10923
11859	-725	82110	82932	7666	19904
10893	-3	91648	93031	935	23173
1967	-165	3242	34216	137	1034
181		2609	2609		440
7625	21	10015	14715	4344	25077
90		1207	1204		806
6564	2467	17301	16889	2508	4092
47243	-2217	518669	529533	5102	17548
		415	415		331
41498		489643	499309	1193	11688
5745	-2217	28612	29810	3909	5529
35098	55	-39916	-37511	44918	9304
19069		-22392	-20612	23614	4637
92		565	589	47	226
494		-407	-354	452	440
15442	55	-17683	-17135	20806	4001
10466	426	52427	54468	5561	15749
3209	421	30605	31733	2653	6202
842		1180	1254	88	678
191		1495	1666	1096	429
999		252	-121	121	1942
1372		6754	6701		1226
678		1135	1134	44	733
175		1436	1441		332
1570		7671	8102	281	2418
1431	4	1899	2558	1278	1789
6346		12787	13013	1711	7789

1-A-8 续表 15

行　业	企业单位数（个）	资产总计	固定资产净额	固定资产原价
锅炉及原动设备制造	9	47157	3575	6046
金属加工机械制造	7	32208	6499	9594
物料搬运设备制造	4	23301	5469	7171
泵、阀门、压缩机及类似机械制造	6	58503	9432	19003
轴承、齿轮和传动部件制造	3	16360	2677	3668
烘炉、风机、包装等设备制造	2	17523	289	5192
文化、办公用机械制造	3	17021	485	1811
通用零部件制造	26	175509	20025	45847
其他通用设备制造业	3	8438	387	5287
专用设备制造业	91	656358	78884	161519
采矿、冶金、建筑专用设备制造	32	279500	26030	50474
化工、木材、非金属加工专用设备制造	16	105073	18490	31677
食品、饮料、烟草及饲料生产专用设备制造	5	17422	826	3763
印刷、制药、日化及日用品生产专用设备制造	1	3394	266	616
纺织、服装和皮革加工专用设备制造				
电子和电工机械专用设备制造				
农、林、牧、渔专用机械制造	15	118380	16814	48412
医疗仪器设备及器械制造	9	76400	10139	17838
环保、邮政、社会公共服务及其他专用设备制造	13	56190	6317	8739
汽车制造业	242	4194477	892500	1456377
汽车整车制造	1	28959	4618	4821
汽车用发动机制造				
改装汽车制造	3	503080	21053	25827
低速汽车制造				
电车制造	1	1612	265	354
汽车车身、挂车制造	3	17122	7166	8812
汽车零部件及配件制造	234	3643704	859399	1416562
铁路、船舶、航空航天和其他运输设备制造业	28	198845	66465	112480
铁路运输设备制造				
城市轨道交通设备制造				

单位：万元

累计折旧	流动资产合计				负债合计	流动负债合计
		应收账款	存货			
				产成品		
2471	31289	9815	10619	3702	31144	28604
3096	15105	4174	2682	936	15807	14107
1702	9818	5622	2764	2350	8927	8917
9473	38137	13221	12021	6311	33362	30189
992	10607	1722	6769	5858	8105	7939
2300	14877	3251	3862	919	11826	11066
1326	16161	11138	3381	391	14422	14045
25505	100749	24276	34964	11518	107937	89870
1926	6956	2853	2228	1100	3067	3067
66631	459207	112568	89699	30672	378755	339124
23544	205328	51313	31381	12440	179299	155090
13186	80174	17683	17358	7453	74523	72861
2591	14774	5792	1293	1172	11164	11095
350	1112	83	176	24	1397	1397
16846	61267	21418	18298	2784	56766	52556
7699	60073	6704	11028	3565	19394	19308
2415	36478	9575	10165	3234	36213	26817
549451	2527085	764732	563950	316827	3141400	2722846
203	20685	9184	6941	3784	19495	14161
4775	316330	244899	20937	1520	279054	271171
89	1313	181	292	178	593	593
1646	8886	1406	4532	3729	13966	13966
542737	2179871	509062	531248	307617	2828291	2422955
31715	106222	17395	44504	35574	93608	66499

1-A-8 续表 16

行业	应付账款	所有者权益合计	实收资本	国家资本
锅炉及原动设备制造	5284	16013	6914	
金属加工机械制造	3236	16401	9860	
物料搬运设备制造	2693	14374	3197	
泵、阀门、压缩机及类似机械制造	6399	25141	21589	
轴承、齿轮和传动部件制造	2677	8255	1720	
烘炉、风机、包装等设备制造	3715	5698	1450	
文化、办公用机械制造	506	2600	2443	
通用零部件制造	34157	67573	10849	
其他通用设备制造业	281	5371	700	
专用设备制造业	65515	277602	148188	
采矿、冶金、建筑专用设备制造	28595	100200	56062	
化工、木材、非金属加工专用设备制造	10483	30550	9176	
食品、饮料、烟草及饲料生产专用设备制造	1337	6258	3768	
印刷、制药、日化及日用品生产专用设备制造	115	1997	2000	
纺织、服装和皮革加工专用设备制造				
电子和电工机械专用设备制造				
农、林、牧、渔专用机械制造	15045	61615	49972	
医疗仪器设备及器械制造	5103	57006	5800	
环保、邮政、社会公共服务及其他专用设备制造	4838	19977	21411	
汽车制造业	812328	1053075	477487	5000
汽车整车制造	3851	9464	9000	
汽车用发动机制造				
改装汽车制造	108768	224026	208611	
低速汽车制造				
电车制造	360	1019	1000	
汽车车身、挂车制造	3999	3156	2200	
汽车零部件及配件制造	695350	815410	256676	5000
铁路、船舶、航空航天和其他运输设备制造业	34036	105237	37893	300
铁路运输设备制造				
城市轨道交通设备制造				

单位：万元

					营业收入	营业成本
集体资本	法人资本	个人资本	港澳台资本	外商资本		
	3368	3546			30472	25674
		9860			18604	14612
	2409	788			58021	51563
	9812	11777			41850	35168
1000		720			132460	124044
	1000	450			16150	13957
299		2144			49541	47493
	3611	7238			300437	281139
	200	500			16471	14234
	84073	64115			651526	551699
	30379	25684			231406	201844
	4635	4541			238971	208250
	1722	2046			26066	21386
		2000			857	756
	31710	18262			66109	56341
	4620	1180			44186	25677
	11008	10404			43931	37445
2340	278232	189915	2000		3937446	3509686
	9000				35735	33975
	181611	27000			341489	292248
		1000			2135	1972
	200	2000			24086	20871
2340	87421	159915	2000		3534002	3160620
	18639	18954			386507	286580

1-A-8 续表 17

行 业	销售费用	管理费用	财务费用	利息收入
锅炉及原动设备制造	1122	2585	328	1
金属加工机械制造	599	1726	432	1
物料搬运设备制造	1390	2313	817	
泵、阀门、压缩机及类似机械制造	1817	2856	633	
轴承、齿轮和传动部件制造	572	3315	475	
烘炉、风机、包装等设备制造	525	1067	388	-6
文化、办公用机械制造	938	1326	100	
通用零部件制造	2754	6771	4235	18
其他通用设备制造业	703	1146	50	
专用设备制造业	26254	36881	4121	118
采矿、冶金、建筑专用设备制造	8330	9921	2394	65
化工、木材、非金属加工专用设备制造	9539	12737	1482	10
食品、饮料、烟草及饲料生产专用设备制造	1571	1642	254	15
印刷、制药、日化及日用品生产专用设备制造	19	64	10	
纺织、服装和皮革加工专用设备制造				
电子和电工机械专用设备制造				
农、林、牧、渔专用机械制造	1460	4361	831	18
医疗仪器设备及器械制造	4657	4884	-1246	
环保、邮政、社会公共服务及其他专用设备制造	679	3272	397	9
汽车制造业	66482	184686	47352	490
汽车整车制造	509	546	107	9
汽车用发动机制造				
改装汽车制造	2601	11599	2526	-146
低速汽车制造				
电车制造	24	107		
汽车车身、挂车制造	140	1450	179	1
汽车零部件及配件制造	63209	170984	44540	627
铁路、船舶、航空航天和其他运输设备制造业	8488	44739	2134	3
铁路运输设备制造				
城市轨道交通设备制造				

单位：万元

利息支出	投资收益（损失以“-”号记）	营业利润	利润总额	亏损企业亏损额	平均用工人数（人）
305		679	685	193	537
432		1384	1427	2	270
562		1481	1476		265
634		1185	1392	643	594
475		3809	3625		1628
392		185	237	33	246
93		-346	-353	684	1173
3454		4114	4240	137	2861
1		296	284	21	215
4531	3137	26956	25974	9248	8268
2247	3214	4785	4977	5305	2403
1156		6208	6279	128	1675
265		1112	1102	159	331
10		6	6		10
374	-77	3083	3414	887	1789
83		9772	7952	2326	889
395		1991	2245	444	1171
39424	11216	120508	127860	39182	52895
103		511	515		134
2615	10091	29995	28590	10275	676
		28	44		38
172		1368	1442	15	479
36534	1124	88606	97270	28893	51568
1906		42404	40536	60	12402

1-A-8 续表 18

行 业	企业单位数（个）	资产总计	固定资产净额	固定资产原价
船舶及相关装置制造	22	157161	38357	83669
航空、航天器及设备制造				
摩托车制造				
自行车和残疾人座车制造				
助动车制造	6	41684	28108	28811
非公路休闲车及零配件制造				
潜水救捞及其他未列明运输设备制造				
电气机械和器材制造业	92	1038605	152308	253633
电机制造	9	82881	16568	27045
输配电及控制设备制造	46	426288	54822	95877
电线、电缆、光缆及电工器材制造	26	373815	32637	61093
电池制造	5	131889	40093	58888
家用电力器具制造	2	8885	4512	5989
非电力家用器具制造	1	8268	1641	2096
照明器具制造	3	6580	2035	2646
其他电气机械及器材制造				
计算机、通信和其他电子设备制造业	64	1894854	183621	253371
计算机制造	12	283366	27705	45180
通信设备制造	7	193388	47651	67688
广播电视设备制造				
雷达及配套设备制造				
非专业视听设备制造	6	50842	6077	7516
智能消费设备制造	1	12757	2545	3904
电子器件制造	16	1214687	70283	89079
电子元件及电子专用材料制造	16	58943	22295	31350
其他电子设备制造	6	80872	7065	8654
仪器仪表制造业	16	57542	8841	14868
通用仪器仪表制造	11	30994	3662	7121
专用仪器仪表制造	1	8412	2263	2829
钟表与计时仪器制造	1	10548	1362	2327

单位：万元

累计折旧	流动资产合计	应收账款	存货	产成品	负债合计	流动负债合计
31011	92662	14977	42583	34373	68911	41802
704	13560	2418	1921	1201	24697	24697
94666	757954	299404	158425	72866	674927	605407
10092	53830	15926	11895	5583	46571	34877
40611	306458	129349	67247	32646	250931	232119
22626	300275	107775	52823	26517	259174	249833
18795	84531	41781	24030	6573	108555	81699
1477	3459	1004	1150	843	2435	2163
455	6386	2459	813	650	3317	3317
611	3015	1109	467	53	3947	1400
65878	1598060	1161179	99338	24972	1532392	1461212
13866	229506	98300	13665	3774	248674	233348
20037	123372	65334	7193	1942	77511	67144
1439	42104	21640	14986	1183	27787	24412
1360	7367	1923	151	40	9187	4871
18793	1125042	958205	44795	9889	1109656	1090165
8794	27112	11111	5999	3562	41739	27616
1589	43556	4667	12550	4582	17838	13656
6025	45975	18046	8468	3371	21111	20602
3457	27174	11344	3453	1103	17391	17042
566	5711	2114	1981	1001	408	408
964	7636	3315	1758		1003	1003

1-A-8 续表 19

行业	应付账款	所有者权益合计	实收资本	国家资本
船舶及相关装置制造	17928	88250	24991	300
航空、航天器及设备制造				
摩托车制造				
自行车和残疾人座车制造				
助动车制造	16108	16987	12902	
非公路休闲车及零配件制造				
潜水救捞及其他未列明运输设备制造				
电气机械和器材制造业	204586	363677	254923	
电机制造	8253	36311	14135	
输配电及控制设备制造	114891	175356	119896	
电线、电缆、光缆及电工器材制造	34856	114641	107873	
电池制造	45321	23334	5253	
家用电力器具制造	45	6450	3000	
非电力家用器具制造	1069	4951	2766	
照明器具制造	151	2633	2000	
其他电气机械及器材制造				
计算机、通信和其他电子设备制造业	1129384	362462	113666	300
计算机制造	101067	34692	18113	
通信设备制造	28078	115877	17549	
广播电视设备制造				
雷达及配套设备制造				
非专业视听设备制造	17320	23054	14009	
智能消费设备制造	608	3570	680	
电子器件制造	966800	105030	44778	
电子元件及电子专用材料制造	11744	17205	13037	300
其他电子设备制造	3768	63034	5500	
仪器仪表制造业	9792	36430	16076	
通用仪器仪表制造	9395	13603	5760	
专用仪器仪表制造	204	8004	1000	
钟表与计时仪器制造	54	9545	5116	

单位：万元

					营业收入	营业成本
集体资本	法人资本	个人资本	港澳台资本	外商资本		
	18200	6491			345408	250521
	439	12463			41099	36059
25923	94240	134759			1025808	884900
	9335	4800			34540	25293
600	36333	82964			479911	414287
25323	39991	42559			374755	339062
	4816	437			104734	80942
	1000	2000			23018	17574
	2766				6659	5723
		2000			2190	2020
2933	50596	59837			2627528	2314931
	6003	12110			746376	647488
	11241	6308			571835	472944
	13709	300			89575	80723
	612	68			3668	1613
2913	11553	30312			715564	691609
20	7278	5439			204315	189837
	200	5300			296196	230716
1000	2480	12596			116494	99869
	2480	3280			36993	31398
		1000			37829	33616
		5116			38212	32826

1-A-8 续表 20

行　业	销售费用	管理费用	财务费用	利息收入
船舶及相关装置制造	7391	43031	1562	2
航空、航天器及设备制造				
摩托车制造				
自行车和残疾人座车制造				
助动车制造	1097	1709	572	1
非公路休闲车及零配件制造				
潜水救捞及其他未列明运输设备制造				
电气机械和器材制造业	28652	58581	14593	381
电机制造	2192	5342	1072	13
输配电及控制设备制造	15660	23299	5543	69
电线、电缆、光缆及电工器材制造	5464	14821	5981	274
电池制造	4700	11558	1856	26
家用电力器具制造	578	2890	127	
非电力家用器具制造	53	647	13	
照明器具制造	4	23	2	
其他电气机械及器材制造				
计算机、通信和其他电子设备制造业	30236	53454	1864	-2831
计算机制造	6070	15879	1414	21
通信设备制造	3974	7852	-624	4
广播电视设备制造				
雷达及配套设备制造				
非专业视听设备制造	2279	2871	195	-9
智能消费设备制造	314	1207	401	
电子器件制造	6805	11368	61	-2889
电子元件及电子专用材料制造	1470	5069	353	1
其他电子设备制造	9325	9208	65	42
仪器仪表制造业	2335	8005	452	-19
通用仪器仪表制造	781	4360	332	-19
专用仪器仪表制造	603	808	2	
钟表与计时仪器制造	861	2117	96	

单位：万元

利息支出	投资收益（损失以"-"号记）	营业利润	利润总额	亏损企业亏损额	平均用工人数（人）
1443		41006	39029	60	12072
463		1398	1507		330
11161	-151	36802	38053	7419	12480
963	325	992	1501	1416	978
4888	241	19850	19896	2845	5843
3167		8421	8786	3147	3554
2004		5379	5703		1519
127		1817	1823		205
13	-716	214	214		60
		131	131	12	321
4354	1898	224506	230426	2431	18394
627		75680	76675	182	4997
12	1173	86231	87274	131	1010
14	70	3260	3518	343	1278
388		104	385		105
3002	655	5168	8052	1272	4498
245		7245	7263	504	4925
66		46818	47260		1581
451		5379	5494	663	1498
341		13	139	560	809
		2725	2725		95
96		2111	2111		421

1-A-8 续表 21

行 业	企业单位数（个）	资产总计	固定资产净额	固定资产原价
光学仪器制造	2	7588	1553	2591
衡器制造				
其他仪器仪表制造业	1			
其他制造业	4	22238	5382	8210
日用杂品制造	1	1361	35	60
核辐射加工				
其他未列明制造业	3	20878	5347	8150
废弃资源综合利用业	30	425456	77878	95054
金属废料和碎屑加工处理	26	410823	72188	86238
非金属废料和碎屑加工处理	4	14633	5689	8817
金属制品、机械和设备修理业	4	36044	3452	10422
金属制品修理				
通用设备修理				
专用设备修理				
铁路、船舶、航空航天等运输设备修理	4	36044	3452	10422
电气设备修理				
仪器仪表修理				
其他机械和设备修理业				
电力、热力、燃气及水生产和供应业	**48**	**775280**	**309957**	**545334**
电力、热力生产和供应业	17	278183	142626	232021
电力生产	16	273679	142210	231181
电力供应	1	4505	416	841
热力生产和供应				
燃气生产和供应业	3	71051	5360	18753
燃气生产和供应业	3	71051	5360	18753
生物质燃气生产和供应业				
水的生产和供应业	4	38406	6993	21892
自来水生产和供应	1	2004		753
污水处理及其再生利用	2	35144	6394	20358
海水淡化处理				
其他水的处理、利用与分配	1	1259	598	782

单位：万元

累计折旧	流动资产合计	应收账款	存货	产成品	负债合计	流动负债合计
1037	5455	1273	1276	1267	2309	2149
2828	11895	3963	2700	672	7948	7947
25	1029	374	266	118	884	884
2803	10866	3589	2434	554	7064	7063
17177	329720	115660	175846	170069	347032	281190
14049	321195	110918	174520	169902	340566	274725
3127	8525	4742	1325	167	6466	6466
2153	12923	1618	2144	1805	16933	14136
2153	12923	1618	2144	1805	16933	14136
118254	**271759**	**37173**	**3282**	**1829**	**467159**	**275875**
47009	73952	11745	712	327	180083	93314
46585	69876	11733	712	327	178475	91706
425	4077	12			1608	1608
5030	43432	5643	782	506	43485	35967
5030	43432	5643	782	506	43485	35967
7088	18495	1198	147	81	10011	8657
447	261	175	66		474	474
6563	17809	998	18	18	8884	7530
78	426	25	63	63	653	653

1-A-8 续表 22

行　业	应付账款	所有者权益合计	实收资本	国家资本
光学仪器制造	139	5278	4000	
衡器制造				
其他仪器仪表制造业			200	
其他制造业	1258	14291	6432	
日用杂品制造		477	132	
核辐射加工				
其他未列明制造业	1258	13814	6300	
废弃资源综合利用业	21309	78424	39238	
金属废料和碎屑加工处理	19030	70257	34433	
非金属废料和碎屑加工处理	2279	8167	4805	
金属制品、机械和设备修理业	553	19111	3050	
金属制品修理				
通用设备修理				
专用设备修理				
铁路、船舶、航空航天等运输设备修理	553	19111	3050	
电气设备修理				
仪器仪表修理				
其他机械和设备修理业				
电力、热力、燃气及水生产和供应业	**26407**	**308121**	**124941**	**14545**
电力、热力生产和供应业	9274	98100	51393	6830
电力生产	9015	95203	51343	6830
电力供应	258	2897	50	
热力生产和供应				
燃气生产和供应业	1653	27566	6200	
燃气生产和供应业	1653	27566	6200	
生物质燃气生产和供应业				
水的生产和供应业	2277	28395	4878	442
自来水生产和供应	474	1530	60	
污水处理及其再生利用	1803	26259	4212	442
海水淡化处理				
其他水的处理、利用与分配		606	606	

单位：万元

集体资本	法人资本	个人资本	港澳台资本	外商资本	营业收入	营业成本
1000		3000			3460	2029
		200				
	3132	3300			11692	8376
	132				5949	4587
	3000	3300			5743	3789
	20750	18488			2293847	2095291
	18050	16383			2045343	1880478
	2700	2105			248504	214813
	260	2790			36262	25152
	260	2790			36262	25152
7739	**66931**	**35726**			**248934**	**174165**
100	26660	17803			60382	38627
100	26660	17753			59630	37934
		50			753	693
	6200				46375	35220
	6200				46375	35220
3769	606	60			17710	13235
		60			2433	2292
3769					6604	3191
	606				8673	7752

1-A-8 续表 23

行 业	销售费用	管理费用	财务费用	利息收入
光学仪器制造	90	720	23	
衡器制造				
其他仪器仪表制造业				
其他制造业	882	1619	221	-3
日用杂品制造	273	588	117	
核辐射加工				
其他未列明制造业	609	1031	104	-3
废弃资源综合利用业	13133	22448	9082	21
金属废料和碎屑加工处理	12496	21701	8619	20
非金属废料和碎屑加工处理	637	747	463	1
金属制品、机械和设备修理业	802	1730	748	15
金属制品修理				
通用设备修理				
专用设备修理				
铁路、船舶、航空航天等运输设备修理	802	1730	748	15
电气设备修理				
仪器仪表修理				
其他机械和设备修理业				
电力、热力、燃气及水生产和供应业	**2134**	**13396**	**16330**	**232**
电力、热力生产和供应业	6	4114	7823	116
电力生产		3868	7793	116
电力供应	6	247	30	
热力生产和供应				
燃气生产和供应业	827	2132	217	
燃气生产和供应业	827	2132	217	
生物质燃气生产和供应业				
水的生产和供应业	235	452	125	
自来水生产和供应	48	45	6	
污水处理及其再生利用		275		
海水淡化处理				
其他水的处理、利用与分配	186	133	119	

单位：万元

利息支出	投资收益（损失以“-”号记）	营业利润	利润总额	亏损企业亏损额	平均用工人数(人)
13		530	520	103	173
207		455	478	75	419
113		328	326		271
94		128	151	75	148
3895		136168	141057	92	4415
3434		105217	110108	92	3939
461		30951	30950		476
796		7596	7600		216
796		7596	7600		216
12113	**69**	**42161**	**42184**	**2298**	**2730**
5719		9460	10539	1149	955
5689		9684	10766	923	937
30		-224	-226	226	18
218		7837	6720		209
218		7837	6720		209
120	34	3784	3833		201
		26	26		50
1	34	3409	3458		94
119		350	350		57

1-A-9 按行业分组的规模以上外商投资和

行　业	企业单位数（个）	资产总计	固定资产净额
总　计	**383**	**28580064**	**9091256**
采矿业	**16**	**2082179**	**456118**
煤炭开采和洗选业			
烟煤和无烟煤开采洗选			
褐煤开采洗选			
其他煤炭采选			
石油和天然气开采业	1	392062	26612
石油开采	1	392062	26612
天然气开采			
黑色金属矿采选业	1	525346	172937
铁矿采选			
锰矿、铬矿采选	1	525346	172937
其他黑色金属矿采选			
有色金属矿采选业			
常用有色金属矿采选			
贵金属矿采选			
稀有稀土金属矿采选			
非金属矿采选业	6	123682	28510
土砂石开采	3	58682	8988
化学矿开采			
采盐			
石棉及其他非金属矿采选	3	65001	19522
开采专业及辅助性活动			
煤炭开采和洗选专业及辅助性活动			
石油和天然气开采专业及辅助性活动			
其他开采专业及辅助性活动			
其他采矿业			
制造业	**698**	**50580836**	**15185065**
农副食品加工业	39	3726903	660588
谷物磨制	2	32329	5
饲料加工	11	132391	29156
植物油加工	7	2289266	241401

港澳台商投资工业企业主要经济指标（大、中类行业）

单位：万元

固定资产原价	累计折旧	流动资产合计	应收账款	存货	产成品	负债合计
15486411	**5721727**	**15299835**	**2837715**	**2984112**	**1420201**	**16766231**
1175859	**719741**	**861125**	**371205**	**69084**	**41789**	**658309**
227247	200636	42380		851		54223
227247	200636	42380		851		54223
298941	126004	323023	172805	21621	17490	221225
298941	126004	323023	172805	21621	17490	221225
61741	33231	65160	12797	12070	3404	53707
16965	7977	37545	3860	2122	1235	28321
44776	25254	27615	8937	9949	2170	25386
25782410	**9574382**	**28761374**	**5036473**	**5785593**	**2789167**	**30233915**
1337464	654853	2750719	224636	600004	281867	2356103
10445	2068	19498	965	6452	3386	28088
72293	41879	86976	17065	55194	5224	63696
472988	231586	2018169	133335	386662	111130	1759521

1-A-9 续表 1

行 业	流动负债合计	应付账款	所有者权益合计
总 计	**14636799**	**4659359**	**11813831**
采矿业	**493917**	**146793**	**1423871**
煤炭开采和洗选业			
烟煤和无烟煤开采洗选			
褐煤开采洗选			
其他煤炭采选			
石油和天然气开采业	4237		337839
石油开采	4237		337839
天然气开采			
黑色金属矿采选业	207637	70800	304121
铁矿采选			
锰矿、铬矿采选	207637	70800	304121
其他黑色金属矿采选			
有色金属矿采选业			
常用有色金属矿采选			
贵金属矿采选			
稀有稀土金属矿采选			
非金属矿采选业	35085	2597	69976
土砂石开采	10825	1840	30360
化学矿开采			
采盐			
石棉及其他非金属矿采选	24259	757	39615
开采专业及辅助性活动			
煤炭开采和洗选专业及辅助性活动			
石油和天然气开采专业及辅助性活动			
其他开采专业及辅助性活动			
其他采矿业			
制造业	**27766040**	**8977253**	**20346917**
农副食品加工业	2237709	718152	1370800
谷物磨制	28088	2878	4240
饲料加工	62735	12801	68695
植物油加工	1749889	584895	529745

单位：万元

实收资本	国家资本	集体资本	法人资本	个人资本	港澳台资本	外商资本
5853512	**663562**	**121382**	**897951**	**955406**	**1714382**	**1500828**
44005	**12793**	**13713**	**3482**	**179**	**5994**	**7844**
22003	6397	6857	1741	89	2997	3922
7216		732	1741	89	2773	1881
14787	6397	6125			224	2042
10207126	**1234428**	**152333**	**1543299**	**1910632**	**2623970**	**2742462**
538097	187672	771	74417	7078	74169	193990
6975			52			6923
38761	520	771	1128	1000	2800	32542
227201	145254		50		4512	77386

1-A-9 续表 2

行 业	营业收入	营业成本	销售费用	管理费用
总 计	**32082446**	**27149457**	**1169264**	**1030392**
采矿业	**1241005**	**739822**	**16638**	**37389**
煤炭开采和洗选业				
烟煤和无烟煤开采洗选				
褐煤开采洗选				
其他煤炭采选				
石油和天然气开采业	180762	23125	265	962
石油开采	180762	23125	265	962
天然气开采				
黑色金属矿采选业	344339	289083	756	11086
铁矿采选				
锰矿、铬矿采选	344339	289083	756	11086
其他黑色金属矿采选				
有色金属矿采选业				
常用有色金属矿采选				
贵金属矿采选				
稀有稀土金属矿采选				
非金属矿采选业	95401	57703	7298	6647
土砂石开采	49993	33448	760	2608
化学矿开采				
采盐				
石棉及其他非金属矿采选	45408	24255	6538	4039
开采专业及辅助性活动				
煤炭开采和洗选专业及辅助性活动				
石油和天然气开采专业及辅助性活动				
其他开采专业及辅助性活动				
其他采矿业				
制造业	**61196974**	**52151444**	**2301854**	**1968919**
农副食品加工业	4869821	4529416	113959	75008
谷物磨制	82769	80350	772	747
饲料加工	269039	228791	12845	13444
植物油加工	3489018	3338072	63620	18167

单位：万元

财务费用			投资收益（损失以“-”号记）	营业利润	利润总额	亏损企业亏损额	平均用工人数（人）
	利息收入	利息支出					
172094	**82740**	**254805**	**36792**	**2215485**	**2246115**	**122605**	**192187**
18586	**–312**	**12005**	**3715**	**393593**	**392708**		**13302**
2100	–11			144128	144128		122
2100	–11			144128	144128		122
6373	–253	5099	1355	32789	32326		4066
6373	–253	5099	1355	32789	32326		4066
821	109	904	502	19880	19900		2463
234	95	327		11452	11464		510
587	14	577	502	8428	8436		1953
245971	**164170**	**414344**	**68450**	**3878951**	**3947243**	**243665**	**362810**
12772	44434	55412	20402	128221	135431	19399	14221
447	176	616	–83	422	606		148
535	–32	808	–24	11443	11480	2792	1647
2119	41142	39281	12087	65212	65541	4042	2301

1-A-9 续表 3

行业	企业单位数（个）	资产总计	固定资产净额
制糖业	8	716448	241610
屠宰及肉类加工	5	525312	144335
水产品加工	2	13827	1730
蔬菜、菌类、水果和坚果加工			
其他农副食品加工	4	17330	2351
食品制造业	14	578239	181496
焙烤食品制造	1	58455	12510
糖果、巧克力及蜜饯制造	1	1805	683
方便食品制造	1	19813	1457
乳制品制造	2	55198	21636
罐头食品制造	2	41163	511
调味品、发酵制品制造	4	301716	136603
其他食品制造	3	100090	8095
酒、饮料和精制茶制造业	21	430427	234485
酒的制造	5	135866	77935
饮料制造	13	266505	149712
精制茶加工	3	28056	6837
烟草制品业			
烟叶复烤			
卷烟制造			
其他烟草制品制造			
纺织业	3	212530	66989
棉纺织及印染精加工	1	181597	63195
毛纺织及染整精加工	1	15408	1003
麻纺织及染整精加工			
丝绢纺织及印染精加工	1	15526	2791
化纤织造及印染精加工			
针织或钩针编织物及其制品制造			
家用纺织制成品制造			
产业用纺织制成品制造			
纺织服装、服饰业	7	34540	10305
机织服装制造	5	16843	2478

单位：万元

固定资产原价	累计折旧	流动资产合计	应收账款	存货	产成品	负债合计
535332	281589	347573	44538	106411	96811	427309
237191	92596	257448	23961	79152	63549	58871
3428	1698	6581	2448	1080	938	9226
5788	3438	14475	2323	3651	829	9392
285986	99230	298528	43487	54342	19988	233784
28765	16255	43422	4283	2275	570	8525
1089	395	1122	259	625		1596
3979	2522	14772	505	690		535
32861	11225	30213	2512	6610	662	6358
2806	2295	38818	825	3024	2836	33244
183368	46407	97808	22886	30897	10598	170847
33117	20132	72373	12217	10221	5322	12680
435553	191868	147743	19718	42689	12717	143581
171345	87294	44922	4822	13980	2798	45292
253913	101116	86326	10378	21043	7240	86709
10295	3458	16495	4518	7666	2680	11579
95829	28840	64803	3620	36502	7127	55055
87837	24642	45621	61	28028	3786	36853
2205	1202	10645	3270	1327	523	9111
5787	2996	8537	289	7147	2819	9091
19518	8389	15999	4101	7066	1179	10945
7616	4315	10899	2078	4901	1179	8064

1-A-9 续表 4

行业	流动负债合计	应付账款	所有者权益合计
制糖业	328129	99997	289140
屠宰及肉类加工	52190	13370	466441
水产品加工	8813	2245	4601
蔬菜、菌类、水果和坚果加工			
其他农副食品加工	7866	1967	7938
食品制造业	199126	24970	344455
焙烤食品制造	8525	4419	49930
糖果、巧克力及蜜饯制造	1586	299	210
方便食品制造	535	9	19278
乳制品制造	6358	3365	48840
罐头食品制造	31724	691	7919
调味品、发酵制品制造	137994	14173	130869
其他食品制造	12404	2014	87410
酒、饮料和精制茶制造业	136808	38926	286846
酒的制造	44936	18436	90574
饮料制造	82504	17655	179796
精制茶加工	9368	2836	16476
烟草制品业			
烟叶复烤			
卷烟制造			
其他烟草制品制造			
纺织业	46560	26378	157476
棉纺织及印染精加工	29714	25933	144744
毛纺织及染整精加工	9111		6297
麻纺织及染整精加工			
丝绢纺织及印染精加工	7735	445	6435
化纤织造及印染精加工			
针织或钩针编织物及其制品制造			
家用纺织制成品制造			
产业用纺织制成品制造			
纺织服装、服饰业	10749	1023	23594
机织服装制造	8022	1023	8779

单位：万元

实收资本	国家资本	集体资本	法人资本	个人资本	港澳台资本	外商资本
115961	17334		23100	4284		71243
138609	24565		48029		66015	
3760			1977	921	15	847
6831			81	873	827	5049
210456		10500	55039	14267	24500	106149
8383						8383
131			131			
22680			22680			
17544			553			16991
4650			2360	50		2240
112900		10500	25400		24500	52500
44168			3915	14217		26036
205678		54858	42337	5150	49386	53947
104803		54858	330		301	49314
91615			42007	5150	44399	60
9260					4686	4574
157979			3680		154299	
151113					151113	
1686					1686	
5180			3680		1500	
6074				407	5667	
6074				407	5667	

1-A-9　续表 5

行　　业	营业收入	营业成本	销售费用	管理费用
制糖业	633314	563752	23924	23256
屠宰及肉类加工	360494	287788	11348	18025
水产品加工	17012	14926	408	647
蔬菜、菌类、水果和坚果加工				
其他农副食品加工	18176	15737	1042	722
食品制造业	358569	260319	19170	22526
焙烤食品制造	51266	34916	1945	3432
糖果、巧克力及蜜饯制造	4215	3749		254
方便食品制造	3201	2572	279	562
乳制品制造	74457	47264	1608	3817
罐头食品制造	12096	10578	251	405
调味品、发酵制品制造	183151	140265	14444	10038
其他食品制造	30184	20975	644	4018
酒、饮料和精制茶制造业	454646	334668	33923	18807
酒的制造	94772	72312	518	5370
饮料制造	336885	244580	32357	10387
精制茶加工	22989	17776	1048	3050
烟草制品业				
烟叶复烤				
卷烟制造				
其他烟草制品制造				
纺织业	108995	93621	1784	9265
棉纺织及印染精加工	64054	56538	457	6866
毛纺织及染整精加工	22328	16028	1291	2056
麻纺织及染整精加工				
丝绢纺织及印染精加工	22613	21055	36	344
化纤织造及印染精加工				
针织或钩针编织物及其制品制造				
家用纺织制成品制造				
产业用纺织制成品制造				
纺织服装、服饰业	58261	50956	1383	4259
机织服装制造	40030	34329	1117	3120

单位：万元

财务费用			投资收益（损失以“-”号记）	营业利润	利润总额	亏损企业亏损额	平均用工人数（人）
	利息收入	利息支出					
12369	-232	14148	7127	9026	12474	11725	4982
-3009	3312	172	1295	41917	45089		4524
134	1	135		809	846		279
176	66	251		-608	-606	841	340
4935	-1121	8331	849	56354	59987	4197	3922
-915	-915			11348	12196		1040
105		105		91	87		87
16				-248	-247	247	220
-643	-651			21711	22277	335	345
645	-18	648		164	328	76	315
6469	214	7263	874	10432	12121	3539	1531
-742	248	315	-25	12856	13224		384
1357	500	1625	482	56814	57524	184	3815
483	263	751		7665	7671		716
799	241	792	482	48185	48768		2677
75	-4	82		964	1085	184	422
152	-419	568		8702	9644		3796
-414	-428			5480	6081		2498
283		277		2456	2435		744
283	9	291		766	1128		554
-127	63	23		1312	1339	482	2675
38	63	23		1069	1053	482	1425

1-A-9 续表 6

行业	企业单位数（个）	资产总计	固定资产净额
针织或钩针编织服装制造	2	17697	7827
服饰制造			
皮革、毛皮、羽毛及其制品和制鞋业	17	143795	43978
皮革鞣制加工	2	18811	10004
皮革制品制造	6	5886	658
毛皮鞣制及制品加工			
羽毛（绒）加工及制品制造			
制鞋业	9	119098	33316
木材加工和木、竹、藤、棕、草制品业	9	119581	30935
木材加工	1	4480	4168
人造板制造	6	102383	21647
木质制品制造	2	12719	5120
竹、藤、棕、草等制品制造			
家具制造业	3	12347	5562
木质家具制造	1	1972	756
竹、藤家具制造			
金属家具制造	1	6652	2462
塑料家具制造			
其他家具制造	1	3723	2343
造纸和纸制品业	12	3786823	2101061
纸浆制造	1	36004	21238
造纸	7	3705712	2056516
纸制品制造	4	45107	23308
印刷和记录媒介复制业	1	66465	13059
印刷	1	66465	13059
装订及印刷相关服务			
记录媒介复制			
文教、工美、体育和娱乐用品制造业	18	68551	9314
文教办公用品制造	1	1299	209
乐器制造			
工艺美术及礼仪用品制造	8	21472	1996
体育用品制造	2	5841	1734

单位：万元

固定资产原价	累计折旧	流动资产合计	应收账款	存货	产成品	负债合计
11902	4075	5100	2023	2165		2882
81866	37222	93238	59240	23800	4772	69216
23458	13454	8168	2566	4307	1548	5795
3195	1943	5071	2271	2480	838	2547
55214	21825	79998	54404	17013	2386	60874
112890	80523	77167	12137	22332	9579	30766
9060	4892	312	25	65	13	13
97900	74820	70079	10123	20397	8290	27097
5930	811	6776	1988	1870	1275	3656
9326	3764	5077	168	1184	219	3245
1141	384	935	3	399	1	1777
4104	1642	2971	166	57		1469
4081	1738	1170		729	218	
2476763	357689	1474716	224518	127772	40718	2572436
37839	16601	11437	210	5386	732	23381
2407526	332998	1448090	217029	117671	36778	2530130
31397	8090	15190	7279	4715	3208	18925
39937	26878	47878	12910	6090	1831	24776
39937	26878	47878	12910	6090	1831	24776
27856	11712	47519	20183	14333	4341	36306
823	614	1025	340	652	124	342
12126	3300	14809	3096	3259	1070	11064
5628	3894	3736	568	2810	1206	1861

1-A-9 续表 7

行业	流动负债合计	应付账款	所有者权益合计
针织或钩针编织服装制造	2727		14815
服饰制造			
皮革、毛皮、羽毛及其制品和制鞋业	53367	33581	74578
皮革鞣制加工	5795	1545	13016
皮革制品制造	1915	1522	3339
毛皮鞣制及制品加工			
羽毛（绒）加工及制品制造			
制鞋业	45656	30514	58224
木材加工和木、竹、藤、棕、草制品业	23590	12212	88815
木材加工	13	13	4467
人造板制造	20217	11943	75286
木质制品制造	3360	256	9063
竹、藤、棕、草等制品制造			
家具制造业	3192	268	9102
木质家具制造	1777	84	195
竹、藤家具制造			
金属家具制造	1415	184	5184
塑料家具制造			
其他家具制造			3723
造纸和纸制品业	1916085	249656	1214387
纸浆制造	18455	2182	12623
造纸	1879705	243067	1175582
纸制品制造	17925	4407	26183
印刷和记录媒介复制业	24776	10241	41690
印刷	24776	10241	41690
装订及印刷相关服务			
记录媒介复制			
文教、工美、体育和娱乐用品制造业	34653	12845	32245
文教办公用品制造	342	94	957
乐器制造			
工艺美术及礼仪用品制造	9411	955	10408
体育用品制造	1861	800	3980

单位：万元

实收资本	国家资本	集体资本	法人资本	个人资本	港澳台资本	外商资本
53288			877	6315	33565	12532
16255			806		15449	
1459			71	55	490	843
35574				6260	17626	11689
58699			22874	813	7867	27146
4000			4000			
51849			16174	700	7867	27108
2850			2700	113		38
5259					1139	4120
150					150	
989					989	
4120						4120
1310589		203	120755	905742	14406	269484
8600			8600			
1276348			91014	905742	10176	269416
25641		203	21141		4230	68
17800	9078				8722	
17800	9078				8722	
19397			5482	146	6056	7713
594						594
3086			1482	146	1329	129
3052					778	2274

1-A-9 续表 8

行　业	营业收入	营业成本	销售费用	管理费用
针织或钩针编织服装制造	18231	16627	266	1138
服饰制造				
皮革、毛皮、羽毛及其制品和制鞋业	231042	205586	4272	12943
皮革鞣制加工	17638	15076	1786	1125
皮革制品制造	15339	13459	249	1200
毛皮鞣制及制品加工				
羽毛（绒）加工及制品制造				
制鞋业	198065	177051	2236	10619
木材加工和木、竹、藤、棕、草制品业	137263	118555	6809	4678
木材加工	6331	5965	6	59
人造板制造	122426	105177	6756	4225
木质制品制造	8505	7413	47	394
竹、藤、棕、草等制品制造				
家具制造业	8644	7686	200	589
木质家具制造	6481	5919	186	338
竹、藤家具制造				
金属家具制造	2163	1767	13	183
塑料家具制造				
其他家具制造				68
造纸和纸制品业	1164167	969522	46533	65544
纸浆制造	36255	28665	56	3362
造纸	1094814	912087	44659	60220
纸制品制造	33099	28770	1819	1962
印刷和记录媒介复制业	76960	55806	708	4795
印刷	76960	55806	708	4795
装订及印刷相关服务				
记录媒介复制				
文教、工美、体育和娱乐用品制造业	136879	123750	3121	7430
文教办公用品制造	3999	3503	44	258
乐器制造				
工艺美术及礼仪用品制造	83592	76610	2259	2805
体育用品制造	5692	4769	200	725

单位：万元

财务费用			投资收益（损失以“-”号记）	营业利润	利润总额	亏损企业亏损额	平均用工人数（人）
	利息收入	利息支出					
-165				243	286		1250
977	115	531		4849	5145	3103	12093
75				-475	-492	808	1204
221	14	1		117	119	144	1039
681	101	530		5207	5518	2151	9850
544	-67	348	-116	7405	8534	362	1703
				269	269		68
373	-65	297	-120	6726	7853	358	1194
171	-2	51	4	410	412	5	441
77				53	56	65	292
				16	16		175
77				105	105		113
				-68	-65	65	4
56661	-1549	46474	175	19494	22570	54028	4075
1614	-5	1456		2494	3402		364
54997	-1552	44948		17017	19431	52533	3152
50	7	71	175	-17	-263	1495	559
-113	-120			15434	15495		352
-113	-120			15434	15495		352
489	11	313		1407	1526	342	8620
16		9		165	165		155
458	2	293		1201	1212		3336
11	1	7		-14	59	96	301

1-A-9 续表 9

行　业	企业单位数（个）	资产总计	
			固定资产净额
玩具制造	7	39939	5375
游艺器材及娱乐用品制造			
石油、煤炭及其他燃料加工业	2	195673	72932
精炼石油产品制造	1	87142	15825
煤炭加工			
核燃料加工			
生物质燃料加工	1	108530	57107
化学原料和化学制品制造业	24	427390	36585
基础化学原料制造	2	8115	1364
肥料制造	3	54503	6569
农药制造	1	2777	564
涂料、油墨、颜料及类似产品制造	2	11705	1865
合成材料制造	1	8158	2762
专用化学产品制造	8	318928	17000
炸药、火工及焰火产品制造	2	4228	2251
日用化学产品制造	5	18977	4210
医药制造业	12	280767	42179
化学药品原料药制造	3	28384	10336
化学药品制剂制造			
中药饮片加工	1	74282	7800
中成药生产	6	144424	10879
兽用药品制造			
生物药品制品制造	1	33144	13005
卫生材料及医药用品制造	1	533	160
药用辅料及包装材料			
化学纤维制造业			
纤维素纤维原料及纤维制造			
合成纤维制造			
生物基材料制造			
橡胶和塑料制品业	3	17398	7633
橡胶制品业	1	2792	1451
塑料制品业	2	14607	6182

单位：万元

固定资产原价	累计折旧	流动资产合计	应收账款	存货	产成品	负债合计
9279	3904	27949	16178	7612	1941	23039
129632	56452	96333	16753	46574	13317	98666
27102	11277	51754	14822	17554	4297	30914
102530	45175	44580	1931	29021	9020	67752
93501	55905	171285	52992	58084	30262	182708
7411	6048	5162	1375	2011	1333	1711
9319	2750	41262	25498	10859	5875	40953
3621	3057	2142		1646	609	1817
6706	4840	8725	2753	4652	3759	5797
3949	1186	3997	1633	1787	671	3190
50526	32898	97984	19062	34723	17254	121291
3616	1365	1802		708	250	1713
8353	3762	10210	2671	1698	511	6238
216973	79576	115477	34225	40558	16236	117001
28945	18610	8627	1956	2654	2027	28068
15056	7256	45561	20853	12131	3675	32367
118393	21539	47653	4610	20389	8395	37692
54001	31753	13264	6779	5346	2114	18552
578	418	371	27	39	25	322
12595	4962	6729	4419	1146	543	6239
2328	878	1196	744			2745
10267	4085	5533	3676	1146	543	3494

1-A-9 续表 10

行业	流动负债合计	应付账款	所有者权益合计
玩具制造	23039	10996	16901
游艺器材及娱乐用品制造			
石油、煤炭及其他燃料加工业	97880	5896	97007
精炼石油产品制造	30914	2510	56228
煤炭加工			
核燃料加工			
生物质燃料加工	66966	3386	40778
化学原料和化学制品制造业	152368	32272	244681
基础化学原料制造	1711	409	6404
肥料制造	35811	4600	13550
农药制造	1817	810	960
涂料、油墨、颜料及类似产品制造	4512	3403	5908
合成材料制造	2712	416	4968
专用化学产品制造	98659	21658	197637
炸药、火工及焰火产品制造	1713	368	2515
日用化学产品制造	5434	608	12739
医药制造业	99587	22772	163766
化学药品原料药制造	28068	1997	316
化学药品制剂制造			
中药饮片加工	20953	7198	41916
中成药生产	37692	7255	106732
兽用药品制造			
生物药品制品制造	12552	6281	14592
卫生材料及医药用品制造	322	42	211
药用辅料及包装材料			
化学纤维制造业			
纤维素纤维原料及纤维制造			
合成纤维制造			
生物基材料制造			
橡胶和塑料制品业	6239	2832	11160
橡胶制品业	2745		47
塑料制品业	3494	2832	11113

单位：万元

实收资本	国家资本	集体资本	法人资本	个人资本	港澳台资本	外商资本
12665			4000		3949	4716
32518	30968		775		775	
1550			775		775	
30968	30968					
167757	2100	1225	5200		126347	32886
6500			1550			4950
9400		1225	2710			5465
1591					1591	
1821			500		1321	
392						392
141309	2100				117170	22039
444			100		344	
6301			340		5921	40
94101			18299	20	17295	58487
13088			11713		600	775
17000						17000
30081			6586		16515	6980
33732						33732
200				20	180	
10583			158		760	9665
760					760	
9823			158			9665

1-A-9 续表 11

行业	营业收入	营业成本	销售费用	管理费用
玩具制造	43596	38869	618	3642
游艺器材及娱乐用品制造				
石油、煤炭及其他燃料加工业	160713	128312	4677	6335
精炼石油产品制造	69796	51580	851	3893
煤炭加工				
核燃料加工				
生物质燃料加工	90917	76732	3826	2442
化学原料和化学制品制造业	354226	308759	8693	13104
基础化学原料制造	25082	23381	1612	705
肥料制造	46335	37860	2007	1970
农药制造	4776	4187	100	516
涂料、油墨、颜料及类似产品制造	28350	23147	996	2023
合成材料制造	6638	5505	174	497
专用化学产品制造	223382	200535	3171	5964
炸药、火工及焰火产品制造	5785	4916	105	291
日用化学产品制造	13880	9228	528	1138
医药制造业	139017	89854	25442	15141
化学药品原料药制造	35646	19291	7013	8547
化学药品制剂制造				
中药饮片加工	35593	15874	14550	2703
中成药生产	38437	32442	2354	2719
兽用药品制造				
生物药品制品制造	27910	21261	1354	928
卫生材料及医药用品制造	1431	986	172	245
药用辅料及包装材料				
化学纤维制造业				
纤维素纤维原料及纤维制造				
合成纤维制造				
生物基材料制造				
橡胶和塑料制品业	15622	12874	272	1357
橡胶制品业	3613	2708	30	477
塑料制品业	12009	10167	242	880

单位：万元

财务费用	利息收入	利息支出	投资收益（损失以"-"号记）	营业利润	利润总额	亏损企业亏损额	平均用工人数（人）
5	8	4		56	91	246	4828
3074	71	2037	856	18176	17781		678
1117			-9	10804	10763		163
1957	71	2037	865	7372	7017		515
5440	-5	5122	1	23620	24270	1550	2571
1	28	84		-682	-576	576	135
858	-1	846		3419	3426	625	308
14				-62	-122	122	99
33	1	36		1991	2054		343
13	-1	16		404	414		120
4457	-37	4112	1	15377	15910		1122
30		28		359	354		159
35	4			2814	2812	226	285
2733	-25	2893	-72	4420	5105	1584	1831
888	44	1006		-643	-537	1220	483
1084	36	866		895	1249		405
42	-106	331		665	937	364	543
720	1	690	-72	3489	3440		347
				14	17		53
4				935	975		1766
1				357	360		330
3				578	615		1436

1-A-9 续表 12

行　业	企业单位数（个）	资产总计	固定资产净额
非金属矿物制品业	56	2620932	945280
水泥、石灰和石膏制造	15	2200108	861475
石膏、水泥制品及类似制品制造	30	248620	46527
砖瓦、石材等建筑材料制造	1	6231	1369
玻璃制造			
玻璃制品制造	1	30436	11226
玻璃纤维和玻璃纤维增强塑料制品制造			
陶瓷制品制造	2	3556	382
耐火材料制品制造	1	41049	61
石墨及其他非金属矿物制品制造	6	90931	24240
黑色金属冶炼和压延加工业	5	121084	22600
炼铁			
炼钢			
钢压延加工	2	36135	4943
铁合金冶炼	3	84949	17657
有色金属冶炼和压延加工业	5	1472469	857666
常用有色金属冶炼	3	1325908	786084
贵金属冶炼			
稀有稀土金属冶炼	1	53621	17980
有色金属合金制造			
有色金属压延加工	1	92940	53601
金属制品业	6	76074	41760
结构性金属制品制造	1	12062	5614
金属工具制造	1	21150	13313
集装箱及金属包装容器制造	2	37555	22067
金属丝绳及其制品制造			
建筑、安全用金属制品制造			
金属表面处理及热处理加工			
搪瓷制品制造			
金属制日用品制造	1	280	107
铸造及其他金属制品制造	1	5027	659
通用设备制造业	9	2152985	324217

单位：万元

固定资产原价	累计折旧	流动资产合计				负债合计
			应收账款	存货		
					产成品	
1936626	675849	1206562	262194	96338	25970	652914
1738135	561491	911206	147504	66798	12616	473555
97746	50913	180350	89549	4763	927	119478
2864	1495	1519	2	1421	1247	5107
29130	17904	17307	7000	3594	1050	6681
658	276	2876	379	561	198	1391
931	848	37051	8722	4375	2576	21411
67163	42923	56254	9037	14827	7356	25292
85201	62601	95376	19247	24649	5995	69193
19555	14612	30502	5168	9511	2250	22093
65646	47989	64874	14078	15138	3744	47100
1067227	197872	529568	27859	321093	40022	1057397
944187	158102	479194	18316	293916	33470	963937
48289	18620	19681	1948	12820	3097	27275
74751	21150	30693	7594	14357	3456	66183
70199	28439	30410	10121	14824	4625	34076
10195	4581	5142	539	3174	1087	9607
26679	13366	7179	1766	4535		8876
29516	7448	13892	7424	4410	2327	15167
263	155	173	3	155	78	263
3547	2888	4024	390	2550	1134	164
775676	445486	1596446	100944	225829	125820	1092878

1-A-9 续表 13

行 业	流动负债合计	应付账款	所有者权益合计
非金属矿物制品业	630623	215146	1968017
水泥、石灰和石膏制造	460207	130750	1726554
石膏、水泥制品及类似制品制造	117004	69533	129141
砖瓦、石材等建筑材料制造	4715	49	1125
玻璃制造			
玻璃制品制造	6639	3793	23755
玻璃纤维和玻璃纤维增强塑料制品制造			
陶瓷制品制造	1391	-148	2165
耐火材料制品制造	19911	2486	19639
石墨及其他非金属矿物制品制造	20757	8683	65639
黑色金属冶炼和压延加工业	61685	32591	51891
炼铁			
炼钢			
钢压延加工	14640	4822	14042
铁合金冶炼	47045	27769	37850
有色金属冶炼和压延加工业	915362	128667	415072
常用有色金属冶炼	830035	83975	361971
贵金属冶炼			
稀有稀土金属冶炼	20611		26346
有色金属合金制造			
有色金属压延加工	64716	44691	26755
金属制品业	32032	7310	41998
结构性金属制品制造	7572	805	2456
金属工具制造	8876	1865	12273
集装箱及金属包装容器制造	15167	4458	22388
金属丝绳及其制品制造			
建筑、安全用金属制品制造			
金属表面处理及热处理加工			
搪瓷制品制造			
金属制日用品制造	253	49	18
铸造及其他金属制品制造	164	134	4863
通用设备制造业	1034819	312493	1060106

单位：万元

实收资本	国家资本	集体资本	法人资本	个人资本	港澳台资本	外商资本
767791	42882	3154	129378	1057	496841	94478
652260	36590		115988		448108	51573
63833	1889	3154	7713	982	38459	11636
1108			1108			
10000						10000
2119				30	20	2069
1140			588		551	
37331	4403		3980	45	9703	19200
38000			3000		1800	33200
7808					1800	6008
30191			3000			27191
330470	227020		6000			97450
311000	212550		6000			92450
19470	14470					5000
35565			5488		18577	11500
5335			5335			
6607						6607
18730			153		18577	
169						169
4723						4723
162147	10448		51809		648	99242

1-A-9 续表 14

行业	营业收入	营业成本	销售费用	管理费用
非金属矿物制品业	2130383	1389180	54332	73533
水泥、石灰和石膏制造	1621431	990015	11153	49818
石膏、水泥制品及类似制品制造	366294	283088	38928	11756
砖瓦、石材等建筑材料制造	2387	2109	241	641
玻璃制造				
玻璃制品制造	28558	22201	1722	3059
玻璃纤维和玻璃纤维增强塑料制品制造				
陶瓷制品制造	9822	8483	548	413
耐火材料制品制造	4838	4158	91	424
石墨及其他非金属矿物制品制造	97055	79126	1650	7423
黑色金属冶炼和压延加工业	139790	121296	2930	4470
炼铁				
炼钢				
钢压延加工	30692	26593	348	1298
铁合金冶炼	109098	94704	2582	3172
有色金属冶炼和压延加工业	2401379	2311608	7940	14296
常用有色金属冶炼	2272156	2199010	6760	8789
贵金属冶炼				
稀有稀土金属冶炼	73406	60594	288	4287
有色金属合金制造				
有色金属压延加工	55817	52004	892	1220
金属制品业	63678	55974	2103	2877
结构性金属制品制造	7800	6896	144	654
金属工具制造	14940	12798	94	988
集装箱及金属包装容器制造	30193	26765	1525	558
金属丝绳及其制品制造				
建筑、安全用金属制品制造				
金属表面处理及热处理加工				
搪瓷制品制造				
金属制日用品制造	568	415	28	176
铸造及其他金属制品制造	10177	9101	313	500
通用设备制造业	1678631	1366654	88182	106145

单位：万元

财务费用	利息收入	利息支出	投资收益（损失以“-”号记）	营业利润	利润总额	亏损企业亏损额	平均用工人数（人）
9252	-3316	14100	1154	588167	588071	1198	12999
8615	-3603	12818	35	549139	548629		7637
244	154	504	1232	29270	29134	325	3029
77	13	62		-786	-790	790	68
-150	10		200	1303	1359		644
12	1	5		341	341		350
94		74		39	15		208
360	110	637	-313	8861	9382	84	1063
765	227	1172	44	10106	10188		1164
100	26	272		2229	2294		519
665	201	900	44	7877	7895		645
32477	843	30401	448	30421	32291	2494	2789
30148	797	28021	222	23282	24606	2494	2159
782	49	829	226	7068	7380		280
1547	-4	1551		70	306		350
522	3	255	64	1808	2078	347	1225
248		104	64	-308	-287	287	227
	2	3		997	1170		386
231		148		1015	1091		187
-1		1		-59	-60	60	35
44				164	164		390
-3428	11390	14829	2337	127707	129984	1688	8435

1-A-9 续表 15

行　业	企业单位数（个）	资产总计	固定资产净额
锅炉及原动设备制造	4	2073562	315796
金属加工机械制造			
物料搬运设备制造			
泵、阀门、压缩机及类似机械制造	1	17160	3289
轴承、齿轮和传动部件制造			
烘炉、风机、包装等设备制造	2	20737	1577
文化、办公用机械制造	1	1221	
通用零部件制造	1	40305	3555
其他通用设备制造业			
专用设备制造业	9	570858	75954
采矿、冶金、建筑专用设备制造	4	399754	20495
化工、木材、非金属加工专用设备制造	2	108488	45308
食品、饮料、烟草及饲料生产专用设备制造			
印刷、制药、日化及日用品生产专用设备制造			
纺织、服装和皮革加工专用设备制造			
电子和电工机械专用设备制造			
农、林、牧、渔专用机械制造			
医疗仪器设备及器械制造	2	29248	8150
环保、邮政、社会公共服务及其他专用设备制造	1	33367	2001
汽车制造业	20	6870472	1549632
汽车整车制造	2	4848825	1227559
汽车用发动机制造			
改装汽车制造			
低速汽车制造			
电车制造			
汽车车身、挂车制造			
汽车零部件及配件制造	18	2021648	322073
铁路、船舶、航空航天和其他运输设备制造业			
铁路运输设备制造			
城市轨道交通设备制造			
船舶及相关装置制造			
航空、航天器及设备制造			

单位：万元

固定资产原价	累计折旧	流动资产合计	应收账款	存货	产成品	负债合计
724269	402527	1533730	86849	215592	122549	1066250
7801	4511	11651	3330	4623	2260	10852
8228	6652	18980	6661	2156	935	7979
149	121	1167	9	868		510
35230	31674	30918	4095	2591	77	7288
135680	58439	386015	208744	85388	45278	435483
39117	18563	281200	178436	47902	27820	352774
78583	32047	55877	15588	22411	13385	62930
12303	4153	19129	7235	8077	3240	15850
5677	3677	29808	7485	6998	833	3929
2972704	1416632	4174705	833338	761177	583541	5149296
2432161	1198203	2773922	521035	417750	370907	3741543
540542	218429	1400783	312303	343427	212634	1407753

1-A-9 续表 16

行业	流动负债合计	应付账款	所有者权益合计
锅炉及原动设备制造	1008219	296584	1007312
金属加工机械制造			
物料搬运设备制造			
泵、阀门、压缩机及类似机械制造	10852	2928	6308
轴承、齿轮和传动部件制造			
烘炉、风机、包装等设备制造	7977	5937	12758
文化、办公用机械制造	510	306	711
通用零部件制造	7261	6738	33018
其他通用设备制造业			
专用设备制造业	421440	71465	135375
采矿、冶金、建筑专用设备制造	350358	29921	46980
化工、木材、非金属加工专用设备制造	57632	32866	45558
食品、饮料、烟草及饲料生产专用设备制造			
印刷、制药、日化及日用品生产专用设备制造			
纺织、服装和皮革加工专用设备制造			
电子和电工机械专用设备制造			
农、林、牧、渔专用机械制造			
医疗仪器设备及器械制造	9521	6071	13398
环保、邮政、社会公共服务及其他专用设备制造	3929	2607	29439
汽车制造业	5076759	2183512	1721177
汽车整车制造	3741543	1944589	1107282
汽车用发动机制造			
改装汽车制造			
低速汽车制造			
电车制造			
汽车车身、挂车制造			
汽车零部件及配件制造	1335217	238922	613895
铁路、船舶、航空航天和其他运输设备制造业			
铁路运输设备制造			
城市轨道交通设备制造			
船舶及相关装置制造			
航空、航天器及设备制造			

单位：万元

实收资本	国家资本	集体资本	法人资本	个人资本	港澳台资本	外商资本
119766	10448		34959			74359
4304						4304
6962			2000			4962
648					648	
30467			14851			15616
144504			80993	253	45745	17512
83946			71666		12280	
41608			9018		23608	8982
12950			309	253	9857	2530
6000						6000
411687	107045	4676	99825	912	17628	181601
188808	93412		11000			84395
222879	13633	4676	88825	912	17628	97206

1-A-9 续表 17

行　业	营业收入	营业成本	销售费用	管理费用
锅炉及原动设备制造	1606039	1307623	85590	102881
金属加工机械制造				
物料搬运设备制造				
泵、阀门、压缩机及类似机械制造	15889	12187	1774	859
轴承、齿轮和传动部件制造				
烘炉、风机、包装等设备制造	30794	25688	301	1387
文化、办公用机械制造	568	365	65	139
通用零部件制造	25341	20791	452	879
其他通用设备制造业				
专用设备制造业	321047	285170	9849	14988
采矿、冶金、建筑专用设备制造	148218	139018	5923	6125
化工、木材、非金属加工专用设备制造	115429	101459	765	6072
食品、饮料、烟草及饲料生产专用设备制造				
印刷、制药、日化及日用品生产专用设备制造				
纺织、服装和皮革加工专用设备制造				
电子和电工机械专用设备制造				
农、林、牧、渔专用机械制造				
医疗仪器设备及器械制造	22561	17843	1575	1751
环保、邮政、社会公共服务及其他专用设备制造	34840	26850	1587	1039
汽车制造业	12601778	10583965	690128	441566
汽车整车制造	10113369	8381802	626801	327623
汽车用发动机制造				
改装汽车制造				
低速汽车制造				
电车制造				
汽车车身、挂车制造				
汽车零部件及配件制造	2488408	2202163	63327	113942
铁路、船舶、航空航天和其他运输设备制造业				
铁路运输设备制造				
城市轨道交通设备制造				
船舶及相关装置制造				
航空、航天器及设备制造				

单位：万元

财务费用			投资收益（损失以“-”号记）	营业利润	利润总额	亏损企业亏损额	平均用工人数（人）
	利息收入	利息支出					
-2962	11281	14828	2545	119984	122226	1688	7765
151	19	1	-208	829	833		106
-234	90			3503	3488		315
39				-40	6		33
-423				3431	3431		216
9574	-334	1623	4289	-4876	-3715	18903	4111
8581	-68	440	4317	-16267	-15952	18903	941
876	35	669	-64	5303	5954		2190
672	-2	514		571	790		870
-555	-299		36	5517	5493		110
-7596	29707	18646	2126	613066	613820	5054	43756
-19633	26740	9478	5180	520327	517115	205	25752
12037	2967	9168	-3055	92738	96704	4850	18004

1-A-9 续表 18

行 业	企业单位数（个）	资产总计	固定资产净额
摩托车制造			
自行车和残疾人座车制造			
助动车制造			
非公路休闲车及零配件制造			
潜水救捞及其他未列明运输设备制造			
电气机械和器材制造业	5	155713	20979
电机制造	2	55433	9640
输配电及控制设备制造			
电线、电缆、光缆及电工器材制造	1	37028	1038
电池制造			
家用电力器具制造	1	7551	254
非电力家用器具制造			
照明器具制造	1	55701	10048
其他电气机械及器材制造			
计算机、通信和其他电子设备制造业	40	1027407	211774
计算机制造	8	340935	69716
通信设备制造	2	159148	27497
广播电视设备制造			
雷达及配套设备制造			
非专业视听设备制造	5	41760	7051
智能消费设备制造	1		
电子器件制造	6	205574	20691
电子元件及电子专用材料制造	12	167273	44842
其他电子设备制造	6	112717	41977
仪器仪表制造业	2	3707	708
通用仪器仪表制造			
专用仪器仪表制造	1	2227	263
钟表与计时仪器制造	1	1480	445
光学仪器制造			

单位：万元

固定资产原价	累计折旧	流动资产合计	应收账款	存货	产成品	负债合计
31661	10682	116775	36492	23735	2843	71422
14680	5040	41513	25664	10564	2530	26448
4945	3907	27679	799	296		22442
1696	1442	7167	1775	687	312	2955
10340	293	40416	8256	12189		19577
389073	175398	747559	262901	185439	65557	507119
111173	41457	236359	63916	78802	22085	134811
57963	28964	127125	60678	16049	5286	88739
27128	20077	31358	19797	6154	317	17143
33781	13090	176551	57733	29658	10424	124907
99495	54653	116227	44267	27931	9932	85729
59534	17158	59940	16510	26844	17514	55791
1579	871	2929	949	324	1	2647
656	393	1896	560	15	1	1342
923	478	1033	389	309		1305

1-A-9 续表 19

行 业	流动负债合计	应付账款	所有者权益合计
摩托车制造			
自行车和残疾人座车制造			
助动车制造			
非公路休闲车及零配件制造			
潜水救捞及其他未列明运输设备制造			
电气机械和器材制造业	71422	19086	84291
电机制造	26448	9940	28985
输配电及控制设备制造			
电线、电缆、光缆及电工器材制造	22442	6465	14586
电池制造			
家用电力器具制造	2955	2682	4596
非电力家用器具制造			
照明器具制造	19577		36125
其他电气机械及器材制造			
计算机、通信和其他电子设备制造业	491302	324133	520287
计算机制造	131063	104335	206123
通信设备制造	88739	56424	70408
广播电视设备制造			
雷达及配套设备制造			
非专业视听设备制造	17143	10119	24617
智能消费设备制造			
电子器件制造	120195	45950	80668
电子元件及电子专用材料制造	85022	66518	81544
其他电子设备制造	49141	40788	56927
仪器仪表制造业	2480	803	1060
通用仪器仪表制造			
专用仪器仪表制造	1175	300	885
钟表与计时仪器制造	1305	504	175
光学仪器制造			

单位：万元

实收资本	国家资本	集体资本	法人资本	个人资本	港澳台资本	外商资本
24739		510	7500		8739	7990
22822			7500		7822	7500
1000		510				490
917					917	
293949		271	37662	12108	192153	51755
125014			11397	8263	105353	
47891			20301		27591	
11113			45		10686	382
19307		271	3427	3845	4515	7250
61579			2493		17163	41923
29045					26845	2200
255			100			155
155						155
100			100			

1-A-9 续表 20

行业	营业收入	营业成本	销售费用	管理费用
摩托车制造				
自行车和残疾人座车制造				
助动车制造				
非公路休闲车及零配件制造				
潜水救捞及其他未列明运输设备制造				
电气机械和器材制造业	159195	143332	2403	6746
电机制造	78960	69860	1271	4421
输配电及控制设备制造				
电线、电缆、光缆及电工器材制造	56298	52113	41	1240
电池制造				
家用电力器具制造	3924	3592	96	96
非电力家用器具制造				
照明器具制造	20013	17767	996	989
其他电气机械及器材制造				
计算机、通信和其他电子设备制造业	2237202	1992535	18228	50203
计算机制造	1302807	1145456	4759	6671
通信设备制造	197523	188576	3108	5936
广播电视设备制造				
雷达及配套设备制造				
非专业视听设备制造	127551	118263	395	8244
智能消费设备制造				
电子器件制造	210347	184629	5478	10450
电子元件及电子专用材料制造	181310	160073	2664	13084
其他电子设备制造	217665	195538	1823	5818
仪器仪表制造业	4893	2904	108	1221
通用仪器仪表制造				
专用仪器仪表制造	2040	1128	90	423
钟表与计时仪器制造	2854	1776	17	798
光学仪器制造				

单位：万元

财务费用			投资收益（损失以“-”号记）	营业利润	利润总额	亏损企业亏损额	平均用工人数（人）
	利息收入	利息支出					
785	-206	1239		6216	6376	420	5149
-150	-11	169		3939	3921	420	3330
804	-198	1070		2059	2058		311
-1				114	111		129
132	3			105	287		1379
-9694	1862	1140	1188	183983	193325	4715	37269
-5738	3233	435	1131	151802	154875	774	5184
-307	-533	233	1	-376	-94	1763	7271
-942	74	49	56	1131	2113	576	3554
-1277	-1123	175		10828	11185		2197
-1523	183	75		7021	9002	1602	12305
92	27	175		13577	16245		6738
-17	19	1		612	627		287
-17	18			381	395		78
		1		231	232		209

1-A-9 续表 21

行　业	企业单位数（个）	资产总计	固定资产净额
衡器制造			
其他仪器仪表制造业			
其他制造业	3	18232	1937
日用杂品制造	2	17530	1923
核辐射加工			
其他未列明制造业	1	702	14
废弃资源综合利用业	4	99060	22926
金属废料和碎屑加工处理	4	99060	22926
非金属废料和碎屑加工处理			
金属制品、机械和设备修理业			
金属制品修理			
通用设备修理			
专用设备修理			
铁路、船舶、航空航天等运输设备修理			
电气设备修理			
仪器仪表修理			
其他机械和设备修理业			
电力、热力、燃气及水生产和供应业	**52**	**4497113**	**2541328**
电力、热力生产和供应业	11	1806108	1080254
电力生产	11	1806108	1080254
电力供应			
热力生产和供应			
燃气生产和供应业	11	298224	133372
燃气生产和供应业	11	298224	133372
生物质燃气生产和供应业			
水的生产和供应业	4	144224	57039
自来水生产和供应	4	144224	57039
污水处理及其再生利用			
海水淡化处理			
其他水的处理、利用与分配			

单位：万元

固定资产原价	累计折旧	流动资产合计	应收账款	存货	产成品	负债合计
23871	13967	8091	2217	2120	639	11969
23828	13938	7403	1916	1972	639	11688
43	29	688	301	148		281
26020	3094	73039	20126	50105	49599	91738
26020	3094	73039	20126	50105	49599	91738
4014554	**1149331**	**977170**	**267753**	**152145**	**9445**	**2640239**
1693848	468050	383189	115290	64894		1092252
1693848	468050	383189	115290	64894		1092252
173467	40095	77615	17716	9572	3669	155876
173467	40095	77615	17716	9572	3669	155876
139963	66521	27782	871	1607	1054	71992
139963	66521	27782	871	1607	1054	71992

1-A-9 续表 22

行 业	流动负债合计	应付账款	所有者权益合计
衡器制造			
其他仪器仪表制造业			
其他制造业	10672	1397	6262
日用杂品制造	10390	1212	5842
核辐射加工			
其他未列明制造业	281	184	420
废弃资源综合利用业	91738		7321
金属废料和碎屑加工处理	91738		7321
非金属废料和碎屑加工处理			
金属制品、机械和设备修理业			
金属制品修理			
通用设备修理			
专用设备修理			
铁路、船舶、航空航天等运输设备修理			
电气设备修理			
仪器仪表修理			
其他机械和设备修理业			
电力、热力、燃气及水生产和供应业	**1013642**	**194671**	**1856874**
电力、热力生产和供应业	310101	80758	713857
电力生产	310101	80758	713857
电力供应			
热力生产和供应			
燃气生产和供应业	132244	11068	142349
燃气生产和供应业	132244	11068	142349
生物质燃气生产和供应业			
水的生产和供应业	64476	5511	72231
自来水生产和供应	64476	5511	72231
污水处理及其再生利用			
海水淡化处理			
其他水的处理、利用与分配			

单位：万元

实收资本	国家资本	集体资本	法人资本	个人资本	港澳台资本	外商资本
5133					4903	230
5064					4903	161
69						69
1049				1049		
1049				1049		
1455893	**79903**	**76718**	**249120**		**798801**	**251350**
619769	8640	21864	111366		380600	97299
619769	8640	21864	111366		380600	97299
65359	12900	13841	8495		18800	11324
65359	12900	13841	8495		18800	11324
42819	18412	2655	4700			17052
42819	18412	2655	4700			17052

1-A-9 续表 23

行业	营业收入	营业成本	销售费用	管理费用
衡器制造				
其他仪器仪表制造业				
其他制造业	11248	10791	591	924
日用杂品制造	10142	10043	483	742
核辐射加工				
其他未列明制造业	1107	747	108	181
废弃资源综合利用业	574439	522633	3188	5712
金属废料和碎屑加工处理	574439	522633	3188	5712
非金属废料和碎屑加工处理				
金属制品、机械和设备修理业				
金属制品修理				
通用设备修理				
专用设备修理				
铁路、船舶、航空航天等运输设备修理				
电气设备修理				
仪器仪表修理				
其他机械和设备修理业				
电力、热力、燃气及水生产和供应业	**1726913**	**1407647**	**20035**	**54476**
电力、热力生产和供应业	673820	574106	377	13965
电力生产	673820	574106	377	13965
电力供应				
热力生产和供应				
燃气生产和供应业	143778	103007	7319	6457
燃气生产和供应业	143778	103007	7319	6457
生物质燃气生产和供应业				
水的生产和供应业	45859	26711	2321	6817
自来水生产和供应	45859	26711	2321	6817
污水处理及其再生利用				
海水淡化处理				
其他水的处理、利用与分配				

单位：万元

财务费用			投资收益（损失以“-”号记）	营业利润	利润总额	亏损企业亏损额	平均用工人数（人）
	利息收入	利息支出					
192	1	68		-1245	-1254	1720	712
199	1	68		-1318	-1327	1720	700
-7				73	73		12
1178		20		36314	36448		1099
1178		20		36314	36448		1099
79632	**1622**	**83261**	**1419**	**158425**	**152279**	**1545**	**8262**
38211	792	40000	608	44719	40102		1584
38211	792	40000	608	44719	40102		1584
1441	-35	1418	93	25020	25267	773	1456
1441	-35	1418	93	25020	25267	773	1456
165	55	212	9	9473	10771		1091
165	55	212	9	9473	10771		1091

1-A-10 按行业分组的规模以上大中型工业

行业	企业单位数（个）	资产总计	固定资产净额
总计	**949**	**110361031**	**37904637**
采矿业	**50**	**6087178**	**1110071**
煤炭开采和洗选业	4	641060	28112
烟煤和无烟煤开采洗选	1	29920	9598
褐煤开采洗选	3	611140	18514
其他煤炭采选			
石油和天然气开采业			
石油开采			
天然气开采			
黑色金属矿采选业	2	590156	175607
铁矿采选			
锰矿、铬矿采选	2	590156	175607
其他黑色金属矿采选			
有色金属矿采选业	14	1662312	325747
常用有色金属矿采选	13	1629345	300656
贵金属矿采选			
稀有稀土金属矿采选	1	32967	25091
非金属矿采选业	5	150062	25569
土砂石开采	2	40215	3185
化学矿开采			
采盐			
石棉及其他非金属矿采选	3	109847	22384
开采专业及辅助性活动			
煤炭开采和洗选专业及辅助性活动			
石油和天然气开采专业及辅助性活动			
其他开采专业及辅助性活动			
其他采矿业			
制造业	**1736**	**170615824**	**47408755**
农副食品加工业	107	10054991	1786806
谷物磨制			
饲料加工	10	780938	63631
植物油加工	4	2376743	242628
制糖业	70	6093931	1276095
屠宰及肉类加工	10	594080	160629
水产品加工	6	133580	28098
蔬菜、菌类、水果和坚果加工			

企业主要经济指标（大、中类行业）

单位：万元

固定资产原价	累计折旧	流动资产合计			
			应收账款	存货	
					产成品
66286590	**26891973**	**53307101**	**9089967**	**12560390**	**4859069**
2211181	**1065651**	**3037091**	**545426**	**191862**	**101809**
189052	160940	315146	27979	23271	19971
14366	4767	18794	3812	668	147
174687	156172	296352	24167	22603	19824
302375	126767	348345	179117	25041	18160
302375	126767	348345	179117	25041	18160
538210	210402	783204	51555	34259	8646
496753	194196	779857	51478	32626	7464
41457	16206	3346	77	1633	1182
75954	34717	71851	14062	13360	4128
24523	5670	8742	2110	929	483
51430	29047	63109	11953	12431	3644
84575930	**34887296**	**95756203**	**16587160**	**24111993**	**9605041**
4059691	2242280	6942503	542223	1092230	528483
114137	49224	542693	29993	55194	3655
463976	221349	2106283	107323	396326	91822
3156713	1851566	3860978	343618	479938	327468
256245	95346	288637	28090	100754	66351
44944	16845	91504	19325	49435	33391

1-A-10 续表 1

行　业	负债合计	流动负债合计	应付账款
总　计	**70186572**	**54520365**	**14719050**
采矿业	**3506461**	**2424923**	**415371**
煤炭开采和洗选业	403855	288724	23782
烟煤和无烟煤开采洗选	18171	18171	15
褐煤开采洗选	385684	270553	23768
其他煤炭采选			
石油和天然气开采业			
石油开采			
天然气开采			
黑色金属矿采选业	265868	252025	75591
铁矿采选			
锰矿、铬矿采选	265868	252025	75591
其他黑色金属矿采选			
有色金属矿采选业	1026631	629060	107393
常用有色金属矿采选	1015897	619819	106806
贵金属矿采选			
稀有稀土金属矿采选	10734	9241	588
非金属矿采选业	56876	42652	920
土砂石开采	15943	13270	
化学矿开采			
采盐			
石棉及其他非金属矿采选	40933	29382	920
开采专业及辅助性活动			
煤炭开采和洗选专业及辅助性活动			
石油和天然气开采专业及辅助性活动			
其他开采专业及辅助性活动			
其他采矿业			
制造业	**105047274**	**92462699**	**26817478**
农副食品加工业	6803243	6430248	1237559
谷物磨制			
饲料加工	482257	456459	35497
植物油加工	1989132	1984934	500131
制糖业	4131548	3806297	646627
屠宰及肉类加工	94158	87189	32857
水产品加工	76402	71614	16685
蔬菜、菌类、水果和坚果加工			

单位：万元

所有者权益合计	实收资本	国家资本	集体资本	法人资本	个人资本	港澳台资本
40174460	**17615459**	**7520666**	**293315**	**4868100**	**2497865**	**1298932**
2580717	**658351**	**195888**	**14382**	**432462**	**10491**	**1045**
237205	25756	10000		15206	550	
11748	550				550	
225457	25206	10000		15206		
324288	4628	4628				
324288	4628	4628				
635680	265083	76024	1067	184539	3453	
613448	252083	63024	1067	184539	3453	
22233	13000	13000				
93186	33709	7292	6125	16487	1242	522
24273	17729			16487	1242	
68913	15981	7292	6125			522
65568550	**27579955**	**9496611**	**572249**	**8577880**	**4982640**	**1890681**
3251748	1262447	253444	22197	621753	155622	70250
298681	88937			25231	63705	
387611	212892	128554		16400		
1962383	761933	99790	15197	524087	47367	4250
499922	168126	25101	7000	52630	17395	66000
57177	21519				21519	

1-A-10 续表 2

行业	外商资本	营业收入	营业成本	销售费用	管理费用
总 计	**1136581**	**110868034**	**93631030**	**2456733**	**3637245**
采矿业	**4083**	**2395397**	**1753792**	**38257**	**175493**
煤炭开采和洗选业		105539	71939	1989	18450
烟煤和无烟煤开采洗选		2338	2594	1	769
褐煤开采洗选		103201	69346	1988	17682
其他煤炭采选					
石油和天然气开采业					
石油开采					
天然气开采					
黑色金属矿采选业		372890	308704	1779	14303
铁矿采选					
锰矿、铬矿采选		372890	308704	1779	14303
其他黑色金属矿采选					
有色金属矿采选业		606936	430490	3608	44824
常用有色金属矿采选		577864	410905	3474	42515
贵金属矿采选					
稀有稀土金属矿采选		29073	19585	134	2309
非金属矿采选业	2042	112334	65764	11753	10169
土砂石开采		49912	34951	1500	5232
化学矿开采					
采盐					
石棉及其他非金属矿采选	2042	62422	30813	10254	4938
开采专业及辅助性活动					
煤炭开采和洗选专业及辅助性活动					
石油和天然气开采专业及辅助性活动					
其他开采专业及辅助性活动					
其他采矿业					
制造业	**2059896**	**198986842**	**166989530**	**4794635**	**6698018**
农副食品加工业	139182	9390151	8676307	163060	310394
谷物磨制					
饲料加工		1143962	1024000	18284	36854
植物油加工	67939	3505780	3394142	40721	15576
制糖业	71243	3914627	3584379	77462	214288
屠宰及肉类加工		545062	431750	15813	35421
水产品加工		213531	188717	7615	4264
蔬菜、菌类、水果和坚果加工					

单位：万元

财务费用			投资收益（损失以“-”号记）	营业利润	利润总额	亏损企业亏损额	平均用工人数（人）
	利息收入	利息支出					
1109612	**123417**	**1447622**	**163044**	**6786798**	**7036099**	**735753**	**763608**
89260	**-119**	**88373**	**4614**	**401638**	**400119**	**30314**	**45928**
3898	21	3916	19	12027	11381	8675	4289
				-1060	-1066	1066	350
3898	21	3916	19	13086	12446	7609	3939
6819	-252	5546	1698	35944	35449		4616
6819	-252	5546	1698	35944	35449		4616
33002	127	34010	88	131910	132301	6482	11168
32717	124	33729	88	128620	129046	6482	10476
284	3	281		3290	3256		692
911	45	715	502	20939	20929		2891
134		132		7622	7600		525
777	45	583	502	13317	13328		2366
1285873	**207563**	**1940166**	**328194**	**12696510**	**13152584**	**1247025**	**1336488**
175000	51200	217490	45487	53227	62715	234795	65374
9892	975	11020	-217	83410	83746		5264
15307	41262	50104	12125	34597	35331	12577	2051
150304	5702	153761	32075	-140699	-135116	220629	44440
-2493	3310	620	1295	59092	61421		7472
1272	-85	1438	207	11084	11465	1543	2753

1-A-10 续表 3

行 业	企业单位数（个）	资产总计	固定资产净额
其他农副食品加工	7	75720	15726
食品制造业	17	748001	275997
焙烤食品制造	3	68398	16972
糖果、巧克力及蜜饯制造			
方便食品制造	2	126799	16152
乳制品制造	2	124701	33166
罐头食品制造	4	72871	6164
调味品、发酵制品制造	3	309337	184645
其他食品制造	3	45894	18899
酒、饮料和精制茶制造业	27	1090323	379086
酒的制造	6	747913	271533
饮料制造	8	191658	57817
精制茶加工	13	150753	49735
烟草制品业	2	2302501	302647
烟叶复烤	1	52380	5298
卷烟制造	1	2250120	297349
其他烟草制品制造			
纺织业	40	806633	138045
棉纺织及印染精加工	6	351905	65623
毛纺织及染整精加工	1	15408	1003
麻纺织及染整精加工			
丝绢纺织及印染精加工	32	437953	71236
化纤织造及印染精加工			
针织或钩针编织物及其制品制造	1	1367	182
家用纺织制成品制造			
产业用纺织制成品制造			
纺织服装、服饰业	24	124724	24967
机织服装制造	19	85513	12323
针织或钩针编织服装制造	4	32374	8858
服饰制造	1	6838	3787
皮革、毛皮、羽毛及其制品和制鞋业	14	173874	34961
皮革鞣制加工	2	39711	11995
皮革制品制造	5	30581	2553
毛皮鞣制及制品加工			
羽毛（绒）加工及制品制造			
制鞋业	7	103582	20413

单位：万元

固定资产原价	累计折旧	流动资产合计	应收账款	存货	产成品
23676	7951	52409	13874	10582	5797
403479	127123	378155	88729	74190	28369
37955	20983	47006	-4229	3887	724
25379	9227	78423	42890	7026	4777
60074	26908	70956	8969	10666	2506
14379	8215	53237	1820	7986	5587
234142	49139	105484	30295	39890	12676
31550	12651	23050	8985	4735	2100
819701	396190	511240	60427	304446	73228
637792	324459	334631	20536	218589	14782
99502	40576	104756	27559	39011	16286
82407	31155	71853	12332	46847	42161
754535	451888	1621091	96970	860703	44874
15691	10393	44380	870	2356	1905
738844	441495	1576711	96100	858347	42969
302209	102548	483935	66882	260864	95252
177745	58365	149707	22623	58096	11671
2205	1202	10645	3270	1327	523
122001	42945	323418	40864	201401	83018
257	37	165	125	40	40
52060	25948	88292	14407	49368	42362
25259	11792	68450	10546	42840	39704
22803	13944	16791	2562	5654	2315
3999	212	3051	1299	875	344
66166	31133	123162	60852	43511	10203
25106	13111	24918	2365	18678	5175
6036	3482	20903	6186	7894	2699
35025	14539	77341	52301	16939	2330

1-A-10 续表 4

行业	负债合计	流动负债合计	应付账款
其他农副食品加工	29746	23755	5763
食品制造业	355986	307273	63743
焙烤食品制造	11850	11850	6273
糖果、巧克力及蜜饯制造			
方便食品制造	41241	40986	8432
乳制品制造	71407	67657	22126
罐头食品制造	49357	47857	2617
调味品、发酵制品制造	166735	123558	17580
其他食品制造	15396	15365	6716
酒、饮料和精制茶制造业	535967	465968	92137
酒的制造	381515	335886	59357
饮料制造	92748	85150	15377
精制茶加工	61704	44932	17404
烟草制品业	853680	708869	193501
烟叶复烤	3856	1017	233
卷烟制造	849825	707852	193269
其他烟草制品制造			
纺织业	491862	421405	55326
棉纺织及印染精加工	164938	111676	33810
毛纺织及染整精加工	9111	9111	
麻纺织及染整精加工			
丝绢纺织及印染精加工	317729	300535	21516
化纤织造及印染精加工			
针织或钩针编织物及其制品制造	83	83	
家用纺织制成品制造			
产业用纺织制成品制造			
纺织服装、服饰业	37941	35691	18153
机织服装制造	25573	23646	17785
针织或钩针编织服装制造	9732	9409	368
服饰制造	2636	2636	
皮革、毛皮、羽毛及其制品和制鞋业	88958	79301	41484
皮革鞣制加工	16351	16351	3095
皮革制品制造	22334	21652	9002
毛皮鞣制及制品加工			
羽毛（绒）加工及制品制造			
制鞋业	50273	41298	29388

单位：万元

所有者权益合计	实收资本					
		国家资本	集体资本	法人资本	个人资本	港澳台资本
45974	9041			3405	5636	
392015	165784	17750		74671	24581	
56548	9852				1469	
85558	5702			5702		
53294	45000			25000	20000	
23514	7850	650		2360	2600	
142602	74660	17100		19400		
30499	22721			22209	512	
554356	279129	83812	89687	41190	34820	11371
366398	201749	83812	89687		10000	
98910	52449			36863	4215	11371
89049	24931			4327	20605	
1448820	517154	474529		42625		
48525	42625			42625		
1400296	474529	474529				
314771	224248	10310	1305	34041	24294	154299
186967	164793	10310		3275	95	151113
6297	1686					1686
120223	57572		1305	30766	24001	1500
1284	198				198	
86784	19653			1298	14397	3959
59941	15505				11547	3959
22641	1598			1298	300	
4202	2550				2550	
84916	39884			809	15712	23363
23360	5368			806	500	4062
8247	8677			3	7000	1675
53309	25838				8212	17626

1-A-10 续表 5

行业	外商资本	营业收入	营业成本	销售费用	管理费用
其他农副食品加工		67189	53320	3166	3992
食品制造业	48783	544218	409430	33887	29619
焙烤食品制造	8383	82632	62042	2409	5024
糖果、巧克力及蜜饯制造					
方便食品制造		64251	46815	848	4978
乳制品制造		97046	75294	12195	5824
罐头食品制造	2240	28455	22440	2739	1699
调味品、发酵制品制造	38160	208723	156249	10590	8195
其他食品制造		63110	46589	5105	3899
酒、饮料和精制茶制造业	18250	1277769	899609	114108	90778
酒的制造	18250	613685	424004	42521	37933
饮料制造		245345	168412	52636	9027
精制茶加工		418739	307192	18951	43818
烟草制品业		2227683	753816	47408	126843
烟叶复烤		8421	4752		3864
卷烟制造		2219262	749064	47408	122979
其他烟草制品制造					
纺织业		980868	904420	9113	35780
棉纺织及印染精加工		140610	129174	1715	12079
毛纺织及染整精加工		22328	16028	1291	2056
麻纺织及染整精加工					
丝绢纺织及印染精加工		815894	757726	5995	21550
化纤织造及印染精加工					
针织或钩针编织物及其制品制造		2037	1493	112	96
家用纺织制成品制造					
产业用纺织制成品制造					
纺织服装、服饰业		320112	238672	4842	53538
机织服装制造		277929	202649	3836	50556
针织或钩针编织服装制造		37243	32316	924	2541
服饰制造		4939	3706	82	442
皮革、毛皮、羽毛及其制品和制鞋业		245042	214333	4942	13399
皮革鞣制加工		24653	20649	1700	1764
皮革制品制造		35818	29165	1113	3812
毛皮鞣制及制品加工					
羽毛（绒）加工及制品制造					
制鞋业		184571	164519	2129	7823

单位：万元

财务费用			投资收益（损失以“-”号记）	营业利润	利润总额	亏损企业亏损额	平均用工人数（人）
	利息收入	利息支出					
718	36	547	2	5743	5868	46	3394
12283	-560	14167	1351	55546	58665	141	9104
-915	-916			13221	14212		1698
1106	77	1183	126	9842	9645		1983
2531	39	2356	157	1054	1379		1395
737	36	785	141	668	1049	141	1057
8486	210	9497	924	23874	25371		1842
337	-6	346	4	6887	7010		1129
12513	1217	12264	722	109007	109996	6438	22361
10282	985	10089	248	51521	52110	6438	10020
974	229	933	474	12633	12907		6849
1257	3	1241		44853	44979		5492
-4061	11603	7492	368	111059	111325		3455
-1342	1343			524	508		457
-2719	10260	7492	368	110535	110817		2998
9985	242	10457	-25	23750	33144	2303	23282
612	-305	902		1514	8856	979	4894
283		277		2456	2435		744
9086	547	9275	-25	19483	21556	1324	17586
4		4		297	297		58
572	166	873		21220	18830	566	15728
285	166	431		19587	17149	482	13080
247		401		1013	1070	84	2316
40		40		620	610		332
2083	100	1428		7730	8356	443	13195
402	-2	371		14	452		1574
1100	1	492		348	326	199	2646
580	100	566		7368	7578	244	8975

1-A-10 续表 6

行业	企业单位数（个）	资产总计	固定资产净额
木材加工和木、竹、藤、棕、草制品业	53	742641	204035
木材加工	4	36190	13103
人造板制造	31	607555	173488
木质制品制造	8	75297	16343
竹、藤、棕、草等制品制造	10	23599	1102
家具制造业	7	72450	14906
木质家具制造	7	72450	14906
竹、藤家具制造			
金属家具制造			
塑料家具制造			
其他家具制造			
造纸和纸制品业	26	4574649	2439081
纸浆制造	6	411370	199092
造纸	12	3960572	2200326
纸制品制造	8	202707	39663
印刷和记录媒介复制业	4	197207	29539
印刷	4	197207	29539
装订及印刷相关服务			
记录媒介复制			
文教、工美、体育和娱乐用品制造业	30	114509	16445
文教办公用品制造			
乐器制造			
工艺美术及礼仪用品制造	20	67170	9437
体育用品制造			
玩具制造	10	47339	7009
游艺器材及娱乐用品制造			
石油、煤炭及其他燃料加工业	5	3818521	1644739
精炼石油产品制造	4	3709991	1587632
煤炭加工			
核燃料加工			
生物质燃料加工	1	108530	57107
化学原料和化学制品制造业	47	2407883	765916
基础化学原料制造	10	507241	195131
肥料制造	8	509463	196138
农药制造	3	156439	14386
涂料、油墨、颜料及类似产品制造	11	561491	212350

单位：万元

固定资产原价	累计折旧	流动资产合计			
			应收账款	存货	
					产成品
375193	160159	449888	74924	140830	59468
25710	10738	18890	2980	10728	2002
310105	135575	365788	53695	104900	43398
30778	12496	49519	9336	21903	11141
8601	1350	15691	8913	3299	2927
25729	10822	36671	8511	8585	4339
25729	10822	36671	8511	8585	4339
3088043	601625	1797648	320906	207591	71564
310054	110947	178146	46757	24069	8326
2677251	449609	1500240	233102	162323	52916
100738	41069	119262	41047	21199	10322
90116	60465	95371	22615	18163	10215
90116	60465	95371	22615	18163	10215
38098	14795	75525	28236	23980	7135
22547	6253	44819	13917	12809	2890
15551	8542	30706	14319	11171	4244
3335499	1673950	2051169	184309	740899	208727
3232969	1628775	2006590	182378	711879	199707
102530	45175	44580	1931	29021	9020
1625399	764788	1199108	288815	321577	172830
337071	128497	175534	37845	49051	25241
639885	390023	283011	130322	52616	17045
29203	14501	103200	17556	43530	17375
369590	134053	265164	42685	129348	88829

1-A-10 续表 7

行 业	负债合计	流动负债合计	应付账款
木材加工和木、竹、藤、棕、草制品业	454495	398754	78435
木材加工	18360	18360	2075
人造板制造	371368	317507	67106
木质制品制造	53409	52100	8234
竹、藤、棕、草等制品制造	11359	10787	1020
家具制造业	31229	22791	4791
木质家具制造	31229	22791	4791
竹、藤家具制造			
金属家具制造			
塑料家具制造			
其他家具制造			
造纸和纸制品业	3279735	2517857	353481
纸浆制造	415362	397018	45419
造纸	2787634	2050706	283656
纸制品制造	76739	70133	24406
印刷和记录媒介复制业	66203	56751	17583
印刷	66203	56751	17583
装订及印刷相关服务			
记录媒介复制			
文教、工美、体育和娱乐用品制造业	56185	51988	17752
文教办公用品制造			
乐器制造			
工艺美术及礼仪用品制造	27463	23266	4221
体育用品制造			
玩具制造	28722	28722	13530
游艺器材及娱乐用品制造			
石油、煤炭及其他燃料加工业	1072738	1046118	333038
精炼石油产品制造	1004986	979152	329652
煤炭加工			
核燃料加工			
生物质燃料加工	67752	66966	3386
化学原料和化学制品制造业	1198645	1088289	289515
基础化学原料制造	356097	312749	39944
肥料制造	220245	204804	109149
农药制造	99735	95910	15817
涂料、油墨、颜料及类似产品制造	321673	289302	73759

单位：万元

所有者权益合计	实收资本	国家资本	集体资本	法人资本	个人资本	港澳台资本
288147	144184	3000	1747	89590	49848	
17830	10403			455	9948	
236188	120261	3000	1747	83156	32357	
21888	6858			140	6718	
12240	6662			5838	824	
41221	8911			3100	5811	
41221	8911			3100	5811	
1294914	1471209	15092		218887	967814	
-3992	92553			52253	40300	
1172938	1345729			162001	914312	
125968	32928	15092		4634	13202	
131003	39527	24805	4000		2000	8722
131003	39527	24805	4000		2000	8722
58323	19290			7958	2167	4383
39707	9632			7678	636	1251
18617	9659			280	1531	3131
2745783	1252554	1240154		12400		
2705004	1221586	1209186		12400		
40778	30968	30968				
1209238	513169	84096	5730	311694	104993	6657
151144	204446	41778	2005	149342	11320	
289217	138719			63480	75239	
56704	23055	9455		7552	6048	
239818	81634	19359	3213	50234	7507	1321

1-A-10 续表 8

行 业	外商资本	营业收入	营业成本	销售费用	管理费用
木材加工和木、竹、藤、棕、草制品业		1095280	1004222	18705	23359
木材加工		121656	111614	2319	3449
人造板制造		780752	718567	12945	14914
木质制品制造		107727	97331	2616	4185
竹、藤、棕、草等制品制造		85144	76710	825	811
家具制造业		239012	219980	7095	7827
木质家具制造		239012	219980	7095	7827
竹、藤家具制造					
金属家具制造					
塑料家具制造					
其他家具制造					
造纸和纸制品业	269416	1794895	1479324	73544	108977
纸浆制造		199667	168698	309	12148
造纸	269416	1309176	1097300	47642	76922
纸制品制造		286052	213326	25593	19907
印刷和记录媒介复制业		129924	93890	1799	9626
印刷		129924	93890	1799	9626
装订及印刷相关服务					
记录媒介复制					
文教、工美、体育和娱乐用品制造业	4783	349206	306171	9645	14945
文教办公用品制造					
乐器制造					
工艺美术及礼仪用品制造	66	201314	174010	7124	7292
体育用品制造					
玩具制造	4716	147892	132162	2521	7653
游艺器材及娱乐用品制造					
石油、煤炭及其他燃料加工业		8521403	6316405	36800	91870
精炼石油产品制造		8430486	6239673	32974	89428
煤炭加工					
核燃料加工					
生物质燃料加工		90917	76732	3826	2442
化学原料和化学制品制造业		2178519	1776823	81045	152368
基础化学原料制造		517327	409050	18330	39970
肥料制造		437339	375482	18381	31364
农药制造		118571	101201	3510	11653
涂料、油墨、颜料及类似产品制造		607159	507673	15825	35975

单位：万元

财务费用			投资收益（损失以“-”号记）	营业利润	利润总额	亏损企业亏损额	平均用工人数（人）
	利息收入	利息支出					
12192	175	10123	-81	36411	40200	6112	28541
1289	9	1296		2776	2778		1738
8922	143	7261	-81	25179	28197	6068	15187
1578	18	1445		2197	2933	44	5385
404	6	121		6260	6292		6231
1285	3	1153	16	2848	7572		3060
1285	3	1153	16	2848	7572		3060
76887	-1070	66171	2711	44357	51132	71432	14249
15247	84	14550		2304	4107	9205	2427
60936	-1486	50940	2570	16462	20813	62227	6635
703	332	681	141	25591	26213		5187
215	3	425	37	36638	36660		1254
215	3	425	37	36638	36660		1254
2461	9	1236		14532	14657	328	22969
2233	4	1073		9948	10030		14789
228	5	164		4584	4627	328	8180
-21954	33785	10401	865	538408	531190	262	3154
-23911	33714	8364		531036	524173	262	2639
1957	71	2037	865	7372	7017		515
22816	8278	28371	39521	107835	203048	41480	25651
7934	93	6756	-4	40415	33426	5797	4903
6395	-209	6010	37290	-32082	66648	27357	5980
1057	710	447	857	849	1004	4176	1024
7331	188	7604	-23	38629	40768	4150	6887

1-A-10 续表 9

行 业	企业单位数（个）	资产总计	固定资产净额
合成材料制造			
专用化学产品制造	4	125691	58184
炸药、火工及焰火产品制造	6	121419	21560
日用化学产品制造	5	426139	68167
医药制造业	22	1882008	360248
化学药品原料药制造	2	217016	84731
化学药品制剂制造	1	43438	4400
中药饮片加工	1	74282	7800
中成药生产	16	1352294	210598
兽用药品制造			
生物药品制品制造	2	194978	52721
卫生材料及医药用品制造			
药用辅料及包装材料			
化学纤维制造业			
纤维素纤维原料及纤维制造			
合成纤维制造			
生物基材料制造			
橡胶和塑料制品业	21	675905	238695
橡胶制品业	4	448798	197627
塑料制品业	17	227107	41068
非金属矿物制品业	109	5386402	1857271
水泥、石灰和石膏制造	33	3404123	1361448
石膏、水泥制品及类似制品制造	10	401909	35343
砖瓦、石材等建筑材料制造	10	98806	36396
玻璃制造	1	152436	88347
玻璃制品制造	5	113751	45019
玻璃纤维和玻璃纤维增强塑料制品制造			
陶瓷制品制造	42	726955	180965
耐火材料制品制造	1	26454	13515
石墨及其他非金属矿物制品制造	7	461969	96238
黑色金属冶炼和压延加工业	24	11624973	3566082
炼铁	1	4423	607
炼钢	1	810693	151417
钢压延加工	13	10026913	3302483
铁合金冶炼	9	782944	111576
有色金属冶炼和压延加工业	38	11060711	4885229

单位：万元

固定资产原价	累计折旧	流动资产合计	应收账款	存货	产成品
90609	29401	52315	16402	14992	9618
40984	19389	85371	8743	5899	2671
118058	48926	234513	35263	26142	12050
612817	233362	1054426	193431	231154	87162
116650	29166	108412	24690	43535	23113
18169	13769	27778	16012	5823	2733
15056	7256	45561	20853	12131	3675
365018	147211	769172	108235	117326	32173
97924	35960	103502	23641	52339	25468
359880	73176	278416	56985	74932	40758
230298	32671	152449	15752	34565	19160
129582	40505	125967	41232	40367	21597
3724358	1461648	2423498	473308	486680	239406
2803844	1079419	1371066	234473	160069	38477
74534	38951	302566	107972	38088	11990
70739	24270	39072	6826	8227	3663
92149	3802	45842	1337	14706	7756
84101	39083	59196	18944	20594	13711
380339	167225	376970	65299	185391	134900
17974	4459	8480	2816	2012	1613
200677	104440	220306	35642	57594	27297
6168715	2591513	6157414	233726	1804565	516273
1084	477	2344	139	71	63
426421	275004	366755	32812	184048	
5510997	2197439	5535512	146490	1539031	467292
230213	118593	252803	54285	81416	48919
7702651	2592148	4117251	213323	1415230	496470

1-A-10 续表 10

行业	负债合计	流动负债合计	应付账款
合成材料制造			
专用化学产品制造	65114	53351	30315
炸药、火工及焰火产品制造	14374	14274	6353
日用化学产品制造	121406	117899	14176
医药制造业	724875	648131	158684
化学药品原料药制造	139981	124942	19886
化学药品制剂制造	22135	22135	2408
中药饮片加工	32367	20953	7198
中成药生产	449720	418317	111055
兽用药品制造			
生物药品制品制造	80672	61784	18136
卫生材料及医药用品制造			
药用辅料及包装材料			
化学纤维制造业			
纤维素纤维原料及纤维制造			
合成纤维制造			
生物基材料制造			
橡胶和塑料制品业	342534	284980	42138
橡胶制品业	227096	202599	29170
塑料制品业	115437	82382	12969
非金属矿物制品业	2278641	2008231	610775
水泥、石灰和石膏制造	1169102	1058062	334076
石膏、水泥制品及类似制品制造	160302	156213	68926
砖瓦、石材等建筑材料制造	48555	41220	6870
玻璃制造	97311	78377	17702
玻璃制品制造	57545	54441	33763
玻璃纤维和玻璃纤维增强塑料制品制造			
陶瓷制品制造	519697	441062	106951
耐火材料制品制造	21790	21790	2604
石墨及其他非金属矿物制品制造	204340	157067	39884
黑色金属冶炼和压延加工业	7087562	6179793	1682083
炼铁	3725	3725	
炼钢	577904	503569	255006
钢压延加工	6000777	5296291	1317456
铁合金冶炼	505155	376208	109622
有色金属冶炼和压延加工业	8415933	6758002	1090269

单位：万元

所有者权益合计	实收资本	国家资本	集体资本	法人资本	个人资本	港澳台资本
60577	22926	4956		13070		4900
107045	7520	2550	511	3259	1200	
304733	34871	5999		24757	3679	436
1157133	379669		7400	234387	62124	
77035	34503			33417	1086	
21303	5000				5000	
41916	17000					
902574	245706		7400	157241	56038	
114305	77460			43728		
333371	131380	10500	67000	26619	16836	760
221702	81205	10500	67000	2945		760
111669	50175			23674	16836	
3107760	1223786	137826	4207	425684	145710	442485
2235022	836724	89800		249478	19243	441577
241607	29580	5000		7995	16586	
50250	33797		3118	22444	8235	
55125	14210			12158	2052	
56206	32955			18483	4472	
207258	86745	2259	1089	14557	66792	
4664	500				500	
257629	189275	40766		100570	27830	908
4537411	957875	364406		177278	410182	
698						
232789	50000			40500	9500	
4026136	774246	261961		113980	392297	
277788	133629	102445		22798	8385	
2644779	2198960	1278795	27600	673726	128839	

1-A-10 续表 11

行业	外商资本	营业收入	营业成本	销售费用	管理费用
合成材料制造					
专用化学产品制造		180985	135454	4088	9660
炸药、火工及焰火产品制造		75085	52540	2168	9187
日用化学产品制造		242054	195423	18742	14559
医药制造业	75759	1025125	449482	303630	74363
化学药品原料药制造		128042	80772	12974	13607
化学药品制剂制造		24947	14405	7652	431
中药饮片加工	17000	35593	15874	14550	2703
中成药生产	25027	768133	285253	265928	52260
兽用药品制造					
生物药品制品制造	33732	68410	53176	2527	5362
卫生材料及医药用品制造					
药用辅料及包装材料					
化学纤维制造业					
纤维素纤维原料及纤维制造					
合成纤维制造					
生物基材料制造					
橡胶和塑料制品业	9665	511441	416677	11856	35422
橡胶制品业		160293	128317	2477	15252
塑料制品业	9665	351148	288360	9379	20170
非金属矿物制品业	67874	4769480	3330729	126675	221450
水泥、石灰和石膏制造	36627	2910807	1821177	62318	97020
石膏、水泥制品及类似制品制造		457810	361868	18289	29158
砖瓦、石材等建筑材料制造		209802	175133	6370	9921
玻璃制造		37269	23118	110	9936
玻璃制品制造	10000	133470	108380	10113	6058
玻璃纤维和玻璃纤维增强塑料制品制造					
陶瓷制品制造	2048	656278	549653	17331	38738
耐火材料制品制造		47007	43686	1123	868
石墨及其他非金属矿物制品制造	19200	317039	247715	11021	29751
黑色金属冶炼和压延加工业	6008	16374372	14143246	105615	360518
炼铁		4374	3335	224	280
炼钢		1920298	1858166	14505	18664
钢压延加工	6008	13937003	11825120	78556	328577
铁合金冶炼		512696	456625	12331	12997
有色金属冶炼和压延加工业	90000	9793032	9132095	68571	144110

单位：万元

财务费用			投资收益（损失以“-”号记）	营业利润	利润总额	亏损企业亏损额	平均用工人数（人）
	利息收入	利息支出					
1872	5	1852		28303	29146		1599
-2821	3068	212		11900	11897		2365
1049	4423	5491	1401	19822	20159		2893
1393	-3379	7894	2633	201982	204805	5749	14866
-643	468	-62	309	21276	20623	5749	1735
1086	9	1095		1177	1177		560
1084	36	866		895	1249		405
-1709	-3903	4240	2319	162397	164168		11289
1575	11	1755	5	16237	17588		877
3096	-475	4511	1387	42493	42377	1053	12039
-584	-744	695	1009	14963	15364		3611
3680	269	3817	378	27530	27013	1053	8428
41947	-3258	44886	2003	1018490	1053321	7343	56787
19772	-3707	23559	404	886921	885598		16390
1574	-571	1297	-681	48130	48588	88	4226
2540	20	2231		14903	14935		3756
1558	177	1639	-165	2600	33574		343
788	144	953	200	7081	6882		2147
11622	112	11103	21	35198	40259	7255	25260
67		67		1090	1090		633
4026	568	4037	2224	22566	22396		4032
126951	37581	154255	-5315	1675251	1681097	19573	39372
65				415	415		331
14446	698	10281		10942	11498		2437
96353	36812	127862	-5863	1651028	1654012	6490	31900
16087	71	16112	548	12867	15172	13083	4704
134813	18271	159323	3943	234365	258312	151475	37416

1-A-10 续表 12

行　业	企业单位数（个）	资产总计	固定资产净额
常用有色金属冶炼	23	8434579	3716196
贵金属冶炼			
稀有稀土金属冶炼	1	64725	8069
有色金属合金制造	2	196839	89746
有色金属压延加工	12	2364567	1071218
金属制品业	15	262352	51426
结构性金属制品制造	6	168490	15791
金属工具制造	3	32516	18449
集装箱及金属包装容器制造			
金属丝绳及其制品制造			
建筑、安全用金属制品制造	1	8014	3542
金属表面处理及热处理加工	1	6288	756
搪瓷制品制造			
金属制日用品制造	2	29412	6111
铸造及其他金属制品制造	2	17633	6776
通用设备制造业	13	2577439	392620
锅炉及原动设备制造	3	2037228	293868
金属加工机械制造	1	22057	3432
物料搬运设备制造	3	353010	71871
泵、阀门、压缩机及类似机械制造			
轴承、齿轮和传动部件制造	2	67591	9980
烘炉、风机、包装等设备制造			
文化、办公用机械制造	1	7123	421
通用零部件制造	3	90431	13049
其他通用设备制造业			
专用设备制造业	21	4211336	346381
采矿、冶金、建筑专用设备制造	9	3175247	183564
化工、木材、非金属加工专用设备制造	4	271061	55035
食品、饮料、烟草及饲料生产专用设备制造			
印刷、制药、日化及日用品生产专用设备制造			
纺织、服装和皮革加工专用设备制造			
电子和电工机械专用设备制造			
农、林、牧、渔专用机械制造	3	109155	49193
医疗仪器设备及器械制造	4	156668	21462
环保、邮政、社会公共服务及其他专用设备制造	1	499205	37126
汽车制造业	75	13646236	2999937

单位：万元

固定资产原价	累计折旧	流动资产合计			
			应收账款	存货	
					产成品
6403538	2471153	3063242	36892	1073987	355191
12175	4106	45450	9138	14167	7873
111713	19090	93849	28539	55366	23050
1175227	97800	914710	138755	271711	110355
116004	52084	163040	30135	68554	11615
45348	17062	115846	13722	47496	2385
34605	16156	13280	5394	6364	841
5526	1984	4472	421	902	895
6204	5448	5251	5121		
11631	5520	14649	3942	7436	3927
12690	5913	9543	1534	6356	3567
864157	465590	1916318	226310	368326	170973
691816	392003	1541492	74886	219921	129125
8619	5187	17264	3067	11718	8456
96025	24154	246482	108269	101972	23129
38279	28300	57335	22589	9425	5241
1712	1291	6701	4219	1066	391
27706	14656	47044	13279	24225	4632
605455	245505	2666302	919565	540861	286771
334362	150797	2060424	670593	419099	256249
115367	59104	190291	56953	60369	13508
74986	13451	32307	3798	12589	3756
38037	16575	124160	19216	35156	13259
42703	5578	259121	169004	13648	
5447039	2412053	8241730	1632151	1607216	1103823

1-A-10 续表 13

行　　业	负债合计	流动负债合计	应付账款
常用有色金属冶炼	6255886	5354108	790644
贵金属冶炼			
稀有稀土金属冶炼	23613	21768	2323
有色金属合金制造	97634	60272	45752
有色金属压延加工	2038801	1321854	251550
金属制品业	164577	153696	34480
结构性金属制品制造	117075	115463	22693
金属工具制造	17380	15335	4912
集装箱及金属包装容器制造			
金属丝绳及其制品制造			
建筑、安全用金属制品制造	2341	2341	
金属表面处理及热处理加工	3381	2146	
搪瓷制品制造			
金属制日用品制造	16670	11731	2864
铸造及其他金属制品制造	7730	6681	4012
通用设备制造业	1395894	1315772	402538
锅炉及原动设备制造	1032214	980548	291532
金属加工机械制造	17185	12756	3951
物料搬运设备制造	259680	243650	72381
泵、阀门、压缩机及类似机械制造			
轴承、齿轮和传动部件制造	42531	41740	29120
烘炉、风机、包装等设备制造			
文化、办公用机械制造	6041	6041	
通用零部件制造	38243	31037	5554
其他通用设备制造业			
专用设备制造业	2451887	2009671	626577
采矿、冶金、建筑专用设备制造	1858509	1545135	447616
化工、木材、非金属加工专用设备制造	162145	150900	61736
食品、饮料、烟草及饲料生产专用设备制造			
印刷、制药、日化及日用品生产专用设备制造			
纺织、服装和皮革加工专用设备制造			
电子和电工机械专用设备制造			
农、林、牧、渔专用机械制造	24739	18027	9827
医疗仪器设备及器械制造	49712	42034	14617
环保、邮政、社会公共服务及其他专用设备制造	356783	253575	92781
汽车制造业	9914001	9242802	3756721

单位：万元

所有者权益合计	实收资本	国家资本	集体资本	法人资本	个人资本	港澳台资本
2178695	1686224	876836		627472	91917	
41113	26500	19792			6708	
99205	32600		27600	5000		
325767	453636	382168		41254	30214	
97774	42575	2000		12280	16965	
51414	19000	2000		12000	5000	
15136	7307			200	500	
5673	3581				3581	
2907	1000				1000	
12742	6884				6884	
9903	4803			80		
1181546	135923	40304		48949	9689	
1005014	63186	17022		5149	4033	
4872	1536				1536	
93331	38081	3281		34800		
25060	20120	20000			120	
1081	1000				1000	
52188	12000			9000	3000	
1759449	530245	249169	30305	100572	107752	33465
1316739	405580	239169	672	71441	94299	
108916	69883	10000		27293		23608
84417	3500		2500	500	500	
106956	15701		5226	100	518	9857
142422	35582		21908	1238	12436	
3732235	1266438	279354	7176	688837	98162	7128

1-A-10 续表 14

行业	外商资本	营业收入	营业成本	销售费用	管理费用
常用有色金属冶炼	90000	8244359	7682614	44861	110187
贵金属冶炼					
稀有稀土金属冶炼		56792	52782	330	2606
有色金属合金制造		408887	380432	3614	2919
有色金属压延加工		1082994	1016266	19766	28398
金属制品业	11331	526021	429830	9455	43902
结构性金属制品制造		287269	225629	4053	29258
金属工具制造	6607	32831	28367	500	2076
集装箱及金属包装容器制造					
金属丝绳及其制品制造					
建筑、安全用金属制品制造		60643	44201	1788	6149
金属表面处理及热处理加工		106432	97422	1724	4324
搪瓷制品制造					
金属制日用品制造		12366	10200	947	801
铸造及其他金属制品制造	4723	26480	24010	444	1293
通用设备制造业	36982	2118626	1771312	104072	125015
锅炉及原动设备制造	36982	1589899	1287505	92003	104092
金属加工机械制造		12450	9394	639	1919
物料搬运设备制造		170622	147881	8943	10695
泵、阀门、压缩机及类似机械制造					
轴承、齿轮和传动部件制造		112070	103615	428	5615
烘炉、风机、包装等设备制造					
文化、办公用机械制造		38014	36890	395	382
通用零部件制造		195571	186026	1664	2311
其他通用设备制造业					
专用设备制造业	8982	2695765	2277149	123681	139044
采矿、冶金、建筑专用设备制造		2080769	1812358	103898	84191
化工、木材、非金属加工专用设备制造	8982	196569	161812	6345	16916
食品、饮料、烟草及饲料生产专用设备制造					
印刷、制药、日化及日用品生产专用设备制造					
纺织、服装和皮革加工专用设备制造					
电子和电工机械专用设备制造					
农、林、牧、渔专用机械制造		55427	48433	1145	2658
医疗仪器设备及器械制造		138779	93914	8377	19696
环保、邮政、社会公共服务及其他专用设备制造		224222	160632	3915	15584
汽车制造业	185781	18356069	15641940	833530	800276

单位：万元

财务费用			投资收益（损失以“-”号记）	营业利润	利润总额	亏损企业亏损额	平均用工人数（人）
	利息收入	利息支出					
89939	18290	101035	3981	250014	272533	108939	26815
198	113	309	-94	536	1734		393
3944	69	2531	373	18830	18041	452	1474
40732	-201	55448	-318	-35016	-33996	42083	8734
4476	43	4086	-32	34879	35160	761	6677
1375	26	1195	-32	26000	26170	537	2925
459	3	279		1284	1456		1155
1167	10	1177		6574	6111		571
314		314		1129	1129		411
885	4	889		-470	-73	224	765
276	1	232		363	367		850
2755	12284	18611	4437	118097	120265	2970	15038
-3900	12004	14129	4306	115085	116905		8434
226	8	234		212	413		329
3879	14	1793	219	-2040	-1945	2679	1910
-250	256	73	-88	2537	2513		1909
51		51		281	281		1010
2747	2	2330		2022	2098	291	1446
26895	15545	31291	27387	132142	135531	18767	21849
16669	15313	20186	16504	74817	76896	18767	12568
2515	166	2245	806	7627	8775		3362
71	321	337	30	2985	3167		2099
-413	95	895		21875	22638		2557
8054	-350	7627	10047	24838	24055		1263
-22268	-8063	51221	23451	798559	806056	33931	93428

1-A-10 续表 15

行 业	企业单位数（个）	资产总计	固定资产净额
汽车整车制造	5	6881748	1611086
汽车用发动机制造	2	247179	35256
改装汽车制造	2	502070	20167
低速汽车制造			
电车制造	1	121566	27164
汽车车身、挂车制造			
汽车零部件及配件制造	65	5893672	1306264
铁路、船舶、航空航天和其他运输设备制造业	18	491204	107859
铁路运输设备制造	1	11008	1057
城市轨道交通设备制造			
船舶及相关装置制造	17	480196	106802
航空、航天器及设备制造			
摩托车制造			
自行车和残疾人座车制造			
助动车制造			
非公路休闲车及零配件制造			
潜水救捞及其他未列明运输设备制造			
电气机械和器材制造业	28	1387689	269166
电机制造	1	25126	5225
输配电及控制设备制造	10	385245	51098
电线、电缆、光缆及电工器材制造	7	514730	71792
电池制造	8	403617	129045
家用电力器具制造			
非电力家用器具制造			
照明器具制造	2	58972	12007
其他电气机械及器材制造			
计算机、通信和其他电子设备制造业	61	3922213	426132
计算机制造	11	717106	112246
通信设备制造	5	367479	104330
广播电视设备制造	1	38189	6184
雷达及配套设备制造	1	91367	6400
非专业视听设备制造	7	152628	17465
智能消费设备制造			
电子器件制造	6	200688	42890
电子元件及电子专用材料制造	21	2169243	89961
其他电子设备制造	9	185515	46657

单位：万元

固定资产原价	累计折旧	流动资产合计	应收账款	存货	产成品
3145411	1523953	4253441	599190	716987	591237
83837	48327	156272	37329	58358	34719
31651	11484	320548	244363	26165	8158
69934	42770	93348	30855	5425	71
2116206	785519	3418121	720414	800281	469637
182663	73027	259722	56136	86790	40398
2371	1314	9951	7762	468	388
180291	71712	249771	48374	86322	40010
462938	156616	862540	338344	197626	104898
9954	4729	18440	13980	2837	1867
137307	74877	277747	128687	57925	35393
119418	47626	315043	97700	62877	42165
182929	28060	209583	89653	61760	25454
13331	1324	41728	8324	12228	20
769263	341222	3285591	1858539	789102	136444
208797	96551	539327	278218	143897	32672
117567	41735	229248	80398	16278	5295
8883	2699	28961	4988	18272	5028
24308	17501	75666	11647	44031	30
40732	23267	123689	38429	32275	19661
60786	17896	148730	64075	33763	11986
211982	122021	2040151	1360653	462579	40659
66208	19551	99819	20131	38007	21114

1-A-10 续表 16

行业	负债合计	流动负债合计	应付账款
汽车整车制造	5245530	5114090	2713218
汽车用发动机制造	165407	163674	55779
改装汽车制造	319528	312204	150381
低速汽车制造			
电车制造	65567	63290	42223
汽车车身、挂车制造			
汽车零部件及配件制造	4117969	3589544	795120
铁路、船舶、航空航天和其他运输设备制造业	233857	184008	84991
铁路运输设备制造	8259	7996	2510
城市轨道交通设备制造			
船舶及相关装置制造	225599	176012	82481
航空、航天器及设备制造			
摩托车制造			
自行车和残疾人座车制造			
助动车制造			
非公路休闲车及零配件制造			
潜水救捞及其他未列明运输设备制造			
电气机械和器材制造业	859384	750596	255088
电机制造	9024	9024	6980
输配电及控制设备制造	217662	186071	100085
电线、电缆、光缆及电工器材制造	340593	310060	53956
电池制造	270818	224154	94068
家用电力器具制造			
非电力家用器具制造			
照明器具制造	21286	21286	
其他电气机械及器材制造			
计算机、通信和其他电子设备制造业	2538145	2372355	1750380
计算机制造	377194	359974	260229
通信设备制造	217049	107985	59405
广播电视设备制造	9740	7855	5271
雷达及配套设备制造	55952	43492	25491
非专业视听设备制造	74006	73884	45680
智能消费设备制造			
电子器件制造	101455	98172	55964
电子元件及电子专用材料制造	1630311	1619328	1252979
其他电子设备制造	72437	61665	45361

单位：万元

所有者权益合计	实收资本	国家资本	集体资本	法人资本	个人资本	港澳台资本
1636219	383571	222376		76800		
81772	20312			10012	4120	
182542	158111	2000		156111		
55999	7810	7810				
1775704	696634	47169	7176	445913	94042	7128
257348	189878	68731	2130	116176	2841	
2749	2130		2130			
254598	187749	68731		116176	2841	
528306	200817	4938	12628	149700	19949	7822
16102	7822					7822
167583	51014	2036	11537	32116	5325	
174136	60957		1020	42330	11827	
132799	79463	2902	71	75255	1235	
37686	1562				1562	
1384068	486872	38468	20	171718	59518	165775
339912	144820	370		44919	11673	87859
150429	62891			34301	1000	27591
28448	10000	1517			8483	
35415	19498	19498				
78621	41910			9539	22240	10131
99233	20631			798	11434	1150
538932	159667	17083	20	81404	2489	16748
113078	27455			758	2200	22297

1-A-10 续表 17

行业	外商资本	营业收入	营业成本	销售费用	管理费用
汽车整车制造	84395	12433627	10415320	718789	476426
汽车用发动机制造	6180	228905	198182	-8032	21635
改装汽车制造		337028	285336	3446	14584
低速汽车制造					
电车制造		154521	147463	143	7072
汽车车身、挂车制造					
汽车零部件及配件制造	95206	5201988	4595640	119185	280559
铁路、船舶、航空航天和其他运输设备制造业		391434	298976	7404	58483
铁路运输设备制造		26166	23537		2958
城市轨道交通设备制造					
船舶及相关装置制造		365268	275439	7404	55525
航空、航天器及设备制造					
摩托车制造					
自行车和残疾人座车制造					
助动车制造					
非公路休闲车及零配件制造					
潜水救捞及其他未列明运输设备制造					
电气机械和器材制造业	5780	1587365	1353922	29561	97826
电机制造		62888	57654	372	1421
输配电及控制设备制造		397452	333232	17539	27938
电线、电缆、光缆及电工器材制造	5780	622448	544526	6801	27832
电池制造		472216	390933	3734	39021
家用电力器具制造					
非电力家用器具制造					
照明器具制造		32360	27577	1115	1614
其他电气机械及器材制造					
计算机、通信和其他电子设备制造业	51374	9714682	8887906	51788	130883
计算机制造		2768502	2375966	10917	30648
通信设备制造		771952	665688	6001	10577
广播电视设备制造		19937	13785	924	3003
雷达及配套设备制造		47123	39791	598	4663
非专业视听设备制造		280450	257704	3898	15464
智能消费设备制造					
电子器件制造	7250	231494	202254	4680	14170
电子元件及电子专用材料制造	41923	5093092	4916744	13358	37599
其他电子设备制造	2200	502134	415973	11413	14759

单位：万元

财务费用			投资收益（损失以“–”号记）	营业利润	利润总额	亏损企业亏损额	平均用工人数（人）
	利息收入	利息支出					
–62953	–17024	10121	14583	584680	581709	4284	32079
801	897	1858	668	15544	15602		2458
1647	–55	2025	3591	35589	35793	2480	766
–2078	1838		274	1978	2142		812
40316	6282	37217	4335	160769	170809	27168	57313
147	797	839	708	26901	26298	811	13271
–3	4			–574	235		631
150	793	839	708	27476	26063	811	12640
19677	3099	23288	2548	77141	78400	9461	20577
–526	8			4362	4341		3267
5818	–567	6147	1322	11619	11042	5506	5804
9011	3603	11999	190	35220	35577		5224
5166	51	5078	1036	24364	25683	3954	4463
210	3	65		1577	1759		1819
–9588	–73888	84047	9478	647868	668078	4284	74587
–1722	–71177	77646	1123	350144	356872		11525
4295	100	2106	1	84712	88313	1763	8744
8	14	14	106	2762	2724		356
–1	209	206	–86	2137	2156		748
–1591	227	52		8661	10490	917	7460
–1007	–1110	341	346	11341	13986		4840
–9599	–2219	3462	7988	128954	131166	1604	32858
29	68	218		59157	62373		8056

1-A-10 续表 18

行　业	企业单位数（个）	资产总计	固定资产净额
仪器仪表制造业	5	109571	38882
通用仪器仪表制造	3	87898	36330
专用仪器仪表制造			
钟表与计时仪器制造	2	21673	2552
光学仪器制造			
衡器制造			
其他仪器仪表制造业			
其他制造业	1	14695	
日用杂品制造	1	14695	
核辐射加工			
其他未列明制造业			
废弃资源综合利用业	12	378346	84058
金属废料和碎屑加工处理	11	369449	79167
非金属废料和碎屑加工处理	1	8897	4891
金属制品、机械和设备修理业	2	447926	23222
金属制品修理			
通用设备修理			
专用设备修理	1	217755	499
铁路、船舶、航空航天等运输设备修理	1	230172	22723
电气设备修理			
仪器仪表修理			
其他机械和设备修理业			
电力、热力、燃气及水生产和供应业	**112**	**44019060**	**27290448**
电力、热力生产和供应业	45	20053099	12739734
电力生产	15	8598368	5836185
电力供应	30	11454731	6903549
热力生产和供应			
燃气生产和供应业	3	460631	183320
燃气生产和供应业	3	460631	183320
生物质燃气生产和供应业			
水的生产和供应业	8	1495801	722170
自来水生产和供应	8	1495801	722170
污水处理及其再生利用			
海水淡化处理			
其他水的处理、利用与分配			

单位：万元

固定资产原价	累计折旧	流动资产合计	应收账款	存货	产成品
58550	19590	60506	20588	16603	5459
49913	13505	42955	17020	11228	4036
8637	6085	17550	3568	5375	1422
21663	13817	6614	1718	1879	602
21663	13817	6614	1718	1879	602
97732	13674	283441	76777	204586	203785
89907	10740	279542	75900	203642	203642
7825	2934	3899	876	944	143
58164	34910	247538	103741	14958	637
2281	1782	66374	2	5	1
55884	33128	181164	103739	14952	636
45786069	**17830999**	**7820908**	**1047346**	**816924**	**11287**
21549329	8477284	3433241	481335	395008	4513
8348418	2365200	1106534	318086	338439	
13200911	6112084	2326707	163249	56569	4513
245437	62117	163297	22813	4304	1131
245437	62117	163297	22813	4304	1131
1098269	376099	313916	19525	9151	
1098269	376099	313916	19525	9151	

1-A-10 续表 19

行 业	负债合计	流动负债合计	应付账款
仪器仪表制造业	77473	69896	15517
通用仪器仪表制造	74721	67811	15160
专用仪器仪表制造			
钟表与计时仪器制造	2752	2085	357
光学仪器制造			
衡器制造			
其他仪器仪表制造业			
其他制造业	10459	9161	1212
日用杂品制造	10459	9161	1212
核辐射加工			
其他未列明制造业			
废弃资源综合利用业	349509	290503	1924
金属废料和碎屑加工处理	345168	286162	
非金属废料和碎屑加工处理	4341	4341	1924
金属制品、机械和设备修理业	352041	322450	98863
金属制品修理			
通用设备修理			
专用设备修理	180330	164962	2655
铁路、船舶、航空航天等运输设备修理	171711	157488	96208
电气设备修理			
仪器仪表修理			
其他机械和设备修理业			
电力、热力、燃气及水生产和供应业	**31819409**	**14153109**	**2205251**
电力、热力生产和供应业	14772745	6665254	1078739
电力生产	6972931	2109069	319476
电力供应	7799813	4556185	759263
热力生产和供应			
燃气生产和供应业	237868	160298	9557
燃气生产和供应业	237868	160298	9557
生物质燃气生产和供应业			
水的生产和供应业	899092	251003	14330
自来水生产和供应	899092	251003	14330
污水处理及其再生利用			
海水淡化处理			
其他水的处理、利用与分配			

单位：万元

所有者权益合　计	实收资本	国家资本	集体资本	法人资本	个人资本	港澳台资本
32099	12110		2994	3000	6116	
13177	5207		1207	3000	1000	
18922	6904		1788		5116	
4237	4903					4903
4237	4903					4903
28837	4579				4579	
24281	2779				2779	
4556	1800				1800	
95885	66824	66824				
37424	10000	10000				
58461	56824	56824				
12199652	**6992612**	**5348834**		**725857**	**2600**	**706139**
5280355	3290145	2561544		294192	1300	345570
1625438	1823798	1172381		217008	1300	345570
3654917	1466348	1389164		77184		
222763	49000	7500		34000		7500
222763	49000	7500		34000		7500
596708	157161	105372		34736		
596708	157161	105372		34736		

1-A-10 续表 20

行业	外商资本	营业收入	营业成本	销售费用	管理费用
仪器仪表制造业		80308	64458	2420	9650
通用仪器仪表制造		39716	29698	1555	6041
专用仪器仪表制造					
钟表与计时仪器制造		40592	34760	865	3609
光学仪器制造					
衡器制造					
其他仪器仪表制造业					
其他制造业		7377	8135	406	455
日用杂品制造		7377	8135	406	455
核辐射加工					
其他未列明制造业					
废弃资源综合利用业		2076198	1849276	11299	19285
金属废料和碎屑加工处理		1857309	1662548	10928	18913
非金属废料和碎屑加工处理		218889	186728	372	372
金属制品、机械和设备修理业		172048	146231	1364	19007
金属制品修理					
通用设备修理					
专用设备修理		3299	1999		1218
铁路、船舶、航空航天等运输设备修理		168749	144233	1364	17789
电气设备修理					
仪器仪表修理					
其他机械和设备修理业					
电力、热力、燃气及水生产和供应业	**209182**	**20353830**	**18518738**	**80574**	**400978**
电力、热力生产和供应业	87539	9778289	9004723	18357	170813
电力生产	87539	2316988	1938668	377	70736
电力供应		7461301	7066055	17980	100076
热力生产和供应					
燃气生产和供应业		158613	111853	10721	5589
燃气生产和供应业		158613	111853	10721	5589
生物质燃气生产和供应业					
水的生产和供应业	17052	240013	142793	11209	24088
自来水生产和供应	17052	240013	142793	11209	24088
污水处理及其再生利用					
海水淡化处理					
其他水的处理、利用与分配					

单位：万元

财务费用			投资收益（损失以“–”号记）	营业利润	利润总额	亏损企业亏损额	平均用工人数（人）
	利息收入	利息支出					
286	–10	402	473	4091	5042		2532
207	8	306	473	2839	2785		1645
79	–17	96		1252	2257		887
129	1			–1714	–1720	1720	530
129	1			–1714	–1720	1720	530
7312	1	342		172430	172430		4865
6970				141808	141808		4484
342	1	342		30623	30623		381
2641	83	3039	27	2711	3352	1317	3033
2917	1	2916		–2012	–1317	1317	374
–276	83	123	27	4724	4669		2659
844092	**39389**	**866704**	**–6720**	**475447**	**519496**	**194167**	**144800**
400467	18997	414318	–3304	165992	157984	95903	66262
235187	2099	233174	703	60704	55198	95820	8083
165280	16898	181145	–4007	105289	102786	83	58179
2186	–128	2420	2	27663	56423		1767
2186	–128	2420	2	27663	56423		1767
19393	825	16614	–58	44068	45341	1181	4371
19393	825	16614	–58	44068	45341	1181	4371

1-B-1 按地区分组的规模

地　区	企业单位数（个）	资产总计		
			固定资产净额	固定资产原价
广西壮族自治区	**5975**	**164608160.10**	**53891434.40**	**93246662.20**
南宁市	995	25005865.60	5506081.20	11561583.10
柳州市	898	32969809.60	8333219.70	15598042.00
桂林市	610	10754995.30	3826414.90	6399487.60
梧州市	410	7049112.60	2241375.80	4059505.70
北海市	237	9974241.40	3066709.40	5177950.70
防城港市	149	15263125.00	6180597.80	8010880.60
钦州市	314	9701209.30	4530978.00	7323615.10
贵港市	595	6385955.10	1708147.00	3613635.60
玉林市	536	8590843.90	2217408.00	4028472.20
百色市	344	14065809.10	5414318.30	9866091.20
贺州市	213	5074072.30	1490972.30	2528112.20
河池市	191	7552842.60	3594577.80	6873301.30
来宾市	239	5861009.90	2498032.30	4438321.80
崇左市	258	5403464.70	1775818.80	3264271.30

以上工业企业主要经济指标

单位：万元

累计折旧	流动资产合计	应收账款	存货	产成品	负债合计
36769290.10	**80655291.10**	**16968432.50**	**18350787.80**	**7484671.90**	**104699035.10**
4370340.50	13474285.50	4889180.10	2762636.00	809495.60	16070173.60
7005801.80	19131292.20	3546602.10	4578765.40	2115718.80	21463346.90
2394030.10	4876096.80	1289064.50	1092881.70	428174.00	6293985.60
1470014.10	3251714.40	717015.30	1125861.70	666260.30	3869650.20
2086401.90	5428820.80	1130953.30	1434811.50	413003.10	6151403.20
1763212.00	5712186.20	556483.20	1369624.70	350240.40	10995326.80
2766409.40	4272295.20	886361.20	1078168.80	444689.50	5588018.20
1533251.90	3334542.50	714494.00	835802.70	414119.80	3525623.20
1618597.70	4882791.20	849664.30	902797.70	407833.70	5091090.80
4102669.90	5415791.50	636294.70	1054847.60	393793.50	9750035.30
855727.80	2186898.00	408556.00	348687.60	180488.00	3198494.80
3188443.00	2775657.20	258562.30	763159.00	345948.00	5553853.00
1928687.50	2384553.80	485528.20	473021.70	200662.80	4869366.50
1397352.50	2882956.90	534950.10	496295.40	312190.40	3298489.10

1-B-1 续表 1

地 区	流动负债合计	应付账款	所有者权益合计	实收资本	国家资本
广西壮族自治区	**80449885.80**	**22619623.40**	**59908164.60**	**28771379.40**	**9959313.60**
南宁市	12147631.70	4526690.70	8935685.20	4376141.20	1080091.90
柳州市	18322881.50	6206342.40	11537026.00	4142599.50	1683733.60
桂林市	3909471.00	1151005.30	4461008.70	2150628.60	528783.00
梧州市	2942593.40	791362.70	3179458.30	1035719.30	123658.80
北海市	4405571.20	1732198.90	3822835.70	2496527.60	1233905.50
防城港市	6235793.30	1522170.40	4269118.10	2413618.60	912046.30
钦州市	3815750.10	1044741.10	4112198.50	1932000.30	430452.90
贵港市	2543705.30	802245.80	2860328.80	1244498.50	95134.50
玉林市	3588452.30	947142.00	3499751.90	1179929.50	181032.10
百色市	6824324.90	1255435.40	4315773.50	2323116.70	981654.70
贺州市	2496789.80	365666.20	1757105.00	985408.00	316515.10
河池市	3438632.90	539861.90	1998988.70	1285391.30	626455.50
来宾市	3528933.40	697555.80	991642.30	1270958.60	433633.80
崇左市	2614189.40	575642.50	2104975.20	700379.40	94142.70

单位：万元

集体资本	法人资本	个人资本	港澳台资本	外商资本	营业收入
554197.10	**9482030.70**	**5497966.20**	**1727311.70**	**1550655.10**	**165011608.30**
134633.20	1775893.60	875058.50	315843.90	191248.70	22212375.40
109508.50	1352791.50	670736.60	35414.60	290415.10	43102618.00
103032.50	783571.30	500053.40	165698.40	69489.10	7005809.70
14387.50	510546.50	212876.70	109800.40	64448.70	9348953.30
22806.30	561760.70	224308.10	137292.60	316314.30	17251665.30
10101.70	612052.20	468440.60	227329.10	183649.00	11217085.50
28483.70	339203.70	1082084.10	33055.80	18819.90	11670668.50
18547.20	503547.50	307751.50	303700.30	15816.80	8209335.80
35381.40	368854.60	322066.50	108045.70	164548.90	8690564.00
13060.30	1050653.40	182650.30	48897.60	46200.00	9586986.20
14933.90	210973.80	214131.20	206733.30	22019.40	3723982.90
7341.80	432034.50	215059.30	4500.00		4276729.70
3916.00	619803.80	131833.10	3700.70	78070.90	3580087.00
38063.10	360343.60	90916.30	27299.30	89614.30	4443855.80

1-B-1 续表 2

地　区	营业成本	销售费用	管理费用	财务费用	
					利息收入
广西壮族自治区	**141269559.60**	**3743039.40**	**5537972.40**	**1809579.30**	**161009.40**
南宁市	18396097.20	487197.20	863862.10	193518.80	11562.10
柳州市	36915948.00	1291983.00	1590434.40	160270.50	39533.70
桂林市	5608468.40	356925.70	424625.90	95159.90	6791.60
梧州市	7657109.40	269144.10	386549.30	70125.80	2625.60
北海市	14703958.10	151416.90	246187.90	87714.70	-31577.20
防城港市	9811144.40	142778.90	210953.80	224987.90	57787.30
钦州市	9799349.50	171353.50	246371.10	136054.60	9476.50
贵港市	7191055.20	114539.70	270030.70	52760.00	-1063.90
玉林市	7335737.40	268498.30	413880.20	68421.60	11822.10
百色市	8036518.90	143836.30	293143.50	156454.10	42047.60
贺州市	3233192.10	129779.90	125812.00	65921.90	830.30
河池市	3433674.60	56217.10	141952.00	154583.00	2394.40
来宾市	2976156.90	65796.60	166793.20	125333.90	2013.70
崇左市	3821306.70	91165.30	143479.10	86013.70	269.30

单位：万元

利息支出	投资收益（损失以“-”号记）	营业利润	利润总额	亏损企业亏损额	平均用工人数(人)
2067789.80	**370607.10**	**9152608.40**	**9481513.80**	**1356605.50**	**1282448**
216837.20	74100.80	940871.80	1035206.90	193334.80	182958
269951.60	150776.20	2223369.50	2349582.30	188268.40	246283
109391.10	38848.10	506826.60	529116.70	104322.90	102197
67263.30	3143.20	889936.20	917312.30	37602.30	108391
172031.80	-271.60	1012059.50	1039484.60	155125.80	63758
267989.40	16221.00	795087.00	775807.60	63466.10	31058
129333.80	2603.30	696130.10	485718.70	69698.80	61243
55481.60	1611.90	544618.30	549617.40	33440.70	125444
70624.90	22611.80	571739.30	584733.10	45443.70	127125
156405.00	14739.20	907908.90	926056.40	136699.70	71723
61384.60	5117.00	148189.90	155190.70	14928.80	31326
150622.60	56432.10	500797.70	508569.00	124679.20	45909
124579.20	364.20	223057.70	226104.10	147274.80	36938
77528.00	-22690.80	286690.40	293984.10	42319.50	40104

1-B-2 按地区分组的规模以上

地　区	企业单位数（个）	资产总计	固定资产净额	固定资产原价
广西壮族自治区	**562**	**77950989.70**	**32648374.60**	**57519444.60**
南宁市	100	8423391.40	2520164.50	6406893.60
柳州市	97	22205952.30	6067933.70	11778079.70
桂林市	62	4320828.20	2358270.50	3905625.10
梧州市	27	2148580.70	952440.00	1770641.50
北海市	25	4639765.50	1519612.90	2920292.70
防城港市	19	8169700.50	4159583.00	5067093.40
钦州市	16	3912778.30	2427241.80	4586615.20
贵港市	18	1316923.30	758901.40	1595436.00
玉林市	38	2274603.00	991182.50	1770293.90
百色市	60	8159706.10	3327733.20	6122464.90
贺州市	31	2485527.80	575015.30	954190.60
河池市	31	4719385.20	3038561.70	5683925.10
来宾市	25	3127140.30	1745401.80	3206651.80
崇左市	27	1090903.40	699549.20	1247849.30

国有控股工业企业主要经济指标

单位：万元

累计折旧	流动资产合计				负债合计
		应收账款	存货		
				产成品	
23967179.10	**29617129.10**	**4156552.80**	**7468528.60**	**2494695.60**	**50699287.00**
2514254.50	3158056.70	542341.80	970655.80	188079.70	5828557.10
5548944.10	12407094.80	1744877.80	3131082.80	1389065.40	14346512.60
1447397.10	1167377.20	293880.30	245138.60	63782.80	3014965.10
702396.50	684617.70	131250.70	132673.50	19425.70	1139533.40
1382100.50	2302208.20	175485.60	696248.30	123615.20	2555663.10
905588.30	1655878.70	108565.50	711354.70	126892.40	6479625.90
2139856.00	1176378.50	242979.70	479782.40	195950.80	1942673.00
833360.20	185025.90	30746.60	30758.40	10936.90	927964.20
714482.50	887142.60	253790.90	170681.80	64048.60	1322634.60
2532677.80	2455420.00	179482.30	462552.10	133853.70	6049676.50
346946.30	937618.60	120007.00	77067.70	41861.40	1743676.90
2621380.60	947719.80	89045.90	60341.90	19869.70	2982322.20
1455743.30	769052.30	155129.30	200025.60	80510.00	2868030.50
533701.40	238129.20	24246.20	66763.20	34749.30	635844.50

1-B-2 续表 1

地　区	流动负债合计	应付账款	所有者权益合计	实收资本	国家资本
广西壮族自治区	**34033692.80**	**9182384.70**	**27251702.20**	**13410239.60**	**9556830.30**
南宁市	3090721.80	592793.70	2594833.60	1236309.20	979507.30
柳州市	12121634.40	4328230.70	7890010.10	2615923.90	1588326.40
桂林市	1156287.50	410390.00	1305863.10	689058.40	475047.60
梧州市	627075.90	154193.00	1009047.20	248428.50	110898.80
北海市	1628855.80	734529.30	2084102.80	1431302.80	1202937.30
防城港市	2380725.40	735765.40	1691394.90	1412076.00	907047.30
钦州市	784995.90	361878.90	1970041.60	495168.30	399434.30
贵港市	262851.80	63660.30	388959.10	173199.30	94336.10
玉林市	472413.60	167428.20	951969.00	343987.90	169287.10
百色市	3519940.60	525283.30	2110029.80	1342668.60	954156.70
贺州市	1267581.90	77456.70	741950.50	382307.10	309900.10
河池市	1086641.70	191108.80	1737063.10	888201.00	621905.50
来宾市	1717570.20	331743.40	259109.60	728930.50	430663.70
崇左市	281230.70	46571.40	455059.10	188215.80	75308.90

单位：万元

					营业收入
集体资本	法人资本	个人资本	港澳台资本	外商资本	
118884.30	**3146409.10**	**252941.50**	**25518.50**	**309655.90**	**69844938.80**
2683.00	191087.10	32085.60	1378.40	26196.80	4813508.60
12124.90	666130.40	162488.20	7935.80	178919.10	28407166.60
45213.40	158196.50	10078.30	522.30		2164303.90
71.10	135433.90	64.70	1960.00		1245538.10
10680.70	191724.70	25820.00			9190001.10
656.70	403122.00			101250.00	4348115.10
3480.00	90683.90	1570.10			6274194.20
2687.20	73311.00	2864.90			907542.50
28600.00	131731.00	8529.80	5000.00	840.00	1685103.20
2880.20	385631.70				4846919.70
3213.80	50621.10	7300.00	8722.00	2450.00	933266.90
1750.50	262405.00	2139.90			1586303.50
3000.00	295266.80				1783207.60
1842.80	111064.00				968876.60

1-B-2 续表 2

地　区	营业成本	销售费用	管理费用	财务费用	
					利息收入
广西壮族自治区	**58119514.90**	**1525104.50**	**2129468.50**	**879348.30**	**140382.50**
南宁市	2938508.90	88623.50	247067.50	83560.50	12627.90
柳州市	23659866.40	947071.50	1046834.90	49228.60	37555.30
桂林市	1720704.80	76582.40	131910.60	50270.40	2113.40
梧州市	889730.10	142475.00	57449.40	19428.00	-917.10
北海市	7605236.30	51806.50	78240.00	25619.90	31886.20
防城港市	3892842.80	20275.20	38886.50	167213.70	8177.80
钦州市	5038406.90	49180.40	78368.80	42928.70	7770.90
贵港市	855233.60	2869.90	16486.90	14214.50	179.30
玉林市	1396707.90	34692.70	54488.20	19538.40	-244.10
百色市	3882464.90	40578.70	147386.80	67460.00	30178.00
贺州市	775693.30	20784.40	46269.00	35739.50	490.40
河池市	890469.30	15488.40	64884.80	87611.00	2505.30
来宾市	1440802.90	9618.00	74436.40	74972.00	1550.90
崇左市	783004.00	22651.00	32861.50	9304.20	12.00

单位：万元

利息支出	投资收益（损失以“-”号记）	营业利润	利润总额	亏损企业亏损额	平均用工人数（人）
1021035.50	**237350.10**	**4044344.00**	**4179800.00**	**538398.40**	**313570**
97663.30	15901.70	139010.10	147713.70	113113.50	36486
163762.30	143953.00	1835783.60	1929444.00	95589.70	105161
51989.20	755.80	146081.90	150336.00	56396.80	27875
24097.80	46.20	122419.50	122807.50	18665.90	11060
45733.70	-851.00	458066.40	459124.10	15879.30	10182
164370.20	2774.80	223782.50	226349.10	30536.90	9969
39536.50	868.80	460955.20	254357.70	6491.40	7366
13370.80	3348.10	16226.80	18641.90	14387.90	8199
11108.60	-258.50	156068.10	158327.10	21695.30	14748
60023.20	10983.90	676070.90	696574.00	39315.30	31085
35191.60	5795.50	53185.60	56957.50	3641.70	8356
90689.00	53747.60	566009.00	565166.10	11713.00	15356
76130.90	3.90	169133.20	171669.50	109404.70	12880
9002.70	-6720.40	116225.70	117301.90	1567.00	6856

1-B-3 按地区分组的规模以上

地 区	企业单位数（个）	资产总计	固定资产净额	固定资产原价
广西壮族自治区	**1521**	**78743621.40**	**31600280.80**	**53865632.10**
南宁市	280	9984774.60	2637256.30	4113961.20
柳州市	215	15224014.80	4380468.80	8380905.20
桂林市	186	5220131.10	1937079.10	3081934.00
梧州市	130	2791706.10	1065845.10	1865225.60
北海市	50	3953708.80	1133522.90	2062859.80
防城港市	39	6835938.20	3301298.20	3868750.30
钦州市	61	3187538.00	1565859.70	2567642.60
贵港市	83	1403874.90	539324.60	964649.50
玉林市	89	1973456.80	701112.80	1077915.00
百色市	128	9538626.60	3719536.90	6198438.60
贺州市	61	1418202.40	614095.50	878502.30
河池市	81	4748618.30	3035159.00	5685617.70
来宾市	64	3923706.60	1705856.60	3118577.60
崇左市	57	2281798.50	638976.40	1166281.30

有限责任公司工业企业主要经济指标

单位：万元

累计折旧	流动资产合计	应收账款	存货	产成品	负债合计
21477851.70	**33273045.70**	**6567474.50**	**8319026.10**	**2784136.30**	**52448528.70**
1410020.20	6049798.50	2278550.20	1684730.60	311816.60	6317006.10
3864344.40	8846890.10	1180026.40	2574704.80	863073.30	9510394.60
996688.20	2352978.10	678704.20	491891.20	199316.20	3319011.80
685545.10	1232600.70	285907.60	380901.10	210725.00	1537967.90
925274.70	2171683.10	488830.00	596804.40	174212.60	2955896.40
566209.00	1190162.70	153631.10	402545.10	102045.20	5456829.10
996990.20	1142586.90	260119.10	268817.10	92293.70	2479183.50
421289.60	637670.50	101161.40	170515.40	90480.40	967483.40
315703.00	948690.40	169853.30	219966.20	76628.20	1148474.50
2344449.90	3365607.40	226716.20	642300.00	214224.40	6001432.50
255861.00	503329.00	134128.20	91008.30	53654.60	828979.90
2620188.40	1146507.60	97275.30	309937.10	181534.00	3262245.50
1407557.10	1520505.50	321078.40	290890.10	113802.20	3304391.40
485793.00	1338895.50	126042.90	155215.90	98275.90	1383213.80

1-B-3 续表 1

地　区	流动负债合计	应付账款	所有者权益合计	实收资本	国家资本
广西壮族自治区	**36349986.90**	**10306093.30**	**26295081.80**	**13745892.00**	**7432909.30**
南宁市	5322149.70	2174917.30	3667766.20	1845830.40	896667.80
柳州市	7739831.80	2552102.40	5744188.60	2144613.00	1262954.40
桂林市	2133258.80	630482.20	1901119.70	985687.10	463002.00
梧州市	1114530.80	328205.00	1253736.30	433257.60	109551.20
北海市	2224233.00	900621.10	997811.20	447070.30	34865.00
防城港市	1749805.00	525366.00	1379108.70	1169072.80	657306.40
钦州市	1201633.40	337609.90	708290.00	648296.00	316393.30
贵港市	750339.30	262261.50	436391.10	274079.80	91420.70
玉林市	691834.10	270697.60	824982.50	376633.70	151232.60
百色市	4014941.30	651554.90	3537193.10	1778904.50	901203.50
贺州市	503976.80	98585.40	589221.80	314215.10	194050.20
河池市	1546279.70	215589.60	1486372.70	863501.70	626157.50
来宾市	2598324.70	483987.40	619315.20	970558.80	432824.30
崇左市	1191349.80	231437.40	898584.60	256098.00	57207.20

单位：万元

集体资本	法人资本	个人资本	港澳台资本	外商资本	营业收入
221179.40	**5181013.00**	**870358.50**	**6531.50**	**33900.10**	**68497325.50**
18254.10	801017.20	125641.10	4250.00		10745761.80
91004.50	710607.50	48841.00		31206.50	17824168.30
29773.60	369988.50	121754.20	522.30	646.10	2761375.30
3883.90	226088.20	93734.30			3511439.40
2000.00	326269.90	83935.30			7852337.10
901.70	475548.00	35317.00			1827750.00
18548.00	249994.30	61601.20	1759.20		2191966.10
62.40	118905.40	63691.20			1652382.00
32475.70	119023.20	71854.70		2047.50	2071195.10
5639.00	834522.70	37539.00			5700503.20
4768.00	75974.80	39422.00			971905.20
5959.00	184025.10	47359.90			2853346.40
3036.00	511601.70	23096.80			2042536.10
4873.50	177446.50	16570.80			1460396.40

1-B-3　续表 2

地　区	营业成本	销售费用	管理费用	财务费用	
					利息收入
广西壮族自治区	**59330384.50**	**987252.40**	**2106454.90**	**1027865.90**	**-4172.00**
南宁市	9174948.70	177207.50	327226.60	61911.50	7988.70
柳州市	14905808.90	275140.30	652379.20	35563.10	-12864.30
桂林市	2256663.40	101294.70	182767.60	66007.60	3242.60
梧州市	2831876.40	54926.30	184365.30	38466.90	2102.80
北海市	7372202.00	64578.60	84655.00	78551.60	-64860.80
防城港市	1579058.20	22749.90	39834.70	139316.80	1621.70
钦州市	1831784.30	30395.20	51322.40	68449.80	3800.30
贵港市	1481247.50	12231.40	37739.30	17639.00	1762.10
玉林市	1657475.20	64969.00	95861.90	17238.60	100.80
百色市	5069039.60	63190.40	168271.10	118027.50	40766.70
贺州市	812896.30	36191.90	43488.40	18423.90	532.70
河池市	2166269.80	28553.10	78400.40	91595.60	2169.60
来宾市	1813559.40	23625.30	95868.90	99167.00	2049.70
崇左市	1184613.60	29791.90	50376.90	46409.60	-332.80

单位：万元

利息支出	投资收益（损失以“-”号记）	营业利润	利润总额	亏损企业亏损额	平均用工人数（人）
1179286.20	**180955.50**	**3745233.20**	**3829531.10**	**620129.10**	**431545**
88046.70	24279.20	410493.40	455475.80	40491.20	64013
107576.80	105051.40	1355309.70	1359156.60	78147.20	83010
69394.20	24400.10	174321.90	183219.60	67996.20	37316
37035.40	514.90	366643.30	380762.90	18948.20	32788
142693.50	-227.50	235033.00	246327.10	30833.00	16497
130303.30	2606.20	44533.60	42050.00	49922.10	8832
61608.60	1846.30	213098.80	1266.00	50898.50	13997
17453.30	46.10	97472.90	100136.10	18412.20	15132
15219.70	263.30	222072.90	222111.90	4437.80	21591
123341.00	12304.10	286286.80	284214.80	69498.30	37561
17447.50	1069.90	48170.90	54089.70	2524.80	10553
89840.50	2615.80	476105.40	477737.70	52206.60	25128
99372.10	110.90	-8373.50	-1462.30	118223.60	17729
41587.90	-939.10	145648.50	147653.90	17589.40	13729

1-B-4 按地区分组的规模以上股份

地 区	企业单位数（个）	资产总计	固定资产净额	固定资产原价
广西壮族自治区	**223**	**19776288.90**	**5629093.70**	**10878584.40**
南宁市	33	3701265.30	899433.90	1514035.70
柳州市	27	4062418.10	903594.80	1621901.70
桂林市	31	2003421.80	564199.70	965438.40
梧州市	21	917102.10	176884.40	334792.90
北海市	12	2175084.60	556985.30	854901.70
防城港市	11	170825.60	69821.60	111075.00
钦州市	7	1795761.50	1139590.70	2401257.70
贵港市	20	447008.60	47699.60	176015.40
玉林市	14	339134.50	82106.20	142969.80
百色市	13	1139736.40	659135.00	1602257.80
贺州市	11	1451942.70	140434.90	301175.00
河池市	8	1177156.50	241373.00	606248.60
来宾市	12	248674.10	60434.10	122068.60
崇左市	3	146757.10	87400.50	124446.10

有限公司工业企业主要经济指标

单位：万元

累计折旧	流动资产合计	应收账款	存货	产成品	负债合计
4932650.60	**8993050.70**	**1384584.80**	**1698327.00**	**668073.70**	**10455750.20**
602840.90	1381141.50	307658.60	121081.10	51010.90	2279417.80
678232.10	1995782.90	452535.80	319189.20	198399.90	2162208.30
400648.30	901452.40	137855.90	223109.40	100145.40	836830.00
99167.90	420059.00	61964.90	67813.50	27175.50	395029.30
297824.20	1540355.60	69202.90	372611.80	41520.00	730054.00
39543.70	86728.60	17341.40	5214.40	2234.90	110156.50
1245104.40	598812.40	140472.10	327885.20	140214.20	307299.20
127430.90	155305.20	15208.90	44529.50	20346.80	154215.30
58014.50	202327.90	72893.00	32929.80	15744.80	124077.70
810664.40	214734.50	8244.60	92560.10	17223.60	1076113.60
133535.40	683904.80	39003.50	35403.50	21870.20	1099573.40
347939.80	609540.70	47765.50	12225.10	3730.20	890906.20
59330.90	158603.20	12144.80	19148.80	14099.40	190848.30
32373.20	44302.00	2292.90	24625.60	14357.90	99020.60

1-B-4 续表 1

地　区	流动负债合计	应付账款	所有者权益合计	实收资本	国家资本	集体资本
广西壮族自治区	**7797254.70**	**1506207.10**	**9320538.90**	**3583922.70**	**1712791.10**	**88029.30**
南宁市	1331771.00	215658.20	1421847.50	466437.10	70985.50	24590.60
柳州市	1537218.20	407261.00	1900209.90	653454.60	271682.30	671.60
桂林市	655398.60	133452.00	1166591.70	419141.60	32416.90	36279.40
梧州市	352155.30	109594.20	522072.80	132700.00	3055.20	2071.10
北海市	647533.00	206177.30	1445030.60	1242661.20	1165743.50	7638.00
防城港市	92364.20	11580.30	60669.20	25773.60	10000.00	
钦州市	282732.00	123412.80	1488462.20	9605.10		4662.10
贵港市	142527.40	23533.50	292793.10	85907.80		
玉林市	116310.50	42463.20	215056.80	49200.10	10976.00	
百色市	892714.10	50633.00	63623.30	51189.30	39696.10	6401.30
贺州市	859768.50	37204.00	352369.20	188268.30	108235.60	5715.20
河池市	612294.00	89509.60	286250.30	192439.50		
来宾市	187427.70	47920.30	57825.80	26192.50		
崇左市	87040.20	7807.70	47736.50	40952.00		

单位：万元

法人资本	个人资本	港澳台资本	外商资本	营业收入	营业成本	销售费用
1226751.60	**542307.90**	**3489.00**	**10553.40**	**16592424.00**	**12748793.80**	**496648.00**
264791.00	104691.40	1378.40		1346905.40	1119824.60	32961.20
192470.30	188194.70	435.80		2139158.60	1860319.50	126302.10
218044.30	123869.50		8531.40	1159733.60	762565.00	102861.10
105772.00	20639.70		1162.00	619528.70	368890.50	143171.50
41464.90	27814.70			3924195.40	2652754.80	4950.40
8588.80	7184.80			213571.20	181344.10	8582.80
4540.80	402.20			4530768.90	3600181.30	32384.50
79227.90	6679.90			418308.20	401450.70	3423.70
27279.70	8409.60	1674.80	860.00	351045.40	296853.90	12794.90
3008.00	2083.90			1009398.60	773433.70	14043.10
53300.10	21017.40			304075.90	262385.60	6450.30
177170.00	15269.50			331628.20	270349.80	531.10
15941.80	10250.60			129596.00	104596.80	4150.70
35152.00	5800.00			114509.90	93843.50	4040.60

1-B-4 续表 2

地　区	管理费用	财务费用			投资收益（损失以“-”号记）
			利息收入	利息支出	
广西壮族自治区	**567797.10**	**138149.20**	**57063.50**	**196529.90**	**125171.70**
南宁市	102082.60	59920.90	2005.70	57368.00	20870.40
柳州市	112229.90	43504.10	19769.10	61412.60	42318.90
桂林市	89787.90	12304.20	3279.30	19306.60	629.20
梧州市	33593.80	1764.60	-2808.50	4791.80	892.60
北海市	38592.40	-23862.80	29399.70	5211.40	-263.60
防城港市	9114.70	1727.50	185.40	1432.70	
钦州市	53521.40	969.00	4150.70	4270.40	18.40
贵港市	11731.60	1535.40	-268.50	1759.60	3486.10
玉林市	17892.70	1450.80	313.30	2220.00	-260.60
百色市	32773.90	-20321.60	698.60	-20603.30	0.20
贺州市	13634.30	23898.90	66.70	23829.10	5395.50
河池市	30293.50	27535.90	102.60	28291.70	52036.50
来宾市	15867.50	4553.40	157.20	4065.60	48.10
崇左市	6680.90	3168.90	12.20	3173.70	

单位：万元

营业利润	利润总额	亏损企业亏损额	平均用工人数(人)
1027941.60	**1136061.10**	**226860.00**	**85109**
26268.00	24652.00	90923.80	13492
970.30	98855.80	47191.70	16453
163195.00	166093.50	16219.50	14553
69030.30	69863.60	5079.90	7927
298329.70	299501.50	103.60	2595
10186.10	4622.90	5154.50	1195
235915.00	232429.10	387.30	2340
370.50	1750.90	1897.80	4999
18617.10	20420.70	942.20	4916
163655.30	182582.70	14495.20	5140
2079.50	1663.00	4777.20	2883
34183.40	34780.40	27955.50	5452
-687.30	-7362.20	11731.80	1897
5828.70	6207.20		1267

1-B-5 按地区分组的规模以上

地　区	企业单位数（个）	资产总计	固定资产净额	固定资产原价
广西壮族自治区	**3721**	**36394401.50**	**7271690.70**	**12445664.70**
南宁市	584	6623677.80	992607.60	1780114.80
柳州市	602	6334480.50	1334734.30	2258679.20
桂林市	346	1908950.70	465006.00	756411.60
梧州市	208	2042215.10	564592.00	1036477.10
北海市	131	1385948.60	258001.40	434265.60
防城港市	79	3744023.40	870152.90	1294301.20
钦州市	209	1616764.10	308851.60	509727.00
贵港市	463	2632829.20	443037.20	758162.90
玉林市	368	2659421.40	448265.80	855790.50
百色市	188	2561077.10	470662.40	979748.60
贺州市	124	1270597.60	363787.10	567178.10
河池市	96	1522665.50	262505.30	486218.70
来宾市	151	956287.00	195239.00	302958.00
崇左市	172	1135463.50	294248.10	425631.40

私营工业企业主要经济指标

单位：万元

累计折旧	流动资产合计				负债合计
		应收账款	存货		
				产成品	
4389271.00	**22643567.70**	**6098195.20**	**5253973.40**	**2557059.40**	**24488846.50**
645046.10	4420866.60	1960675.50	721020.60	337128.10	4308599.40
850608.50	3899682.30	1022386.50	891554.00	453856.10	4450347.00
263240.00	1192820.20	393963.70	292647.70	105675.90	1123811.10
298247.20	1024205.10	258840.30	430929.20	292473.20	1314864.80
157786.10	931290.50	355190.60	225595.10	120725.10	953285.40
375251.00	2034955.10	173260.40	343708.10	134776.70	2063988.50
196434.00	1037011.50	270541.50	315209.40	141308.60	1048392.90
257961.60	1767644.80	482355.80	524031.30	269376.70	1530959.00
304934.40	1659016.30	309528.60	348007.10	165449.00	1901652.30
440492.10	1674241.50	359896.20	283827.40	151220.40	2049249.60
186097.50	727245.70	141803.60	175436.20	97457.20	861152.90
180639.10	983521.40	111826.40	420500.10	150509.40	1266070.40
105570.60	606676.00	127468.50	144628.50	66193.90	793862.10
126962.80	684390.70	130457.60	136878.70	70909.10	822611.10

1-B-5 续表 1

地区	流动负债合计	应付账款	所有者权益合计	实收资本	国家资本
广西壮族自治区	**21376463.20**	**6104888.90**	**11904607.30**	**5433820.80**	**42075.10**
南宁市	3899896.70	1660948.30	2315075.00	1160997.10	7730.00
柳州市	3801370.30	999213.40	1884128.60	736334.40	5600.00
桂林市	931668.40	291142.10	785138.70	416798.90	5230.00
梧州市	1036836.70	279888.10	727348.10	270145.30	3300.00
北海市	785030.40	355884.90	432662.10	207681.10	619.30
防城港市	2002735.20	415675.70	1680034.60	482409.10	100.00
钦州市	834330.50	276955.20	567443.60	232277.50	
贵港市	1325815.70	382720.00	1101867.60	431722.30	792.40
玉林市	1518339.00	295042.20	757767.50	358743.40	505.00
百色市	1850443.10	493042.00	511827.80	372256.30	18128.00
贺州市	797286.30	155887.50	409443.50	229082.30	
河池市	1154118.80	226806.20	256594.30	205644.30	50.00
来宾市	676012.00	126055.90	162424.00	138855.40	20.40
崇左市	762580.10	145627.40	312851.90	190873.40	

单位：万元

集体资本	法人资本	个人资本	港澳台资本	外商资本	营业收入
102007.30	**2169840.00**	**3111712.10**	**2908.90**	**5373.30**	**46818907.50**
34478.10	526034.40	592754.50			6660258.20
3340.00	298310.30	427083.60	2000.00		10035566.30
11212.60	162681.10	237674.80			2046135.00
6100.00	163747.90	96996.70			3622873.50
12382.40	92801.80	101877.60			2730020.70
9200.00	48170.30	424938.80			3644479.30
4758.80	77089.70	150528.90			2724975.40
14915.10	184512.90	231120.80	0.80	379.80	4626258.80
837.50	120712.40	233688.20		3000.00	3672600.20
1020.00	209322.70	142877.40	908.10		2061738.10
1297.00	72980.90	152809.70		1993.50	1778611.30
1005.00	52159.40	152429.90			1004893.80
800.00	39549.10	98485.70			891238.40
660.80	121767.10	68445.50			1319258.50

1-B-5 续表 2

地　区	营业成本	销售费用	管理费用	财务费用	
					利息收入
广西壮族自治区	**41189956.50**	**1061489.00**	**1760019.60**	**465400.50**	**24598.90**
南宁市	5825697.60	166461.10	325040.40	62259.80	-287.90
柳州市	9156321.80	183596.90	360629.90	87952.80	3781.00
桂林市	1677648.40	123523.20	105253.90	16111.00	533.90
梧州市	3065601.70	49699.60	109910.60	26116.20	685.20
北海市	2369079.50	46026.50	70124.00	17148.30	36.10
防城港市	2939489.80	58124.10	130490.80	31988.20	15437.30
钦州市	2436800.20	48443.10	70667.50	19981.30	723.80
贵港市	4137169.50	86278.80	190293.60	31744.60	1115.30
玉林市	3221362.00	88935.90	162890.80	39244.10	1132.20
百色市	1862520.60	54520.70	75603.40	56960.90	592.50
贺州市	1583835.60	81279.90	49367.80	12387.60	67.80
河池市	918933.00	26206.50	27238.90	30155.20	114.10
来宾市	797207.80	25392.10	44210.70	16957.20	63.70
崇左市	1198289.00	23000.60	38297.30	16393.30	603.90

单位：万元

利息支出	投资收益（损失以"-"号记）	营业利润	利润总额	亏损企业亏损额	平均用工人数(人)
431531.40	**15243.40**	**2111400.80**	**2214323.00**	**376391.40**	**550537**
56346.00	22588.80	281342.20	323635.30	45005.30	69910
81749.60	890.40	205568.20	226716.20	56752.70	98599
16891.10	-757.10	110972.60	120406.00	16022.30	36041
20449.50	1877.20	346721.50	357355.80	10413.70	45940
17458.10	104.60	166081.20	174418.10	72552.90	19149
44426.90	1009.70	463302.60	458472.80	6055.70	14852
17244.80	723.30	139832.30	143876.10	11554.30	32367
30095.80	145.30	160707.40	156086.40	8689.20	89214
32175.10	5814.30	153902.20	160240.70	21503.30	67746
51485.80	2256.90	1949.90	2969.50	51398.90	21803
8466.90	-1350.40	42130.10	43507.30	5599.40	15031
27341.50	1693.80	-5843.00	-1575.00	36704.30	13816
16242.40	205.20	4376.20	7238.20	16455.60	13248
11157.90	-19958.60	40357.40	40975.60	17683.80	12821

1-B-6 按地区分组的规模以上

地　区	企业单位数（个）	资产总计		
			固定资产净额	固定资产原价
广西壮族自治区	**221**	**8873124.60**	**3148734.60**	**5291236.80**
南宁市	43	1422989.70	360974.80	752759.80
柳州市	10	1428470.90	323309.80	543747.90
桂林市	11	291833.20	115140.60	172077.70
梧州市	28	725774.00	204632.20	336839.60
北海市	26	819135.90	233551.20	363241.20
防城港市	8	1064314.30	807425.00	1055776.90
钦州市	19	506788.20	158353.90	249340.60
贵港市	13	913242.40	230283.00	465631.30
玉林市	32	437018.00	143043.40	237089.00
百色市	9	254360.50	94404.50	184940.30
贺州市	10	707068.20	336945.00	725816.30
河池市	3	66165.50	35917.80	55973.60
来宾市	5	136068.20	53822.20	85484.90
崇左市	4	99895.60	50931.20	62517.70

港、澳、台商投资工业企业主要经济指标

单位：万元

累计折旧	流动资产合计	应收账款	存货		负债合计
				产成品	
1870746.30	**4078707.20**	**951911.10**	**1044085.50**	**465345.80**	**4292312.20**
276030.70	636597.90	211501.40	114679.10	53261.70	598615.30
220419.40	804907.30	102772.30	264484.70	160830.10	1012476.70
56937.00	88264.60	8900.90	42854.00	7509.30	84192.10
132064.20	372061.10	80747.90	152578.80	118524.80	244809.50
129662.10	488838.30	164870.60	129488.30	38942.10	392888.10
233191.10	199125.20	67368.90	51729.90	1975.60	684600.80
90555.80	315586.60	44680.70	80026.50	33824.30	273726.30
235289.40	530597.20	52562.40	50427.00	7025.80	231486.90
84671.00	197313.50	71722.70	45631.70	15179.30	203310.20
90535.60	143197.00	38304.80	35022.00	10732.70	81010.70
259639.80	211201.10	81150.90	40725.70	3853.90	341064.20
20055.70	21728.00	535.80	12791.30	3588.30	46326.00
30378.20	31178.10	11528.60	4407.50	1673.30	55887.70
11316.30	38111.30	15263.20	19239.00	8424.60	41917.70

1-B-6 续表 1

地 区	流动负债合计	应付账款	所有者权益合计	实收资本	国家资本
广西壮族自治区	**3306406.20**	**959075.90**	**4580812.10**	**2430237.70**	**186313.20**
南宁市	552911.70	239570.10	824374.00	446385.10	39035.00
柳州市	950324.60	47628.30	415994.30	192465.00	29651.20
桂林市	73325.40	29958.60	207641.00	184782.60	6396.60
梧州市	237301.60	44184.70	480964.40	136699.60	5460.00
北海市	364354.30	188555.40	426248.00	195586.80	
防城港市	186799.70	60187.30	379713.80	304039.20	
钦州市	253351.90	149497.80	233061.60	144385.30	96692.40
贵港市	229613.30	44348.20	681755.70	311259.90	
玉林市	144159.00	44253.20	233707.60	118601.10	
百色市	70356.60	34314.40	173349.60	97945.40	
贺州市	155591.00	61283.50	366004.10	223323.00	9078.00
河池市	40043.10	2812.10	19839.50	16780.00	
来宾市	24495.90	6996.50	80180.50	53585.40	
崇左市	23778.10	5485.80	57978.00	4399.30	

单位：万元

集体资本	法人资本	个人资本	港澳台资本	外商资本	营业收入
4264.50	**335251.90**	**24982.80**	**1649214.80**	**230210.50**	**9168670.10**
270.80	67424.70	9307.00	298262.00	32085.60	1330697.70
	56358.80		16093.30	90361.70	1714033.60
	9644.90	45.00	164576.10	4120.00	137550.20
	3330.00	1506.00	106664.70	19738.90	961377.30
732.00	49498.30	9273.50	135701.60	381.50	1778420.90
	76710.10		227329.10		460546.80
	233.90	4283.80	31296.60	11878.60	903577.70
	5679.70		303699.50	1880.60	518967.70
108.00	17175.30	467.50	99913.20	937.10	395806.40
	3800.00		47945.40	46200.00	255307.90
3153.70	4358.00		206733.30		469143.50
	12280.00		4500.00		60878.80
	27258.20		3700.70	22626.50	91769.80
	1500.00	100.00	2799.30		90591.80

1-B-6 续表 2

地　区	营业成本	销售费用	管理费用	财务费用	
					利息收入
广西壮族自治区	**7658991.20**	**175350.20**	**319861.70**	**62869.00**	**7153.00**
南宁市	1095468.00	55551.60	52424.90	2127.40	-802.90
柳州市	1523080.10	27982.30	84348.70	7823.90	4418.90
桂林市	106439.80	6288.40	12716.00	467.50	-460.00
梧州市	821026.70	14987.30	39010.00	1055.00	2557.70
北海市	1527067.70	14298.70	27131.30	-1411.20	3328.60
防城港市	365229.20	1628.40	10180.70	25715.20	949.40
钦州市	818899.90	20376.70	23343.90	4362.50	321.80
贵港市	341783.00	4468.10	12346.20	-90.70	-3881.20
玉林市	318718.10	8772.90	17522.00	5424.50	133.70
百色市	184075.00	11398.70	12657.90	1573.50	-56.90
贺州市	385133.00	4633.30	15335.20	9872.60	165.70
河池市	50452.30	93.50	4254.10	1896.90	4.60
来宾市	52209.80	1206.30	4554.40	1963.20	-1.40
崇左市	69408.60	3664.00	4036.40	2088.70	475.00

单位：万元

利息支出	投资收益（损失以“-”号记）	营业利润	利润总额	亏损企业亏损额	平均用工人数（人）
74594.60	**7112.70**	**924738.70**	**932767.70**	**18489.10**	**103329**
6325.30	7576.70	127797.80	132389.80	6361.10	17423
3846.20	1255.80	66077.20	68427.30		12419
828.40	5123.90	15001.30	15379.80	1656.10	4765
2271.80	-278.80	75758.70	77490.80	355.00	12517
4037.80	52.20	207230.90	210971.10	1681.50	18862
26436.60		56735.40	49083.00	910.70	1444
3084.10	15.30	35971.90	36319.30	2457.50	7879
3935.00	-2195.80	154219.00	154479.80	4166.50	5635
5379.20		41085.90	41959.30		15499
1896.00	173.70	45385.30	45598.90		2437
10259.90		52884.20	52856.80		1718
1746.90	86.00	3980.30	5260.60		963
1974.30		31638.00	31678.00	789.50	785
2573.10	-4696.30	10972.80	10873.20	111.20	983

1-B-7 按地区分组的规模以上

地　区	企业单位数（个）	资产总计		
			固定资产净额	固定资产原价
广西壮族自治区	**162**	**19706939.30**	**5942521.00**	**10195174.40**
南宁市	33	1474558.60	583851.20	989523.90
柳州市	24	5840322.30	1382476.20	2770138.80
桂林市	17	396608.20	84079.60	182033.60
梧州市	14	242551.00	71242.10	123542.90
北海市	13	1286130.50	587925.20	940775.70
防城港市	8	3146160.40	879941.90	1216817.80
钦州市	6	2536311.20	1341373.40	1569326.80
贵港市	9	499751.00	51780.00	392143.00
玉林市	13	2563467.70	384465.20	827021.30
百色市	1	2654.10	138.70	336.00
贺州市	5	100481.50	31303.00	45935.40
河池市	1	30069.30	17782.30	34773.30
来宾市	3	155136.70	85774.90	115084.00
崇左市	15	1432736.80	440387.30	987721.90

外商投资工业企业主要经济指标

单位：万元

累计折旧	流动资产合计	应收账款	存货	产成品	负债合计
3850980.70	**11221127.40**	**1885804.10**	**1940026.60**	**954854.80**	**12473919.20**
367242.20	742445.80	110022.00	83332.30	30197.70	841566.70
1380013.30	3526586.90	763451.10	523086.00	436620.30	4289665.60
97420.40	251204.60	64653.30	36031.30	13633.30	122279.40
51714.90	144558.10	23431.10	75489.30	11992.20	173001.90
352460.90	287212.00	52660.10	109048.90	37123.10	777557.10
336875.90	2191650.90	143032.10	562015.60	105597.00	2392844.40
227953.40	1149156.70	160647.50	79419.00	32535.20	1448386.30
32834.50	228022.40	62114.60	40077.10	23205.80	164656.10
436609.80	1822242.20	223781.40	253694.00	133621.30	1359739.20
197.40	2470.60	1859.10			1631.10
14597.20	58211.00	11669.50	6098.00	3652.10	66120.70
16991.00	9419.10	160.20	5484.60	5262.60	83476.30
28950.90	61783.80	13139.90	13027.50	4356.70	84794.70
507118.90	746163.30	255182.20	153223.00	117057.50	668199.70

1-B-7 续表 1

地　区	流动负债合计	应付账款	所有者权益合计	实收资本	国家资本
广西壮族自治区	**11330393.10**	**3700282.80**	**7233018.90**	**3423274.00**	**477249.20**
南宁市	734715.20	189551.80	632991.60	420383.80	36590.30
柳州市	4257446.60	2189882.40	1550656.30	393566.90	107045.20
桂林市	117251.40	30802.60	274328.60	114838.70	
梧州市	163714.00	21361.00	69549.20	60323.40	2040.00
北海市	380682.10	58973.00	508573.10	400159.80	30968.20
防城港市	2258987.20	502097.10	753315.90	430434.00	243750.00
钦州市	1227227.00	154468.60	1087924.80	893545.40	16700.00
贵港市	125723.10	70850.70	335094.90	138254.10	663.70
玉林市	1304647.30	281320.30	1203728.90	259426.90	10448.40
百色市	1131.10		1023.00	44.10	
贺州市	60282.20	12437.90	34360.70	27818.00	2550.00
河池市	83476.30	4636.40	-53407.00	6400.00	
来宾市	84020.60	11418.30	70341.70	81364.00	519.60
崇左市	531089.00	172482.70	764537.20	196714.90	25973.80

单位：万元

					营业收入
集体资本	法人资本	个人资本	港澳台资本	外商资本	
117117.80	**562698.80**	**930422.70**	**65167.50**	**1270617.80**	**22913775.60**
55056.10	114956.30	42664.50	11953.50	159163.10	857502.90
6115.60	94031.30	642.30	16885.50	168846.90	11255125.80
20940.00	22743.90	14363.20	600.00	56191.60	368926.50
	11599.90		3135.70	43547.80	180859.80
	50260.80	1407.00	1591.00	315932.80	611550.10
	3035.00			183649.00	4857645.80
	5700.00	864204.00		6941.30	1198237.40
2654.80	115119.60	6259.60		13556.40	528211.80
202.50	84614.00		6457.70	157704.30	1715402.50
			44.10		8727.80
	4360.00	882.10		20025.90	63265.60
	6400.00				18171.40
	25400.00			55444.40	107425.10
32148.80	24478.00		24500.00	89614.30	1142723.10

1-B-7 续表 2

地　区	营业成本	销售费用	管理费用	财务费用	
					利息收入
广西壮族自治区	**19490465.40**	**993913.30**	**710530.60**	**109225.40**	**75587.30**
南宁市	678671.90	45110.70	33222.80	7100.20	1080.70
柳州市	9348873.70	677858.10	372813.40	-14590.10	24397.30
桂林市	298722.30	18064.80	26271.70	-500.40	-46.80
梧州市	161808.60	2752.30	8326.00	2082.00	61.60
北海市	433940.20	21503.70	25072.00	17314.10	487.10
防城港市	4677109.60	51298.50	20630.80	25913.60	39583.30
钦州市	1000147.40	38327.60	44037.20	42130.90	480.20
贵港市	379020.40	6357.70	13409.40	1518.00	185.80
玉林市	1380563.10	90070.40	114205.00	3208.40	10108.50
百色市	6697.00	13.40	1437.20	-83.30	1.40
贺州市	55211.70	1224.50	2708.50	1333.00	-2.80
河池市	20911.60	378.50	1377.20	3385.00	2.60
来宾市	82249.10	11391.10	5727.30	2700.10	-272.10
崇左市	966538.80	29562.00	41292.10	17713.90	-479.50

单位：万元

利息支出	投资收益（损失以“-”号记）	营业利润	利润总额	亏损企业亏损额	平均用工人数（人）
180210.10	**41238.60**	**1290745.80**	**1313347.00**	**104116.20**	**88858**
8257.30	-990.30	79084.60	81954.10	5090.10	7625
15359.00	1259.20	592225.20	591446.10	4849.70	33705
2069.60	8365.20	32527.80	33111.90	1231.10	3787
2083.40	137.30	4705.40	5234.70	2805.50	3901
2628.80	62.70	102657.30	105236.60	49936.70	4354
64723.00	12605.10	77772.90	78976.20	1201.20	3261
43004.10		69524.40	70067.70	4046.10	2457
1852.70	129.90	125011.50	129592.50	45.70	5232
13786.00	16764.30	128477.50	132381.50	18510.00	11730
		655.50	1053.20		1814
1376.30	2.00	1364.90	1513.60	2027.40	643
3387.60		-7810.40	-7812.80	7812.80	357
2920.80		4341.20	5989.40		606
18761.50	2903.20	80208.00	84602.30	6559.90	9386

1-B-8 按地区分组的规模以上

地　　区	企业单位数（个）	资产总计		
			固定资产净额	固定资产原价
广西壮族自治区	**99**	**62563899.10**	**22997120.60**	**39402222.30**
南宁市	17	8872790.40	1615592.60	4816608.00
柳州市	26	19085468.60	5256880.60	9926885.50
桂林市	9	2035503.70	1010659.80	1826673.60
梧州市	4	879615.40	155230.30	257342.50
北海市	8	1989919.00	564520.90	992680.00
防城港市	3	8450226.90	4222183.90	4942155.00
钦州市	4	2482061.40	1355550.70	1562927.90
贵港市	6	2204109.60	692908.90	1827538.10
玉林市	7	2804875.00	810114.10	1636912.50
百色市	7	3878766.30	2166021.00	4137280.10
贺州市				
河池市	3	1821354.60	229666.30	454125.20
来宾市	5	1728108.40	733971.20	1240775.70
崇左市	5	1588678.40	305177.30	625588.80

大型工业企业主要经济指标

单位：万元

累计折旧	流动资产合计	应收账款	存货	产成品	负债合计
15926667.00	**28682721.40**	**4529871.00**	**6759386.90**	**2407679.30**	**40375712.50**
1834965.60	4507133.60	1778529.90	1222098.10	167214.40	6544464.90
4604451.40	10729726.20	1427977.10	2432710.00	1231909.90	12790522.50
814283.60	663735.10	122298.60	171940.10	58791.20	1152725.50
102013.70	450060.40	58551.10	114304.60	83853.10	192526.30
428159.10	1057618.00	179987.50	406163.60	116496.50	1355986.00
719971.20	2316926.00	113036.00	680823.00	101752.90	6121690.60
207377.00	1081102.50	188294.60	71781.10	19447.90	1387547.20
832464.90	838532.40	60613.90	122486.30	61297.40	1053038.30
810797.20	1706336.40	124326.80	281550.10	143626.90	1479965.70
1959644.20	968089.80	-4002.20	370384.20	96442.70	2313629.80
223883.00	1166035.20	45677.20	170002.60	164490.40	1538766.10
506461.10	580473.40	87570.80	134480.80	58191.40	1706945.30
320411.50	1141927.20	233181.30	106006.60	80196.50	803641.30

1-B-8 续表 1

地　区	流动负债合计	应付账款	所有者权益合计	实收资本	国家资本
广西壮族自治区	**31074737.20**	**9154646.50**	**22188186.70**	**7908560.80**	**3889063.00**
南宁市	3865972.10	1683235.30	2328325.40	817811.30	541042.00
柳州市	11024871.50	3909207.90	6325516.90	1200638.20	658348.20
桂林市	378638.30	160788.80	882778.10	306787.10	
梧州市	184447.20	74679.20	687089.10	113077.90	
北海市	984235.10	571306.10	633932.90	180761.50	
防城港市	3190226.50	472983.40	2328536.30	1185000.00	795000.00
钦州市	1159770.10	130228.50	1094514.10	872953.70	
贵港市	524131.60	305513.20	1151071.30	445509.50	
玉林市	839071.30	333070.30	1324909.30	125419.40	10448.40
百色市	2019157.40	254397.10	1565136.90	615934.80	271696.40
贺州市					
河池市	1184447.70	199441.00	282588.50	194240.40	
来宾市	947754.40	268021.20	21163.20	324500.00	130000.00
崇左市	782364.80	134234.60	785037.00	49214.90	2445.00

单位：万元

集体资本	法人资本	个人资本	港澳台资本	外商资本	营业收入
157851.50	**1467119.00**	**1535239.00**	**551572.60**	**307715.60**	**61986642.70**
21907.60	150313.40	45834.10	48092.90	7250.20	8725671.50
67671.60	153760.20	169019.40	5133.80	146705.10	25304324.10
40672.30	108312.30	1399.10	151113.40	5290.00	1664443.90
	67077.90		46000.00		641440.10
	109931.60	9500.00	54956.60	6373.30	4625180.60
		300000.00		90000.00	5029312.80
	797.50	871006.50	1149.70		1007957.50
	176828.40	28000.00	238581.10	2100.00	1883108.10
27600.00	708.60	44883.40	5637.00	36142.00	2449508.10
	320000.00	23330.30	908.10		2920037.50
	158859.60	35380.80			1543554.60
	194500.00				1160346.30
	26029.50	6885.40		13855.00	853779.40

1-B-8 续表 2

地　区	营业成本	销售费用	管理费用	财务费用	
					利息收入
广西壮族自治区	**52779162.10**	**1571375.60**	**1805577.50**	**535396.00**	**88302.80**
南宁市	6862587.90	101170.10	175566.10	49941.90	2658.00
柳州市	21476629.40	901779.40	915632.50	9783.70	26489.50
桂林市	1235580.60	127863.00	91940.90	2432.90	2762.00
梧州市	327530.90	143595.40	45581.10	-3593.20	-590.10
北海市	4453407.20	42558.80	41833.30	28538.40	3854.60
防城港市	4162014.30	31277.70	125775.90	164792.50	16324.90
钦州市	800110.70	31595.40	53038.20	38748.30	-1604.00
贵港市	1551043.00	6914.00	29873.90	-584.00	-2914.10
玉林市	2075779.10	106745.70	111639.40	68.70	12440.90
百色市	2499038.50	32656.50	61073.90	6230.90	18087.80
贺州市					
河池市	1503928.30	6419.90	35663.90	41145.00	-311.10
来宾市	955746.60	3947.40	16343.10	37151.50	490.90
崇左市	724321.80	8267.30	24998.60	29963.20	-1239.90

单位：万元

利息支出	投资收益（损失以“-”号记）	营业利润	利润总额	亏损企业亏损额	平均用工人数（人）
745109.10	**211204.00**	**3720653.50**	**3844605.80**	**193451.50**	**301419**
81333.90	2251.40	191693.40	199713.80	87968.60	44959
117940.20	118540.90	1742721.50	1831824.70	7197.60	101685
9636.80	8090.20	181052.40	182531.90		20980
1671.60	-208.70	123182.10	123193.10		5278
28963.80	43.60	56374.50	57267.90		21148
173534.30	490.30	527095.00	529076.80		11099
41783.00	1.20	80370.90	80990.00		5875
4972.50	3343.30	286282.80	289664.00		11378
16699.50	16683.40	156552.90	157789.70		17426
22246.80	1878.30	273153.00	287266.20	24596.00	14079
37804.10	50886.30	2702.10	7350.30	20333.80	7969
37188.20	-9.30	139716.60	140683.10	53355.50	7615
29147.60	835.40	62333.20	63612.70		9024

1-B-9 按地区分组的规模以上

地　区	企业单位数（个）	资产总计		
			固定资产净额	固定资产原价
广西壮族自治区	**850**	**47797132.00**	**14907516.40**	**26884367.70**
南宁市	122	5555005.90	1605088.20	2756974.50
柳州市	114	6626654.00	1484455.90	2704279.30
桂林市	74	3569776.50	933935.20	1808123.40
梧州市	92	2782510.60	878376.80	1823565.90
北海市	44	4946457.30	1770043.80	2667772.70
防城港市	14	3354816.00	1355157.00	2103180.20
钦州市	37	4148749.60	2510593.70	4723546.80
贵港市	94	1989615.00	509395.50	972286.70
玉林市	96	2694295.00	558348.90	1155482.90
百色市	51	5981296.10	1738764.90	3137192.90
贺州市	32	3318833.50	838435.60	1569804.20
河池市	33	2248808.40	1169336.00	2551165.70
来宾市	31	2133259.90	976612.90	1798758.30
崇左市	24	1985081.60	715845.90	1310979.10

中型工业企业主要经济指标

单位：万元

累计折旧	流动资产合计	应收账款	存货	产成品	负债合计
10965305.70	**24624379.30**	**4560095.50**	**5801002.80**	**2451389.50**	**29810859.90**
1095202.00	2860811.50	701247.60	612009.30	267526.80	3055288.80
1162071.00	4057350.60	863881.30	1178529.90	425684.80	4044644.30
815376.00	1822146.90	443724.20	473709.00	180665.10	1845698.20
746970.30	1367009.20	259817.10	567541.30	358610.00	1765072.90
882712.80	2826678.00	447894.70	681539.50	135127.20	3085276.80
746133.30	1879696.70	170490.50	429160.70	115399.20	2567550.70
2192363.00	1343168.10	319988.60	493269.60	200807.50	2007391.40
434177.90	1161015.60	276562.30	322154.50	162372.50	1088865.60
452758.10	1526250.30	367230.50	272399.00	108628.20	1661403.50
1273612.80	2557507.30	259565.30	398990.00	166820.20	4444349.00
559445.60	1428185.50	173106.20	168071.80	90176.70	2250123.70
1308749.50	740539.50	40215.30	355835.10	93257.60	1704093.20
813710.30	920828.10	194174.10	129461.70	53918.50	1926520.70
537849.90	960584.40	91303.00	159080.20	114309.30	1188646.40

1-B-9 续表 1

地区	流动负债合计	应付账款	所有者权益合计	实收资本	国家资本
广西壮族自治区	**23445628.10**	**5564403.80**	**17986272.80**	**9706898.30**	**3631603.30**
南宁市	2612032.00	695138.50	2499716.10	1223347.40	236262.40
柳州市	3402934.90	1046082.70	2582011.00	1334224.60	576290.10
桂林市	1321079.50	336146.40	1724078.30	620688.90	171810.70
梧州市	1412993.80	406742.10	1017437.80	419924.30	102993.40
北海市	2171586.50	662155.10	1861180.30	1809000.20	1214205.50
防城港市	1733910.80	510446.50	788585.60	491802.60	45093.30
钦州市	902696.20	391233.30	2141294.80	499643.70	350370.10
贵港市	844721.70	221283.70	900749.70	406749.80	74308.60
玉林市	1526963.90	233656.60	1032892.20	508834.80	134468.00
百色市	2594139.90	522208.20	1536947.10	936381.60	431743.70
贺州市	1734440.50	164011.00	1068809.60	580179.00	187088.40
河池市	1046110.60	115157.10	544715.10	305346.30	117437.50
来宾市	1560243.70	224595.10	206738.90	592827.30	182352.60
崇左市	950143.30	222132.20	796435.30	220197.60	49188.80

单位：万元

集体资本	法人资本	个人资本	港澳台资本	外商资本	营业收入
135463.90	**3400980.80**	**962626.40**	**747359.60**	**828865.00**	**48881391.50**
62842.50	576723.80	198957.00	65479.50	83082.20	4798236.10
11648.70	569791.20	85135.00	7500.00	83859.70	6747415.20
19378.10	339042.50	66403.80	522.30	23531.50	2272483.80
134.60	165827.40	62922.50	52273.60	35772.70	4966528.40
10680.70	163695.00	66410.30	62394.70	291474.00	9519516.80
656.70	134193.20	29206.00	214714.60	67938.80	3099429.70
12347.80	102092.70	21965.40	989.10	11878.60	6653843.20
1747.10	162915.70	115167.40	52611.80		2277875.70
4020.00	124609.20	94443.60	31623.30	99668.70	2413394.20
3521.10	424249.10	24067.90	33599.80	19200.00	3505080.50
7420.10	80050.30	99129.20	204150.90	2240.00	1909873.60
1066.50	131211.00	54131.30	1500.00		1403359.20
	311478.20	38210.00		60786.50	1080970.90
	115101.50	6475.00		49432.30	1477106.70

1-B-9 续表 2

地 区	营业成本	销售费用	管理费用	财务费用	
					利息收入
广西壮族自治区	**40851868.10**	**885357.50**	**1831667.10**	**574216.40**	**35113.70**
南宁市	3821917.40	149007.10	372201.20	51624.60	6790.00
柳州市	5332725.00	179356.40	306710.20	52301.40	12361.60
桂林市	1819436.60	103403.00	178443.90	29615.30	2751.90
梧州市	4263694.50	53863.20	165608.10	25644.70	1637.10
北海市	7643450.00	62688.30	117592.80	27459.50	-37142.40
防城港市	2803107.00	34210.00	29682.40	30232.40	36696.40
钦州市	5304080.30	70993.50	97386.30	36768.90	5778.20
贵港市	1896286.30	50339.70	142576.60	27341.50	-100.00
玉林市	1978618.50	60224.00	99086.20	30070.00	372.10
百色市	2746047.90	36223.50	113832.40	79367.00	7559.20
贺州市	1690769.40	34425.90	66191.90	44247.20	491.10
河池市	1004216.40	16578.00	60691.10	38335.80	522.40
来宾市	923591.30	15954.60	82678.30	65711.40	1055.40
崇左市	1184572.40	42268.40	61705.20	34019.30	1688.20

单位：万元

利息支出	投资收益（损失以"–"号记）	营业利润	利润总额	亏损企业亏损额	平均用工人数（人）
702512.60	**98355.80**	**3066144.10**	**3191493.50**	**542301.70**	**462189**
55385.60	20502.30	396473.10	461362.10	38917.60	62183
61036.30	28866.10	263698.70	278199.80	67660.70	60505
35478.70	26410.10	170684.50	178430.80	40329.40	39415
19378.60	954.90	417932.20	432740.00	19733.80	50954
115165.10	–330.40	709894.00	727991.80	75409.10	21895
68950.30	7856.80	192999.90	186729.60	30629.60	7506
40168.70	2053.10	534093.00	328658.80	5571.40	19420
25634.80	189.00	153906.80	151648.60	17417.70	59801
21496.10	5768.60	223931.20	230669.80	28442.60	58690
85869.00	–4109.30	525804.00	526764.10	49795.10	30365
42287.70	5462.30	71458.60	75062.90	7253.70	16139
36940.90	1316.10	260403.40	262855.80	64526.20	21601
66080.80	168.40	–15033.20	–16151.80	79875.90	15073
32461.10	4624.80	149326.10	152734.50	16738.90	12404

1-B-10 按地区分组的规模以上

地　区	企业单位数（个）	资产总计	固定资产净额	固定资产原价
广西壮族自治区	**5026**	**54247129.00**	**15986797.40**	**26960072.20**
南宁市	856	10578069.30	2285400.40	3988000.60
柳州市	758	7257687.00	1591883.20	2966877.20
桂林市	527	5149715.10	1881819.90	2764690.60
梧州市	314	3386986.60	1207768.70	1978597.30
北海市	185	3037865.10	732144.70	1517498.00
防城港市	132	3458082.10	603256.90	965545.40
钦州市	273	3070398.30	664833.60	1037140.40
贵港市	495	2192230.50	505842.60	813810.80
玉林市	433	3091673.90	848945.00	1236076.80
百色市	286	4205746.70	1509532.40	2591618.20
贺州市	181	1755238.80	652536.70	958308.00
河池市	155	3482679.60	2195575.50	3868010.40
来宾市	203	1999641.60	787448.20	1398787.80
崇左市	229	1829704.70	754795.60	1327703.40

小型工业企业主要经济指标

单位：万元

累计折旧	流动资产合计	应收账款	存货	产成品	负债合计
9877317.40	**27348190.40**	**7878466.00**	**5790398.10**	**2625603.10**	**34512462.70**
1440172.90	6106340.40	2409402.60	928528.60	374754.40	6470419.90
1239279.40	4344215.40	1254743.70	967525.50	458124.10	4628180.10
764370.50	2390214.80	723041.70	447232.60	188717.70	3295561.90
621030.10	1434644.80	398647.10	444015.80	223797.20	1912051.00
775530.00	1544524.80	503071.10	347108.40	161379.40	1710140.40
297107.50	1515563.50	272956.70	259641.00	133088.30	2306085.50
366669.40	1848024.60	378078.00	513118.10	224434.10	2193079.60
266609.10	1334994.50	377317.80	391161.90	190449.90	1383719.30
355042.40	1650204.50	358107.00	348848.60	155578.60	1949721.60
869412.90	1890194.40	380731.60	285473.40	130530.60	2992056.50
296282.20	758712.50	235449.80	180640.30	90311.30	1066941.60
1655810.50	869082.50	172669.80	237321.30	88200.00	2310993.70
608516.10	883252.30	203783.30	209079.20	88552.90	1235900.50
539091.10	780445.30	210465.80	231208.60	117684.60	1306201.40

1-B-10 续表 1

地 区	流动负债合计	应付账款	所有者权益合计	实收资本	国家资本
广西壮族自治区	**25929520.50**	**7900573.10**	**19733705.10**	**11155920.30**	**2438647.30**
南宁市	5669627.60	2148316.90	4107643.70	2334982.50	302787.50
柳州市	3895075.10	1251051.80	2629498.10	1607736.70	449095.30
桂林市	2209753.20	654070.10	1854152.30	1223152.60	356972.30
梧州市	1345152.40	309941.40	1474931.40	502717.10	20665.40
北海市	1249749.60	498737.70	1327722.50	506765.90	19700.00
防城港市	1311656.00	538740.50	1151996.20	736816.00	71953.00
钦州市	1753283.80	523279.30	876389.60	559402.90	80082.80
贵港市	1174852.00	275448.90	808507.80	392239.20	20825.90
玉林市	1222417.10	380415.10	1141950.40	545675.30	36115.70
百色市	2211027.60	478830.10	1213689.50	770800.30	278214.60
贺州市	762349.30	201865.90	688295.40	405229.00	129426.70
河池市	1208074.60	225263.80	1171685.10	785804.60	509018.00
来宾市	1020935.30	204939.50	763740.20	353631.30	121281.20
崇左市	881681.30	219275.70	523502.90	430966.90	42508.90

单位：万元

					营业收入
集体资本	法人资本	个人资本	港澳台资本	外商资本	
260881.70	**4613930.90**	**3000100.80**	**428379.50**	**414074.50**	**54143574.10**
49883.10	1048856.40	630267.40	202271.50	100916.30	8688467.80
30188.20	629240.10	416582.20	22780.80	59850.30	11050878.70
42982.10	336216.50	432250.50	14062.70	40667.60	3068882.00
14252.90	277641.20	149954.20	11526.80	28676.00	3740984.80
12125.60	288134.10	148397.80	19941.30	18467.00	3106967.90
9445.00	477859.00	139234.60	12614.50	25710.20	3088343.00
16135.90	236313.50	189112.20	30917.00	6941.30	4008867.80
16800.10	163803.40	164584.10	12507.40	13716.80	4048352.00
3761.40	243536.80	182737.50	50785.40	28738.20	3827661.70
9539.20	306404.30	135252.10	14389.70	27000.00	3161868.20
7513.80	130923.50	115002.00	2582.40	19779.40	1814109.30
6275.30	141963.90	125547.20	3000.00		1329815.90
3916.00	113825.60	93623.10	3700.70	17284.40	1338769.80
38063.10	219212.60	77555.90	27299.30	26327.00	2112969.70

1-B-10 续表 2

地 区	营业成本	销售费用	管理费用	财务费用	
					利息收入
广西壮族自治区	**47638529.40**	**1286306.30**	**1900727.80**	**699966.90**	**37592.90**
南宁市	7711591.90	237020.00	316094.80	91952.30	2114.10
柳州市	10106593.60	210847.20	368091.70	98185.40	682.60
桂林市	2553451.20	125659.70	154241.10	63111.70	1277.70
梧州市	3065884.00	71685.50	175360.10	48074.30	1578.60
北海市	2607100.90	46169.80	86761.80	31716.80	1710.60
防城港市	2846023.10	77291.20	55495.50	29963.00	4766.00
钦州市	3695158.50	68764.60	95946.60	60537.40	5302.30
贵港市	3743725.90	57286.00	97580.20	26002.50	1950.20
玉林市	3281339.80	101528.60	203154.60	38282.90	-990.90
百色市	2791432.50	74956.30	118237.20	70856.20	16400.60
贺州市	1542422.70	95354.00	59620.10	21674.70	339.20
河池市	925529.90	33219.20	45597.00	75102.20	2183.10
来宾市	1096819.00	45894.60	67771.80	22471.00	467.40
崇左市	1912412.50	40629.60	56775.30	22031.20	-179.00

单位：万元

利息支出	投资收益（损失以"-"号记）	营业利润	利润总额	亏损企业亏损额	平均用工人数(人)
620168.10	**61047.30**	**2365810.80**	**2445414.50**	**620852.30**	**518840**
80117.70	51347.10	352705.30	374131.00	66448.60	75816
90975.10	3369.20	216949.30	239557.80	113410.10	84093
64275.60	4347.80	155089.70	168154.00	63993.50	41802
46213.10	2397.00	348821.90	361379.20	17868.50	52159
27902.90	15.20	245791.00	254224.90	79716.70	20715
25504.80	7873.90	74992.10	60001.20	32836.50	12453
47382.10	549.00	81666.20	76069.90	64127.40	35948
24874.30	-1920.40	104428.70	108304.80	16023.00	54265
32429.30	159.80	191255.20	196273.60	17001.10	51009
48289.20	16970.20	108951.90	112026.10	62308.60	27279
19096.90	-345.30	76731.30	80127.80	7675.10	15187
75877.60	4229.70	237692.20	238362.90	39819.20	16339
21310.20	205.10	98374.30	101572.80	14043.40	14250
15919.30	-28151.00	75031.10	77636.90	25580.60	18676

1-B-11 按地区分组的规

地 区	企业单位数（个）	资产总计	固定资产净额	固定资产原价
广西壮族自治区	**264**	**5430360.70**	**968218.30**	**1959362.80**
南宁市	13	60341.80	19071.20	26722.70
柳州市	12	74187.80	6931.10	14272.30
桂林市	26	196893.70	45882.20	89853.10
梧州市	29	347315.70	128539.80	188891.00
北海市	7	558078.50	51662.30	297483.30
防城港市	17	251230.90	26212.30	38546.10
钦州市	19	150812.60	25895.50	44857.30
贵港市	17	73371.80	13629.20	36402.50
玉林市	13	25144.80	9069.20	12874.10
百色市	37	1148915.10	144547.10	370568.80
贺州市	17	164467.00	49274.40	80020.80
河池市	21	1502413.20	190240.40	342683.70
来宾市	27	314614.40	80806.40	108604.40
崇左市	9	562573.40	176457.20	307582.70

模以上采矿业主要经济指标

单位：万元

累计折旧	流动资产合计	应收账款	存货		负债合计
				产成品	
947195.30	**2752806.20**	**489916.90**	**258305.80**	**134287.30**	**3134844.10**
7651.80	27181.20	7047.90	3723.20	2660.60	24720.50
6714.20	63556.40	6503.20	10465.90	3319.70	59236.90
43961.90	107202.20	19802.60	19711.50	7244.20	91599.60
47480.30	157837.60	37910.80	18671.00	9925.80	151325.10
245821.00	117532.50	4870.60	8748.60	4086.20	189130.90
8904.00	208789.70	16407.00	36158.70	19444.90	169842.40
18215.90	96060.50	21573.60	33776.30	9783.30	121816.90
6673.00	34303.40	8424.30	5791.30	4496.90	37522.50
3237.00	14248.40	3195.80	2286.40	1297.80	20259.00
218138.40	469906.00	57723.50	42665.50	28443.80	756771.00
30530.50	55439.60	23170.90	9482.80	8270.30	57922.60
151866.80	877951.10	84121.30	36084.20	14178.00	988321.90
27641.50	175172.20	18429.50	5669.50	1837.80	226127.60
130359.00	347625.40	180735.90	25070.90	19298.00	240247.20

1-B-11 续表 1

地 区	流动负债合计	应付账款	所有者权益合计	实收资本	国家资本
广西壮族自治区	**2359311.20**	**436902.80**	**2294588.50**	**673511.00**	**164236.70**
南宁市	22392.00	2265.50	35621.30	9208.80	3000.00
柳州市	55802.40	9741.30	14950.80	15607.70	
桂林市	74726.40	9370.90	105293.90	34997.50	8048.00
梧州市	131109.30	30268.10	195990.60	60966.20	10500.00
北海市	103088.30	14866.60	368947.60	26433.80	
防城港市	146632.50	31938.10	81388.20	19837.30	
钦州市	111361.70	33712.90	28068.70	36702.40	
贵港市	37433.50	5474.20	35849.40	27328.00	
玉林市	10295.00	3193.10	4885.70	3741.00	
百色市	558078.90	58799.50	392144.20	80448.90	31652.60
贺州市	52782.40	1934.80	106544.40	82507.20	56103.90
河池市	670645.60	135311.50	514091.00	219328.60	14784.50
来宾市	162386.50	24425.20	88486.60	46311.30	34790.50
崇左市	222576.70	75601.10	322326.10	10092.30	5357.20

单位：万元

					营业收入
集体资本	法人资本	个人资本	港澳台资本	外商资本	
22813.20	**343116.80**	**132660.70**	**3519.30**	**7163.50**	**3271053.50**
	1200.00	5008.70			63957.80
55.90	46.00	15505.80			52222.40
14650.70	4836.80	1432.90	746.20	5282.90	113473.80
	43543.00	6922.70			545154.10
732.00	17904.40	5024.40	2773.10		244539.40
	14555.80	5281.50			630882.40
	2295.70	34406.70			119699.60
	20528.30	4918.80		1880.60	76549.40
	906.20	2834.80			47349.40
920.00	40068.70	7807.60			322559.30
	22809.30	3594.00			116053.60
3066.50	171059.60	30418.00			435575.00
536.00	2263.00	8721.80			121876.70
2852.10	1100.00	783.00			381160.60

1-B-11 续表 2

地　区	营业成本	销售费用	管理费用	财务费用	
					利息收入
广西壮族自治区	**2388029.40**	**119757.40**	**210334.70**	**65395.90**	**2671.70**
南宁市	41320.20	7056.30	5205.30	475.60	20.60
柳州市	39153.50	3094.60	5469.90	1470.40	-0.60
桂林市	66598.10	15246.90	9919.00	2276.20	99.10
梧州市	387656.70	7493.30	35119.80	3444.00	37.60
北海市	68476.80	2706.90	7441.30	3938.10	1274.10
防城港市	564622.40	24257.80	9358.90	3062.30	-17.30
钦州市	99114.50	6191.00	5642.10	1431.50	273.70
贵港市	51012.30	2414.80	11089.80	85.20	89.50
玉林市	40210.70	2038.70	2580.40	51.30	
百色市	240255.50	17040.40	50251.10	7330.50	972.70
贺州市	74622.10	8302.10	11212.80	624.00	14.10
河池市	310679.10	3547.70	37726.00	32128.80	114.20
来宾市	87747.30	15981.20	6791.00	2403.70	15.30
崇左市	316560.20	4385.70	12527.30	6674.30	-221.30

单位：万元

利息支出	投资收益（损失以“-”号记）	营业利润	利润总额	亏损企业亏损额	平均用工人数(人)
60050.40	**60218.90**	**480830.70**	**466988.10**	**48102.50**	**43268**
438.70	-158.50	6415.50	6457.80	1409.10	849
1469.80		2115.50	2291.20	1459.00	687
1937.40	651.10	16707.70	16710.60	1363.80	3847
3511.70	13.70	99288.20	99181.90	76.00	7173
545.50		149716.70	149811.30	5738.70	1155
2680.70		28086.00	16618.40	331.50	1212
1286.90		6962.10	6733.60	732.50	1516
173.90	37.30	9337.10	9145.70		1231
47.70		1653.80	1298.80	454.20	789
6659.50	7012.20	11128.40	10174.70	25593.20	8226
625.10	0.20	11680.40	11690.10		2350
32890.00	52495.90	95320.80	95231.40	9081.80	7863
2355.20	157.30	7128.70	6890.50	1477.70	1782
5428.30	9.70	35289.80	34752.10	385.00	4588

1-B-12 按地区分组的规模以上

地　区	企业单位数（个）	资产总计	固定资产净额	固定资产原价
广西壮族自治区	**13**	**835179.80**	**72837.00**	**253450.10**
南宁市	1	8576.50	2410.50	2470.70
柳州市				
桂林市				
梧州市				
北海市				
防城港市	1	56329.90	4079.10	8119.90
钦州市				
贵港市				
玉林市				
百色市	6	724506.20	49003.80	215945.50
贺州市				
河池市	4	44089.60	16815.20	26111.80
来宾市				
崇左市	1	1677.60	528.40	802.20

煤炭开采和洗选业主要经济指标

单位：万元

累计折旧	流动资产合计	应收账款	存货	产成品	负债合计
175591.10	**402705.70**	**38274.90**	**34330.70**	**25722.20**	**555558.30**
60.20	781.40				4808.60
2397.80	49224.40	3865.40	8459.50	3794.50	50898.40
163562.70	326270.60	30250.70	23336.40	20368.00	476130.10
9296.60	25280.20	4158.80	2534.80	1559.70	23587.10
273.80	1149.10				134.10

1-B-12 续表 1

地　　区	流动负债合计	应付账款	所有者权益合　　计	实收资本	国家资本
广西壮族自治区	**437666.20**	**33988.60**	**279621.30**	**58021.40**	**14524.60**
南宁市	4642.10		3767.90	3000.00	
柳州市					
桂林市					
梧州市					
北海市					
防城港市	48604.50	9484.60	5431.50	5000.00	
钦州市					
贵港市					
玉林市					
百色市	360698.40	24399.00	248376.00	31771.40	14524.60
贺州市					
河池市	23587.10	105.00	20502.40	17650.00	
来宾市					
崇左市	134.10		1543.50	600.00	

单位：万元

集体资本	法人资本	个人资本	港澳台资本	外商资本	营业收入
	22346.80	**21150.00**			**237061.20**
		3000.00			2499.20
	4500.00	500.00			108623.40
	17246.80				111667.80
		17650.00			12229.70
	600.00				2041.10

1-B-12 续表 2

地　区	营业成本	销售费用	管理费用	财务费用	
					利息收入
广西壮族自治区	**191821.90**	**7892.80**	**34771.60**	**3325.40**	**741.50**
南宁市	2243.70	32.30	121.60	122.30	0.20
柳州市					
桂林市					
梧州市					
北海市					
防城港市	100962.60	5161.50	597.80	1480.00	–204.40
钦州市					
贵港市					
玉林市					
百色市	78989.00	2688.70	31369.00	1723.40	946.10
贺州市					
河池市	8292.80	10.30	2415.80	0.10	
来宾市					
崇左市	1333.80		267.40	–0.40	–0.40

单位：万元

利息支出	投资收益（损失以“-”号记）	营业利润	利润总额	亏损企业亏损额	平均用工人数（人）
2784.30	**7012.20**	**8968.80**	**8812.60**	**16514.90**	**6400**
122.50		-102.40	5.60		109
1474.40		185.60	277.30		75
1187.40	7012.20	7326.50	6696.30	14671.50	5077
		1177.50	1453.50	1843.40	1119
		381.60	379.90		20

1-B-13 按地区分组的规模以上

地　　区	企业单位数（个）	资产总计	固定资产净额	固定资产原价
广西壮族自治区	**1**	**392061.50**	**26611.80**	**227247.40**
南宁市				
柳州市				
桂林市				
梧州市				
北海市	1	392061.50	26611.80	227247.40
防城港市				
钦州市				
贵港市				
玉林市				
百色市				
贺州市				
河池市				
来宾市				
崇左市				

石油和天然气开采业主要经济指标

单位：万元

累计折旧	流动资产合计	应收账款	存货	产成品	负债合计
200635.60	**42380.40**		**850.60**		**54222.70**
200635.60	42380.40		850.60		54222.70

1-B-13 续表 1

地 区			所有者权益合 计		
	流动负债合计	应付账款		实收资本	国家资本
广西壮族自治区	**4236.90**		**337838.90**		
南宁市					
柳州市					
桂林市					
梧州市					
北海市	4236.90		337838.90		
防城港市					
钦州市					
贵港市					
玉林市					
百色市					
贺州市					
河池市					
来宾市					
崇左市					

单位：万元

集体资本	法人资本	个人资本	港澳台资本	外商资本	营业收入
					180761.70
					180761.70

1-B-13 续表 2

地 区	营业成本	销售费用	管理费用	财务费用	
					利息收入
广西壮族自治区	**23124.60**	**265.40**	**961.80**	**2099.60**	**-11.10**
南宁市					
柳州市					
桂林市					
梧州市					
北海市	23124.60	265.40	961.80	2099.60	-11.10
防城港市					
钦州市					
贵港市					
玉林市					
百色市					
贺州市					
河池市					
来宾市					
崇左市					

单位：万元

利息支出	投资收益（损失以“-”号记）	营业利润	利润总额	亏损企业亏损额	平均用工人数（人）
		144127.80	**144127.80**		**122**
		144127.80	144127.80		122

1-B-14 按地区分组的规模以上

地　区	企业单位数（个）	资产总计	固定资产净额	固定资产原价
广西壮族自治区	**30**	**812881.20**	**198835.60**	**344909.60**
南宁市				
柳州市	4	41784.40	529.70	1674.40
桂林市				
梧州市				
北海市				
防城港市	7	95662.20	7990.40	11880.10
钦州市	6	49386.50	13473.90	17042.00
贵港市	3			
玉林市				
百色市	5	80687.80	3036.40	12297.20
贺州市				
河池市				
来宾市	1	3693.70	57.50	243.20
崇左市	4	541666.60	173747.70	301772.70

黑色金属矿采选业主要经济指标

单位：万元

累计折旧	流动资产合计	应收账款	存货	产成品	负债合计
142314.90	**515822.80**	**192277.40**	**61529.30**	**29466.00**	**426613.00**
1144.70	41085.90	110.80	8080.40	1052.70	36840.00
3889.60	77536.80	2584.60	15729.90	7070.60	65581.10
3568.10	23414.10	4268.60	7585.90	921.70	31987.90
5502.00	35204.30	7819.90	7345.80	1899.10	56441.50
185.60	934.70				4155.70
128024.90	337647.00	177493.50	22787.30	18521.90	231606.80

1-B-14 续表 1

地区	流动负债合计	应付账款	所有者权益合计	实收资本	国家资本
广西壮族自治区	**387697.20**	**103328.80**	**386268.10**	**34632.10**	**4928.00**
南宁市					
柳州市	36240.00	3190.50	4944.40	8351.10	
桂林市					
梧州市					
北海市					
防城港市	48899.30	20867.10	30080.80	7150.00	
钦州市	25496.40	1994.50	17398.50	10749.70	
贵港市				0.30	
玉林市					
百色市	56186.80	5527.10	24246.50	6878.00	4628.00
贺州市					
河池市					
来宾市	4155.70	541.30	-461.90	40.00	
崇左市	216719.00	71208.30	310059.80	1463.00	300.00

单位：万元

集体资本	法人资本	个人资本	港澳台资本	外商资本	营业收入
431.10	**5700.00**	**23572.70**			**713890.90**
51.10		8300.00			13423.90
	4650.00	2500.00			251343.80
	50.00	10699.70			32900.40
	1000.00	1250.00			55663.90
		40.00			
380.00		783.00			360558.90

1-B-14 续表 2

地 区	营业成本	销售费用	管理费用	财务费用	
					利息收入
广西壮族自治区	**613405.90**	**6256.50**	**17363.40**	**9269.60**	**-235.50**
南宁市					
柳州市	10867.10	23.60	306.40	1225.30	0.70
桂林市					
梧州市					
北海市					
防城港市	226533.60	2528.10	1577.50	634.90	1.60
钦州市	29533.50	786.30	461.40	305.40	0.20
贵港市					
玉林市					
百色市	45157.30	2018.30	3557.20	467.40	4.00
贺州市					
河池市					
来宾市			25.60		
崇左市	301314.40	900.20	11435.30	6636.60	-242.00

单位：万元

利息支出	投资收益（损失以"–"号记）	营业利润	利润总额	亏损企业亏损额	平均用工人数(人)
7651.00	**9.70**	**60881.80**	**49437.30**	**1248.20**	**6448**
1222.60		976.00	1043.40	1220.40	124
498.60		19779.90	8568.80		455
93.90		1701.30	1703.30		584
					154
463.50		3293.50	3483.70	2.20	783
		–25.60	–25.60	25.60	4
5372.40	9.70	35156.70	34663.70		4344

1-B-15 按地区分组的规模以上

地　区	企业单位数（个）	资产总计	固定资产净额	固定资产原价
广西壮族自治区	**61**	**2226651.30**	**427078.00**	**712463.70**
南宁市	1	5033.10	1941.90	5443.70
柳州市	1	12408.40	1542.90	3452.60
桂林市	5	23908.90	10358.20	15335.80
梧州市	13	222701.00	71173.30	102866.60
北海市				
防城港市	1	5220.70	466.20	483.70
钦州市	10	97045.50	10930.30	23247.20
贵港市	3	9970.60	997.60	2158.70
玉林市	1	1946.80	611.50	652.30
百色市	6	238396.90	69626.80	114401.20
贺州市	3	48930.40	29359.10	50309.70
河池市	12	1440054.70	168357.00	309720.00
来宾市	4	108888.60	60769.40	82514.70
崇左市	1	12145.70	943.80	1877.50

有色金属矿采选业主要经济指标

单位：万元

累计折旧	流动资产合计	应收账款	存货	产成品	负债合计
277639.70	**1108928.90**	**112397.80**	**94657.80**	**39659.80**	**1438692.50**
3501.80	2373.10		75.40		124.60
1909.70	7991.70	13.40	1529.70	1411.20	7058.30
4977.50	10279.90	2359.70	1442.20	74.20	17479.20
24683.30	107148.40	12985.80	14534.30	8099.60	97257.60
17.50	3886.90	539.60	1968.80	1232.60	2245.00
12317.00	70932.90	16420.30	25420.20	8366.90	82164.70
1161.10	7153.60	325.70	2453.50	1659.40	11953.80
40.80	1034.10	178.30	498.70		829.40
44775.00	31552.00	1061.10	8707.60	3089.70	198632.60
20790.50	9497.50	116.70	3405.90	2743.20	19443.30
140786.60	844010.80	76681.90	30932.40	10634.30	956686.80
21745.20	9156.40	303.10	3025.00	1700.70	41910.20
933.70	3911.60	1412.20	664.10	648.00	2907.00

1-B-15 续表 1

地　区	流动负债合计	应付账款	所有者权益合计	实收资本	国家资本
广西壮族自治区	**1019526.20**	**200791.40**	**787031.90**	**366074.90**	**95732.20**
南宁市	124.60	2.10	4908.50	3000.00	3000.00
柳州市	6900.30	106.90	5350.10	4500.00	
桂林市	17479.20	3518.70	6429.70	6962.00	
梧州市	90290.00	11093.80	125443.40	50872.50	10500.00
北海市					
防城港市	2245.00	-321.50	2975.70	2000.00	
钦州市	78437.00	31124.90	13954.00	24932.70	
贵港市	11953.80	124.10	-1983.20	2600.00	
玉林市	829.40	651.30	1117.40	887.50	
百色市	118838.10	16303.00	39764.40	16350.00	12500.00
贺州市	17481.50	1734.20	29487.10	16100.00	15100.00
河池市	639460.50	132894.40	483367.80	195479.70	14784.50
来宾市	35362.50	3440.50	66978.30	35490.50	34790.50
崇左市	124.30	119.00	9238.70	6900.00	5057.20

单位：万元

集体资本	法人资本	个人资本	港澳台资本	外商资本	营业收入
9209.30	**221499.30**	**39633.60**			**1012596.80**
					506.80
		4500.00			8073.50
3800.00	3102.00	60.00			7792.80
	40292.00	80.00			356888.70
		2000.00			638.00
	1445.70	23487.00			75356.10
	1600.00	1000.00			8232.70
		887.50			11594.10
	3800.00	50.00			57161.40
	1000.00				36146.10
3066.50	170059.60	7569.10			410188.90
500.00	200.00				34752.00
1842.80					5265.70

1-B-15 续表 2

地　区	营业成本	销售费用	管理费用	财务费用	
					利息收入
广西壮族自治区	**725591.40**	**11520.90**	**85398.20**	**42192.50**	**482.90**
南宁市	428.20	76.00	1262.40	-27.70	27.90
柳州市	5534.80		1445.90	142.10	
桂林市	6663.60	66.90	1257.30	477.90	
梧州市	238618.90	4611.90	25263.30	1903.70	37.00
北海市					
防城港市	606.30	67.50	69.90	39.00	
钦州市	60839.90	4558.60	3641.60	1103.40	263.30
贵港市	5139.00	28.30	1481.20	88.60	-0.10
玉林市	10997.00	131.20	224.80		
百色市	48102.00	197.90	10447.60	4406.20	-3.70
贺州市	24989.80	245.70	3417.20	517.90	8.50
河池市	292348.90	1186.80	34411.60	32038.10	112.30
来宾市	26223.20	337.00	2087.80	1519.00	16.70
崇左市	5099.80	13.10	387.60	-15.70	21.00

单位：万元

利息支出	投资收益（损失以“-”号记）	营业利润	利润总额	亏损企业亏损额	平均用工人数（人）
43307.30	**52388.40**	**172299.90**	**171585.20**	**20889.90**	**15253**
	-158.50	-1397.00	-1409.10	1409.10	140
142.20		622.80	736.40		251
469.50		-751.20	-744.40	797.60	348
1781.10	13.70	76024.80	75835.90	76.00	3794
		-153.30	-153.30	153.30	23
1180.50		5125.40	5045.60	628.80	768
88.60	37.30	1297.30	1251.10		209
		229.90	229.90		111
4785.70		-10186.80	-10519.60	10548.90	1551
519.10		3094.70	3441.00		927
32800.20	52495.90	94501.10	94047.20	6704.20	6520
1535.20		4148.70	4117.90	278.60	593
5.20		-256.50	-293.40	293.40	18

1-B-16 按地区分组的规模以上

地　区	企业单位数（个）	资产总计	固定资产净额	固定资产原价
广西壮族自治区	**157**	**1162246.80**	**242201.80**	**420551.80**
南宁市	11	46732.20	14718.80	18808.30
柳州市	7	19995.00	4858.50	9145.30
桂林市	21	172984.80	35524.00	74517.30
梧州市	16	124614.70	57366.50	86024.40
北海市	6	166017.00	25050.50	70235.90
防城港市	7	92882.70	13122.60	17424.40
钦州市	3	4380.60	1491.30	4568.10
贵港市	11	63401.20	12631.60	34243.80
玉林市	11	22993.30	8357.60	12119.60
百色市	20	105324.20	22880.10	27924.90
贺州市	14	115536.60	19915.30	29711.10
河池市	5	18268.90	5068.20	6851.90
来宾市	22	202032.10	19979.50	25846.50
崇左市	3	7083.50	1237.30	3130.30

非金属矿采选业主要经济指标

单位：万元

累计折旧	流动资产合计	应收账款	存货	产成品	负债合计
150927.90	**682643.80**	**146880.60**	**66829.10**	**39331.70**	**659302.40**
4089.80	24026.70	7047.90	3647.80	2660.60	19787.30
3659.80	14478.80	6379.00	855.80	855.80	15338.60
38984.40	96922.30	17442.90	18269.30	7170.00	74120.40
22797.00	50689.20	24925.00	4136.70	1826.20	54067.50
45185.40	75152.10	4870.60	7898.00	4086.20	134908.20
2515.10	77837.70	9336.20	9897.80	7244.50	50663.90
2330.80	1713.50	884.70	770.20	494.70	7664.30
5511.90	27149.80	8098.60	3337.80	2837.50	25568.70
3194.10	13193.60	3012.50	1782.10	1292.90	19428.40
4298.70	76879.10	18591.80	3275.70	3087.00	25566.80
9740.00	45942.10	23054.20	6076.90	5527.10	38479.30
1783.60	8660.10	3280.60	2617.00	1984.00	8048.00
5710.70	165081.10	18126.40	2644.50	137.10	180061.70
1126.60	4917.70	1830.20	1619.50	128.10	5599.30

1-B-16 续表 1

地 区	流动负债合计	应付账款	所有者权益合计	实收资本	国家资本
广西壮族自治区	**509729.50**	**98340.00**	**502943.40**	**214101.10**	**49051.90**
南宁市	17625.30	2263.40	26944.90	3208.80	
柳州市	12662.10	6443.90	4656.30	2756.60	
桂林市	57247.20	5852.20	98864.20	28035.50	8048.00
梧州市	40819.30	19174.30	70547.20	10093.70	
北海市	98851.40	14866.60	31108.70	26433.80	
防城港市	46429.70	1453.90	42218.80	5205.80	
钦州市	7428.30	593.50	-3283.80	1020.00	
贵港市	25479.70	5350.10	37832.60	24727.70	
玉林市	9464.40	2541.80	3564.80	2653.50	
百色市	22355.60	12570.40	79757.30	25449.50	
贺州市	35300.90	200.60	77057.30	66407.20	41003.90
河池市	7598.00	2312.10	10220.80	6198.90	
来宾市	122868.30	20443.40	21970.20	10780.80	
崇左市	5599.30	4273.80	1484.10	1129.30	

单位：万元

集体资本	法人资本	个人资本	港澳台资本	外商资本	营业收入
13172.80	**93170.70**	**48022.90**	**3519.30**	**7163.50**	**1125982.10**
	1200.00	2008.70			60951.80
4.80	46.00	2705.80			30725.00
10850.70	1734.80	1372.90	746.20	5282.90	105681.00
	3251.00	6842.70			188265.40
732.00	17904.40	5024.40	2773.10		63777.70
	5205.80				269555.90
	800.00	220.00			11443.10
	18928.30	3918.80		1880.60	68316.70
	706.20	1947.30			35715.80
920.00	18021.90	6507.60			98066.20
	21809.30	3594.00			79907.50
	1000.00	5198.90			13156.40
36.00	2063.00	8681.80			87124.70
629.30	500.00				13294.90

1-B-16 续表 2

地　区	营业成本	销售费用	管理费用	财务费用	
					利息收入
广西壮族自治区	**833555.90**	**93654.30**	**71784.20**	**8499.70**	**1693.90**
南宁市	38648.30	6948.00	3821.30	381.00	-7.50
柳州市	22751.60	3071.00	3717.60	103.00	-1.30
桂林市	59934.50	15180.00	8661.70	1798.30	99.10
梧州市	149037.80	2881.40	9856.50	1540.30	0.60
北海市	45352.20	2441.50	6479.50	1838.50	1285.20
防城港市	236005.90	16342.10	7069.40	899.40	185.50
钦州市	8741.10	846.10	1539.10	22.70	10.20
贵港市	45873.30	2386.50	9608.60	-3.40	89.60
玉林市	29198.00	1898.60	2344.40	51.20	
百色市	68007.20	12135.50	4877.30	733.50	26.30
贺州市	49632.30	8056.40	7795.60	106.10	5.60
河池市	10037.40	2350.60	898.60	90.60	1.90
来宾市	61524.10	15644.20	4677.60	884.70	-1.40
崇左市	8812.20	3472.40	437.00	53.80	0.10

单位：万元

利息支出	投资收益（损失以“-”号记）	营业利润	利润总额	亏损企业亏损额	平均用工人数（人）
6307.70	**808.60**	**94565.40**	**93038.20**	**9432.90**	**14930**
316.20		7914.90	7861.30		600
105.00		516.70	511.40	238.60	312
1467.90	651.10	17458.90	17455.00	566.20	3499
1730.60		23263.40	23346.00		3379
545.50		5588.90	5683.50	5738.70	1033
707.70		8290.40	7942.20	161.60	624
12.50		135.40	-15.30	103.70	164
85.30		8039.80	7894.60		868
47.60		1420.30	1065.30	454.20	598
222.90		10695.20	10514.30	370.60	815
106.00	0.20	8585.70	8249.10		1423
89.80		-357.80	-269.30	534.20	224
820.00	157.30	3005.60	2798.20	1173.50	1185
50.70		8.00	1.90	91.60	206

1-B-17 按地区分组的规模以上

地　　区	企业单位数（个）	资产总计		
			固定资产净额	固定资产原价
广西壮族自治区	**2**	**1340.10**	**654.10**	**740.20**
南宁市				
柳州市				
桂林市				
梧州市				
北海市				
防城港市	1	1135.40	554.00	638.00
钦州市				
贵港市				
玉林市	1	204.70	100.10	102.20
百色市				
贺州市				
河池市				
来宾市				
崇左市				

其他采矿业主要经济指标

单位：万元

累计折旧	流动资产合计	应收账款	存货	产成品	负债合计
86.10	**324.60**	**86.20**	**108.30**	**107.60**	**455.20**
84.00	303.90	81.20	102.70	102.70	454.00
2.10	20.70	5.00	5.60	4.90	1.20

1-B-17 续表 1

地　区	流动负债合计	应付账款	所有者权益合计	实收资本	国家资本
广西壮族自治区	**455.20**	**454.00**	**884.90**	**681.50**	
南宁市					
柳州市					
桂林市					
梧州市					
北海市					
防城港市	454.00	454.00	681.40	481.50	
钦州市					
贵港市					
玉林市	1.20		203.50	200.00	
百色市					
贺州市					
河池市					
来宾市					
崇左市					

单位：万元

集体资本	法人资本	个人资本	港澳台资本	外商资本	营业收入
	400.00	**281.50**			**760.80**
	200.00	281.50			721.30
	200.00				39.50

1-B-17 续表 2

地　区	营业成本	销售费用	管理费用	财务费用	
					利息收入
广西壮族自治区	**529.70**	**167.50**	**55.50**	**9.10**	
南宁市					
柳州市					
桂林市					
梧州市					
北海市					
防城港市	514.00	158.60	44.30	9.00	
钦州市					
贵港市					
玉林市	15.70	8.90	11.20	0.10	
百色市					
贺州市					
河池市					
来宾市					
崇左市					

单位：万元

利息支出	投资收益（损失以"–"号记）	营业利润	利润总额	亏损企业亏损额	平均用工人数(人)
0.10		**–13.00**	**–13.00**	**16.60**	**115**
		–16.60	–16.60	16.60	35
0.10		3.60	3.60		80

1-B-18 按地区分组的规模

地 区	企业单位数（个）	资产总计	固定资产净额	固定资产原价
广西壮族自治区	**5430**	**125716163.90**	**31992605.10**	**56526025.40**
南宁市	962	21067421.20	4268791.30	7361982.90
柳州市	861	31148925.40	7154151.60	13390249.10
桂林市	540	7448990.00	1702266.40	3094668.50
梧州市	362	5420679.50	1250215.40	2355910.70
北海市	220	8751659.40	2520274.60	3893864.30
防城港市	118	9108657.50	2333447.10	3446249.60
钦州市	285	7976369.60	3352849.40	5396446.70
贵港市	567	5330429.50	945539.20	2102288.10
玉林市	495	6883104.50	1221582.80	2473517.50
百色市	269	9330256.60	3483197.40	6439840.30
贺州市	176	2411488.30	761311.70	1161238.80
河池市	148	2842610.50	694199.40	1373801.20
来宾市	197	3798970.70	1148538.30	1920929.50
崇左市	231	4196601.20	1156240.50	2115038.20

以上制造业主要经济指标

单位：万元

累计折旧	流动资产合计	应收账款	存货	产成品	负债合计
22691545.90	**72058659.00**	**15474293.80**	**17591092.70**	**7323664.50**	**78245151.70**
2735267.60	12847316.30	4814765.50	2736787.40	805630.60	12963604.10
6072571.70	18875223.00	3501996.80	4558187.30	2111661.90	20121431.70
1273673.00	4375090.10	1201102.20	1053615.70	417393.70	3721148.20
820848.80	2867392.20	613105.60	1101757.80	655768.70	3061536.60
1353417.50	5214133.80	1090064.60	1414038.70	407409.10	5423124.90
1051083.60	4872881.20	401779.90	1077845.50	317826.60	5996423.30
2021070.40	3922384.00	785026.10	1015470.40	434906.20	4161223.70
810664.50	3201053.20	678340.00	818328.80	409583.80	2646441.70
1088736.60	4470738.20	809362.70	896585.00	405112.10	4051597.50
2827603.10	3996506.80	513116.50	991194.30	364691.40	6247954.20
373457.80	1328172.70	250504.10	308880.10	170763.80	1494289.70
613786.70	1705507.50	131497.50	720701.80	331728.60	2662450.00
761289.20	1959881.70	350299.30	429760.20	198643.10	3044235.90
888075.40	2422378.30	333333.00	467939.80	292544.90	2649690.30

1-B-18 续表 1

地 区	流动负债合计	应付账款	所有者权益合计	实收资本	国家资本
广西壮族自治区	**67904307.80**	**20546384.70**	**47470980.10**	**22333075.50**	**5553982.20**
南宁市	11255716.30	4454163.40	8103810.30	4040936.60	842593.60
柳州市	18039946.50	6141756.40	11027486.80	3866276.00	1562053.70
桂林市	3198478.00	922127.90	3727841.10	1674447.60	209042.40
梧州市	2645463.50	736820.90	2359138.90	913328.70	92183.40
北海市	4202036.60	1674903.40	3328532.20	2380030.80	1220220.50
防城港市	5060653.80	1318003.00	3112233.80	1460244.80	315602.40
钦州市	3530650.50	953566.20	3815143.90	1622371.40	186761.40
贵港市	2338805.20	745646.90	2683984.70	1111697.00	5085.30
玉林市	3510673.60	842781.60	2831505.70	961849.40	154340.00
百色市	5408074.10	1088703.10	3082301.80	1750169.40	651625.50
贺州市	1321498.50	281124.90	917196.80	524834.00	74519.90
河池市	2422574.20	323577.70	180159.90	450179.00	9992.10
来宾市	2659327.60	591055.30	754734.00	964011.10	175028.10
崇左市	2310409.40	472154.00	1546910.30	612699.60	54933.80

单位：万元

集体资本	法人资本	个人资本	港澳台资本	外商资本	营业收入
466294.90	**8252417.60**	**5318268.50**	**1324392.10**	**1417816.50**	**148377808.50**
132633.20	1693537.00	866079.80	314843.90	191248.70	20549412.30
103362.30	1252002.00	653340.80	27914.60	267603.10	41980859.60
74103.00	693014.70	483452.40	161952.20	52882.20	5861924.20
14387.50	429404.50	205904.00	107000.40	64448.70	8150742.80
14436.30	475256.30	219283.70	134519.50	316314.30	16437762.10
10101.70	435229.40	461503.10	54159.50	183649.00	9237815.70
28483.70	312173.00	1047677.40	28555.80	18819.90	10810050.80
14123.00	478019.20	296832.70	303700.30	13936.20	7547069.60
35301.40	312042.80	310140.10	73015.00	77009.80	7995276.50
7321.10	824602.10	171522.70	48897.60	46200.00	7783280.10
13283.20	173514.50	207162.40	34333.30	22019.40	2836911.60
3591.30	249970.70	182124.80	4500.00		2846782.40
380.00	583719.80	123111.30	3700.70	78070.90	2708982.70
14787.20	339931.60	90133.30	27299.30	85614.30	3630938.10

1-B-18 续表 2

地 区	营业成本	销售费用	管理费用	财务费用	
					利息收入
广西壮族自治区	**127431399.00**	**3561931.00**	**4992985.30**	**1087256.90**	**117035.70**
南宁市	17637354.20	470122.30	822643.40	155511.60	7097.40
柳州市	35888173.50	1283010.80	1559091.60	138533.20	39287.80
桂林市	4627023.90	336206.60	376982.80	45643.80	6175.90
梧州市	6716288.70	259540.70	330665.90	46638.20	1276.50
北海市	14104364.50	146471.30	230418.00	76544.40	-33074.90
防城港市	8294597.90	109732.30	182470.40	78541.50	56764.50
钦州市	9205300.80	163030.10	232124.90	105750.20	8822.30
贵港市	6587304.00	112095.70	255527.60	38641.80	-1351.30
玉林市	6736557.00	263958.20	387438.70	56136.00	12071.90
百色市	6894537.60	121000.60	194618.50	88312.30	17364.40
贺州市	2502470.70	109942.90	90383.00	24474.10	328.70
河池市	2695140.90	52334.20	80922.80	70228.50	166.60
来宾市	2424734.80	48226.20	132541.50	85396.00	1471.10
崇左市	3117550.50	86259.10	117156.20	76905.20	634.80

单位：万元

利息支出	投资收益（损失以"-"号记）	营业利润	利润总额	亏损企业亏损额	平均用工人数(人)
1360438.80	**287217.00**	**7843483.30**	**8153385.90**	**1140480.70**	**1144052**
185433.50	72597.00	854548.40	917874.10	181779.90	171607
249735.60	149193.20	2197673.60	2319646.30	155113.30	237628
60459.40	37661.40	469437.00	491107.10	59158.90	88525
42509.10	3129.50	740624.70	768402.10	33563.40	95707
164233.50	-328.00	843432.00	869841.70	149387.10	59665
125181.00	15721.60	543322.70	543348.20	62552.80	25736
98780.40	2602.10	484834.10	475276.00	63836.40	55503
42583.30	1574.30	520609.70	522776.70	19560.20	119863
57886.90	22581.30	524626.80	535897.30	44939.10	118633
96456.30	4014.00	422323.00	442022.80	105681.20	53765
19536.00	-330.70	94859.90	101245.80	14928.80	24629
63491.60	1461.00	-77298.20	-67550.60	111441.50	30835
84134.10	197.70	524.20	3048.40	97041.70	29651
70018.10	-22857.40	223965.50	230450.00	41496.40	31056

1-B-19 按地区分组的规模以上

地　区	企业单位数（个）	资产总计	固定资产净额	固定资产原价
广西壮族自治区	**538**	**14715200.50**	**2663163.40**	**5591728.80**
南宁市	120	2687766.60	551449.20	1175591.60
柳州市	31	555520.40	95554.50	304785.70
桂林市	52	470785.70	44800.10	76297.90
梧州市	14	512632.10	129747.00	206237.70
北海市	55	1119202.50	167513.40	322558.40
防城港市	26	2652929.10	340704.50	689689.20
钦州市	32	1028308.10	247991.00	415852.10
贵港市	53	905889.50	114320.30	287774.70
玉林市	43	627357.00	133856.40	198643.60
百色市	22	543087.20	101106.80	249430.10
贺州市	14	122758.60	26597.00	41022.60
河池市	11	279033.60	91618.30	210245.40
来宾市	27	1058733.00	195971.10	476194.30
崇左市	38	2151197.10	421933.80	937405.50

农副食品加工业主要经济指标

单位：万元

累计折旧	流动资产合计	应收账款	存货	产成品	负债合计
2749820.00	**9852749.80**	**1010033.30**	**1878959.40**	**836039.10**	**9876160.70**
523277.90	1350010.70	177866.60	263063.70	91354.70	1583827.30
208152.30	381805.20	30945.20	80257.50	52192.50	257162.90
31442.40	335211.10	37626.20	45734.40	12265.10	311728.60
76322.40	252025.30	33732.50	93415.20	72114.80	100173.70
140801.60	884737.30	113533.30	216085.60	109124.00	974698.50
316059.70	2205849.50	161154.60	471976.30	156603.00	2041315.30
167825.90	669668.80	52057.70	193314.20	68033.90	775425.60
163221.20	493665.10	45745.60	107654.90	35583.60	410639.10
59587.00	421524.30	53536.00	91870.00	29320.00	438299.40
148207.20	394995.30	48300.00	13384.70	5954.20	470906.30
14231.40	73506.60	15783.40	13482.60	2737.50	63782.90
118283.30	126498.60	1577.50	54990.70	26981.10	365797.90
279787.90	785461.30	134436.00	55849.20	31589.80	695826.10
502619.80	1477790.70	103738.70	177880.40	142184.90	1386577.10

1-B-19 续表 1

地　区	流动负债合计	应付账款	所有者权益合计	实收资本	国家资本
广西壮族自治区	**8965946.70**	**1983348.40**	**4839037.90**	**2068651.10**	**350918.20**
南宁市	1356819.10	240654.50	1103938.50	414436.50	43328.60
柳州市	234914.40	67571.60	298357.40	59652.40	3617.70
桂林市	281960.40	27996.50	159057.20	67284.90	5421.70
梧州市	89796.50	12493.80	412458.40	95178.80	
北海市	865610.10	135003.70	144504.00	122536.00	10699.30
防城港市	2013193.10	626121.80	611613.80	245318.30	75293.60
钦州市	674718.70	329061.80	252882.50	243280.90	141750.90
贵港市	388454.20	53213.00	495249.80	179339.00	636.80
玉林市	264608.80	58424.50	189057.30	65112.10	
百色市	455757.90	35557.30	72181.10	89799.20	5000.00
贺州市	60625.50	10486.80	58975.80	18148.50	4000.00
河池市	358747.20	46535.70	-86764.30	56056.10	6408.10
来宾市	669434.00	118409.40	362906.50	197977.40	35927.70
崇左市	1251306.80	221818.00	764619.90	214531.00	18833.80

单位：万元

					营业收入
集体资本	法人资本	个人资本	港澳台资本	外商资本	
36441.30	**1013963.20**	**394519.90**	**78418.50**	**194389.70**	**16968641.40**
3206.10	259063.60	91876.00	4264.70	12697.50	3057167.00
768.00	49380.70	5716.00		170.00	825954.50
734.90	18051.20	40242.10		2835.00	466605.90
	19420.60	9758.20	66000.00		345565.50
11315.70	45447.30	42165.30	15.00	12893.40	1578678.00
656.70	28403.30	52169.20	4511.50	84284.00	3387938.80
10375.00	56770.00	26429.40		7955.60	2040674.30
232.40	100851.80	67555.40	2800.00	7262.50	1260163.30
100.00	45870.60	19081.50		60.00	1152146.00
6521.10	59085.90	18364.70	827.30		273733.10
2501.40	6687.10	4960.00			285825.40
	47398.00	2250.00			183223.20
	150501.20	8604.10		2944.40	629409.50
30.00	127031.90	5348.00		63287.30	1481556.90

1-B-19 续表 2

地 区	营业成本	销售费用	管理费用	财务费用	
					利息收入
广西壮族自治区	**15722147.80**	**300628.00**	**491890.20**	**242994.40**	**61196.10**
南宁市	2780180.60	73574.20	127016.80	52795.90	2932.30
柳州市	765306.40	13552.20	22178.20	7182.70	1728.50
桂林市	428222.50	8983.60	11945.60	6439.80	1286.50
梧州市	293601.70	5947.60	17644.40	-788.10	2616.20
北海市	1495002.70	17996.30	28964.60	30093.10	6341.10
防城港市	3273630.70	53201.70	29695.00	14692.70	40226.10
钦州市	1923797.00	30957.70	25191.30	24751.30	4951.60
贵港市	1162987.50	25972.10	37402.00	8615.60	-252.30
玉林市	1021606.10	16341.40	59097.30	5651.90	-88.80
百色市	265754.30	2864.30	11240.70	13712.10	61.40
贺州市	263342.10	3823.70	7785.70	762.10	1.50
河池市	183948.60	4992.60	13492.00	8974.80	82.10
来宾市	542207.10	7609.10	50469.20	25310.00	1184.50
崇左市	1322560.50	34811.50	49767.40	44800.50	125.40

单位：万元

利息支出	投资收益（损失以“-”号记）	营业利润	利润总额	亏损企业亏损额	平均用工人数(人)
274909.60	**40766.60**	**145868.90**	**155212.20**	**371739.10**	**105073**
54627.90	3398.10	10434.10	14019.80	111677.90	20325
9121.40	2349.30	15638.60	16766.90	11542.30	8869
7569.60	20736.60	31146.80	33230.10	2497.20	3830
1452.00	-257.50	27410.80	27623.60	2298.60	3935
31737.50	85.30	-51246.10	-54883.80	85126.00	8921
52054.60	15712.10	15784.30	12436.70	46216.10	5646
13913.70	922.10	38126.60	41353.10	13747.50	7144
8804.10	1364.10	22709.80	22747.70	3813.40	12198
5335.60	4112.80	52417.80	52860.90	3878.40	6163
11285.10	81.20	-23890.00	-23921.40	31368.10	4282
384.20	-1292.60	9101.60	9261.90	251.90	2344
9007.10	395.20	-27856.00	-27511.60	27761.50	3326
25587.80	53.80	202.40	2143.80	13521.10	6845
44029.00	-6893.90	25888.20	29084.50	18039.10	11245

1-B-20 按地区分组的规模以上

地　　区	企业单位数（个）	资产总计		
			固定资产净额	固定资产原价
广西壮族自治区	**147**	**2175501.30**	**562047.20**	**869499.20**
南宁市	41	820879.80	123695.30	224335.40
柳州市	22	210662.30	102638.90	143105.70
桂林市	28	199794.50	29735.20	52627.40
梧州市	6	57099.60	10470.80	17807.60
北海市	5	75374.70	17162.10	31118.60
防城港市	2	18366.80	1965.70	2024.60
钦州市	5	17302.90	4489.20	6524.00
贵港市	8	19117.50	3108.20	5912.70
玉林市	11	257926.50	53849.50	93517.30
百色市	3	18504.90	5405.60	7405.30
贺州市	5	58786.60	3231.30	8218.20
河池市	1	10297.60	926.70	2501.10
来宾市	3	166485.70	83023.90	113462.30
崇左市	7	244901.90	122344.80	160939.00

食品制造业主要经济指标

单位：万元

累计折旧	流动资产合计	应收账款	存货	产成品	负债合计
300976.10	**1054000.40**	**219522.50**	**194747.00**	**79219.20**	**1120720.40**
95549.00	377483.20	67134.70	41495.50	15609.30	367800.70
40300.90	90653.90	30319.20	28550.90	12071.60	139698.30
22053.20	129850.80	23219.60	35164.60	17337.00	92595.90
7336.60	32854.60	6983.50	12564.00	2599.20	28872.10
13956.50	40649.00	1616.20	3652.20	1269.00	37189.40
58.90	5583.80	2884.10	1991.40	1035.40	8159.40
2023.80	6360.80	1581.30	1785.80	420.20	7680.10
2804.20	13270.60	2194.30	7564.20	5190.70	9388.80
39657.80	162504.30	50786.10	14789.40	3634.10	68022.90
1999.70	7756.60	1075.40	1913.50	1201.90	8150.00
4986.90	50824.40	4798.80	6567.50	5764.20	45675.40
1574.30	5040.10	126.70	1386.60	727.00	6534.10
30080.10	77320.50	11959.50	12557.20	4236.80	84883.60
38594.20	53847.80	14843.10	24764.20	8122.80	216069.70

1-B-20 续表 1

地区	流动负债合计	应付账款	所有者权益合计	实收资本	国家资本
广西壮族自治区	**889442.00**	**168560.10**	**1054780.00**	**566646.20**	**27501.60**
南宁市	240120.70	45611.00	453078.40	235697.10	2069.30
柳州市	106894.00	21940.80	70963.90	40053.20	19343.50
桂林市	76337.30	11056.60	107198.70	49259.30	5318.00
梧州市	26173.80	2941.90	28227.30	11614.50	650.00
北海市	36117.10	10436.00	38185.50	37030.10	
防城港市	2849.40	560.00	10207.30	9976.10	
钦州市	7370.10	1049.10	9622.80	5619.30	
贵港市	6293.20	2097.20	9728.80	2791.90	120.80
玉林市	65934.20	15594.00	189903.50	42546.30	
百色市	6750.00	508.60	10354.80	900.00	
贺州市	43803.70	3498.00	13111.30	5894.30	
河池市	3898.60	274.20	3763.50	106.00	
来宾市	84883.10	14602.50	81601.80	77900.10	
崇左市	182016.80	38390.20	28832.40	47258.00	

单位：万元

集体资本	法人资本	个人资本	港澳台资本	外商资本	营业收入
21698.20	**201276.50**	**185520.20**	**24500.00**	**106149.40**	**1357851.00**
	99121.20	115104.00		19402.50	346355.00
332.30	4781.70	15595.70			242075.80
420.20	6685.80	30202.00		6633.30	123368.60
	1300.00	9664.50			43397.80
	34230.00	2800.00			31972.90
8000.00	1976.10				15968.50
1800.00	3541.10	278.20			49113.90
	65.50	2605.60			43528.40
645.70	15962.10	1591.90		24346.60	196707.60
	200.00	700.00			8055.00
	2960.00	694.30		2240.00	41090.30
		106.00			8949.60
	25400.00			52500.00	97917.80
10500.00	5053.00	6178.00	24500.00	1027.00	109349.80

1-B-20 续表 2

地 区	营业成本	销售费用	管理费用	财务费用	
					利息收入
广西壮族自治区	**1065339.70**	**79221.80**	**83452.00**	**30193.10**	**-714.80**
南宁市	272007.80	29552.00	26479.70	10063.30	453.80
柳州市	198778.20	10888.50	9788.90	7357.50	27.70
桂林市	100746.20	4269.90	8907.80	1989.50	15.70
梧州市	31648.80	4114.10	3530.40	649.70	55.80
北海市	26007.90	1562.50	3020.50	695.70	15.20
防城港市	15641.40	219.00	467.50	573.80	0.10
钦州市	41421.60	2337.40	1975.30	294.30	2.20
贵港市	34191.60	2120.50	5215.10	93.40	6.30
玉林市	138086.10	4299.40	9463.70	219.00	-1488.10
百色市	6057.50	480.30	628.20	613.50	0.70
贺州市	31724.80	3013.70	2385.10	729.30	-21.80
河池市	7358.20	475.40	218.80	272.70	2.60
来宾市	72576.10	10998.00	5549.20	2524.30	-271.20
崇左市	89093.50	4891.10	5821.80	4117.10	486.20

单位：万元

利息支出	投资收益（损失以"-"号记）	营业利润	利润总额	亏损企业亏损额	平均用工人数（人）
33314.00	**17381.60**	**110510.80**	**120363.70**	**17964.30**	**23446**
10355.90	13530.90	17139.80	18394.80	4704.30	6027
7455.30	449.30	13703.70	13246.50	5243.60	2885
2367.50	7970.70	15031.60	19347.70	163.10	3105
668.20	141.00	3028.30	3232.00		1389
694.00		918.50	1122.20	383.60	594
567.10		-1234.90	-1133.60	1325.20	179
323.50		3021.90	3622.70	1192.00	875
80.90		1669.50	1648.90	21.00	2140
1795.70	62.00	42381.00	43927.00	136.00	3016
614.00	18.30	238.30	281.60	59.50	423
694.20	-95.90	2981.70	3143.70	76.40	816
269.10	1.60	571.50	771.90		141
2749.30		5245.40	6877.00		623
4679.30	-4696.30	5814.50	5881.30	4659.60	1233

1-B-21 按地区分组的规模以上

地 区	企业单位数（个）	资产总计	固定资产净额	固定资产原价
广西壮族自治区	**142**	**2536330.70**	**779648.40**	**1469157.20**
南宁市	44	745751.40	333817.80	580886.00
柳州市	8	25519.20	4829.00	8157.40
桂林市	23	559236.60	237182.40	488134.10
梧州市	7	99182.70	17696.50	32970.80
北海市	6	115008.00	15227.30	29598.50
防城港市	4	71877.30	6440.60	12134.20
钦州市	4	21006.30	2861.50	4996.30
贵港市	8	268572.40	42300.10	60836.20
玉林市	5	89704.20	1809.40	90807.10
百色市	15	142116.80	12953.00	15848.50
贺州市	3	36866.20	20933.60	29734.40
河池市	10	314149.70	71108.20	95303.20
来宾市	2	7195.10	1520.80	4045.20
崇左市	3	40144.80	10968.20	15705.30

酒、饮料和精制茶制造业主要经济指标

单位：万元

累计折旧	流动资产合计	应收账款	存货	产成品	负债合计
627370.90	**1220422.80**	**172816.50**	**559308.30**	**195642.30**	**1296662.40**
236861.30	285757.90	75065.30	97500.60	58910.40	305462.90
2774.40	17908.20	2326.30	3963.80	863.80	12525.40
238397.90	220449.60	38307.00	97154.80	35537.20	253045.10
15274.10	69532.90	5913.50	47400.70	25804.60	41439.50
14223.80	80379.10	3288.30	17824.40	12046.60	39290.60
4091.10	29879.20	11881.10	10156.50	3919.50	46709.00
2134.80	13936.60	766.00	1974.10	1295.90	15369.50
18535.70	152351.70	4116.30	77131.10	24631.50	123175.60
52170.40	29449.90	13327.70	12652.50	3642.00	35294.40
2685.30	74409.00	10893.10	12535.60	9663.40	75679.30
8765.70	10773.80	547.40	2478.60	1014.10	12021.10
24194.90	211770.60	6573.70	167349.10	12440.70	284526.90
2524.40	4644.00	−154.80	3687.90	1372.20	8209.00
4737.10	19180.30	−34.40	7498.60	4500.40	43914.10

1-B-21 续表 1

地区	流动负债合计	应付账款	所有者权益合计	实收资本	国家资本
广西壮族自治区	**1106919.20**	**212950.50**	**1239667.70**	**622328.20**	**84212.00**
南宁市	265452.20	76682.20	440288.50	284185.20	40812.00
柳州市	12400.40	797.70	12993.70	6932.80	
桂林市	247642.20	68162.50	306191.40	83634.30	
梧州市	39533.20	3044.60	57743.10	24603.80	
北海市	38867.80	5079.30	75717.30	34527.00	400.00
防城港市	42427.50	21281.40	25168.20	18915.60	
钦州市	8776.90	1291.10	5636.70	3608.00	
贵港市	90368.60	16526.50	145396.90	21204.10	
玉林市	16271.60	8278.40	54409.90	45389.00	43000.00
百色市	51345.10	9145.00	66437.30	22158.70	
贺州市	6204.10	1674.10	24845.10	18700.70	
河池市	242906.50	-534.10	29622.70	48044.00	
来宾市	7609.00	-761.60	-1013.90	355.00	
崇左市	37114.10	2283.40	-3769.20	10070.00	

单位：万元

					营业收入
集体资本	法人资本	个人资本	港澳台资本	外商资本	
92926.30	**191601.80**	**150254.50**	**49385.90**	**53947.40**	**2134512.80**
55881.60	74187.90	37868.20	41121.70	34313.70	925991.70
	3282.80	3650.00			62036.50
34936.70	30344.70	13389.60	4963.20		614147.50
2000.00	14351.60	8032.20	220.00		56908.50
	13032.30	21034.70		60.00	39178.90
	4086.00	14829.60			29113.20
	900.00	2708.00			12332.90
	3000.00	13630.40		4573.70	165083.10
108.00	1200.00	1000.00	81.00		92827.10
	21460.50	698.10			43585.70
	2000.00	1700.70		15000.00	38399.00
	16956.00	28088.00	3000.00		43907.20
		355.00			4600.20
	6800.00	3270.00			6401.30

1-B-21 续表 2

地　区	营业成本	销售费用	管理费用	财务费用	
					利息收入
广西壮族自治区	**1570644.70**	**148029.00**	**140387.40**	**32962.10**	**1769.70**
南宁市	689085.10	57592.20	63812.40	3520.10	545.60
柳州市	47931.50	1644.20	4795.60	3042.40	5.60
桂林市	406381.80	66196.10	37269.20	1690.20	796.90
梧州市	36036.90	5957.70	4318.40	1910.20	10.50
北海市	29788.10	1681.60	3935.10	497.10	-19.70
防城港市	26354.50	462.30	1356.10	432.30	0.70
钦州市	9981.80	536.40	278.40	503.40	311.20
贵港市	150744.60	2035.20	3784.30	4261.30	3.80
玉林市	72044.20	1515.20	5708.40	145.00	-4.10
百色市	33170.80	2811.10	2969.90	2506.20	108.50
贺州市	29585.60	2325.10	2623.80	141.90	1.20
河池市	28067.80	5045.20	3234.30	9639.30	9.50
来宾市	4174.20	226.70	187.30	112.00	
崇左市	7297.80		6114.20	4560.70	

单位：万元

利息支出	投资收益（损失以“-”号记）	营业利润	利润总额	亏损企业亏损额	平均用工人数(人)
26361.90	**1893.40**	**169051.80**	**172717.00**	**25992.70**	**33587**
3866.20	326.90	99807.50	98904.80	1496.70	10227
3044.50		1161.90	1286.70		547
2344.00	1278.70	64783.80	64425.80	1450.60	13175
613.50	245.80	8059.70	8627.90		956
451.90	-144.20	2474.90	2941.60		795
423.50		461.40	713.30	611.10	359
184.40	17.40	962.30	960.80	361.60	349
4242.70	34.70	1784.90	2690.60	1387.20	2030
151.60		5451.10	5456.10	487.60	1247
2373.70	56.30	1806.00	3507.30	87.80	1346
144.70		2396.00	2390.00	78.40	268
8462.00	68.20	-8406.20	-7522.40	8366.20	2016
4.90		-120.70	-92.50	92.50	139
54.30	9.60	-11570.80	-11573.00	11573.00	133

1-B-22 按地区分组的规模以上

地　　区	企业单位数（个）	资产总计	固定资产净额	固定资产原价
广西壮族自治区	**2**	**2302500.70**	**302647.30**	**754535.00**
南宁市	2	1154939.30	150999.20	377724.50
柳州市	1	1147561.40	151648.10	376810.50
桂林市				
梧州市				
北海市				
防城港市				
钦州市				
贵港市				
玉林市				
百色市				
贺州市				
河池市				
来宾市				
崇左市				

烟草制品业主要经济指标

单位：万元

累计折旧	流动资产合计	应收账款	存货	产成品	负债合计
451887.70	**1621090.50**	**96970.30**	**860702.80**	**44874.20**	**853680.30**
226725.30	816968.10	47959.10	422945.90	22960.10	420269.70
225162.40	804122.40	49011.20	437757.00	21914.10	433410.70

1-B-22 续表 1

地区	流动负债合计	应付账款	所有者权益合计	实收资本	国家资本
广西壮族自治区	**708869.10**	**193501.40**	**1448820.40**	**517154.10**	**474529.10**
南宁市	347864.40	94934.40	734669.70	275144.20	232519.20
柳州市	361004.70	98567.00	714150.80	242009.80	242009.80
桂林市					
梧州市					
北海市					
防城港市					
钦州市					
贵港市					
玉林市					
百色市					
贺州市					
河池市					
来宾市					
崇左市					

单位：万元

集体资本	法人资本	个人资本	港澳台资本	外商资本	营业收入
	42625.00				**2227683.10**
	42625.00				1095859.30
					1131823.80

1-B-22 续表 2

地　区	营业成本	销售费用	管理费用	财务费用	
					利息收入
广西壮族自治区	**753816.10**	**47408.00**	**126843.40**	**-4061.30**	**11602.90**
南宁市	371793.30	23229.90	64123.90	-2674.50	6370.50
柳州市	382022.80	24178.10	62719.50	-1386.90	5232.40
桂林市					
梧州市					
北海市					
防城港市					
钦州市					
贵港市					
玉林市					
百色市					
贺州市					
河池市					
来宾市					
崇左市					

单位：万元

利息支出	投资收益（损失以“-”号记）	营业利润	利润总额	亏损企业亏损额	平均用工人数（人）
7492.40	**2700.00**	**111059.10**	**111325.20**		**3455**
3671.30	1323.00	54686.20	54808.60		1342
3821.10	1377.00	56373.00	56516.60		864

1-B-23 按地区分组的规模以上

地　区	企业单位数（个）	资产总计	固定资产净额	固定资产原价
广西壮族自治区	**140**	**1469621.10**	**267553.10**	**497829.80**
南宁市	23	330129.40	41882.20	144455.60
柳州市	24	330013.30	64369.60	94561.20
桂林市	3	193048.20	66673.10	91715.30
梧州市	14	101456.00	18013.60	28398.90
北海市	3	10709.00	1447.50	4435.30
防城港市				
钦州市	5	43645.80	7667.80	14628.00
贵港市	9	34615.40	12899.70	20736.50
玉林市	11	32616.30	5492.40	9225.80
百色市	6	41586.70	3278.70	5814.20
贺州市				
河池市	26	253667.50	32118.70	55980.50
来宾市	12	81153.10	9874.20	17044.30
崇左市	4	16980.40	3835.60	10834.20

纺织业主要经济指标

单位：万元

累计折旧	流动资产合计	应收账款	存货	产成品	负债合计
165173.90	**895598.10**	**135223.00**	**424516.60**	**158884.70**	**994439.60**
47753.00	204466.10	36456.40	87355.40	37879.60	243003.10
27508.30	201802.80	14648.70	64900.20	25048.20	261572.40
25040.20	52768.20	1037.80	29441.60	4014.90	37905.10
10051.20	62523.00	15307.40	23925.20	10862.60	67426.70
2880.80	8107.40	929.60	3929.50	556.30	11486.00
5881.60	32563.90	7195.90	22154.10	14212.70	38559.70
7799.60	16560.00	2882.50	3471.90	1295.70	16061.80
3331.50	16569.50	5696.30	2161.30	1475.40	14382.60
2080.00	29412.80	8239.50	9974.70	2072.40	34052.70
19279.00	194466.90	30125.70	132739.60	48763.50	197072.40
6570.10	67081.50	10502.50	38187.20	10515.10	61134.40
6998.60	9276.00	2200.70	6275.90	2188.30	11782.70

1-B-23 续表 1

地 区	流动负债合计	应付账款	所有者权益合计	实收资本	国家资本
广西壮族自治区	**764285.50**	**86608.70**	**475181.50**	**314589.60**	**16543.90**
南宁市	172173.30	13554.40	87126.20	34742.40	13016.00
柳州市	161660.40	10780.80	68440.90	23165.20	358.00
桂林市	30650.00	26277.50	155143.10	151613.40	
梧州市	59875.70	4330.60	34029.20	25401.90	
北海市	6948.40	1181.20	-776.90	772.00	
防城港市					
钦州市	34019.50	1469.30	5086.10	7458.00	169.90
贵港市	11691.30	2534.80	18553.50	3377.50	
玉林市	13653.60	1225.70	18233.70	5665.10	
百色市	22687.70	2990.00	7534.00	3485.00	
贺州市					
河池市	188583.60	9305.90	56595.00	40683.10	
来宾市	58237.20	10532.10	20018.90	13684.00	
崇左市	4104.80	2426.40	5197.80	4542.00	3000.00

单位：万元

					营业收入
集体资本	法人资本	个人资本	港澳台资本	外商资本	
1305.00	**68084.40**	**74357.20**	**154298.90**		**1637677.00**
1305.00	8864.40	11557.00			292843.30
	7443.20	15364.00			504627.10
	300.00	200.00	151113.40		68252.60
	15101.40	8615.00	1685.50		96987.20
	300.00	472.00			10848.60
	7128.00	160.10			41341.70
	800.00	2577.50			49854.40
	4372.40	1292.60			67143.60
	985.00	2500.00			55952.20
	17540.00	21643.00	1500.00		343027.20
	4098.00	9586.00			89272.30
	1152.00	390.00			17526.80

1-B-23 续表 2

地 区	营业成本	销售费用	管理费用	财务费用	
					利息收入
广西壮族自治区	**1513433.40**	**15938.70**	**65089.20**	**19051.50**	**628.10**
南宁市	259932.20	5483.00	17613.90	4287.10	527.70
柳州市	477469.10	2335.50	13854.90	4617.80	-30.80
桂林市	60793.00	559.20	7073.40	-395.10	-425.80
梧州市	86585.40	2130.00	4284.80	1878.40	1.50
北海市	9614.90		1329.00	167.70	27.50
防城港市					
钦州市	38134.00	560.70	1566.70	510.20	367.90
贵港市	46132.30	155.50	2907.50	152.70	77.30
玉林市	55767.60	1451.90	5549.00	590.30	0.10
百色市	50182.90	1082.40	819.60	726.40	1.00
贺州市					
河池市	326876.80	1539.70	6795.70	5025.70	67.90
来宾市	85345.70	495.90	2697.40	1452.40	12.80
崇左市	16599.50	144.90	597.30	37.90	1.00

单位：万元

利息支出	投资收益（损失以“-”号记）	营业利润	利润总额	亏损企业亏损额	平均用工人数（人）
19011.20	**6046.60**	**25777.40**	**37524.30**	**17619.00**	**37238**
4526.80	121.10	5120.60	13612.90	2613.20	6894
4466.80	107.50	4374.20	5223.40	5546.20	8413
17.00	5122.70	5072.10	5783.00	315.20	2596
1854.40	225.10	1929.20	2003.30	2298.80	2339
218.90		-351.00	-1763.90	1800.20	357
872.20	221.70	696.00	755.40	138.90	1252
228.00		164.10	746.80	266.40	1685
168.50		3409.60	3442.80		1632
725.90	50.80	3096.70	3084.10	155.90	841
4704.70	143.00	2170.00	4228.00	2964.20	8305
1192.80	48.70	-583.20	-257.00	1516.20	2274
35.20	6.00	679.10	665.50	3.80	650

1-B-24 按地区分组的规模以上

地　区	企业单位数（个）	资产总计	固定资产净额	固定资产原价
广西壮族自治区	**57**	**265276.30**	**47046.10**	**97146.90**
南宁市	4	25390.50	5625.90	14030.60
柳州市	4	20678.20	2913.60	6161.80
桂林市	2	7464.80	456.50	1963.00
梧州市	7	36600.50	6144.30	16911.60
北海市				
防城港市				
钦州市	2	1332.10		526.00
贵港市	23	103681.20	18556.30	32267.50
玉林市	13	60718.80	12460.70	22129.60
百色市				
贺州市	2	9410.20	888.80	3156.80
河池市				
来宾市				
崇左市				

纺织服装、服饰业主要经济指标

单位：万元

累计折旧	流动资产合计	应收账款	存货		负债合计
				产成品	
44251.70	**191769.80**	**31252.10**	**70435.70**	**48862.60**	**87332.30**
8404.70	16889.70	1100.60	1766.00	354.00	5471.10
3248.10	16806.90	3814.90	3302.80	1407.90	7446.00
1506.50	7007.70	509.50	481.40	221.00	1484.80
10181.50	25657.20	4028.90	2690.90	893.40	14012.90
61.00	1225.00	827.40	162.50	152.10	480.90
12367.20	81713.10	10399.00	51323.40	42104.80	37973.30
6452.80	34272.30	10185.10	8861.50	2810.70	17668.50
2029.90	8197.90	386.70	1847.20	918.70	2794.80

1-B-24 续表 1

地　区	流动负债合计	应付账款	所有者权益合计	实收资本	国家资本
广西壮族自治区	**78842.20**	**27988.10**	**177943.50**	**51452.70**	**5050.00**
南宁市	5118.80	1414.90	19919.30	7819.20	5050.00
柳州市	5720.70	2035.30	13232.20	7634.70	
桂林市	1441.00	313.10	5980.00	855.00	
梧州市	13970.80	1633.10	22586.70	6903.70	
北海市					
防城港市					
钦州市	323.80	323.80	851.20	500.00	
贵港市	35758.00	18536.80	65708.40	22211.90	
玉林市	13738.70	3642.60	43050.30	4637.90	
百色市					
贺州市	2770.40	88.50	6615.40	890.30	
河池市					
来宾市					
崇左市					

单位：万元

集体资本	法人资本	个人资本	港澳台资本	外商资本	营业收入
	18637.90	**22097.50**	**5667.70**		**615357.80**
	300.00		2469.20		19591.30
	5000.00	2634.70			17312.60
	795.00	60.00			9140.20
	1398.00	4330.00	1175.70		125601.00
		500.00			8685.30
	7235.70	13487.00	1489.70		295622.30
	3552.00	1085.80			131361.70
	357.20		533.10		8043.40

1-B-24 续表 2

地 区	营业成本	销售费用	管理费用	财务费用	
					利息收入
广西壮族自治区	**470712.50**	**10822.70**	**89462.90**	**1324.20**	**793.00**
南宁市	15829.20	228.20	2620.60	-303.20	161.50
柳州市	14436.00	557.90	1765.10	-8.10	147.70
桂林市	6654.60	122.70	1293.40	-20.70	85.60
梧州市	90226.10	1819.40	21679.00	208.80	0.20
北海市					
防城港市					
钦州市	7449.90	182.70	926.60	27.10	
贵港市	216204.30	4105.70	53433.30	257.60	224.30
玉林市	113953.60	3806.10	6101.50	1331.30	
百色市					
贺州市	5958.80		1643.40	-168.60	173.70
河池市					
来宾市					
崇左市					

单位：万元

利息支出	投资收益（损失以"-"号记）	营业利润	利润总额	亏损企业亏损额	平均用工人数(人)
1665.10	**8.60**	**38642.90**	**37227.50**	**674.20**	**21660**
30.10		953.30	1538.60		536
124.10		344.40	385.40	67.20	543
45.50		961.50	993.80		410
122.90		10065.10	10082.10	41.00	1518
27.10		56.70	54.90		279
481.50	8.60	20556.90	18281.80	566.00	14123
833.90		5215.00	5282.60		3979
		490.00	608.30		272

1-B-25 按地区分组的规模以上

地　区	企业单位数（个）	资产总计	固定资产净额	固定资产原价
广西壮族自治区	**76**	**411003.50**	**78494.60**	**140445.30**
南宁市	4	21926.90	13826.70	22332.90
柳州市				
桂林市	4	57052.20	11735.80	20498.10
梧州市	2	1279.00	41.20	361.20
北海市	3	18060.30	4124.30	12219.10
防城港市				
钦州市	4	51902.20	17475.60	30153.90
贵港市	46	139881.90	13173.30	22112.50
玉林市	13	120901.00	18117.70	32767.60
百色市				
贺州市				
河池市				
来宾市				
崇左市				

皮革、毛皮、羽毛及其制品和制鞋业主要经济指标

单位：万元

累计折旧	流动资产合计	应收账款	存货	产成品	负债合计
61061.70	**280741.20**	**135464.40**	**80701.30**	**37183.00**	**224352.30**
8505.30	5983.00	2240.60	2125.00	436.30	13327.80
8762.30	39006.70	23399.30	3258.20	1010.00	27732.50
320.00	1174.30	602.10	154.80	47.20	552.10
8094.80	12883.70	4671.40	4455.20	1266.60	9934.90
12678.50	32312.00	20463.00	9653.50	3480.10	29053.50
8897.30	118849.00	58771.40	30754.10	21045.50	91119.30
13803.50	70532.50	25316.60	30300.50	9897.30	52632.20

1-B-25 续表 1

地区	流动负债合计	应付账款	所有者权益合计	实收资本	国家资本
广西壮族自治区	**202836.50**	**92933.20**	**186650.20**	**112604.00**	
南宁市	7146.00	1224.90	8599.00	14693.90	
柳州市					
桂林市	27472.50	15035.10	29319.60	21309.70	
梧州市	440.10	440.10	726.90	283.10	
北海市	9678.10	7871.10	8125.40	6309.00	
防城港市					
钦州市	21819.20	15029.20	22848.60	12469.60	
贵港市	87782.30	34154.10	48762.00	40034.70	
玉林市	48498.30	19178.70	68268.70	17504.00	
百色市					
贺州市					
河池市					
来宾市					
崇左市					

单位：万元

集体资本	法人资本	个人资本	港澳台资本	外商资本	营业收入
150.00	**12891.00**	**51791.30**	**35239.90**	**12531.70**	**674091.30**
		3005.00		11688.90	17471.80
	10280.40	9994.10	192.30	842.80	11011.50
			283.10		3319.50
	904.10	1342.80	4062.10		49311.20
	2.60	1080.00	11387.00		60267.00
150.00	1680.00	32332.30	5872.40		375489.90
	23.90	4037.10	13443.00		157220.40

1—B—25 续表 2

地　区	营业成本	销售费用	管理费用	财务费用	
					利息收入
广西壮族自治区	**622216.70**	**7202.30**	**20327.90**	**3907.50**	**172.80**
南宁市	16058.30	186.30	2891.10	162.80	1.40
柳州市					
桂林市	9665.30	231.40	844.30	88.10	-0.10
梧州市	3101.20	10.50	463.70	41.00	1.30
北海市	39583.40	2756.60	3632.10	295.60	-0.80
防城港市					
钦州市	55032.00	252.10	2622.60	695.60	2.00
贵港市	362225.80	1598.20	3424.30	922.40	50.10
玉林市	136550.70	2167.20	6449.80	1702.00	118.90
百色市					
贺州市					
河池市					
来宾市					
崇左市					

单位：万元

利息支出	投资收益（损失以"-"号记）	营业利润	利润总额	亏损企业亏损额	平均用工人数（人）
2680.40	**48.70**	**16457.60**	**17206.50**	**3543.70**	**18354**
30.50		–1967.80	–1939.00	1939.00	1180
		124.90	119.90		715
		–317.10	–312.10	312.10	457
242.70		2824.40	2853.20		1819
574.20		1398.40	1419.80	808.00	2555
912.60		6164.20	6217.90	406.80	3371
920.40	48.70	8230.60	8846.80	77.80	8257

1-B-26 按地区分组的规模以上木材

地　　区	企业单位数（个）	资产总计	固定资产净额	固定资产原价
广西壮族自治区	**875**	**4169297.90**	**943272.40**	**1543428.90**
南宁市	91	995229.80	204801.60	303761.00
柳州市	117	440623.90	128182.10	192311.50
桂林市	52	200007.70	61684.00	91311.90
梧州市	33	309694.10	95679.00	200236.90
北海市	15	30653.80	8065.70	22752.90
防城港市	13	74831.10	13753.60	25685.90
钦州市	75	214109.50	50980.70	71490.60
贵港市	234	678264.70	85663.40	145365.40
玉林市	64	273334.70	53233.80	121874.20
百色市	41	221171.50	38783.50	78548.70
贺州市	10	227285.00	76674.30	95719.20
河池市	32	162332.80	34601.20	68313.20
来宾市	29	101164.20	22602.90	32941.90
崇左市	69	240595.10	68566.60	93115.60

加工和木、竹、藤、棕、草制品业主要经济指标

单位：万元

累计折旧	流动资产合计	应收账款	存货		负债合计
				产成品	
562452.30	**2547387.50**	**545896.80**	**771543.30**	**381999.50**	**2547019.20**
98759.00	523185.90	72136.00	116755.00	64602.10	480808.90
61133.30	245245.30	50134.20	88021.60	34096.00	244434.50
27682.00	110084.40	30194.80	39021.50	15318.60	152854.70
91136.90	124652.90	17869.40	47366.60	24385.90	176867.70
14687.70	20199.90	2210.80	8692.00	5742.60	22494.30
11932.30	48947.80	12737.50	15886.50	11112.40	33354.40
20085.30	135610.10	23833.50	57019.50	28507.40	113090.00
44643.40	548099.50	193753.10	167171.70	85038.20	508445.10
66757.70	167908.80	36741.10	55482.50	19976.80	144094.20
39306.80	156495.90	24503.30	29131.50	10925.40	132279.60
19044.80	134258.70	12088.30	17593.70	11198.50	143228.40
32705.40	114343.80	19807.10	40791.20	16065.00	134458.20
10305.10	73139.10	13227.20	26641.90	10656.90	76527.30
24272.60	145215.40	36660.50	61968.10	44373.70	184081.90

1-B-26 续表 1

地 区	流动负债合计	应付账款	所有者权益合计	实收资本	国家资本
广西壮族自治区	**2208951.50**	**459427.50**	**1622274.00**	**870828.00**	**9859.40**
南宁市	398368.60	59258.70	514420.20	289557.60	918.00
柳州市	230896.30	39515.10	196188.40	67142.70	
桂林市	127408.40	31240.90	47153.00	18295.50	3500.00
梧州市	150713.90	23818.10	132826.30	77913.80	3000.00
北海市	13327.40	4183.90	8159.50	6881.00	
防城港市	32150.30	6565.70	41476.70	13368.50	
钦州市	97272.40	20978.90	101019.10	33146.00	
贵港市	456704.00	117283.80	169817.00	76540.20	
玉林市	107663.00	37882.70	129241.50	61153.70	15.00
百色市	125831.70	23937.30	88892.30	58829.70	2376.40
贺州市	112157.00	16216.60	84056.30	79340.50	
河池市	114024.00	20566.80	27874.50	33250.20	50.00
来宾市	71234.40	13168.60	24636.70	19513.20	
崇左市	171200.10	44810.40	56512.50	35895.40	

单位：万元

集体资本	法人资本	个人资本	港澳台资本	外商资本	营业收入
17535.50	**519252.00**	**289168.20**	**7866.60**	**27145.50**	**8337578.50**
50.00	241085.60	47504.00			860590.80
	22798.90	44343.80			1805837.70
832.70	3495.00	10467.80			229850.60
5100.00	61762.60	8051.20			431910.90
	1359.00	5414.00		108.00	148974.70
	3570.00	9798.50			102033.30
	12202.40	20943.60			758895.10
6567.50	35303.20	34290.60	378.30		2159175.00
592.50	42220.70	10799.70	7488.30	37.50	586505.50
800.00	7573.40	21079.80		27000.00	305517.60
	54853.10	24487.40			81582.40
3591.30	4546.00	25062.90			198771.40
	5743.70	13769.40			137086.40
1.50	22738.40	13155.50			530847.10

1-B-26 续表 2

地　区	营业成本	销售费用	管理费用	财务费用	
					利息收入
广西壮族自治区	**7740180.20**	**124307.30**	**172523.00**	**54980.30**	**51.30**
南宁市	775573.60	18350.90	28501.80	11192.50	36.40
柳州市	1695360.40	25087.10	34870.50	6760.10	208.30
桂林市	209835.00	6055.00	8652.50	6224.30	64.10
梧州市	358073.00	9247.50	17472.60	3827.40	-4.10
北海市	143823.70	2557.30	2566.10	153.80	5.60
防城港市	95564.20	1640.50	2185.40	857.00	59.30
钦州市	689444.40	6625.40	17361.50	3937.40	130.20
贵港市	2081998.10	12069.90	18381.50	4463.90	37.50
玉林市	521953.90	16443.40	14193.60	3891.20	-56.50
百色市	265503.00	13209.30	11941.10	1421.80	0.70
贺州市	77006.50	2914.80	3521.30	4464.00	68.60
河池市	191739.10	1109.70	2484.70	4109.40	8.50
来宾市	133430.10	695.50	2449.20	1000.10	-0.70
崇左市	500875.20	8301.00	7941.20	2677.40	-506.60

单位：万元

利息支出	投资收益（损失以“-”号记）	营业利润	利润总额	亏损企业亏损额	平均用工人数（人）
47471.70	**14678.90**	**240038.20**	**255863.00**	**38509.20**	**120504**
9113.70	14010.70	40741.60	46499.10	4328.90	15560
6928.60	24.40	38651.90	40033.20	1367.10	16105
5917.80	67.10	-1878.00	-1168.20	7218.00	6640
3565.50	314.90	42483.80	43286.60	1167.00	9093
154.30		-350.20	-55.00	380.00	1336
543.50		1472.60	2073.00	1119.50	1089
3372.20	96.20	39024.30	38967.40	3972.90	12641
3732.90	63.10	34907.90	36369.50	3264.70	32194
2633.80	-44.60	29120.90	30799.00	3401.00	8344
885.10	35.90	13469.90	13608.60	1624.10	4099
3237.00	32.50	-6190.20	-4994.10	5462.90	1513
3971.20	55.30	-1250.20	-350.40	2510.60	3218
941.80	11.40	-772.20	-274.20	1125.00	2191
2474.30	12.00	10606.10	11068.50	1567.50	6481

1-B-27 按地区分组的规模

地　区	企业单位数（个）	资产总计		
			固定资产净额	固定资产原价
广西壮族自治区	**52**	**278672.70**	**64967.20**	**97678.20**
南宁市	11	63531.90	28652.50	32667.30
柳州市	7	98450.00	9389.80	21733.30
桂林市	6	17674.50	5420.30	11532.10
梧州市	3	11695.70	2038.80	7383.90
北海市				
防城港市	1	11826.90	1303.40	1746.70
钦州市	4	9628.50	3345.80	3404.20
贵港市				
玉林市	4	6108.90	1536.80	2341.60
百色市				
贺州市	1	5415.20	489.20	965.80
河池市	1	9677.60	133.60	220.60
来宾市	1	16618.60	9084.20	11826.20
崇左市	13	28044.90	3572.80	3856.50

以上家具制造业主要经济指标

单位：万元

累计折旧	流动资产合计	应收账款	存货	产成品	负债合计
26168.60	**148857.00**	**30636.80**	**41114.60**	**14970.30**	**164278.80**
4008.50	28683.50	9802.60	11822.30	5882.40	38655.70
12343.40	54655.30	6546.20	4483.60	2313.50	54102.40
3238.30	7800.50	668.60	1655.50	965.90	18098.70
1774.40	9057.40	1327.80	2387.40	652.50	4902.30
443.30	8012.50	360.30	2557.60	1072.20	770.50
58.40	5665.00	730.60	1189.50	859.10	7959.10
804.80	3601.30	1461.60	724.10	362.90	1042.10
476.60	1925.10		1295.40	564.70	940.40
86.90	9544.00	6060.00	3441.30		10199.60
2742.00	4677.60	377.50	2697.00	1260.50	10308.70
192.00	15234.80	3301.60	8860.90	1036.60	17299.30

1-B-27 续表 1

地 区	流动负债合计	应付账款	所有者权益合计	实收资本	国家资本
广西壮族自治区	**133070.00**	**25315.20**	**114394.10**	**52701.40**	
南宁市	28773.00	8980.50	24876.10	20212.50	
柳州市	45706.00	5205.20	44347.60	20332.60	
桂林市	17098.70	998.40	-424.10	5147.20	
梧州市	3705.60	312.70	6793.40	300.10	
北海市					
防城港市	345.80	243.60	11056.40	106.00	
钦州市	7659.10	23.00	1669.40	1319.00	
贵港市					
玉林市	1042.10	677.10	5066.80	306.00	
百色市					
贺州市	940.40		4474.80	1008.00	
河池市	10199.60	6396.60	-521.90	300.00	
来宾市	9748.70	2346.30	6309.90	600.00	
崇左市	7851.00	131.80	10745.70	3070.00	

单位：万元

集体资本	法人资本	个人资本	港澳台资本	外商资本	营业收入
	14827.50	**32615.20**	**1138.70**	**4120.00**	**520206.90**
	8118.50	12094.00			46558.70
	3500.00	15844.00	988.60		226053.70
	600.00	427.20		4120.00	2889.60
	50.00	100.00	150.10		54495.40
		106.00			20645.00
	1199.00	120.00			6412.90
		306.00			17181.10
		1008.00			33783.60
		300.00			4599.90
	600.00				13372.90
	760.00	2310.00			94214.10

1-B-27 续表 2

地　区	营业成本	销售费用	管理费用	财务费用	
					利息收入
广西壮族自治区	**474736.20**	**14788.70**	**15918.60**	**2724.90**	**17.50**
南宁市	39305.60	3912.50	3080.20	517.10	0.70
柳州市	209288.50	6038.90	4676.40	1429.20	16.30
桂林市	2670.90	32.60	126.60	44.20	
梧州市	49532.10	1167.70	2206.90	73.90	0.40
北海市					
防城港市	18373.90	235.90	1797.80	1.00	
钦州市	6205.10	30.10	91.50	103.20	
贵港市					
玉林市	15063.10	763.70	665.90	168.40	0.60
百色市					
贺州市	31010.50	602.10	793.00	0.40	0.10
河池市	4929.90	1.00	63.90	0.60	
来宾市	11476.20	407.00	1154.00	358.90	-2.60
崇左市	86880.40	1597.20	1262.40	28.00	2.00

单位：万元

利息支出	投资收益（损失以“-”号记）	营业利润	利润总额	亏损企业亏损额	平均用工人数（人）
2210.80	**-4439.20**	**11376.50**	**16003.50**	**2393.30**	**6007**
221.00	6.10	-387.50	-522.70	1835.90	773
1362.20	53.70	4357.50	9119.60		1698
42.60		-17.10	-47.20	118.10	268
73.70		1359.20	1359.20		921
		213.40	215.40		353
103.10		-31.60	-31.60	34.70	144
34.00		471.40	471.40		595
		1297.80	1297.80		172
		-396.10	-396.10	396.10	108
361.30		366.50	394.70		635
12.90	-4499.00	4143.00	4143.00	8.50	340

1-B-28 按地区分组的规模以上

地　区	企业单位数（个）	资产总计		
			固定资产净额	固定资产原价
广西壮族自治区	**159**	**5866178.70**	**2916205.60**	**3788516.80**
南宁市	49	1177966.80	541458.40	738604.00
柳州市	13	116263.00	54815.90	105943.90
桂林市	18	229410.70	69756.10	126943.20
梧州市	10	84703.20	7482.70	46458.70
北海市	5	735444.50	489549.50	562172.50
防城港市	1	25945.70	13528.40	41749.70
钦州市	5	2374158.90	1318001.50	1508233.20
贵港市	10	102310.40	10381.40	23468.20
玉林市	15	70333.60	12870.80	17202.50
百色市	5	179952.70	34548.80	92138.80
贺州市	3	45112.80	10230.30	20242.20
河池市	1	36003.80	21238.00	37838.80
来宾市	19	531765.80	271971.90	379556.20
崇左市	5	156806.80	60371.90	87964.90

造纸和纸制品业主要经济指标

单位：万元

累计折旧	流动资产合计	应收账款	存货	产成品	负债合计
810740.00	**2325438.10**	**437291.60**	**325958.40**	**126086.30**	**4134765.40**
174246.00	440697.60	81413.20	47658.10	16294.90	917621.50
41455.60	39630.10	8662.40	14557.40	5584.20	135004.60
57077.20	139451.40	37741.20	37130.00	27448.00	129333.20
10586.30	19717.40	6618.60	3114.30	1226.00	35128.90
72622.90	166132.40	35885.60	68722.90	25154.50	641904.10
28221.20	3555.90	-118.50	3669.60	3421.60	22941.10
190231.70	1008655.00	152362.00	43438.70	11229.40	1316434.20
13086.70	71677.70	18367.80	15028.10	4216.40	72042.70
4262.80	29882.10	6107.50	9058.00	2878.90	29133.00
57586.10	99767.20	21367.30	20261.10	8416.00	154219.90
10011.90	30295.40	7567.30	7822.80	3795.20	24999.50
16600.80	11436.60	210.10	5385.90	731.50	23381.30
107584.10	188687.60	53590.90	43620.30	15210.10	523386.90
27166.70	75851.70	7516.20	6491.20	479.60	109234.50

1-B-28 续表 1

地区	流动负债合计	应付账款	所有者权益合计	实收资本	国家资本
广西壮族自治区	**3173492.00**	**540304.70**	**1731413.30**	**1769325.90**	**24286.50**
南宁市	785762.80	190536.90	260345.40	252084.00	10160.70
柳州市	43879.80	10937.80	-18741.70	38780.60	
桂林市	80264.20	15459.40	100077.70	22460.70	
梧州市	23634.20	11157.40	49574.20	26301.20	
北海市	292374.10	32694.60	93540.40	322119.00	3000.00
防城港市	22941.10	6388.70	3004.60	24000.00	
钦州市	1092418.60	91993.70	1057724.60	865222.00	
贵港市	56591.90	23382.30	30267.60	19188.00	
玉林市	18847.30	3068.90	41200.60	18064.90	
百色市	101809.60	37576.80	25732.80	40908.90	
贺州市	24677.40	6575.30	20113.30	12285.80	11125.80
河池市	18454.70	2181.60	12622.50	8600.00	
来宾市	505052.30	104192.10	8379.00	93567.60	
崇左市	106784.00	4159.20	47572.30	25743.20	

单位：万元

集体资本	法人资本	个人资本	港澳台资本	外商资本	营业收入
7802.50	**400930.20**	**1051038.60**	**15784.60**	**269483.50**	**2928986.50**
	166026.60	68334.50	7562.20		528372.20
	30331.00	8449.60			230442.70
2500.00	4369.50	11361.20	4230.00		256493.60
	12089.90	14211.30			118151.00
	48503.00	1200.00		269416.00	285313.70
		24000.00			16133.10
	600.00	864622.00			823786.80
5000.00	4188.90	6006.70	3992.40		65536.30
202.50	927.20	16867.70		67.50	110929.60
	40000.00	908.90			84895.90
100.00		1060.00			43899.40
	8600.00				36254.60
	64591.60	28976.00			260009.90
	20702.50	5040.70			68767.70

1-B-28 续表 2

地　　区	营业成本	销售费用	管理费用	财务费用	
					利息收入
广西壮族自治区	**2504123.00**	**92702.20**	**145082.60**	**93583.10**	**-914.70**
南宁市	467232.50	13169.90	27808.30	7571.00	43.80
柳州市	213123.70	2152.70	7456.60	4219.40	9.10
桂林市	199248.40	25788.50	14453.60	2403.70	198.30
梧州市	87593.50	3726.40	4716.50	2295.60	
北海市	278665.30	14771.90	15302.20	14100.60	60.60
防城港市	15002.40	77.00	940.90	760.70	0.50
钦州市	640347.00	28832.30	41551.00	38360.30	-1607.80
贵港市	62715.00	449.60	2864.20	1100.00	-1.10
玉林市	96888.50	1343.20	1831.30	440.90	-92.50
百色市	79820.80	165.20	4843.60	3977.20	0.40
贺州市	36341.60	1084.20	4034.60	0.60	155.60
河池市	28664.80	55.90	3362.00	1614.20	-4.60
来宾市	235501.50	745.50	14092.30	13847.40	159.20
崇左市	62978.00	339.90	1825.50	2891.50	163.80

单位：万元

	投资收益（损失以“-”号记）	营业利润	利润总额	亏损企业亏损额	平均用工人数（人）
利息支出					
82168.80	**1508.50**	**77876.60**	**87406.20**	**88195.00**	**27733**
6819.30	65.30	11116.80	12026.10	4995.80	7344
4209.00	5.90	-234.00	-305.50	6372.30	2078
2371.00	303.00	13172.90	15954.00	2816.10	4362
2294.50	826.40	20008.30	20054.20		2002
879.50	12.20	-39324.60	-37572.90	47977.10	737
760.40	8.70	-764.60	-775.70	775.70	287
41391.10		70758.80	71351.40	231.20	1834
978.20		-2143.40	-1352.90	1590.30	1033
520.70	7.80	10120.80	10390.80	210.20	1357
3965.50	52.00	-4437.10	-4593.60	5408.50	1696
159.10	100.10	2092.30	2149.30		584
1435.60	86.00	2494.20	3402.30		364
13936.10	41.10	-6081.20	-4412.90	15803.20	3305
2428.80		1097.40	1091.60	2014.60	750

1-B-29 按地区分组的规模以上

地　区	企业单位数（个）	资产总计	固定资产净额	固定资产原价
广西壮族自治区	**64**	**520219.60**	**128140.80**	**271701.60**
南宁市	34	229493.80	67798.60	126396.10
柳州市	4	13577.90	2360.60	6790.30
桂林市	6	82724.50	12006.30	36105.70
梧州市	1	9858.00	834.20	1420.50
北海市	1	14219.40	8361.80	9929.30
防城港市				
钦州市				
贵港市				
玉林市	15	92335.40	19656.70	42795.10
百色市				
贺州市	2	73452.50	14768.00	43867.00
河池市				
来宾市	1	4558.10	2354.60	4397.60
崇左市				

印刷和记录媒介复制业主要经济指标

单位：万元

累计折旧	流动资产合计	应收账款	存货	产成品	负债合计
141156.80	**262494.90**	**75236.90**	**48338.60**	**24606.20**	**234199.90**
57126.40	108557.80	26771.70	19168.00	8510.40	120137.20
4429.70	9339.30	5176.20	1112.10	233.10	4479.50
24099.20	31359.80	14124.00	7429.60	5381.10	23155.10
586.20	4581.50	526.00	59.70	13.40	2023.80
1567.50	2274.80	334.40	195.10	125.10	1657.40
22205.70	55157.30	14123.60	13284.10	8001.40	51365.90
29099.00	49773.30	13316.20	6905.20	2287.30	27589.90
2043.10	1451.10	864.80	184.80	54.40	3791.10

1-B-29 续表 1

地　区	流动负债合计	应付账款	所有者权益合计	实收资本	国家资本
广西壮族自治区	**211581.80**	**63356.10**	**286019.10**	**131712.20**	**60320.90**
南宁市	114766.90	28190.10	109356.10	80589.90	44588.70
柳州市	4339.50	1025.30	9098.40	7978.20	2428.20
桂林市	18973.10	9978.90	59569.20	10414.00	3996.00
梧州市	2023.80	541.90	7834.20	480.00	
北海市	1657.40		12562.00	1000.00	
防城港市					
钦州市					
贵港市					
玉林市	39440.10	12514.00	40969.60	12532.10	230.00
百色市					
贺州市	27589.90	10241.10	45862.60	18118.00	9078.00
河池市					
来宾市	2791.10	864.80	767.00	600.00	
崇左市					

单位：万元

集体资本	法人资本	个人资本	港澳台资本	外商资本	营业收入
10414.40	**23185.10**	**29069.80**	**8722.00**		**446183.10**
364.40	18526.80	17110.00			160015.50
5050.00		500.00			11787.70
	3218.00	3200.00			39612.60
		480.00			3078.90
		1000.00			20997.00
5000.00	840.30	6461.80			91762.10
		318.00	8722.00		118215.80
	600.00				713.50

1-B-29 续表 2

地 区	营业成本	销售费用	管理费用	财务费用	
					利息收入
广西壮族自治区	**373315.50**	**7405.00**	**23241.40**	**3165.70**	**146.20**
南宁市	140432.20	2106.20	9647.70	845.30	218.40
柳州市	9902.40	287.90	637.60	79.60	0.30
桂林市	29728.10	961.00	2762.60	244.10	28.90
梧州市	1904.40	26.10	223.10	45.60	
北海市	18658.80	63.50	69.40	40.50	
防城港市					
钦州市					
贵港市					
玉林市	79560.70	2186.40	4192.90	1943.40	18.30
百色市					
贺州市	92526.20	1773.90	5601.30	-59.40	-119.70
河池市					
来宾市	602.70		106.80	26.60	
崇左市					

单位：万元

利息支出	投资收益（损失以"-"号记）	营业利润	利润总额	亏损企业亏损额	平均用工人数(人)
2460.80	**13611.70**	**50935.70**	**51751.00**	**2046.00**	**5568**
408.20	11362.20	17354.30	18025.20	1097.20	2136
4.00	0.50	835.00	810.40		282
285.20	1752.30	7907.40	7944.90	15.40	824
	350.00	1203.90	1278.30		53
		2140.70	2140.70		119
1688.40	146.70	3560.20	3556.30	910.60	1623
51.00		17957.00	18018.00		513
24.00		-22.80	-22.80	22.80	18

1-B-30 按地区分组的规模以上文教、

地 区	企业单位数（个）	资产总计	固定资产净额	固定资产原价
广西壮族自治区	**86**	**330667.20**	**41946.90**	**104247.70**
南宁市	8	19567.20	3243.90	5288.10
柳州市	1	8525.60	1640.50	2327.30
桂林市	2	2215.90	219.90	1024.70
梧州市	6	45275.70	1241.70	26404.90
北海市	2	14527.50	1688.70	5270.40
防城港市	5	66394.00	7026.70	8187.80
钦州市	14	45585.00	5855.00	11021.80
贵港市	7	13574.30	1678.70	3183.90
玉林市	35	100280.60	13774.10	34903.20
百色市	1	1834.20	692.00	879.60
贺州市	1	8408.60	3934.10	4339.10
河池市	3	3374.20	628.10	684.20
来宾市	1	1104.40	323.50	732.70
崇左市				

工美、体育和娱乐用品制造业主要经济指标

单位：万元

累计折旧	流动资产合计				负债合计
		应收账款	存货		
				产成品	
37484.20	**200240.40**	**70777.20**	**67464.30**	**28315.10**	**164349.50**
1957.00	15107.90	4404.10	5297.30	1028.00	12564.20
686.80	6787.40	2600.20	3601.60	82.10	1763.60
804.80	1489.20	52.60	935.30	40.40	1802.70
7712.00	12045.90	4350.00	3190.10	311.70	11943.30
3581.70	10529.60	693.30	6810.10	1313.10	9534.90
1134.00	45503.00	19089.70	17686.20	13482.40	42118.90
5166.70	29207.10	5469.30	10449.50	4543.90	21824.10
1323.20	10075.80	7296.30	2156.40	1859.70	4373.10
14060.40	64268.60	25391.10	14758.00	5151.60	51364.60
187.50	1055.60	1.30	896.70		1111.70
404.90	1296.70	818.20	352.00		3401.40
56.00	2256.40	551.00	1308.70	502.20	2515.80
409.20	617.20	60.10	22.40		31.20

1-B-30 续表 1

地　区	流动负债合计	应付账款	所有者权益合计	实收资本	国家资本
广西壮族自治区	**122595.40**	**42299.00**	**166317.10**	**59219.70**	**1368.00**
南宁市	12108.90	4314.50	7002.90	5373.20	1368.00
柳州市	1763.60	776.70	6762.00	5000.00	
桂林市	1802.70	5.30	413.20	986.90	
梧州市	4326.70	638.80	33332.40	14040.80	
北海市	9534.90	6059.50	4992.50	3432.30	
防城港市	29833.60	15701.70	24275.10	4020.00	
钦州市	6688.60	2244.70	23760.50	5476.40	
贵港市	4305.50	444.20	9201.20	4484.50	
玉林市	45170.80	11063.40	48915.90	10205.60	
百色市	1111.70	1.40	722.50	300.00	
贺州市	3401.40	861.60	5007.20	5500.00	
河池市	2515.80	185.10	858.50	300.00	
来宾市	31.20	2.10	1073.20	100.00	
崇左市					

单位：万元

集体资本	法人资本	个人资本	港澳台资本	外商资本	营业收入
	25754.30	**18328.30**	**6055.80**	**7713.30**	**1154559.40**
	60.00	3945.20			434667.30
	5000.00				13807.40
		146.00	778.30	62.60	18938.70
	6500.00	6129.00	817.80	594.00	25208.20
			1158.20	2274.10	7826.90
	100.00	3920.00			47734.40
	899.60	653.80		3923.00	202184.80
	4151.90	332.60			32822.40
	3242.80	2801.70	3301.50	859.60	354213.00
	300.00				2067.00
	5500.00				6944.10
		300.00			7231.30
		100.00			913.90

1-B-30 续表 2

地　　区	营业成本	销售费用	管理费用	财务费用	
					利息收入
广西壮族自治区	**1067085.80**	**20699.60**	**34551.60**	**4515.30**	**83.60**
南宁市	431380.70	636.30	2238.50	324.50	4.90
柳州市	11296.50	70.20	1567.80	0.20	-0.10
桂林市	18827.60	25.20	66.40	2.70	
梧州市	21417.50	716.70	1608.40	60.70	4.20
北海市	6579.80	249.90	1047.80	12.90	0.80
防城港市	39061.80	2091.20	4666.20	276.40	
钦州市	182329.80	4152.90	7259.70	632.80	57.50
贵港市	30562.20	327.40	618.80	236.40	0.50
玉林市	309720.70	11933.70	14696.30	2831.60	13.60
百色市	2554.00	52.20	14.50	0.80	
贺州市	6345.10	138.90	399.40	0.40	0.20
河池市	6259.30	305.00	235.20	134.90	1.90
来宾市	750.80		132.60	1.00	0.10
崇左市					

单位：万元

利息支出	投资收益（损失以"-"号记）	营业利润	利润总额	亏损企业亏损额	平均用工人数(人)
2251.70	**545.00**	**25739.40**	**26295.00**	**1487.10**	**33318**
283.40	45.00	154.30	329.40	253.00	756
		809.40	855.00		402
		11.40	11.60	96.40	148
54.60	500.00	1807.70	1803.70	95.80	970
7.30		-63.60	37.70	117.30	638
200.20		1587.60	1577.60	106.40	357
243.30		7271.00	7316.30	80.60	5514
91.60		1048.50	1098.20		2747
1239.60		13392.80	13423.00	178.20	21177
0.80		-559.40	-559.40	559.40	19
		-15.30	24.60		72
129.80		272.80	354.90		452
1.10		22.20	22.40		66

1-B-31 按地区分组的规模以上石油、

地 区	企业单位数（个）	资产总计	固定资产净额	固定资产原价
广西壮族自治区	**22**	**4500269.20**	**1764396.60**	**3524877.30**
南宁市	4	39027.90	1891.10	4949.50
柳州市	3	39997.00	4268.20	8954.20
桂林市				
梧州市				
北海市	5	2006444.90	449631.50	759430.20
防城港市				
钦州市	6	2154375.60	1240590.20	2641271.10
贵港市				
玉林市				
百色市	3	260423.80	68015.60	110272.30
贺州市				
河池市				
来宾市				
崇左市	1			

煤炭及其他燃料加工业主要经济指标

单位：万元

累计折旧	流动资产合计	应收账款	存货	产成品	负债合计
1743072.10	**2450157.80**	**247613.80**	**846085.00**	**269019.50**	**1646195.10**
2459.90	17296.00	2373.30	5831.60	929.90	29344.70
4686.00	28603.60	15220.50	3512.30	1706.50	21385.00
309551.20	1453438.40	53160.60	373811.20	23324.20	728261.70
1384118.30	793474.70	171168.00	385297.90	184069.80	637870.30
42256.70	157345.10	5691.40	77632.00	58989.10	229333.40

1-B-31 续表 1

地　区	流动负债合计	应付账款	所有者权益合计	实收资本	国家资本
广西壮族自治区	**1529493.00**	**440091.90**	**2854074.00**	**1340372.80**	**1258353.70**
南宁市	29174.30	5573.50	9683.20	8122.40	
柳州市	21094.80	2639.70	18612.00	12196.70	6120.00
桂林市					
梧州市					
北海市	701963.10	244643.80	1278183.10	1203261.70	1196711.70
防城港市					
钦州市	562621.60	157618.20	1516505.10	81842.00	36922.00
贵港市					
玉林市					
百色市	214639.20	29616.70	31090.60	34800.00	18600.00
贺州市					
河池市					
来宾市					
崇左市				150.00	

单位：万元

集体资本	法人资本	个人资本	港澳台资本	外商资本	营业收入
3480.00	**60868.10**	**16896.00**	**775.00**		**9133561.30**
	7722.40	400.00			17378.60
	196.70	5880.00			114365.20
	5775.00		775.00		4035726.60
3480.00	32800.00	8640.00			4809431.60
	14324.00	1876.00			156659.30
	50.00	100.00			

1-B-31 续表 2

地 区	营业成本	销售费用	管理费用	财务费用	
					利息收入
广西壮族自治区	**6883415.10**	**43311.50**	**107832.00**	**-2487.50**	**33848.50**
南宁市	14984.30	396.70	1353.30	1065.80	0.20
柳州市	105497.10	2468.80	2585.00	903.50	67.00
桂林市					
梧州市					
北海市	2753407.00	5718.40	37017.00	-25168.30	29467.00
防城港市					
钦州市	3861619.20	34156.00	61706.60	13884.80	4269.70
贵港市					
玉林市					
百色市	147907.50	571.60	5170.10	6826.70	44.60
贺州市					
河池市					
来宾市					
崇左市					

单位：万元

利息支出	投资收益（损失以“-”号记）	营业利润	利润总额	亏损企业亏损额	平均用工人数（人）
28421.70	**-5.80**	**533119.60**	**524261.50**	**20858.60**	**4740**
1034.60	-6.10	-485.40	-324.50	908.40	190
812.20		924.50	898.50		225
3016.10		307454.30	307341.60		1565
17303.10		229735.20	221797.70	14498.40	1872
6255.70	0.30	-4509.00	-5451.80	5451.80	888

1-B-32 按地区分组的规模以上化学

地　区	企业单位数（个）	资产总计	固定资产净额	固定资产原价
广西壮族自治区	**402**	**6083101.30**	**1599475.60**	**3197112.50**
南宁市	83	1075700.70	135564.90	259739.30
柳州市	37	1384067.90	390902.10	1002273.90
桂林市	29	181851.60	58710.80	106266.90
梧州市	36	567994.50	175355.70	292774.30
北海市	13	83725.90	31450.20	51223.40
防城港市	26	303868.80	117185.20	191846.40
钦州市	36	592535.80	123018.70	175802.60
贵港市	24	291750.60	44635.70	89276.40
玉林市	25	101406.60	12599.60	19182.40
百色市	23	720901.10	238864.80	409192.20
贺州市	13	189922.00	50445.00	99734.20
河池市	9	179027.80	101448.50	286750.10
来宾市	24	236513.60	87633.90	157151.50
崇左市	24	173834.40	31660.50	55898.90

原料和化学制品制造业主要经济指标

单位：万元

累计折旧	流动资产合计	应收账款	存货	产成品	负债合计
1492335.30	**3192632.20**	**743824.60**	**828343.80**	**433091.90**	**3545679.90**
114330.20	556803.80	148213.00	184480.00	87663.00	604477.00
565821.70	668338.60	99725.50	108109.00	48725.40	584027.10
47401.30	102360.40	38614.40	34448.30	18648.80	94584.00
111738.00	324113.60	85180.30	116876.60	86794.00	335129.60
19666.10	42304.20	5424.10	25002.80	18134.20	84926.90
74200.60	134279.00	23422.00	20642.70	11819.70	153206.70
51329.10	359360.90	89959.90	75542.10	27664.90	400197.70
44580.50	195430.90	106961.80	47004.90	21059.90	189694.60
6158.20	59697.70	8064.50	20056.90	12128.10	61061.50
168395.40	356923.80	50622.30	48888.90	22775.80	453524.40
42861.50	106004.80	12307.70	41708.80	23573.30	89519.20
163146.40	55946.10	8064.40	23691.20	11549.60	205498.30
63154.30	109346.70	20315.00	36559.20	19552.80	178892.10
19552.00	121721.70	46949.70	45332.40	23002.40	110940.80

1-B-32 续表 1

地　区	流动负债合计	应付账款	所有者权益合计	实收资本	国家资本
广西壮族自治区	**3185943.90**	**795076.10**	**2537419.10**	**1491673.10**	**273717.60**
南宁市	525269.00	127060.70	471223.60	280232.10	40461.30
柳州市	561854.90	136659.00	800040.40	423934.30	177839.20
桂林市	88212.50	14666.60	87267.60	49988.50	1483.50
梧州市	303661.40	101460.10	232864.60	77032.00	2100.00
北海市	75984.90	11259.90	-1201.00	18087.30	100.00
防城港市	117960.80	39238.00	150661.90	91210.70	17908.80
钦州市	348145.60	85647.40	192337.70	79430.50	
贵港市	165477.60	90725.40	102055.50	51939.20	
玉林市	47223.70	8487.10	40344.70	17269.00	1000.00
百色市	406423.10	84016.70	267376.70	112052.40	17166.00
贺州市	80252.10	14781.60	100403.00	27622.70	11358.80
河池市	198204.50	6872.60	-26470.60	64860.90	
来宾市	164578.30	57634.50	57621.70	156424.60	4000.00
崇左市	102695.50	16566.50	62893.30	41588.90	300.00

单位：万元

					营业收入
集体资本	法人资本	个人资本	港澳台资本	外商资本	
14893.30	**698024.20**	**344307.70**	**126782.40**	**34047.60**	**5930758.00**
689.00	70889.80	47541.90	113072.50	7577.60	1101253.70
2005.40	146338.20	96815.80	935.80		1133437.30
	14227.70	34277.20			216824.00
2063.50	42194.90	8437.80	6220.70	16015.00	688274.30
821.90	12774.40	2800.00	1591.00		121563.00
245.00	26259.10	33114.70	4318.40	9365.00	328709.50
534.80	46802.90	31848.80	344.00		422793.20
764.90	40122.20	11051.80			332846.20
	10541.00	5388.00	300.00	40.00	292966.00
	78398.20	16488.20			453811.70
3213.10	9456.30	3594.50			257787.20
	47654.00	17206.90			157991.90
300.00	133876.50	18248.00			191367.40
4255.70	18489.00	17494.10		1050.00	231132.60

1-B-32 续表 2

地　区	营业成本	销售费用	管理费用	财务费用	
					利息收入
广西壮族自治区	**5101345.40**	**173287.70**	**280099.50**	**75200.80**	**8605.10**
南宁市	928386.30	34492.50	66591.50	10723.50	950.30
柳州市	978857.70	49534.90	58933.40	10901.40	7672.40
桂林市	184438.90	9946.00	13053.50	1882.10	48.20
梧州市	549323.50	17340.10	36848.70	6977.20	171.20
北海市	116400.20	1311.00	4601.90	1674.50	10.20
防城港市	300409.40	6912.00	6337.80	2745.80	10.40
钦州市	387645.10	7171.10	13257.50	11049.90	-133.30
贵港市	293354.00	10668.70	13910.70	3161.80	-263.40
玉林市	264599.80	3341.50	3582.10	1671.30	5.50
百色市	349843.30	9782.00	19634.80	10382.80	8.60
贺州市	237666.50	5609.00	8017.10	1160.60	53.10
河池市	145780.30	5642.90	16874.70	6473.10	23.90
来宾市	162519.30	4795.10	11875.00	4106.40	42.40
崇左市	202121.10	6740.90	6580.80	2290.40	5.60

单位：万元

利息支出	投资收益（损失以“-”号记）	营业利润	利润总额	亏损企业亏损额	平均用工人数（人）
73213.30	**26333.10**	**254750.30**	**351979.80**	**105361.00**	**54264**
8517.50	8035.10	68002.50	70520.40	5704.60	10041
17046.30	10077.50	15222.00	114636.30	17839.20	8186
1763.40	59.80	6496.50	6768.10	2130.50	3681
6785.40	31.10	72205.90	74292.40	4046.80	6927
1270.90		-7197.20	-190.80	639.30	1524
1931.70	0.80	7825.80	7951.30	8484.50	1183
9872.00	14.50	-1679.00	-9274.70	22360.70	4525
3458.00	42.40	11446.50	10773.40	2702.50	3878
1071.10	16.30	19073.30	19062.70	679.60	3392
8763.90	6805.70	68088.80	69050.30	871.20	3664
1351.20	253.30	5372.00	5667.00	304.70	1642
5677.50	946.30	-29888.70	-30127.40	31303.60	1936
3625.70	48.00	7034.60	266.20	7656.70	1974
2078.70	2.10	12747.30	12584.60	637.10	1711

1-B-33 按地区分组的规模以上

地 区	企业单位数（个）	资产总计		
			固定资产净额	固定资产原价
广西壮族自治区	**153**	**3158155.20**	**605298.10**	**1133048.70**
南宁市	48	694988.70	136779.20	374040.90
柳州市	10	287877.60	21427.60	60796.60
桂林市	26	950520.70	230410.80	335351.90
梧州市	12	514675.20	78800.50	127641.70
北海市	4	31032.70	11886.90	23773.70
防城港市	1	26048.10	1524.20	2904.30
钦州市	12	240933.30	51301.70	81738.80
贵港市	7	68175.00	25811.10	34146.80
玉林市	20	204031.50	28753.20	55103.60
百色市	3	19435.80	2457.60	5406.00
贺州市	1	35808.40	2124.70	4727.90
河池市	5	59281.20	10093.40	16236.00
来宾市	3	18508.90	2623.10	7439.10
崇左市	1	6838.10	1304.10	3741.40

医药制造业主要经济指标

单位：万元

累计折旧	流动资产合计	应收账款	存货	产成品	负债合计
421937.80	**1791459.40**	**384450.70**	**433735.90**	**162229.70**	**1469310.50**
141835.60	346229.60	101751.10	107920.50	40103.10	395754.40
32357.60	183867.80	21663.60	24898.50	8484.20	146568.20
101919.30	561136.00	116862.60	140949.60	64476.60	342040.50
48775.20	258598.30	30168.20	37111.50	7083.90	154305.30
11886.80	16581.40	3914.20	4236.80	3024.50	19452.80
1380.10	23924.50	3517.60	2694.30	1907.20	14762.70
30437.10	129494.80	36747.70	35236.90	9481.30	148130.50
8335.60	36821.50	3343.10	11209.00	4771.80	44988.20
26063.00	148499.00	49182.10	33339.00	10911.60	96380.00
2948.40	15975.10	2997.90	3190.30	312.30	8748.40
2603.20	13087.70	1862.20	6562.70	3028.20	26382.80
6142.50	38011.40	9205.20	16552.80	5004.30	49062.40
4816.00	13712.90	2409.20	6044.90	970.20	16246.70
2437.40	5519.40	826.00	3789.10	2670.50	6487.60

1-B-33 续表 1

地区	流动负债合计	应付账款	所有者权益合计	实收资本	国家资本
广西壮族自治区	**1291956.60**	**320778.10**	**1688843.90**	**656289.40**	**10604.30**
南宁市	318698.90	70926.50	299234.30	173409.90	1512.90
柳州市	141909.40	20424.90	141309.50	52682.30	510.00
桂林市	293712.80	84323.50	608480.10	184855.40	5151.60
梧州市	151726.80	65536.70	360369.40	84186.50	
北海市	19452.80	2117.40	11579.80	1668.10	
防城港市	13462.70		11285.40	6850.00	
钦州市	109018.40	24617.00	92803.00	40286.60	3429.80
贵港市	43109.30	5144.20	23186.70	3874.00	
玉林市	95768.00	24541.30	107651.20	58364.50	
百色市	8313.40	2017.40	10687.40	8926.80	
贺州市	26382.80		9425.60	29797.40	
河池市	49062.40	17157.40	10218.80	4331.90	
来宾市	14851.30	3455.30	2262.20	5056.00	
崇左市	6487.60	516.50	350.50	2000.00	

单位：万元

集体资本	法人资本	个人资本	港澳台资本	外商资本	营业收入
9131.80	**391987.60**	**143756.70**	**17295.20**	**83513.70**	**1722704.20**
5000.00	76623.40	27466.20	8095.20	54712.20	326658.90
	16000.40	11145.50		25026.50	216657.00
	157870.40	21233.30	600.00		477140.40
	69911.50	10500.00		3775.00	289628.00
	1450.00	218.00			31158.30
		6850.00			4776.50
4131.80	23531.00	9194.00			141572.70
	2127.10	1746.90			50524.60
	5374.10	52990.40			114089.00
	780.00	46.80	8100.00		21497.60
	29797.40				9574.00
	2896.30	1435.60			17092.20
	4126.00	930.00			18808.90
	1500.00		500.00		3526.10

1-B-33 续表 2

地 区	营业成本	销售费用	管理费用	财务费用	
					利息收入
广西壮族自治区	**932362.00**	**386552.70**	**146127.50**	**11261.60**	**-3076.50**
南宁市	229200.00	47076.40	29567.90	7072.50	125.70
柳州市	129168.10	47210.00	12710.60	1787.70	412.00
桂林市	226943.10	91495.80	51122.40	-147.90	-1270.60
梧州市	72319.90	138754.80	20386.40	-1868.00	-2867.50
北海市	27046.30	870.80	783.20	182.60	-47.40
防城港市	3827.50	308.10	338.90	134.10	0.30
钦州市	96523.70	20679.70	11587.80	2694.70	127.30
贵港市	30237.90	9746.10	4461.70	581.10	2.40
玉林市	62440.80	23331.60	8676.80	358.50	536.00
百色市	18302.70	750.70	1872.90	-165.80	-104.30
贺州市	5963.70	1682.20	1488.30	0.30	-1.20
河池市	13734.90	2183.90	1828.70	478.30	2.70
来宾市	13530.90	2353.50	1017.00	55.40	8.10
崇左市	3122.50	109.10	284.90	98.10	

单位：万元

利息支出	投资收益（损失以“-”号记）	营业利润	利润总额	亏损企业亏损额	平均用工人数(人)
17272.60	**3932.90**	**248949.20**	**256837.30**	**22218.90**	**28329**
6492.40	-390.80	12029.40	14178.40	9423.40	6154
2145.00	3234.60	26837.60	30381.30	168.30	3049
2260.20	872.70	114562.00	116672.00	6982.80	7106
1207.20	162.60	58785.00	58576.50	485.30	2890
213.50		2018.10	1924.90	59.40	331
133.30		130.10	130.10		151
2769.60	33.00	10267.00	10390.50	2355.30	2906
579.10		4957.60	4880.70	205.80	1807
852.40		18238.60	18786.00	440.80	2353
44.70	15.80	618.70	626.30	214.20	281
		319.50	-206.90	206.90	259
449.00	4.90	-1418.30	-1221.50	1334.80	621
28.10	0.10	1715.10	1830.20	230.70	335
98.10		-111.20	-111.20	111.20	86

1-B-34 按地区分组的规模以上

地　区	企业单位数（个）	资产总计	固定资产净额	固定资产原价
广西壮族自治区	**144**	**1320305.20**	**350128.50**	**554241.60**
南宁市	49	289391.70	52628.00	103789.90
柳州市	13	508765.50	206196.40	244996.20
桂林市	20	134337.50	27688.80	44222.30
梧州市	6	85643.80	11311.50	35609.20
北海市	2	4402.30	910.60	1245.50
防城港市	4	42900.80	2139.00	4802.50
钦州市	8	67267.90	13239.40	20295.10
贵港市	5	15486.10	7011.90	10334.80
玉林市	13	30481.20	12445.70	16986.20
百色市	5	19666.40	2324.80	5359.10
贺州市	5	17173.40	5368.10	7379.80
河池市				
来宾市	7	15951.90	2338.60	3380.50
崇左市	7	88836.70	6525.70	55840.50

橡胶和塑料制品业主要经济指标

单位：万元

累计折旧	流动资产合计	应收账款	存货	产成品	负债合计
155347.40	**727217.00**	**209381.50**	**191169.50**	**97004.00**	**768675.90**
51161.60	204149.80	71205.10	69212.90	32295.80	155794.40
38799.60	199021.30	43794.00	43953.60	22070.80	283761.10
15140.90	84235.80	27829.10	14948.50	7887.40	73374.00
14901.20	45344.10	15076.60	13594.60	8745.70	34247.30
334.90	2316.50	636.20	1252.30	854.80	1846.90
2663.40	33444.60	3997.80	5180.60	1884.30	35652.00
7050.60	45661.50	9196.80	8714.50	4539.40	48714.50
3322.80	8234.30	2214.10	1600.50	1281.30	11125.80
4222.80	15782.20	8788.60	3755.20	2033.20	20977.40
3034.30	14731.80	2968.80	8424.80	3758.50	13934.10
2011.60	11358.40	2312.30	4110.30	1421.70	16153.70
967.20	12776.70	7290.40	2361.10	1535.70	11597.40
11736.50	50160.00	14071.70	14060.60	8695.40	61497.30

1-B-34 续表 1

地 区	流动负债合计	应付账款	所有者权益合计	实收资本	国家资本
广西壮族自治区	**655399.60**	**113685.00**	**551628.70**	**285673.80**	**10900.00**
南宁市	148701.30	21847.20	133596.80	94817.00	
柳州市	251183.60	39199.80	225004.60	87892.90	
桂林市	49452.90	17224.90	60963.30	20498.70	10900.00
梧州市	23894.30	2942.50	51396.50	22563.30	
北海市	1846.90	29.60	2555.40	2029.90	
防城港市	31149.70	4179.90	7248.90	11078.40	
钦州市	43319.00	11986.70	18553.30	14118.00	
贵港市	11125.80	1785.20	4360.40	2754.40	
玉林市	12955.70	3289.50	9504.00	8032.80	
百色市	11934.10	1315.40	5732.10	4831.60	
贺州市	16153.70	4815.50	1019.60	1496.20	
河池市					
来宾市	9347.40	2655.40	4354.40	2230.60	
崇左市	44335.20	2413.40	27339.40	13330.00	

单位：万元

集体资本	法人资本	个人资本	港澳台资本	外商资本	营业收入
71051.20	**114863.80**	**78419.00**	**759.70**	**9680.10**	**1215662.90**
3000.00	64476.00	27341.00			390238.30
68051.20	9241.00	10600.70			343943.40
	5036.20	4547.50		15.00	132912.10
	200.90	11937.60	759.70	9665.10	91863.60
	1656.50	373.40			10835.80
	11078.40				30207.80
	2287.00	11831.00			36290.80
	110.00	2644.40			12571.50
	3757.80	4275.00			70435.30
	3500.00	1331.60			31199.80
	258.00	1238.20			13944.60
	650.00	1580.60			15252.60
	12612.00	718.00			35967.30

1-B-34 续表 2

地 区	营业成本	销售费用	管理费用	财务费用	
					利息收入
广西壮族自治区	**1043659.80**	**28246.00**	**68020.90**	**13341.50**	**-345.10**
南宁市	325792.70	10619.80	22967.40	6778.30	217.70
柳州市	300927.90	5477.00	18997.10	580.20	-672.50
桂林市	109802.30	5096.20	11014.70	536.00	-73.40
梧州市	74651.50	2502.20	5188.30	377.70	47.20
北海市	9758.00	63.60	394.20	61.70	0.20
防城港市	28563.60	120.40	978.70	554.50	
钦州市	31806.40	843.20	1774.40	1607.10	1.10
贵港市	10567.80	220.20	912.70	215.70	125.60
玉林市	65072.50	600.40	1518.90	509.50	9.40
百色市	28820.30	1051.70	1366.00	90.00	-6.10
贺州市	12235.20	259.70	632.10	501.80	0.10
河池市					
来宾市	13829.60	273.70	794.30	318.20	2.10
崇左市	31832.00	1117.90	1482.10	1210.80	3.50

单位：万元

利息支出	投资收益（损失以“-”号记）	营业利润	利润总额	亏损企业亏损额	平均用工人数(人)
11347.20	**1538.70**	**58516.40**	**60456.90**	**6468.20**	**22343**
4901.00	233.10	22510.30	22911.60	2724.90	6160
1396.20	1130.30	17355.10	17903.40	292.60	3241
733.30	55.90	6563.40	7093.60	58.50	3124
399.40	50.30	8535.10	8980.90	496.50	3608
61.30		535.40	552.30	73.20	112
548.30		-187.80	-150.40	298.30	306
794.90	59.90	138.20	307.10	589.70	663
307.60		594.40	571.30		502
302.70		2268.60	1702.50	578.20	1986
93.50		-247.50	132.60	410.80	1025
445.80		292.40	288.20		402
242.50		-70.20	-63.80	303.80	362
1120.70	9.20	229.00	227.60	641.70	852

1-B-35 按地区分组的规模以上

地　　区	企业单位数（个）	资产总计		
			固定资产净额	固定资产原价
广西壮族自治区	**904**	**11516398.20**	**3381766.20**	**6509380.90**
南宁市	112	2232510.30	655264.00	1167920.10
柳州市	58	952077.90	228412.00	516289.60
桂林市	108	811748.50	201978.20	443013.50
梧州市	91	905283.30	211382.20	461653.70
北海市	26	335576.30	107108.10	153706.00
防城港市	22	323359.50	142632.20	255331.50
钦州市	40	238069.20	38509.90	100310.40
贵港市	81	1655594.70	371408.60	1006388.00
玉林市	112	1067103.80	275901.80	486504.20
百色市	55	877011.20	300532.50	577966.80
贺州市	93	834678.70	300104.10	457817.10
河池市	33	390917.20	144332.70	256160.20
来宾市	47	372740.80	116311.10	183442.70
崇左市	26	519726.80	287888.80	442877.10

非金属矿物制品业主要经济指标

单位：万元

累计折旧	流动资产合计	应收账款	存货	产成品	负债合计
2473238.50	**5892927.60**	**1928943.40**	**982843.60**	**443998.00**	**5826937.00**
474571.80	1293859.10	535810.90	155471.20	76905.40	1074276.30
252611.20	480997.80	184853.90	64277.40	22768.50	522832.50
187797.90	538196.80	253842.50	89136.10	37119.70	390948.70
146433.50	353792.90	97626.40	84677.30	27670.90	419763.10
45770.60	181509.90	100227.90	11030.90	3064.20	231735.20
86553.40	124014.10	71657.00	23138.10	4860.30	144639.60
61027.50	169117.10	55639.20	28753.00	16581.70	177933.70
318565.10	838139.70	135156.10	86200.40	33943.20	532453.60
186644.30	515887.00	114982.80	120841.40	70822.10	613196.00
272783.10	483734.80	133439.60	101358.50	33748.90	555297.40
149114.60	410108.10	134397.30	147255.10	88746.10	485377.10
74353.50	159485.00	35606.30	20780.80	4567.80	232326.70
63898.70	165957.70	32935.40	28471.90	14802.20	195474.80
153113.30	178127.60	42768.10	21451.50	8397.00	250682.30

1-B-35 续表 1

地区	流动负债合计	应付账款	所有者权益合计	实收资本	国家资本
广西壮族自治区	**5058723.10**	**1744698.80**	**5689451.40**	**2457824.10**	**278389.20**
南宁市	1007077.80	430369.00	1158232.90	407215.00	86805.00
柳州市	466554.50	155854.80	429242.70	227357.80	33259.60
桂林市	348843.80	145727.30	420799.00	193773.50	44434.70
梧州市	302188.00	91417.50	485519.20	115829.60	2500.00
北海市	223429.30	74858.70	103840.50	55056.40	2709.50
防城港市	130753.00	62062.40	178719.80	68710.20	400.00
钦州市	157753.70	64279.10	60135.50	38763.30	4488.80
贵港市	464035.60	112907.80	1123141.00	507665.80	50.00
玉林市	491709.50	115067.40	453907.20	189162.10	47260.00
百色市	502838.60	173049.50	321713.20	154463.20	17611.60
贺州市	427283.70	161370.60	349300.00	189951.60	990.00
河池市	195211.40	40465.40	158590.00	110416.00	
来宾市	167459.00	37151.50	177265.90	87685.30	5080.00
崇左市	173585.20	80117.80	269044.50	111774.30	32800.00

单位：万元

集体资本	法人资本	个人资本	港澳台资本	外商资本	营业收入
23042.80	**933986.10**	**621377.90**	**499508.40**	**101519.30**	**11485730.70**
3683.00	134943.10	93509.20	52691.70	35583.00	1994081.90
2390.80	153901.80	29014.20	8792.20		1048395.40
2000.00	72956.90	64306.90	75.00	10000.00	933672.60
	69572.80	35842.00	6001.00	1913.80	1112599.60
	28336.80	13845.00	7415.10	2750.00	317255.30
1200.00	6920.50	14860.10	45329.60		327359.20
5662.10	9897.80	16955.40	1759.20		362973.10
401.20	170181.20	51001.10	286032.30		1335329.70
157.00	28912.90	73650.40	32065.20	7116.60	1301352.40
	51072.80	38309.90	28268.90	19200.00	698139.40
7468.70	44887.80	109196.30	25078.20	2329.40	919144.20
	83580.40	26835.60			308710.00
80.00	17950.50	38247.60	3700.70	22626.50	258985.10
	60870.80	15804.20	2299.30		567732.80

1-B-35 续表 2

地　　区	营业成本	销售费用	管理费用	财务费用	
					利息收入
广西壮族自治区	**8976091.70**	**445392.20**	**482547.50**	**102692.20**	**-2055.60**
南宁市	1606160.40	65122.70	98298.40	11056.00	36.80
柳州市	882569.20	38031.80	41311.40	8362.20	-428.00
桂林市	742299.10	42363.30	41756.10	4886.40	707.20
梧州市	896260.70	25294.40	59009.50	8780.70	315.80
北海市	249582.90	12477.20	14739.90	5140.90	235.00
防城港市	248968.10	11062.60	10865.90	1877.40	170.60
钦州市	318526.20	13082.40	12005.70	2371.50	-105.00
贵港市	942511.30	30233.40	37206.70	9956.20	-3907.50
玉林市	1022446.70	46424.20	48124.90	10539.10	119.30
百色市	549593.10	24707.10	38268.30	10491.40	370.30
贺州市	723486.10	81610.70	36940.70	10546.10	79.10
河池市	239576.10	22468.60	10561.10	8017.30	227.50
来宾市	182971.30	12429.70	13079.30	3129.70	33.70
崇左市	371140.50	20084.10	20379.60	7537.30	89.60

单位：万元

利息支出	投资收益（损失以“–”号记）	营业利润	利润总额	亏损企业亏损额	平均用工人数（人）
96210.70	**17046.60**	**1416647.70**	**1455074.00**	**30291.40**	**141496**
9585.30	13858.70	214263.10	245964.20	6376.10	18534
8088.10	635.00	69626.40	68823.50	2559.00	8281
5420.30	–1517.00	96150.20	98183.50	1129.40	9538
8375.80	69.10	115404.60	115106.60	498.40	26386
4878.60	0.10	32997.50	33808.30	148.80	3189
1659.90		53871.00	53938.90	743.60	2557
2336.80	13.30	15666.60	16003.70	1506.60	3952
12641.30	64.10	304922.70	304355.90	2559.90	16725
8231.50	1760.50	165980.70	170885.00	3495.10	25661
9946.30	2021.90	69897.80	70528.00	2583.90	6724
8237.80	47.10	61367.20	61225.50	3630.10	11030
7929.20	26.10	25486.60	25161.20	2021.30	2823
2534.50		46076.80	45879.90	2356.40	3107
6345.30	67.70	144936.50	145209.80	682.80	2989

1-B-36 按地区分组的规模以上

地　区	企业单位数（个）	资产总计	固定资产净额	固定资产原价
广西壮族自治区	**148**	**14277706.80**	**4008621.80**	**6923551.90**
南宁市	8	96890.50	24577.50	59076.20
柳州市	20	5322899.50	1801790.60	3381987.70
桂林市	36	366907.90	149484.70	247913.50
梧州市	9	387666.70	71861.70	120356.80
北海市	4	1814774.40	630054.60	1043402.30
防城港市	4	4028855.90	845460.60	1168767.80
钦州市	10	356085.00	48623.00	89639.70
贵港市	5	430406.40	125932.30	239658.60
玉林市				
百色市	27	271086.00	58200.60	123440.60
贺州市	5	370306.00	114044.90	172439.50
河池市	4	25149.90	6155.30	18202.80
来宾市	3	402858.50	25749.20	77809.40
崇左市	13	403820.10	106686.80	180857.00

黑色金属冶炼和压延加工业主要经济指标

单位：万元

累计折旧	流动资产合计	应收账款	存货	产成品	负债合计
2868688.40	**7270131.80**	**449318.10**	**2128020.70**	**668312.70**	**8894044.40**
33898.40	55184.80	8365.90	7977.30	3957.80	51854.80
1577229.90	3102739.20	64369.10	1064298.60	218016.00	3003036.30
70553.40	164076.40	19014.80	64780.10	21225.90	261999.10
48350.60	267994.80	27279.10	136076.50	87662.90	378909.30
413347.70	817382.90	93500.60	341414.80	99275.50	1328596.80
322749.60	1688591.10	44564.90	230959.00	72684.30	2408309.80
39960.00	256788.90	82185.80	64427.70	39948.60	156086.40
112873.00	243323.10	8076.20	67949.90	35760.10	295295.70
64402.30	176405.70	48207.00	54578.20	32877.20	163469.30
47419.30	218402.80	5144.80	1498.00	439.90	273234.80
12047.60	15814.10	223.80	10181.20	6856.90	39209.40
52060.20	64650.50	4746.20	21048.20	13412.90	354883.50
73796.40	198777.50	43639.90	62831.20	36194.70	179159.20

1-B-36 续表 1

地 区	流动负债合计	应付账款	所有者权益合计	实收资本	国家资本
广西壮族自治区	**7156664.30**	**2076469.50**	**5383661.70**	**1680946.40**	**396970.00**
南宁市	47254.80	28135.00	45035.50	30786.80	
柳州市	2710436.60	455437.20	2319862.90	341111.00	287925.00
桂林市	186373.60	63574.40	104908.90	137697.30	
梧州市	344525.50	213973.20	8757.40	31876.80	
北海市	880704.80	481917.90	486177.60	156600.00	6600.00
防城港市	1715433.30	392204.10	1620546.10	603136.00	
钦州市	144759.10	56580.80	199998.40	62535.90	
贵港市	294765.70	189102.60	135110.70	33600.00	
玉林市					
百色市	146879.20	67061.90	107616.40	46660.70	2445.00
贺州市	257870.00	1668.90	97071.30	38360.00	
河池市	39209.40	11310.00	-14059.40	12080.00	
来宾市	227205.30	65146.70	47975.00	104100.00	100000.00
崇左市	161247.00	50356.80	224660.90	82401.90	

单位：万元

集体资本	法人资本	个人资本	港澳台资本	外商资本	营业收入
	672028.10	**576948.80**	**1800.00**	**33199.50**	**19108708.20**
	17008.00	13778.80			208075.30
	42138.00	11048.00			7992562.40
	84247.20	53450.10			396185.70
	3871.70	21996.90		6008.20	909853.20
	124180.00	25820.00			4590690.30
	302636.00	300500.00			2405764.40
	13800.00	41794.60		6941.30	473839.60
	500.00	33100.00			593196.00
	20748.70	21667.00	1800.00		515734.80
		38360.00			511102.40
	10000.00	2080.00			45210.40
	4100.00				140056.30
	48798.50	13353.40		20250.00	326437.40

1-B-36 续表 2

地 区	营业成本	销售费用	管理费用	财务费用	
					利息收入
广西壮族自治区	**16702102.60**	**135324.00**	**408842.90**	**137421.30**	**37910.40**
南宁市	167869.90	2208.70	26299.60	866.60	-1.00
柳州市	6767241.90	23766.00	171749.80	40182.10	18381.80
桂林市	374269.40	4632.00	9344.90	379.50	-23.30
梧州市	758752.60	3847.40	7570.40	4720.30	360.60
北海市	4448266.40	46249.00	31289.50	43413.50	962.00
防城港市	1798779.70	25347.20	109258.50	25956.00	15473.40
钦州市	433824.90	5473.50	8000.90	1918.00	20.20
贵港市	518267.10	936.00	12043.30	-1087.80	2478.20
玉林市					
百色市	473935.50	11802.10	12730.80	3001.60	43.70
贺州市	504061.70	881.30	1502.30	1379.30	5.00
河池市	44086.80	734.60	877.00	507.90	0.40
来宾市	126946.90	3072.70	11375.10	10900.10	
崇左市	285799.80	6373.50	6800.80	5284.20	209.40

单位：万元

利息支出	投资收益（损失以“-”号记）	营业利润	利润总额	亏损企业亏损额	平均用工人数(人)
166479.70	**97220.70**	**1755634.50**	**1769394.80**	**33188.10**	**52157**
842.50		10656.00	10749.20	524.60	1002
59919.20	97878.60	1051008.30	1042889.00	2448.50	16853
911.00	46.80	8618.40	10017.50	978.40	2484
5277.40	323.20	132624.60	148525.60		2474
37477.40	-897.70	15583.00	16239.50	6489.90	4524
38874.40		431646.50	432963.00	2780.60	9953
1846.90	-127.90	23400.10	23485.00	438.30	1827
1303.10	-4.50	60287.70	60124.90	395.10	2351
3025.70	7.60	12276.40	10998.80	2806.00	3976
192.20		2583.60	2581.50	324.20	1867
506.60		-1074.30	-1318.00	1523.40	444
10900.10	-5.40	-13401.70	-11543.00	13082.90	1279
5403.20		21425.90	23681.80	1396.20	3123

1-B-37 按地区分组的规模以上

地　区	企业单位数（个）	资产总计		
			固定资产净额	固定资产原价
广西壮族自治区	**112**	**12151995.60**	**5109405.60**	**8107537.60**
南宁市	6	1393363.50	715406.30	822134.80
柳州市	13	451840.30	220205.20	259311.10
桂林市	6	122001.30	36870.00	54805.90
梧州市	8	276431.00	42681.30	114091.60
北海市				
防城港市	2	1319644.40	817977.10	1005414.30
钦州市	1	1969.20	308.50	720.50
贵港市	2	13029.20	2934.90	6858.30
玉林市	3	680318.40	101006.70	247583.80
百色市	48	5855433.40	2586898.70	4699850.40
贺州市	7	215399.60	101714.30	107989.00
河池市	8	1068583.10	166478.40	310761.40
来宾市	5	690452.20	298379.80	429036.70
崇左市	3	63530.00	18544.40	48979.80

有色金属冶炼和压延加工业主要经济指标

单位：万元

累计折旧	流动资产合计	应收账款	存货	产成品	负债合计
2750970.50	**4836015.60**	**358519.30**	**1634232.50**	**571826.80**	**9218607.10**
106728.50	452908.90	63917.90	165839.20	31570.20	1032449.60
32205.40	166896.00	26989.80	54045.80	36685.30	334572.60
17471.50	41731.30	2852.90	8952.50	2582.20	75652.20
26175.70	149262.40	17163.80	87333.50	10637.30	287264.60
187437.30	429607.30	17912.60	252672.70	32946.60	939551.00
412.00	849.20	52.50	417.90	123.00	1809.90
3923.40	6100.70	688.50	2050.80	858.40	4560.50
71577.10	465831.50	42124.20	83880.80	28687.70	649751.50
2005331.80	1937906.00	121926.00	580684.40	159991.10	3847445.80
6274.50	95607.60	12075.80	23316.70	11237.80	153857.80
144029.80	730576.60	5935.10	234030.30	196621.00	1080087.10
130657.00	329898.50	41348.70	123833.20	54297.70	776844.90
18746.50	28839.60	5531.50	17174.70	5588.50	34759.60

1-B-37 续表 1

地区	流动负债合计	应付账款	所有者权益合计	实收资本	国家资本
广西壮族自治区	**7520512.80**	**1318416.80**	**2933388.90**	**2383622.10**	**1315835.70**
南宁市	590633.60	97015.80	360913.70	293485.60	250490.00
柳州市	144106.20	63136.60	117267.60	148862.10	137471.40
桂林市	71496.20	11577.20	46349.40	70200.90	51551.10
梧州市	272163.50	16077.10	-10833.80	34010.30	12000.00
北海市					
防城港市	805577.40	124590.20	380093.40	340000.00	210000.00
钦州市	1809.90	824.10	159.30	300.00	
贵港市	3062.40	327.30	8469.30	1157.00	
玉林市	592559.10	97388.70	30566.90	70517.70	
百色市	3274960.80	594835.70	2007987.70	1134937.70	588426.50
贺州市	134155.80	5211.90	61541.60	43600.00	32342.30
河池市	979463.20	154932.70	-11503.90	58550.80	3534.00
来宾市	622429.30	150770.90	-86392.70	186100.00	30020.40
崇左市	28095.40	1728.60	28770.40	1900.00	

单位：万元

集体资本	法人资本	个人资本	港澳台资本	外商资本	营业收入
34700.60	**732074.70**	**203560.90**		**97450.00**	**11534036.40**
6243.60	1826.70	29925.30		5000.00	401962.50
	9455.60	1935.00			242172.70
	3384.00	15265.80			69533.20
	15149.60	6860.70			360332.20
	40000.00			90000.00	2269637.60
		300.00			3200.10
857.00	300.00				54766.90
27600.00	2917.70	40000.00			702971.00
	501701.10	44810.10			4977730.90
		8807.60		2450.00	103123.70
	300.00	54716.80			1467191.60
	155500.00	579.60			795075.50
	1540.00	360.00			86338.50

1-B-37 续表 2

地 区	营业成本	销售费用	管理费用	财务费用	
					利息收入
广西壮族自治区	**10796187.50**	**88020.20**	**179405.70**	**148629.70**	**18380.70**
南宁市	352894.80	9186.90	15760.20	10211.90	-359.90
柳州市	238738.70	4049.60	6815.50	13097.10	103.30
桂林市	65893.70	1131.10	5362.90	941.70	4.60
梧州市	327278.20	4371.00	13752.30	1997.20	-12.20
北海市					
防城港市	2192907.90	6594.30	8923.40	29599.60	809.80
钦州市	3103.80	2.50	161.00	0.20	
贵港市	51716.80	103.50	1759.00	108.70	0.90
玉林市	665845.70	4778.60	9313.30	12030.10	833.60
百色市	4484552.10	47042.20	75155.50	32817.00	16819.60
贺州市	96593.30	837.50	5781.50	1085.90	95.50
河池市	1451001.40	7185.50	19873.20	24639.30	-264.10
来宾市	792471.20	2251.10	12327.80	21315.80	300.40
崇左市	73189.90	486.40	4420.10	785.20	49.20

单位：万元

利息支出	投资收益（损失以“-”号记）	营业利润	利润总额	亏损企业亏损额	平均用工人数(人)
170861.40	**-11838.60**	**238238.70**	**268417.40**	**177677.80**	**45935**
26586.40	617.00	1590.50	2578.90	690.20	3998
12938.50	16.60	-20821.20	-19806.50	22303.50	1875
701.80		-3621.70	-3508.60	3836.50	1242
1996.20		8099.90	11929.90	13844.90	2786
27462.30		27148.30	28138.00		2295
		-79.60	-74.00	74.00	45
109.20		1051.90	1036.00		298
11070.40		11500.10	10046.70	8446.50	2270
46388.70	-5331.60	285304.10	302582.60	53143.30	19802
936.40		-1561.50	-334.30	2533.10	1000
20593.20	-265.80	-36789.40	-31929.30	31929.30	6362
21249.00		-40642.30	-39613.50	40859.00	3600
829.30	-6874.80	7059.60	7371.50	17.50	362

1-B-38 按地区分组的规模以上

地　区	企业单位数（个）	资产总计	固定资产净额	固定资产原价
广西壮族自治区	**160**	**1365894.80**	**284299.60**	**471644.70**
南宁市	42	372027.50	66694.90	101425.30
柳州市	41	390631.60	61279.50	120849.60
桂林市	24	149462.10	39213.20	59682.60
梧州市	13	99711.50	42913.90	63086.80
北海市	1	44521.10	19003.80	25674.20
防城港市	4	106405.50	21528.90	35263.50
钦州市	2	13273.10	85.60	640.80
贵港市	1	556.50	50.10	145.50
玉林市	13	56352.00	10989.70	18785.40
百色市	5	58743.00	9628.50	28408.50
贺州市	2	14813.00	4254.50	4906.60
河池市				
来宾市	2	23875.90	1077.20	1372.30
崇左市	10	35522.00	7579.80	11403.60

金属制品业主要经济指标

单位：万元

累计折旧	流动资产合计	应收账款	存货	产成品	负债合计
173033.30	**870786.60**	**216946.80**	**228587.80**	**99904.80**	**828366.20**
34698.70	265953.20	69261.80	61563.20	16139.00	241097.90
59489.60	267400.90	80426.60	58870.00	33364.20	190624.40
20464.30	88282.80	31840.00	22990.40	12049.10	90847.40
19347.50	46223.70	7581.80	22382.30	11222.90	72180.60
6670.30	21111.80	2411.90	2967.00	1015.30	31027.30
13734.40	61463.70	2712.10	14830.70	97.00	83338.90
555.20	11227.40	1341.10	788.10	338.50	2431.50
95.30	476.40	43.00	420.20	420.20	144.70
7795.70	37556.30	9844.70	11121.90	4808.20	31424.40
6285.00	20612.00	3079.50	10775.20	3539.50	32665.80
652.10	10330.40	1263.50	7841.10	7721.00	16173.40
295.10	17947.70	1580.20	6836.50	5904.50	12616.30
2950.10	22200.30	5560.60	7201.20	3285.40	23793.60

1-B-38 续表 1

地 区	流动负债合计	应付账款	所有者权益合计	实收资本	国家资本
广西壮族自治区	**752543.70**	**204642.90**	**537528.80**	**286009.10**	**46445.00**
南宁市	212874.50	56429.70	130929.70	82425.40	6160.00
柳州市	176405.30	58464.40	200006.90	93864.00	28285.00
桂林市	79955.50	17453.10	58615.40	46669.20	
梧州市	66276.90	34272.20	27530.80	15063.30	
北海市	30108.30	5656.60	13493.70	10000.00	
防城港市	80982.10	8694.80	23066.60	13200.00	12000.00
钦州市	432.70	34.30	10841.60	1200.00	
贵港市	130.20	117.20	411.80		
玉林市	25096.30	6611.20	24927.60	3352.00	
百色市	31265.80	1928.40	26077.10	5981.80	
贺州市	16173.40	10393.60	-1360.40	800.00	
河池市					
来宾市	12616.30	452.60	11259.60	1205.00	
崇左市	20226.40	4134.80	11728.40	12248.40	

单位：万元

集体资本	法人资本	个人资本	港澳台资本	外商资本	营业收入
1088.00	**140631.60**	**67767.40**	**18577.30**	**11499.60**	**1993728.50**
1000.00	30587.40	26078.70	18430.30	169.00	580772.70
	46587.70	14268.00		4723.30	632837.40
	33806.50	12862.50			120895.20
88.00	5650.00	2718.00		6607.30	144118.90
	10000.00				31480.20
		1200.00			126974.70
	1200.00				12099.20
					2093.40
	433.00	2772.00	147.00		223025.80
	4330.00	1651.80			61264.10
	300.00	500.00			13885.60
		1205.00			4228.70
	7737.00	4511.40			40052.60

1-B-38 续表 2

地 区	营业成本	销售费用	管理费用	财务费用	
					利息收入
广西壮族自治区	**1732679.40**	**47935.10**	**129203.30**	**15422.40**	**352.00**
南宁市	474134.50	11715.50	46336.20	5552.20	-66.60
柳州市	579251.50	10627.70	28244.20	4636.50	165.00
桂林市	107239.60	5372.80	4931.50	2105.50	87.40
梧州市	130347.60	4291.50	6345.20	788.40	44.60
北海市	27802.60	1415.80	799.60	149.70	81.40
防城港市	120092.70	1414.90	4481.40	28.80	6.90
钦州市	10469.40	235.00	691.60	103.10	12.20
贵港市	1319.00	55.70	390.20	14.90	
玉林市	172403.50	9495.20	30830.30	1042.60	1.90
百色市	55721.80	2319.60	2822.90	364.60	11.10
贺州市	14635.40	78.60	234.30	4.00	3.90
河池市					
来宾市	3131.50	91.30	687.20	283.40	0.10
崇左市	36130.30	821.50	2408.70	348.70	4.10

单位：万元

利息支出	投资收益（损失以“-”号记）	营业利润	利润总额	亏损企业亏损额	平均用工人数(人)
14166.30	**2114.90**	**62152.40**	**65241.10**	**8250.10**	**22917**
4673.20	1306.30	39926.70	40332.40	1256.00	6348
4385.80	86.20	8325.40	9431.10	401.90	6322
2149.20	74.90	937.20	1591.10	1494.40	2871
555.20		1619.10	2046.10	3036.10	1896
107.20		1271.20	1442.20		143
21.80		574.40	465.30		862
88.70	441.80	900.00	962.60	100.10	161
14.90		299.00	278.70		79
914.20	5.90	9121.50	9123.40	9.70	1908
639.20	199.80	-18.30	405.50	537.40	1247
4.00		-1112.20	-1179.90	1179.90	125
284.70		32.10	82.70	90.80	128
328.20		276.30	259.90	143.80	827

1-B-39 按地区分组的规模以上

地　　区	企业单位数（个）	资产总计		
			固定资产净额	固定资产原价
广西壮族自治区	**105**	**3459974.70**	**543318.30**	**1182980.50**
南宁市	14	336201.30	68339.80	87896.60
柳州市	48	642618.20	124355.20	282251.10
桂林市	14	187241.70	24836.90	59615.70
梧州市	6	65820.90	11464.00	21685.40
北海市	3	11119.60	63.40	247.60
防城港市				
钦州市				
贵港市	4	73256.20	4797.10	13886.60
玉林市	13	2087787.50	298599.50	701547.00
百色市	1	49523.20	9975.10	14262.30
贺州市				
河池市	1	3552.50	33.70	153.70
来宾市	1	2853.60	853.60	1434.50
崇左市				

通用设备制造业主要经济指标

单位：万元

累计折旧	流动资产合计	应收账款	存货	产成品	负债合计
627625.10	**2499220.20**	**426439.20**	**511026.00**	**224285.70**	**1965806.90**
19458.10	243090.00	96185.20	96093.40	16016.10	235346.20
151931.40	410790.20	157608.20	102136.40	39932.90	389373.70
34778.70	138985.90	50408.80	27026.80	14264.40	137415.80
10221.30	35167.80	11353.90	11638.00	4645.40	53004.00
156.90	10626.90	6927.70	3182.70		8890.80
9089.30	39927.10	7641.10	25662.40	9970.90	26229.00
397001.30	1583200.80	81252.40	235492.50	133247.60	1072242.80
4287.20	32309.90	13093.10	8089.50	5498.20	38297.70
120.00	3427.00	768.60	1410.90	416.80	2748.00
580.90	1694.60	1200.20	293.40	293.40	2258.90

1-B-39 续表 1

地 区	流动负债合计	应付账款	所有者权益合计	实收资本	国家资本
广西壮族自治区	**1828283.80**	**581103.80**	**1494168.50**	**405959.50**	**91635.10**
南宁市	227010.30	70242.50	100855.00	19625.10	3281.10
柳州市	350113.30	135058.90	253245.60	251031.60	69614.00
桂林市	123714.70	36234.70	49825.80	36321.80	
梧州市	49040.30	9748.30	12816.90	16167.30	
北海市	8513.70	812.40	2228.80	2090.30	
防城港市					
钦州市					
贵港市	20957.20	2919.30	47027.30	3556.00	6.00
玉林市	1019561.50	308471.10	1015544.50	66167.40	18734.00
百色市	24365.90	15806.00	11225.40	10000.00	
贺州市					
河池市	2748.00	1319.20	804.50	500.00	
来宾市	2258.90	491.40	594.70	500.00	
崇左市					

单位：万元

集体资本	法人资本	个人资本	港澳台资本	外商资本	营业收入
2192.70	**157133.30**	**54268.50**	**647.60**	**100081.90**	**2987412.50**
1000.00	12276.00	3068.00			142533.10
894.00	103667.50	24935.50		51920.30	1000393.20
	17127.90	14231.50		4962.40	77004.10
	7950.00	2000.10		6217.20	18683.60
298.70		1144.00	647.60		12094.80
	102.00	3448.00			48052.90
	6009.90	4441.40		36982.00	1638830.20
	10000.00				43774.90
		500.00			3350.40
		500.00			2695.30

1-B-39 续表 2

地 区	营业成本	销售费用	管理费用	财务费用	
					利息收入
广西壮族自治区	**2541699.40**	**124568.90**	**165464.60**	**10583.50**	**12057.20**
南宁市	117682.70	6599.60	9579.90	3719.20	11.50
柳州市	922146.40	19445.90	32737.90	5739.10	-11.60
桂林市	63108.70	2452.50	6419.60	561.40	-28.00
梧州市	15522.00	316.90	2756.00	1242.00	-1.20
北海市	10967.20	608.50	1083.50	87.20	0.20
防城港市					
钦州市					
贵港市	35870.10	913.80	4023.60	2272.00	3.70
玉林市	1330355.20	93404.00	107128.20	-3784.60	12072.40
百色市	40982.40	489.80	1398.50	661.80	1.40
贺州市					
河池市	2765.30	306.60	286.80	1.20	8.60
来宾市	2299.40	31.30	50.60	84.20	0.20
崇左市					

单位：万元

利息支出	投资收益（损失以“-”号记）	营业利润	利润总额	亏损企业亏损额	平均用工人数(人)
26761.50	**16728.60**	**145726.60**	**149785.60**	**11563.10**	**23640**
1300.80	25.00	3933.70	3962.50	12.60	2054
6447.80	68.80	17672.20	19121.40	8381.30	7360
875.20	237.20	4698.20	5087.70	642.60	1394
1266.20	26.40	-1253.80	-832.80	1734.80	599
41.30		-666.70	-628.40	683.70	196
1874.00		4785.60	4598.20		2006
14222.40	16371.20	116478.00	118297.10	24.80	9469
641.30		-20.80	37.20		450
8.10		-125.80	-83.30	83.30	86
84.40		226.00	226.00		26

1-B-40 按地区分组的规模以上

地　　区	企业单位数（个）	资产总计	固定资产净额	固定资产原价
广西壮族自治区	**150**	**5175899.50**	**476623.90**	**844462.50**
南宁市	52	970288.70	120754.60	189200.90
柳州市	36	3028220.00	185277.30	332341.80
桂林市	27	453542.90	34719.20	98290.00
梧州市	8	94308.80	34187.60	67740.70
北海市	2	28344.30	249.20	4509.10
防城港市				
钦州市	2	91262.80	49116.80	57844.70
贵港市	3	32273.90	5488.30	7626.90
玉林市	16	442430.00	36931.30	70434.50
百色市	3	30656.10	8168.60	12674.70
贺州市	1	4572.00	1731.00	3799.20
河池市				
来宾市				
崇左市				

专用设备制造业主要经济指标

单位：万元

<table>
<tr><th rowspan="3">累计折旧</th><th rowspan="3">流动资产合计</th><th colspan="4"></th><th rowspan="3">负债合计</th></tr>
<tr><th rowspan="2">应收账款</th><th colspan="2">存货</th></tr>
<tr><th></th><th>产成品</th></tr>
<tr><td>348807.20</td><td>3343269.20</td><td>1126356.50</td><td>694482.80</td><td>351018.80</td><td>3007863.00</td></tr>
<tr><td>65716.20</td><td>588359.90</td><td>284562.00</td><td>116034.90</td><td>43341.00</td><td>643268.00</td></tr>
<tr><td>145449.80</td><td>1991528.70</td><td>554869.30</td><td>400093.40</td><td>264931.30</td><td>1680794.30</td></tr>
<tr><td>62287.50</td><td>361676.20</td><td>89011.20</td><td>93357.50</td><td>13958.00</td><td>230155.60</td></tr>
<tr><td>21205.30</td><td>32129.50</td><td>16295.30</td><td>10840.60</td><td>2943.70</td><td>52623.50</td></tr>
<tr><td>3624.60</td><td>23169.40</td><td>3891.80</td><td>5329.90</td><td>735.10</td><td>14891.70</td></tr>
<tr><td></td><td></td><td></td><td></td><td></td><td></td></tr>
<tr><td>8727.90</td><td>29013.00</td><td>1076.20</td><td>12378.40</td><td>3851.40</td><td>19703.70</td></tr>
<tr><td>2078.40</td><td>13429.20</td><td>2869.80</td><td>2229.00</td><td>43.60</td><td>17599.00</td></tr>
<tr><td>33403.00</td><td>281577.90</td><td>166313.20</td><td>46586.90</td><td>17549.60</td><td>326089.30</td></tr>
<tr><td>4246.30</td><td>20025.60</td><td>6906.90</td><td>6638.80</td><td>2942.30</td><td>19671.70</td></tr>
<tr><td>2068.20</td><td>2359.80</td><td>560.80</td><td>993.40</td><td>722.80</td><td>3066.20</td></tr>
</table>

1-B-40 续表 1

地区	流动负债合计	应付账款	所有者权益合计	实收资本	国家资本
广西壮族自治区	**2507708.50**	**729583.90**	**2168035.00**	**778269.70**	**270557.60**
南宁市	523921.10	170079.80	327020.40	138010.20	39852.80
柳州市	1356408.70	450741.60	1347425.10	375433.90	207716.10
桂林市	205375.70	61379.30	223386.90	70599.40	10000.00
梧州市	40766.80	21945.60	41685.10	31767.70	
北海市	14822.60	4215.00	13452.60	11687.60	
防城港市					
钦州市	17077.70	9409.60	71559.00	3000.00	
贵港市	10720.00	1172.10	14674.90	10096.70	3971.70
玉林市	324770.10	3914.70	116340.60	125977.10	9017.00
百色市	12493.60	6536.20	10984.60	10927.10	
贺州市	1352.20	190.00	1505.80	770.00	
河池市					
来宾市					
崇左市					

单位：万元

集体资本	法人资本	个人资本	港澳台资本	外商资本	营业收入
31339.70	**221778.60**	**191336.20**	**45745.00**	**17512.40**	**3629356.80**
21907.60	29150.00	35424.20	9145.00	2530.40	604256.20
1206.50	41578.80	115950.50		8982.00	2476824.30
5725.60	31823.80	17050.00		6000.00	290573.60
	8000.00	160.00	23607.70		70012.50
	11491.60	196.00			31446.30
2500.00	134.00	366.00			26968.10
		2990.00	3135.00		13140.80
	99600.40	17359.70			86940.10
		1069.80	9857.30		26891.10
		770.00			2303.80

1-B-40 续表 2

地　区	营业成本	销售费用	管理费用	财务费用	
					利息收入
广西壮族自治区	**3080477.40**	**157707.80**	**192511.80**	**34530.40**	**15347.40**
南宁市	487681.30	14783.10	39605.30	10268.30	-332.80
柳州市	2171149.90	112785.10	93584.70	11778.90	15341.90
桂林市	206201.90	20039.30	38826.70	972.80	-59.60
梧州市	59124.90	995.30	5223.20	496.20	1.30
北海市	25797.80	1775.00	1874.80	616.30	9.40
防城港市					
钦州市	23709.30	976.90	1956.80	59.50	319.10
贵港市	7813.00	151.50	1583.90	683.00	25.60
玉林市	75609.60	4147.50	7254.40	8834.70	41.10
百色市	21536.10	1729.40	2067.70	708.40	1.40
贺州市	1853.60	324.70	534.30	112.30	
河池市					
来宾市					
崇左市					

单位：万元

利息支出	投资收益（损失以“-”号记）	营业利润	利润总额	亏损企业亏损额	平均用工人数（人）
38269.40	**28669.70**	**160297.00**	**163522.00**	**30900.60**	**33209**
9762.40	1635.60	40494.40	38495.40	5071.20	6848
22984.80	26272.90	101313.30	103343.90	937.10	14003
2692.80	624.30	24256.70	25950.00	5077.30	4661
278.80	20.70	3642.50	4277.40	1.80	2809
245.30		1316.00	1502.80		372
315.40	26.00	187.50	436.70	144.70	566
710.20		2641.60	2652.80		364
672.80	90.20	-13719.30	-13422.00	18901.30	2421
606.90		696.60	798.10	254.10	913
		-532.30	-513.10	513.10	252

1-B-41 按地区分组的规模以上

地　　区	企业单位数（个）	资产总计	固定资产净额	固定资产原价
广西壮族自治区	**361**	**16203404.70**	**3467689.70**	**6222168.10**
南宁市	15	1003770.80	62159.50	107458.10
柳州市	294	14029461.50	3150744.50	5666154.20
桂林市	13	602380.40	155986.60	276067.90
梧州市				
北海市	1	14463.80	4953.80	8218.80
防城港市	1	9029.50	244.10	516.00
钦州市				
贵港市	4	171048.30	16303.80	19461.90
玉林市	27	345624.90	73715.20	139021.30
百色市				
贺州市				
河池市				
来宾市	6	27625.50	3582.20	5269.90
崇左市				

汽车制造业主要经济指标

单位：万元

累计折旧	流动资产合计				负债合计
		应收账款	存货		
				产成品	
2714700.90	**10032815.50**	**2192199.20**	**2018609.50**	**1327443.40**	**11713750.40**
45298.50	646919.00	286810.20	87365.90	51311.30	541911.50
2475708.00	8789161.70	1766789.20	1772103.70	1188081.50	10642721.20
120081.40	230790.30	60613.80	58319.30	32561.20	213589.20
3265.00	5987.00	112.90	1186.80	519.60	10916.70
271.90	8035.00	6715.30	1302.10		7998.00
3158.10	106740.00	9365.30	26078.40	19635.80	73000.30
65233.90	223823.10	53765.40	62361.10	30888.30	204705.70
1684.10	21359.40	8027.10	9892.20	4445.70	18907.80

1-B-41 续表 1

地 区	流动负债合计	应付账款	所有者权益合计	实收资本	国家资本
广西壮族自治区	**10895005.30**	**4447949.80**	**4489650.40**	**1645020.40**	**317407.90**
南宁市	481035.30	216071.10	461858.80	204192.60	
柳州市	9950323.90	4102948.80	3386738.20	1115796.70	273432.60
桂林市	185898.90	29710.20	388791.30	154531.20	8891.30
梧州市					
北海市	10916.70	2287.60	3546.20		
防城港市	7998.00	7998.00	1031.50	200.00	
钦州市					
贵港市	39338.50	5445.60	98048.00	75850.20	
玉林市	201348.40	74760.80	140918.90	91799.70	35084.00
百色市					
贺州市					
河池市					
来宾市	18145.60	8727.70	8717.50	2650.00	
崇左市					

单位：万元

集体资本	法人资本	个人资本	港澳台资本	外商资本	营业收入
19986.40	**861475.70**	**238741.30**	**19628.00**	**187781.00**	**21527844.90**
	170678.20	33514.40			507043.00
19934.40	463545.40	164905.20	17198.00	176781.00	20249883.20
	127521.90	7118.00		11000.00	216628.40
					12565.30
	200.00				5442.00
	74800.20	1050.00			179954.00
52.00	22210.00	32023.70	2430.00		322463.70
	2520.00	130.00			33865.30

1-B-41 续表 2

地 区	营业成本	销售费用	管理费用	财务费用	
					利息收入
广西壮族自治区	**18529067.80**	**889685.90**	**930504.20**	**8288.00**	**-6383.40**
南宁市	417349.20	11409.90	22021.10	4483.20	1939.40
柳州市	17447307.60	860315.60	863209.40	-5161.50	-9417.90
桂林市	184345.50	7780.40	22027.80	4010.60	1087.40
梧州市					
北海市	10993.30	508.00	572.20	-64.40	70.80
防城港市	5073.60	6.30	52.30	57.10	
钦州市					
贵港市	162415.20	722.60	2370.20	100.40	9.90
玉林市	272325.00	8202.00	18298.10	4486.90	-75.00
百色市					
贺州市					
河池市					
来宾市	29258.40	741.10	1953.10	375.70	2.00
崇左市					

单位：万元

利息支出	投资收益（损失以“-”号记）	营业利润	利润总额	亏损企业亏损额	平均用工人数（人）
76898.00	**9189.20**	**849209.30**	**861442.10**	**70166.00**	**129844**
6418.80	2665.30	52036.10	53241.60	1875.00	4054
60308.10	4480.30	762655.20	770566.10	58737.10	113110
5698.50	2043.60	1483.50	2479.60	7077.50	4053
6.40		368.80	338.00		148
		242.30	242.30		30
285.60		14207.10	15388.30		618
3967.10		16734.20	17625.40	2308.10	6063
213.50		1482.10	1560.80	168.30	1768

1-B-42 按地区分组的规模以上铁路、

地　　区	企业单位数（个）	资产总计	固定资产净额	固定资产原价
广西壮族自治区	**46**	**888091.70**	**189574.00**	**300408.90**
南宁市	5	130142.20	26640.50	33145.40
柳州市	3	85678.00	11467.40	26096.90
桂林市	2	87782.90	6194.10	7102.30
梧州市	11	258771.40	58275.00	127725.80
北海市	1	24410.10	225.50	705.10
防城港市				
钦州市	1	139060.80	46729.60	49287.40
贵港市	20	125083.80	12325.10	28019.10
玉林市	1	25438.70	25357.80	25357.80
百色市				
贺州市				
河池市				
来宾市				
崇左市	2	11723.80	2359.00	2969.10

船舶、航空航天和其他运输设备制造业主要经济指标

单位：万元

累计折旧	流动资产合计	应收账款	存货	产成品	负债合计
96529.90	**502127.20**	**150251.70**	**115962.10**	**53137.70**	**518955.40**
6505.00	96872.20	15875.50	5542.90	1309.00	106750.20
14624.30	52121.10	13226.20	3211.70	388.40	43758.10
908.20	68403.00	61488.00	1869.10	158.10	69644.00
56923.00	175633.30	44871.30	53461.10	12633.50	146197.30
479.50	4701.00	609.40	1410.10		16537.00
2557.80	17090.30	2679.80	6465.50		49987.40
13922.00	77860.60	9869.80	43349.90	38220.50	63593.90
	80.90	51.10	21.60	21.60	15075.40
610.10	9364.80	1580.60	630.20	406.60	7412.10

1-B-42 续表 1

地　区	流动负债合计	应付账款	所有者权益合计	实收资本	国家资本
广西壮族自治区	**436057.20**	**165303.20**	**369136.50**	**273432.90**	**89031.20**
南宁市	103870.20	6507.50	23391.90	23353.50	20000.00
柳州市	31639.90	11942.40	41919.90	27625.10	
桂林市	65414.80	49259.00	18138.90	5729.00	
梧州市	120532.20	63036.80	112574.10	79251.60	68731.20
北海市	2442.80	257.80	7873.10	8000.00	
防城港市					
钦州市	32233.10	3847.60	89073.40	88774.30	
贵港市	57436.70	14719.80	61490.20	28236.10	300.00
玉林市	15075.40	15075.40	10363.30	10363.30	
百色市					
贺州市					
河池市					
来宾市					
崇左市	7412.10	656.90	4311.70	2100.00	

单位：万元

集体资本	法人资本	个人资本	港澳台资本	外商资本	营业收入
2460.70	**161747.30**	**20193.70**	**0.20**		**702354.50**
	2600.00	753.50			82906.40
2129.70	25495.40				61582.10
	5729.00				25173.90
181.00	8043.40	2296.00			198632.80
	8000.00				3044.90
	88774.30				10054.00
150.00	23105.20	4680.90	0.20		305553.70
		10363.30			3171.30
		2100.00			12235.40

1-B-42 续表 2

地 区	营业成本	销售费用	管理费用	财务费用	
					利息收入
广西壮族自治区	**565942.30**	**13011.90**	**71510.70**	**2359.20**	**826.20**
南宁市	76634.60	520.30	2069.00	75.20	47.00
柳州市	52944.80	48.10	7293.40	-154.10	210.90
桂林市	22349.80	17.40	2025.50	-176.10	-21.50
梧州市	159603.40	4441.70	13627.50	712.80	516.40
北海市	2670.40		391.30	-0.10	-0.30
防城港市					
钦州市	9614.40	401.80	3709.50	82.60	70.40
贵港市	229062.40	6948.40	41656.70	1299.90	2.20
玉林市	2203.60	378.20	219.40	341.50	
百色市					
贺州市					
河池市					
来宾市					
崇左市	10858.90	256.00	518.40	177.50	1.10

单位：万元

利息支出	投资收益（损失以“-”号记）	营业利润	利润总额	亏损企业亏损额	平均用工人数（人）
2624.60	**967.50**	**49536.80**	**49690.60**	**4272.00**	**16822**
116.20		4063.00	4266.50	90.90	292
42.20	170.70	794.70	2053.10		1401
		857.60	902.60	1112.40	277
1067.20	-88.80	19554.60	20242.20		3126
	16.20	-21.70	-46.70	46.70	81
138.90	867.60	-813.80	-810.80	810.80	312
846.30	1.80	24869.30	22741.10	2211.20	11194
341.50		23.80	23.80		60
72.30		209.30	318.80		79

1-B-43 按地区分组的规模以上

地 区	企业单位数（个）	资产总计		
			固定资产净额	固定资产原价
广西壮族自治区	**147**	**2707675.90**	**519903.20**	**818361.60**
南宁市	48	575832.40	43161.60	76413.40
柳州市	27	378193.10	67560.30	101356.60
桂林市	15	738093.00	107804.70	211216.80
梧州市	13	227554.50	67177.80	119577.50
北海市	13	370751.80	131060.40	150425.90
防城港市				
钦州市	4	125157.50	37955.10	45506.70
贵港市	7	96524.90	16963.80	31861.00
玉林市	12	69529.20	8808.90	12319.40
百色市	1	15938.80	1221.50	2603.20
贺州市	1	57727.60	18775.90	45807.40
河池市	1	27548.30	9975.60	10432.50
来宾市	2	12591.60	7420.00	8275.40
崇左市	3	12233.20	2017.60	2565.80

电气机械和器材制造业主要经济指标

单位：万元

累计折旧	流动资产合计	应收账款	存货	产成品	负债合计
253703.90	**1796757.60**	**600337.60**	**387003.00**	**185846.50**	**1592307.40**
27741.00	477272.80	134251.90	74259.50	34873.20	403506.50
32518.50	267214.40	110298.80	82436.00	47190.00	250442.90
92167.00	455513.50	148678.40	79970.00	46227.60	427937.10
26475.00	106365.90	35508.60	23889.80	6535.70	112300.70
19230.90	214824.20	59894.30	55324.80	33322.40	119957.50
7551.60	80266.30	39808.60	23048.80	5592.80	105893.20
14871.00	70819.70	23412.30	18683.10	3266.80	44257.70
2875.30	55388.00	24203.60	13984.50	3604.10	41736.00
1381.60	13647.30	7470.20	2786.50	2011.40	7191.00
27031.50	30412.90	9556.10	6125.90	1893.80	46774.30
456.90	10460.40	1971.00	4794.50	31.40	18795.50
855.40	5086.50	2457.10	167.70		8069.70
548.20	9485.70	2826.70	1531.90	1297.30	5445.30

1-B-43 续表 1

地区	流动负债合计	应付账款	所有者权益合计	实收资本	国家资本
广西壮族自治区	**1386816.40**	**469456.50**	**1115366.60**	**521113.10**	**4938.00**
南宁市	395625.00	119003.70	172325.30	163292.20	
柳州市	225272.50	107860.90	127749.90	78444.00	
桂林市	364223.60	117156.50	310155.60	104455.30	2035.80
梧州市	106299.30	19572.50	115253.70	64024.10	2902.20
北海市	76368.00	33254.50	250794.20	35468.00	
防城港市					
钦州市	79037.10	43284.40	19264.30	4657.90	
贵港市	40159.00	9655.80	52267.10	8711.50	
玉林市	35579.70	7723.10	27793.00	20501.10	
百色市	7191.00	2458.20	8747.70	10062.50	
贺州市	30888.40	4362.00	10953.30	14500.00	
河池市	12708.90	3773.60	8752.70	10000.00	
来宾市	8069.70	37.80	4521.90	4000.00	
崇左市	5394.20	1313.50	6787.90	2996.50	

单位：万元

					营业收入
集体资本	法人资本	个人资本	港澳台资本	外商资本	
53436.80	**256952.40**	**183135.70**	**8739.00**	**13911.10**	**2589650.00**
27244.60	46234.50	89813.10			441302.30
600.00	43461.70	34382.30			481628.70
22833.50	49757.90	23417.00		6411.10	717966.90
1955.00	52556.90	6610.00			418500.80
	7529.00	19200.00	8739.00		191865.90
	4207.80	450.00			77256.20
	1100.00	7611.50			67585.80
803.70	11138.00	1059.40		7500.00	107010.20
	10062.50				5107.80
	13907.60	592.40			51377.60
	10000.00				10937.90
	4000.00				7548.40
	2996.50				11561.50

1-B-43 续表 2

地 区	营业成本	销售费用	管理费用	财务费用	
					利息收入
广西壮族自治区	**2223757.80**	**56976.20**	**163371.90**	**33479.90**	**3434.00**
南宁市	396772.40	8507.70	21934.70	6339.00	185.90
柳州市	438887.30	14710.10	20264.00	5758.90	29.80
桂林市	613258.00	13082.60	38120.60	8412.70	3174.70
梧州市	337758.20	3271.90	38784.10	3727.10	20.70
北海市	163723.80	5295.00	8199.40	2387.10	30.10
防城港市					
钦州市	64454.00	1110.40	4504.70	1605.80	26.60
贵港市	58948.80	1827.00	3453.10	709.90	3.20
玉林市	77613.20	6403.70	20720.40	1189.90	106.00
百色市	4726.90	68.70	186.20	256.60	
贺州市	40752.90	1892.70	4379.40	2778.90	-143.10
河池市	11190.60		414.30	177.20	-0.30
来宾市	5460.70	675.10	1551.00	108.00	0.10
崇左市	10211.00	131.30	860.00	28.80	0.30

单位：万元

利息支出	投资收益（损失以“-”号记）	营业利润	利润总额	亏损企业亏损额	平均用工人数(人)
33808.60	**2376.50**	**100540.00**	**104719.20**	**22522.30**	**30417**
3780.10	81.50	6372.30	7099.40	5906.50	3872
5497.60	0.80	-691.90	511.80	7297.60	5625
12557.50	2291.60	47724.80	47190.30	2804.20	5149
3381.80	-1.20	27064.20	28171.00	3040.40	3046
2317.40		11721.10	12104.10	1424.40	4822
1765.50		5344.70	5598.10		1338
552.00		2218.90	3000.60	37.70	3566
751.70	3.80	873.90	934.60	419.70	1073
200.30		-130.80	-132.30	132.30	85
2690.60		1364.90	1262.10		607
177.30		-1314.40	-1247.20	1247.20	328
108.10		-298.90	-74.50	212.30	800
28.50		291.20	301.20		106

1-B-44 按地区分组的规模以上计算机、

地 区	企业单位数（个）	资产总计	固定资产净额	固定资产原价
广西壮族自治区	**147**	**6271434.50**	**666892.40**	**1156857.50**
南宁市	28	3479864.80	73086.80	175964.30
柳州市	5	75915.80	20820.10	37653.40
桂林市	16	391059.50	49996.00	98316.00
梧州市	17	144170.40	40953.40	82526.20
北海市	47	1838036.60	416968.30	667129.10
防城港市				
钦州市	10	125929.70	33919.20	50855.10
贵港市	4	85403.10	8747.30	11918.80
玉林市	11	40983.70	9815.10	14484.30
百色市	2	3183.80	140.70	339.00
贺州市	2	41053.70	3811.30	8138.80
河池市	2	20013.70	3309.00	4017.50
来宾市	1	23954.60	5245.10	5431.00
崇左市	2	1865.10	80.10	84.00

通信和其他电子设备制造业主要经济指标

单位：万元

累计折旧	流动资产合计	应收账款	存货		负债合计
				产成品	
482512.90	**5201135.90**	**3179910.10**	**945686.40**	**183335.60**	**4427299.60**
101372.70	3361728.10	2383260.80	470504.60	41132.50	2887104.40
16833.30	40918.10	16209.80	8696.10	5116.20	36327.60
46729.10	298837.10	77650.00	107080.10	22823.50	162018.40
41572.80	84989.30	29572.90	18413.10	5685.70	72494.90
246465.30	1187048.00	594764.80	255435.80	65877.40	1073245.90
16275.50	83725.50	27725.10	31437.20	9396.90	71329.20
3171.50	52601.80	23959.10	21043.90	17233.60	66812.30
4667.60	27742.90	8117.40	11201.30	3258.90	15657.70
198.40	2997.30	2333.90	49.40	13.80	1975.70
4327.50	29363.30	8250.30	9027.40	3699.00	26022.50
709.40	16429.90	4691.30	1867.00	469.80	10236.40
185.90	12969.60	2022.90	10732.80	8507.50	3521.40
3.90	1785.00	1351.80	197.70	120.80	553.20

1-B-44 续表 1

地　区	流动负债合计	应付账款	所有者权益合计	实收资本	国家资本
广西壮族自治区	**4130031.60**	**3049960.50**	**1844134.20**	**728595.40**	**62483.70**
南宁市	2862889.20	2262116.90	592760.30	175711.90	200.00
柳州市	35918.00	11418.10	39588.20	6000.00	
桂林市	130689.30	55574.60	229041.10	83241.90	56358.70
梧州市	64678.40	22978.70	71675.40	44826.10	300.00
北海市	877519.80	610148.60	764790.40	337825.10	
防城港市					
钦州市	70399.40	27751.50	54600.40	25463.70	
贵港市	47070.60	41355.50	18590.70	12694.30	
玉林市	14157.70	5901.30	25326.00	17226.00	
百色市	1475.70	344.60	1208.10	144.10	
贺州市	15522.50	8151.50	15031.20	13500.00	5625.00
河池市	6636.40	2835.00	9777.30	2100.00	
来宾市	2521.40	1054.40	20433.20	8762.30	
崇左市	553.20	329.80	1311.90	1100.00	

单位：万元

集体资本	法人资本	个人资本	港澳台资本	外商资本	营业收入
5223.40	**258892.10**	**158087.70**	**192153.10**	**51755.10**	**11927080.10**
270.80	92764.00	22038.10	53088.80	7350.20	5937938.90
	1440.70	4559.30			97033.10
2912.60	8385.70	15584.80			300996.30
	14096.30	16858.50	79.10	13492.10	198516.30
2000.00	118227.30	78668.50	110116.50	28812.80	4861187.70
	3395.50	7002.50	15065.60		199120.90
	7204.30	3390.00		2100.00	99734.80
40.00	2936.00	491.00	13759.00		174023.80
	80.00	20.00	44.10		17662.20
		7875.00			18248.90
	500.00	1600.00			10333.60
	8762.30				4993.40
	1100.00				7290.20

1-B-44 续表 2

地　区	营业成本	销售费用	管理费用	财务费用	
					利息收入
广西壮族自治区	**10917910.50**	**75179.40**	**179910.40**	**-8128.50**	**-76785.70**
南宁市	5762211.60	18090.30	37478.00	-12574.20	-6935.80
柳州市	87621.80	1937.90	4502.10	125.20	1.30
桂林市	221268.40	17697.70	31922.90	204.00	472.60
梧州市	163390.60	2462.00	13402.30	804.20	-7.90
北海市	4199249.70	28422.20	68342.60	1996.80	-70340.80
防城港市					
钦州市	174295.20	3509.70	12552.50	94.30	-2.30
贵港市	93435.80	578.40	3508.20	510.90	21.30
玉林市	164446.20	1199.70	3822.20	1.50	0.20
百色市	15572.60	20.90	1487.20	-80.80	1.40
贺州市	16407.30	788.00	1715.90	515.90	4.20
河池市	9161.00	287.60	320.40	162.60	
来宾市	3990.70	132.20	765.10	80.00	-0.10
崇左市	6859.60	52.80	91.00	31.10	0.20

单位：万元

利息支出	投资收益（损失以“-”号记）	营业利润	利润总额	亏损企业亏损额	平均用工人数(人)
89137.30	**1835.10**	**749102.80**	**777009.90**	**9880.20**	**85598**
5505.00	140.90	127360.60	130079.90	2742.90	27414
120.60	18.50	2138.40	2061.80	28.10	525
1356.40	243.90	28784.40	30366.10	1798.60	5083
739.60	190.40	17163.60	17548.70	14.90	8442
80152.00	600.10	558905.80	578505.60	4037.50	27246
81.70	16.50	8594.70	8784.50	390.40	4090
349.50		1440.50	3901.80	132.20	4869
166.90		4282.20	4375.40	355.50	4587
		642.60	1040.30	12.90	2004
454.10	624.80	-704.20	-167.60	367.20	804
151.00		226.10	238.30		305
60.50		24.00	30.50		140
		244.10	244.60		89

1-B-45 按地区分组的规模以上

地　区	企业单位数（个）	资产总计	固定资产净额	固定资产原价
广西壮族自治区	**29**	**344929.20**	**50895.10**	**77432.60**
南宁市	11	46512.10	6865.30	14410.50
柳州市	7	30485.40	4666.70	6400.30
桂林市	7	250252.80	37417.80	53051.80
梧州市	3	16199.10	1500.40	2646.90
北海市				
防城港市				
钦州市	1	1479.80	444.90	923.10
贵港市				
玉林市				
百色市				
贺州市				
河池市				
来宾市				
崇左市				

仪器仪表制造业主要经济指标

单位：万元

累计折旧	流动资产合计	应收账款	存货	产成品	负债合计
26456.40	**239809.20**	**37549.70**	**29132.10**	**10600.00**	**146051.60**
7545.00	35597.20	5955.30	6946.20	2985.00	21594.60
1731.40	24746.20	12364.60	5347.70	2546.80	17420.50
15555.40	165603.80	15224.50	12269.60	3819.50	101015.30
1146.40	12829.10	3616.10	4259.20	1248.70	4716.20
478.20	1032.90	389.20	309.40		1305.00

1-B-45 续表 1

地 区	流动负债合计	应付账款	所有者权益合计	实收资本	国家资本
广西壮族自治区	**135156.80**	**26522.90**	**198877.50**	**106457.20**	**300.00**
南宁市	18426.50	4804.00	24917.50	11196.60	
柳州市	16936.10	9433.00	13064.90	3940.00	300.00
桂林市	93933.00	11637.00	149237.40	84104.60	
梧州市	4556.20	145.30	11482.90	7116.00	
北海市					
防城港市					
钦州市	1305.00	503.60	174.80	100.00	
贵港市					
玉林市					
百色市					
贺州市					
河池市					
来宾市					
崇左市					

单位：万元

集体资本	法人资本	个人资本	港澳台资本	外商资本	营业收入
3994.30	**8464.90**	**93543.30**		**154.70**	**167448.70**
1787.50	4224.90	5029.50		154.70	9555.20
	1140.00	2500.00			72723.60
1206.80	3000.00	79897.80			41366.30
1000.00		6116.00			40950.00
	100.00				2853.60

1-B-45 续表 2

地　　区	营业成本	销售费用	管理费用	财务费用	
					利息收入
广西壮族自治区	**137020.90**	**4318.60**	**19340.10**	**3382.40**	**3.70**
南宁市	6953.40	377.20	4126.20	621.20	-18.20
柳州市	64118.60	1199.60	4498.30	298.50	0.60
桂林市	28761.90	1845.40	7574.30	2336.50	20.10
梧州市	35411.20	879.00	2343.50	125.90	1.00
北海市					
防城港市					
钦州市	1775.80	17.40	797.80	0.30	0.20
贵港市					
玉林市					
百色市					
贺州市					
河池市					
来宾市					
崇左市					

单位：万元

利息支出	投资收益（损失以“-”号记）	营业利润	利润总额	亏损企业亏损额	平均用工人数（人）
3921.00	**-4397.30**	**-2793.40**	**-1117.30**	**11772.90**	**4112**
1131.40	206.10	-2549.30	-1152.30	1736.30	830
294.90		2448.80	2638.30	540.70	809
2379.60	-4603.40	-4905.40	-4795.70	9345.70	1697
114.40		1981.10	1960.80	150.20	567
0.70		231.40	231.60		209

1-B-46 按地区分组的规模以上

地　区	企业单位数（个）	资产总计	固定资产净额	固定资产原价
广西壮族自治区	**10**	**45570.00**	**9977.30**	**36545.10**
南宁市	5	34981.60	5487.90	31006.30
柳州市				
桂林市	1	2391.90	1284.90	1598.00
梧州市	3	5407.30	2221.40	2957.70
北海市				
防城港市				
钦州市				
贵港市	1	2789.20	983.10	983.10
玉林市				
百色市				
贺州市				
河池市				
来宾市				
崇左市				

其他制造业主要经济指标

单位：万元

累计折旧	流动资产合计	应收账款	存货	产成品	负债合计
18600.50	**21956.40**	**6865.20**	**5083.20**	**1410.00**	**21695.20**
17672.80	16601.50	4614.70	4011.50	706.30	16945.30
313.10	781.40	290.60	110.90	52.50	190.50
614.60	2767.40	949.00	511.70	202.10	3064.20
	1806.10	1010.90	449.10	449.10	1495.20

1-B-46 续表 1

地　　区	流动负债合计	应付账款	所有者权益合　　计	实收资本	国家资本
广西壮族自治区	**20291.20**	**2766.40**	**23874.70**	**12755.00**	
南宁市	15601.60	1796.10	18036.20	10521.60	
柳州市					
桂林市	130.20	105.40	2201.40	520.00	
梧州市	3064.20		2343.10	413.40	
北海市					
防城港市					
钦州市					
贵港市	1495.20	864.90	1294.00	1300.00	
玉林市					
百色市					
贺州市					
河池市					
来宾市					
崇左市					

单位：万元

集体资本	法人资本	个人资本	港澳台资本	外商资本	营业收入
	3682.40	**3940.00**	**4902.60**	**230.00**	**36900.10**
	3550.00	2000.00	4902.60	69.00	12337.00
		520.00			4740.10
	132.40	120.00		161.00	17434.60
		1300.00			2388.40

1-B-46 续表 2

地　区	营业成本	销售费用	管理费用	财务费用	
					利息收入
广西壮族自治区	**29480.80**	**1902.60**	**3790.70**	**618.60**	**-1.50**
南宁市	10864.40	993.40	1598.90	238.60	-1.50
柳州市					
桂林市	4070.20	28.90	84.00	27.80	
梧州市	12486.60	724.00	1972.50	340.20	
北海市					
防城港市					
钦州市					
贵港市	2059.60	156.30	135.30	12.00	
玉林市					
百色市					
贺州市					
河池市					
来宾市					
崇左市					

单位：万元

利息支出	投资收益（损失以“-”号记）	营业利润	利润总额	亏损企业亏损额	平均用工人数(人)
450.50		**866.10**	**921.40**	**1794.40**	**1588**
118.50		-1412.20	-1344.00	1794.40	668
		513.90	513.90		92
332.00		1746.70	1733.80		779
		17.70	17.70		49

1-B-47 按地区分组的规模以上

地　区	企业单位数（个）	资产总计	固定资产净额	固定资产原价
广西壮族自治区	**45**	**716414.60**	**141955.60**	**169027.60**
南宁市	1	23353.10	6238.10	7338.30
柳州市	10	97209.50	10665.60	16384.40
桂林市				
梧州市	22	494320.60	110704.70	125742.40
北海市	1	5218.60	2122.20	2612.20
防城港市	2	26374.10	32.90	185.20
钦州市	2	21990.60	10338.70	14780.60
贵港市	1	3144.30	64.70	64.70
玉林市				
百色市				
贺州市	5	42538.20	1191.30	1234.00
河池市				
来宾市	1	2265.60	597.40	685.80
崇左市				

废弃资源综合利用业主要经济指标

单位：万元

累计折旧	流动资产合计	应收账款	存货	产成品	负债合计
27072.10	**525247.90**	**146165.10**	**270187.60**	**262075.50**	**586260.50**
1100.20	14699.00		779.80	569.80	13178.20
5718.80	72575.80	22728.40	16472.40	15198.70	56604.80
15037.70	357892.50	93602.60	244266.80	242988.70	451767.70
490.00	3047.60		347.40	27.20	1069.20
152.40	22190.20	19291.80	2501.20	980.70	13596.00
4441.90	10077.20	1769.50	1511.60	583.20	13954.00
	3079.60	202.60	2141.50	1702.50	1972.40
42.70	40285.00	7467.00	2095.70		33294.10
88.40	1401.00	1103.20	71.20	24.70	824.10

1-B-47 续表 1

地区	流动负债合计	应付账款	所有者权益合计	实收资本	国家资本
广西壮族自治区	**509891.70**	**63869.30**	**130153.80**	**66974.80**	
南宁市	13178.20	827.40	10174.90	10003.00	
柳州市	56413.50	22240.40	40604.50	28597.80	
桂林市					
梧州市	377872.90	12338.90	42552.90	5979.00	
北海市	1069.20	683.00	4149.40	1800.00	
防城港市	13596.00	2172.70	12778.10	10155.00	
钦州市	11671.30	3717.30	8036.60	3800.00	
贵港市	1972.40	1231.50	1171.90	1090.00	
玉林市					
百色市					
贺州市	33294.10	20537.30	9244.00	4550.00	
河池市					
来宾市	824.10	120.80	1441.50	1000.00	
崇左市					

单位：万元

集体资本	法人资本	个人资本	港澳台资本	外商资本	营业收入
2000.00	**44537.80**	**20437.00**			**3470946.70**
	10003.00				5634.40
	16294.80	12303.00			564421.20
2000.00	100.00	3879.00			2265367.40
	1800.00				4741.60
	10000.00	155.00			119377.70
	2000.00	1800.00			227903.00
	1090.00				2055.80
	2550.00	2000.00			278636.20
	700.00	300.00			2809.40

1-B-47 续表 2

地　区	营业成本	销售费用	管理费用	财务费用	
					利息收入
广西壮族自治区	**3185933.00**	**19190.80**	**34721.30**	**11935.10**	**-7.50**
南宁市	2970.60		1220.90	712.40	1.70
柳州市	543943.20	3245.30	7058.30	3029.70	7.60
桂林市					
梧州市	2051264.00	14500.00	24875.70	7213.10	0.50
北海市	2419.80		169.50	-1.70	2.10
防城港市	112346.50	38.90	124.60	-5.70	6.40
钦州市	193790.80	902.80	593.50	462.80	1.30
贵港市	1963.80		81.30	-0.20	0.20
玉林市					
百色市					
贺州市	274973.80	302.10	369.50	518.30	-27.30
河池市					
来宾市	2260.50	201.70	228.00	6.40	
崇左市					

单位：万元

利息支出	投资收益（损失以“-”号记）	营业利润	利润总额	亏损企业亏损额	平均用工人数（人）
4760.90		**190360.20**	**197625.10**	**91.80**	**7312**
713.10		603.50	616.90		48
2995.60		4605.00	8079.80		797
33.20		149377.30	149768.80		5674
		2108.80	2109.80		55
		4552.30	4563.00	91.80	129
461.40		31656.70	31667.80		450
		6.80	6.80		36
553.70		-2640.40	723.80		87
3.90		90.20	88.40		36

1-B-48 按地区分组的规模以上金属制品、

地　　区	企业单位数（个）	资产总计	固定资产净额	固定资产原价
广西壮族自治区	**7**	**488472.60**	**27250.60**	**70470.40**
南宁市				
柳州市	4	475591.40	25770.30	63462.90
桂林市				
梧州市	1	7243.90	34.50	5501.30
北海市	2	5637.30	1445.80	1506.20
防城港市				
钦州市				
贵港市				
玉林市				
百色市				
贺州市				
河池市				
来宾市				
崇左市				

机械和设备修理业主要经济指标

单位：万元

累计折旧	流动资产合计	应收账款	存货	产成品	负债合计
38369.80	**264201.40**	**108099.90**	**17110.90**	**2441.40**	**369384.80**
37660.00	259544.80	106674.60	15216.20	648.20	365581.10
649.40	465.20		156.30	156.30	225.30
60.40	4191.40	1425.30	1738.40	1636.90	3578.40

1-B-48 续表 1

地　　区	流动负债合计	应付账款	所有者权益合计	实收资本	国家资本
广西壮族自治区	**336996.40**	**99416.40**	**119087.60**	**74873.60**	**71823.60**
南宁市					
柳州市	334195.50	99142.60	110010.30	72823.60	71823.60
桂林市					
梧州市	22.50	22.50	7018.60	200.00	
北海市	2778.40	251.30	2058.70	1850.00	
防城港市					
钦州市					
贵港市					
玉林市					
百色市					
贺州市					
河池市					
来宾市					
崇左市					

单位：万元

					营业收入
集体资本	法人资本	个人资本	港澳台资本	外商资本	
	260.00	**2790.00**			**210595.20**
		1000.00			180239.90
		200.00			21351.10
	260.00	1590.00			9004.20

1-B-48 续表 2

地 区	营业成本	销售费用	管理费用	财务费用	
					利息收入
广西壮族自治区	**174514.00**	**2166.20**	**21010.10**	**3385.50**	**94.10**
南宁市					
柳州市	152886.30	1364.20	20285.40	3373.90	79.20
桂林市					
梧州市	13073.20	684.80	432.10		
北海市	8554.50	117.20	292.60	11.60	14.90
防城港市					
钦州市					
贵港市					
玉林市					
百色市					
贺州市					
河池市					
来宾市					
崇左市					

单位：万元

利息支出	投资收益（损失以"-"号记）	营业利润	利润总额	亏损企业亏损额	平均用工人数(人)
3835.70	**754.80**	**9294.20**	**9229.40**	**3039.70**	**3386**
3775.70	754.80	2244.20	2175.30	3039.70	3280
		7035.40	7035.40		65
60.00		14.60	18.70		41

1-B-49 按地区分组的规模以上电力、热力、

地　区	企业单位数（个）	资产总计		
			固定资产净额	固定资产原价
广西壮族自治区	**281**	**33461635.50**	**20930611.00**	**34761274.00**
南宁市	20	3878102.60	1218218.70	4172877.50
柳州市	25	1746696.40	1172137.00	2193520.60
桂林市	44	3109111.60	2078266.30	3214966.00
梧州市	19	1281117.40	862620.60	1514704.00
北海市	10	664503.50	494772.50	986603.10
防城港市	14	5903236.60	3820938.40	4526084.90
钦州市	10	1574027.10	1152233.10	1882311.10
贵港市	11	982153.80	748978.60	1474945.00
玉林市	28	1682594.60	986756.00	1542080.60
百色市	38	3586637.40	1786573.80	3055682.10
贺州市	20	2498117.00	680386.20	1286852.60
河池市	22	3207818.90	2710138.00	5156816.40
来宾市	15	1747424.80	1268687.60	2408787.90
崇左市	18	644290.10	443121.10	841650.40

燃气及水生产和供应业主要经济指标

单位：万元

累计折旧	流动资产合计	应收账款	存货	产成品	负债合计
13130548.90	**5843825.90**	**1004221.80**	**501389.30**	**26720.10**	**23319039.30**
1627421.10	599788.00	67366.70	22125.40	1204.40	3081849.00
926515.90	192512.80	38102.10	10112.20	737.20	1282678.30
1076395.20	393804.50	68159.70	19554.50	3536.10	2481237.80
601685.00	226484.60	65998.90	5432.90	565.80	656788.50
487163.40	97154.50	36018.10	12024.20	1507.80	539147.40
703224.40	630515.30	138296.30	255620.50	12968.90	4829061.10
727123.10	253850.70	79761.50	28922.10		1304977.60
715914.40	99185.90	27729.70	11682.60	39.10	841659.00
526624.10	397804.60	37105.80	3926.30	1423.80	1019234.30
1056928.40	949378.70	65454.70	20987.80	658.30	2745310.10
451739.50	803285.70	134881.00	30349.20	1453.90	1764853.00
2422789.50	192198.60	42943.50	6373.00	41.40	1903081.10
1139756.80	249499.90	116799.40	37592.00	181.90	1599003.00
378918.10	112953.20	20881.20	3284.70	347.50	408551.60

1-B-49 续表 1

地区	流动负债合计	应付账款	所有者权益合计	实收资本	国家资本
广西壮族自治区	**10186266.80**	**1636335.90**	**10142596.00**	**5764792.90**	**4241094.70**
南宁市	869523.40	70261.80	796253.60	325995.80	234498.30
柳州市	227132.60	54844.70	494588.40	260715.80	121679.90
桂林市	636266.60	219506.50	627873.70	441183.50	311692.60
梧州市	166020.60	24273.70	624328.80	61424.40	20975.40
北海市	100446.30	42428.90	125355.90	90063.00	13685.00
防城港市	1028507.00	172229.30	1075496.10	933536.50	596443.90
钦州市	173737.90	57462.00	268985.90	272926.50	243691.50
贵港市	167466.60	51124.70	140494.70	105473.50	90049.20
玉林市	67483.70	101167.30	663360.50	214339.10	26692.10
百色市	858171.90	107932.80	841327.50	492498.40	298376.60
贺州市	1122508.90	82817.20	733363.80	378066.80	185891.30
河池市	345413.10	80972.70	1304737.80	615883.70	601678.90
来宾市	707219.30	82075.30	148421.70	260636.20	223815.20
崇左市	81203.30	27887.40	235738.80	77587.50	33851.70

单位：万元

集体资本	法人资本	个人资本	港澳台资本	外商资本	营业收入
65089.00	**886496.30**	**47037.00**	**399400.30**	**125675.10**	**13362746.30**
2000.00	81156.60	3970.00	1000.00		1599005.30
6090.30	100743.50	1890.00	7500.00	22812.00	1069536.00
14278.80	85719.80	15168.10	3000.00	11324.00	1030411.70
	37599.00	50.00	2800.00		653056.40
7638.00	68600.00				569363.80
	162267.00	1656.00	173169.60		1348387.40
	24735.00		4500.00		740918.10
4424.20	5000.00	6000.00			585716.80
80.00	55905.60	9091.60	35030.70	87539.10	647938.10
4819.20	185982.60	3320.00			1481146.80
1650.70	14650.00	3374.80	172400.00		771017.70
684.00	11004.20	2516.50			994372.30
3000.00	33821.00				749227.60
20423.80	19312.00			4000.00	431757.10

1-B-49 续表 2

地 区	营业成本	销售费用	管理费用	财务费用	
					利息收入
广西壮族自治区	**11450131.20**	**61351.00**	**334652.40**	**656926.50**	**41302.00**
南宁市	717422.80	10018.60	36013.40	37531.60	4444.10
柳州市	988621.00	5877.60	25872.90	20266.90	246.50
桂林市	914846.40	5472.20	37724.10	47239.90	516.60
梧州市	553164.00	2110.10	20763.60	20043.60	1311.50
北海市	531116.80	2238.70	8328.60	7232.20	223.60
防城港市	951924.10	8788.80	19124.50	143384.10	1040.10
钦州市	494934.20	2132.40	8604.10	28872.90	380.50
贵港市	552738.90	29.20	3413.30	14033.00	197.90
玉林市	558969.70	2501.40	23861.10	12234.30	-249.80
百色市	901725.80	5795.30	48273.90	60811.30	23710.50
贺州市	656099.30	11534.90	24216.20	40823.80	487.50
河池市	427854.60	335.20	23303.20	52225.70	2113.60
来宾市	463674.80	1589.20	27460.70	37534.20	527.30
崇左市	387196.00	520.50	13795.60	2434.20	-144.20

单位：万元

利息支出	投资收益（损失以"-"号记）	营业利润	利润总额	亏损企业亏损额	平均用工人数（人）
647300.60	**23171.20**	**828294.40**	**861139.80**	**168022.30**	**95128**
30965.00	1662.30	79907.90	110875.00	10145.80	10502
18746.20	1583.00	23580.40	27644.80	31696.10	7968
46994.30	535.60	20681.90	21299.00	43800.20	9825
21242.50		50023.30	49728.30	3962.90	5511
7252.80	56.40	18910.80	19831.60		2938
140127.70	499.40	223678.30	215841.00	581.80	4110
29266.50	1.20	204333.90	3709.10	5129.90	4224
12724.40	0.30	14671.50	17695.00	13880.50	4350
12690.30	30.50	45458.70	47537.00	50.40	7703
53289.20	3713.00	474457.50	473858.90	5425.30	9732
41223.50	5447.50	41649.60	42254.80		4347
54241.00	2475.20	482775.10	480888.20	4155.90	7211
38089.90	9.20	215404.80	216165.20	48755.40	5505
2081.60	156.90	27435.10	28782.00	438.10	4460

1-B-50 按地区分组的规模以上电力、

地　　区	企业单位数（个）	资产总计	固定资产净额	固定资产原价
广西壮族自治区	**204**	**30398340.90**	**19615821.80**	**32740163.80**
南宁市	12	2539919.50	596956.10	3318195.40
柳州市	20	1568744.80	1078866.50	2023317.10
桂林市	39	2800135.10	1963532.10	3031524.30
梧州市	12	1199614.80	821902.10	1446756.90
北海市	5	562253.10	438122.10	874556.70
防城港市	8	5586784.10	3696486.10	4360906.00
钦州市	6	1425569.10	1124440.20	1838333.60
贵港市	7	922772.90	736271.60	1432424.60
玉林市	18	1453127.30	887996.90	1391124.90
百色市	30	3455079.30	1743252.90	2970688.90
贺州市	18	2469807.70	667141.80	1269242.40
河池市	18	3177142.70	2704069.90	5119252.80
来宾市	11	1683793.60	1236314.40	2363595.50
崇左市	13	597793.20	413686.00	796852.90

热力生产和供应业主要经济指标

单位：万元

累计折旧	流动资产合计	应收账款	存货	产成品	负债合计
12469793.10	**4999667.50**	**886359.90**	**454411.00**	**5324.30**	**21563670.40**
1410407.70	302248.90	31555.40	15298.40	70.60	2240964.30
849582.90	163935.30	34634.50	7302.10	288.10	1225037.40
1007687.70	314304.60	63790.90	13614.00	8.70	2317566.60
574870.60	206268.80	60257.80	2377.60	234.50	609057.80
431767.40	66757.10	27991.80	9948.60	304.20	514312.30
662498.00	535278.10	104422.10	241270.60		4636010.80
710938.50	155679.80	73920.00	23139.60		1184183.40
693501.00	72372.20	26642.80	11166.90	20.70	825492.60
483096.10	317473.30	29133.80	2234.30	465.30	879127.20
1018984.80	914301.40	64195.60	20054.90	76.80	2683062.30
447373.70	794699.00	132614.40	29793.90	1453.90	1743931.80
2399924.00	182798.40	42848.80	5173.50		1889058.30
1126937.60	228332.00	109864.10	36879.30		1568656.80
363873.10	99809.70	19764.70	2755.40	347.50	385601.30

1-B-50 续表 1

地　区	流动负债合计	应付账款	所有者权益合　计	实收资本	国家资本
广西壮族自治区	**9407396.40**	**1560255.70**	**8834670.40**	**5335520.20**	**4069608.20**
南宁市	529499.40	60363.10	298955.20	208914.70	190263.50
柳州市	187088.20	50860.40	374277.70	207529.10	94845.20
桂林市	563051.50	215192.20	482568.50	402651.90	301325.50
梧州市	129581.70	16186.30	590556.90	39958.40	9452.40
北海市	82933.10	36444.10	47940.80	63778.00	2000.00
防城港市	950366.90	154184.50	952093.70	854838.10	595174.00
钦州市	133782.40	55116.40	241322.10	264042.10	240547.10
贵港市	155946.70	49660.30	97280.30	98000.10	87000.00
玉林市	6304.60	97362.80	574000.40	204063.10	21713.10
百色市	834970.70	103298.80	772017.00	450156.80	258035.00
贺州市	1105321.00	80597.50	725975.70	373866.80	185891.30
河池市	338403.30	80435.80	1288084.40	612585.00	601170.90
来宾市	695042.50	81194.00	115136.80	255375.10	221554.10
崇左市	59938.80	18007.90	212192.10	65298.80	22563.00

单位：万元

集体资本	法人资本	个人资本	港澳台资本	外商资本	营业收入
44805.30	**699660.40**	**43546.40**	**380600.30**	**97299.10**	**12270089.00**
	11310.30	3970.00			1359843.70
6090.30	99933.50	900.00		5760.00	987881.80
438.30	85719.80	15168.10			956166.60
	30456.00	50.00			591968.20
7638.00	54000.00				482127.20
	84838.50	1656.00	173169.60		1011023.10
	23495.00				712016.80
	5000.00	6000.00			565619.90
61.00	50705.60	9013.60	35030.70	87539.10	591294.50
4819.20	183982.60	3320.00			1430202.00
1650.70	10450.00	3374.80	172400.00		760616.30
684.00	10636.10	93.90			981808.70
3000.00	30821.00				730653.30
20423.80	18312.00			4000.00	417975.70

1-B-50 续表 2

地 区	营业成本	销售费用	管理费用	财务费用	
					利息收入
广西壮族自治区	**10613404.30**	**19659.80**	**271879.80**	**626122.90**	**40480.40**
南宁市	563908.50		23484.60	20318.00	4171.50
柳州市	937501.70	266.30	18293.70	20036.30	137.50
桂林市	867212.30	764.60	30310.10	46451.30	485.70
梧州市	502430.40	95.70	17593.00	19097.30	1290.20
北海市	464657.10	29.60	3887.40	7104.00	121.80
防城港市	633968.20		16479.80	138311.60	1016.60
钦州市	475902.70		4975.60	26654.10	282.10
贵港市	540543.20		952.10	13861.60	194.60
玉林市	521247.30		17989.60	9961.90	-363.90
百色市	861655.50	4965.10	42351.60	60324.40	23668.40
贺州市	648207.20	10985.40	23400.90	40586.00	480.30
河池市	418720.10		21411.60	51960.70	2106.90
来宾市	450505.50	146.20	25873.00	36910.50	521.30
崇左市	377101.80		10979.60	2286.40	-128.90

单位：万元

利息支出	投资收益（损失以"-"号记）	营业利润	利润总额	亏损企业亏损额	平均用工人数（人）
619415.60	**22213.20**	**708492.30**	**709901.60**	**164553.20**	**81790**
16578.90	1388.30	32242.90	33413.20	10145.80	7895
18480.30	1588.50	6811.60	10604.30	31696.10	6552
46118.00	98.70	7114.50	7602.40	43742.90	8642
20245.10		46444.50	46048.30	3549.80	4627
7021.20	47.20	5341.70	5944.50		2040
135473.80	499.40	221131.70	213492.80	0.40	3262
26950.60		202699.70	1404.90	3925.70	3485
12548.10		9217.50	11796.60	13880.50	3733
10482.60		37499.90	39391.50	50.40	6211
52791.00	3703.10	471089.20	471208.80	5305.70	8779
40980.40	5447.50	40800.10	41491.90		4167
53987.80	2273.70	481745.50	479727.10	4155.90	6711
37477.10	9.20	213708.70	214301.40	48076.60	5027
1915.00	156.90	27319.20	28444.00	23.40	3917

1-B-51 按地区分组的规模以上

地区	企业单位数（个）	资产总计		
			固定资产净额	固定资产原价
广西壮族自治区	**25**	**883202.90**	**329907.00**	**450476.80**
南宁市	4	348926.90	129849.10	159870.50
柳州市	2	110226.50	46169.00	69439.60
桂林市	2	87916.30	49812.30	59075.50
梧州市	3	42088.00	20689.80	25426.80
北海市	3	57026.10	27314.20	52400.90
防城港市	3	95753.00	25477.90	37068.30
钦州市	1	26595.90	11728.10	12329.10
贵港市				
玉林市	2	56706.00	1720.70	13673.70
百色市	2	21600.20	4555.90	6155.10
贺州市	1	9465.40	3708.10	3894.80
河池市				
来宾市	1	19475.10	6025.90	7429.20
崇左市	1	7423.50	2856.00	3713.30

燃气生产和供应业主要经济指标

单位：万元

累计折旧	流动资产合计	应收账款	存货	产成品	负债合计
111889.20	**357786.70**	**82930.10**	**27650.50**	**18628.00**	**500899.60**
30021.40	157307.10	21725.90	1932.30	80.20	200514.60
23270.60	14390.90	2995.60	1947.60	197.60	42078.70
9263.20	24136.00	2864.60	3636.10	3527.40	42461.90
4736.90	7662.20	1612.50	2484.00	61.00	29175.60
25086.70	21157.30	6785.80	1968.80	1203.60	15036.80
11590.30	62286.00	25541.10	13116.10	12968.90	82989.10
601.00	8494.70	4472.30	923.60		15797.40
3590.00	33162.20	7287.70	261.50	261.50	39210.90
1599.20	15802.20	788.60	604.00	327.80	9153.40
186.70	3594.50	2249.60	540.60		6054.60
1403.30	8421.60	6148.40	175.30		10626.60
539.90	1372.00	458.00	60.60		7800.00

1-B-51 续表 1

地区	流动负债合计	应付账款	所有者权益合计	实收资本	国家资本
广西壮族自治区	**369725.30**	**43256.50**	**382303.30**	**139753.10**	**19833.00**
南宁市	142594.00	6165.40	148412.30	38000.00	
柳州市	25429.70	421.00	68147.80	16800.00	7500.00
桂林市	41200.30	2938.50	45454.40	28164.50	
梧州市	22870.50	4733.20	12912.30	8500.00	5553.00
北海市	12036.80	5026.80	41989.10	21000.00	6600.00
防城港市	52989.10	10617.80	12764.00	8588.60	180.00
钦州市	10976.20	901.40	10798.40	4500.00	
贵港市					
玉林市	32892.80	526.30	17495.00	5200.00	
百色市	7953.80	1652.90	12447.00	2000.00	
贺州市	6054.60	2141.70	3410.90	3000.00	
河池市					
来宾市	6927.50	629.00	8848.50	3000.00	
崇左市	7800.00	7502.50	-376.40	1000.00	

单位：万元

					营业收入
集体资本	法人资本	个人资本	港澳台资本	外商资本	
13840.50	**74965.60**	**990.00**	**18800.00**	**11324.00**	**693916.50**
	37000.00		1000.00		98523.70
	810.00	990.00	7500.00		51235.80
13840.50			3000.00	11324.00	43779.90
	147.00		2800.00		32133.70
	14400.00				72064.70
	8408.60				316328.90
			4500.00		12081.60
	5200.00				21921.90
	2000.00				27902.50
	3000.00				6065.20
	3000.00				9782.90
	1000.00				2095.70

1-B-51 续表 2

地区	营业成本	销售费用	管理费用	财务费用	
					利息收入
广西壮族自治区	**584662.50**	**24978.00**	**16745.40**	**5971.50**	**-158.40**
南宁市	73782.70	6592.90	4142.80	1873.50	-279.00
柳州市	33915.60	3290.20	1428.80	263.20	22.70
桂林市	31250.80	1545.90	3196.90	312.70	-19.00
梧州市	27791.70	1158.60	688.80	796.60	-20.60
北海市	54909.50	1819.70	2156.50	130.60	104.30
防城港市	304851.80	7423.90	1179.80	1998.30	20.10
钦州市	7836.50	889.40	691.00	14.10	
贵港市					
玉林市	13361.60	1014.00	1198.30	-28.90	1.40
百色市	24133.60	77.70	1174.60	251.50	0.20
贺州市	4848.30	549.50	292.20	91.00	8.80
河池市					
来宾市	6303.90	512.20	387.80	99.50	2.50
崇左市	1676.50	104.00	207.90	169.40	0.20

单位：万元

利息支出	投资收益（损失以“-”号记）	营业利润	利润总额	亏损企业亏损额	平均用工人数（人）
6006.00	**84.40**	**60040.40**	**87736.90**	**835.50**	**3384**
2057.00	74.00	11820.80	40529.00		913
231.00		12214.30	12350.20		650
372.00	1.20	7314.30	7405.20		321
812.40		1501.30	1498.60	413.10	227
230.60	9.20	12708.70	12868.80		501
1738.10		704.30	410.90	359.50	151
		2614.90	2613.60		134
		6296.80	6374.90		235
218.20		2185.60	990.60		48
97.80		274.40	274.40		50
82.30		2472.40	2483.60		113
166.60		-67.40	-62.90	62.90	41

1-B-52 按地区分组的规模以上

地　区	企业单位数（个）	资产总计	固定资产净额	固定资产原价
广西壮族自治区	**52**	**2180091.70**	**984882.20**	**1570633.40**
南宁市	4	989256.20	491413.50	694811.60
柳州市	3	67725.10	47101.50	100763.90
桂林市	3	221060.20	64921.90	124366.20
梧州市	4	39414.60	20028.70	42520.30
北海市	2	45224.30	29336.20	59645.50
防城港市	3	220699.50	98974.40	128110.60
钦州市	3	121862.10	16064.80	31648.40
贵港市	4	59380.90	12707.00	42520.40
玉林市	8	172761.30	97038.40	137282.00
百色市	6	109957.90	38765.00	78838.10
贺州市	1	18843.90	9536.30	13715.40
河池市	4	30676.20	6068.10	37563.60
来宾市	3	44156.10	26347.30	37763.20
崇左市	4	39073.40	26579.10	41084.20

水的生产和供应业主要经济指标

单位：万元

累计折旧	流动资产合计				负债合计
		应收账款	存货		
				产成品	
548866.60	**486371.70**	**34931.80**	**19327.80**	**2767.80**	**1254469.30**
186992.00	140232.00	14085.40	4894.70	1053.60	640370.10
53662.40	14186.60	472.00	862.50	251.50	15562.20
59444.30	55363.90	1504.20	2304.40		121209.30
22077.50	12553.60	4128.60	571.30	270.30	18555.10
30309.30	9240.10	1240.50	106.80		9798.30
29136.10	32951.20	8333.10	1233.80		110061.20
15583.60	89676.20	1369.20	4858.90		104996.80
22413.40	26813.70	1086.90	515.70	18.40	16166.40
39938.00	47169.10	684.30	1430.50	697.00	100896.20
36344.40	19275.10	470.50	328.90	253.70	53094.40
4179.10	4992.20	17.00	14.70		14866.60
22865.50	9400.20	94.70	1199.50	41.40	14022.80
11415.90	12746.30	786.90	537.40	181.90	19719.60
14505.10	11771.50	658.50	468.70		15150.30

1-B-52 续表 1

地 区	流动负债合计	应付账款	所有者权益合计	实收资本	国家资本
广西壮族自治区	**409145.10**	**32823.70**	**925622.30**	**289519.60**	**151653.50**
南宁市	197430.00	3733.30	348886.10	79081.10	44234.80
柳州市	14614.70	3563.30	52162.90	36386.70	19334.70
桂林市	32014.80	1375.80	99850.80	10367.10	10367.10
梧州市	13568.40	3354.20	20859.60	12966.00	5970.00
北海市	5476.40	958.00	35426.00	5285.00	5085.00
防城港市	25151.00	7427.00	110638.40	70109.80	1089.90
钦州市	28979.30	1444.20	16865.40	4384.40	3144.40
贵港市	11519.90	1464.40	43214.40	7473.40	3049.20
玉林市	28286.30	3278.20	71865.10	5076.00	4979.00
百色市	15247.40	2981.10	56863.50	40341.60	40341.60
贺州市	11133.30	78.00	3977.20	1200.00	
河池市	7009.80	536.90	16653.40	3298.70	508.00
来宾市	5249.30	252.30	24436.40	2261.10	2261.10
崇左市	13464.50	2377.00	23923.10	11288.70	11288.70

单位：万元

					营业收入
集体资本	法人资本	个人资本	港澳台资本	外商资本	
6443.20	**111870.30**	**2500.60**		**17052.00**	**398740.80**
2000.00	32846.30				140637.90
				17052.00	30418.40
					30465.20
	6996.00				28954.50
	200.00				15171.90
	69019.90				21035.40
	1240.00				16819.70
4424.20					20096.90
19.00		78.00			34721.70
					23042.30
	1200.00				4336.20
	368.10	2422.60			12563.60
					8791.40
					11685.70

1-B-52 续表 2

地　区	营业成本	销售费用	管理费用	财务费用	
					利息收入
广西壮族自治区	**252064.40**	**16713.20**	**46027.20**	**24832.10**	**980.00**
南宁市	79731.60	3425.70	8386.00	15340.10	551.60
柳州市	17203.70	2321.10	6150.40	-32.60	86.30
桂林市	16383.30	3161.70	4217.10	475.90	49.90
梧州市	22941.90	855.80	2481.80	149.70	41.90
北海市	11550.20	389.40	2284.70	-2.40	-2.50
防城港市	13104.10	1364.90	1464.90	3074.20	3.40
钦州市	11195.00	1243.00	2937.50	2204.70	98.40
贵港市	12195.70	29.20	2461.20	171.40	3.30
玉林市	24360.80	1487.40	4673.20	2301.30	112.70
百色市	15936.70	752.50	4747.70	235.40	41.90
贺州市	3043.80		523.10	146.80	-1.60
河池市	9134.50	335.20	1891.60	265.00	6.70
来宾市	6865.40	930.80	1199.90	524.20	3.50
崇左市	8417.70	416.50	2608.10	-21.60	-15.50

单位：万元

利息支出	投资收益（损失以“-”号记）	营业利润	利润总额	亏损企业亏损额	平均用工人数（人）
21879.00	**873.60**	**59761.70**	**63501.30**	**2633.60**	**9954**
12329.10	200.00	35844.20	36932.80		1694
34.90	-5.50	4554.50	4690.30		766
504.30	435.70	6253.10	6291.40	57.30	862
185.00		2077.50	2181.40		657
1.00		860.40	1018.30		397
2915.80		1842.30	1937.30	221.90	697
2315.90	1.20	-980.70	-309.40	1204.20	605
176.30	0.30	5454.00	5898.40		617
2207.70	30.50	1662.00	1770.60		1257
280.00	9.90	1182.70	1659.50	119.60	905
145.30		575.10	488.50		130
253.20	201.50	1029.60	1161.10		500
530.50		-776.30	-619.80	678.80	365
		183.30	400.90	351.80	502

第二篇

主要工业产品产量

2-1　2018年广西工业主要产品产量

产品名称	计量单位	2018年
铁矿石原矿	吨	803482.73
铁矿石成品矿	吨	831828.62
#铁精矿	吨	180348.62
锰矿石原矿	吨	826973.45
铜金属含量	吨	3384.59
铅金属含量	吨	79117.08
锌金属含量	吨	151975.78
稀有稀土金属矿	吨	3648.71
#钨精矿折合量（折三氧化钨65%）	吨	3026.00
砂石	吨	29514596.60
化学矿	吨	300244.82
#硫铁矿石（折含硫35%）	吨	126654.52
原盐	吨	30200.00
小麦粉	吨	179716.00
大米	吨	1195522.11
饲料	吨	17868700.47
#配合饲料	吨	12075294.02
混合饲料	吨	2128412.56
食用植物油	吨	3191773.79
#精制食用植物油	吨	3138581.62
成品糖	吨	6474399.45
鲜、冷藏肉	吨	331095.73
冷冻水产品	吨	148657.90
豆腐及豆制品	吨	291134.00
糕点	吨	3542.31
膨化食品	吨	7655.00
焙烤松脆食品	吨	10609.39
糖果	吨	390.34
速冻食品	吨	11030.93
乳制品	吨	210951.43
#液体乳	吨	207509.88
固体及半固体乳制品	吨	3441.55
罐头	吨	226269.52
酱油	吨	977.00
复合调味品	吨	25141.00
冷冻饮品	吨	64672.03
食用盐	吨	8988.00

2-1　续表　1

产品名称	计量单位	2018年
食品添加剂	吨	177875.16
发酵酒精（折96度，商品量）	千升	305975.79
饮料酒	千升	1672928.84
#白酒（折65度，商品量）	千升	34419.83
啤酒	千升	1555989.34
黄酒	千升	32072.88
葡萄酒	千升	1153.00
果酒及配制酒	千升	41623.65
饮料	吨	2874641.99
#碳酸型饮料（汽水）	吨	324279.48
包装饮用水	吨	1464744.71
精制茶	吨	87513.98
卷烟	万支	7000549.00
#一类烟	万支	468696.00
二类烟	万支	2038380.00
三类烟	万支	3759464.00
四类烟	万支	497131.00
五类烟	万支	236878.00
纱	吨	76434.42
#棉纱	吨	25056.11
棉混纺纱	吨	38010.32
化学纤维纱	吨	13367.99
布	万米	4004.80
#棉布	万米	4.80
印染布	万米	765.53
染色布	万米	765.53
亚麻纱	吨	3153.00
蚕丝及交织机织物（含蚕丝≥50%）	万米	1195.97
床褥单	万条	1.31
蚕丝被	万条	12.13
非织造布（无纺布）	吨	2166.60
服装	万件	8939.38
#针织服装	万件	833.34
梭织服装	万件	8106.04
衬衫	万件	347.77
鞋	万双	2173.37
人造板	立方米	41308794.45
实木木地板	平方米	144616.00
复合木地板	平方米	308100.34

2-1 续表 2

产品名称	计量单位	2018年
家具	件	5731506.00
#金属家具	件	1877115.00
纸浆（原生浆及废纸浆）	吨	1743310.61
机制纸及纸板（外购原纸加工除外）	吨	2814396.50
涂布类印刷用纸	吨	7196.15
卫生用纸原纸	吨	411709.08
包装用纸及纸板	吨	480576.40
#箱纸板	吨	61846.60
纸制品	吨	1445233.48
硫酸（折100%）	吨	3373522.84
浓硝酸（折100%）	吨	84009.16
盐酸（氯化氢，含量31%）	吨	198373.85
磷酸（含量85%）	吨	567750.85
烧碱（折100%）	吨	537121.38
#离子膜法烧碱（折100%）	吨	488830.13
纯碱（碳酸钠）	吨	35143.65
纯苯	吨	32992.00
精甲醇	吨	88419.97
甲醛	吨	1117653.83
硫磺	吨	27606.12
硅	吨	4208.59
合成氨（无水氨）	吨	458555.17
农用氮、磷、钾化学肥料（折纯）	吨	411461.17
#氮肥（折含氮100%）	吨	182803.94
#尿素（折含氮100%）	吨	73614.52
磷肥（折五氧化二磷100%）	吨	228657.23
化学农药原药（折有效成分100%）	吨	28678.93
#杀虫剂（杀螨剂）原药	吨	8468.93
杀菌剂原药	吨	24.00
除草剂原药	吨	12180.00
涂料	吨	402729.13
初级形态塑料	吨	193959.34
聚丙烯树脂	吨	168533.00
合成橡胶	吨	2200.00
合成纤维聚合物	吨	66941.00
#聚酯	吨	953.00
合成洗涤剂	吨	208540.08
#合成洗衣粉	吨	61803.00
液体洗涤剂	吨	61038.00

2-1　续表　3

产品名称	计量单位	2018年
化学药品原药	吨	19595.56
中成药	吨	322077.97
橡胶轮胎外胎	条	8206798.00
塑料制品	吨	937768.81
#塑料薄膜	吨	21692.20
泡沫塑料	吨	11236.00
硅酸盐水泥熟料	吨	75507190.26
#窑外分解窑水泥熟料	吨	68861391.26
水泥	吨	113277317.85
商品混凝土	立方米	89799997.44
水泥混凝土压力管	千米	2.87
水泥混凝土电杆	根	546740.00
水泥混凝土预制构件	立方米	106876.19
石膏板	万平方米	4172.00
瓷质砖	平方米	148274977.05
陶质砖	平方米	49400961.85
天然大理石建筑板材	平方米	10696644.51
平板玻璃	重量箱	4594195.15
钢化玻璃	平方米	3927765.28
夹层玻璃	平方米	1334818.00
中空玻璃	平方米	1760207.11
玻璃包装容器	吨	616790.60
卫生陶瓷制品	件	3351536.00
日用陶瓷制品	件	938784348.00
耐火材料制品	吨	223161.55
生铁	吨	14267689.72
粗钢	吨	22434349.00
钢材	吨	31940916.32
中小型型钢	吨	820379.12
棒材	吨	61817.00
钢筋	吨	10733966.10
线材（盘条）	吨	5033231.00
特厚板	吨	109933.00
厚钢板	吨	606420.00
中板	吨	329873.00
冷轧薄板	吨	960725.05
中厚宽钢带	吨	5355939.00
热轧薄宽钢带	吨	2660409.00
冷轧薄宽钢带	吨	4417367.38

2-1 续表 4

产品名称	计量单位	2018年
热轧窄钢带	吨	3620.00
冷轧窄钢带	吨	2833.00
无缝钢管	吨	42360.00
焊接钢管	吨	97353.63
铁合金	吨	3465505.12
#电炉硅铁（折合含硅75%）	吨	38543.25
锰硅合金（折合含锰硅量合计82%）	吨	1638899.82
氧化铝	吨	8185838.09
十种有色金属	吨	2859201.49
#精炼铜（电解铜）	吨	504852.89
铅	吨	142403.88
锌	吨	498537.97
镍	吨	19865.00
锡	吨	9226.81
原铝（电解铝）	吨	1676018.52
铝合金	吨	22295.00
铜材	吨	54138.89
铝材	吨	1608551.90
金属丝	吨	82165.00
#钢丝	吨	82165.00
钢绞线	吨	19581.90
金属紧固件	吨	73432.99
钢铁铰接链（工业链条）	吨	882.74
电站锅炉	蒸发量吨	152.00
工业锅炉	蒸发量吨	6724.00
发动机	千瓦	193007210.00
#汽车用发动机	千瓦	128954881.00
#汽车用汽油发动机	千瓦	10368091.00
汽车用柴油发动机	千瓦	118586790.00
金属切削机床	台	1797.00
#数控金属切削机床	台	20.00
金属成形机床	台	651.00
起重机	吨	73775.00
内燃叉车	台	9755.00
连续搬运设备	吨	2411.00
电梯、自动扶梯及升降机	台	340.00
#升降机	台	340.00
泵	台	7667.00
气体压缩机	台	1072.00

2-1　续表　5

产品名称	计量单位	2018年
非制冷设备用压缩机	台	1072.00
阀门	吨	2553.41
液压元件	件	895860.00
电动手提式工具	台	28145.00
铸铁件	吨	380523.38
铸钢件	吨	81042.41
锻件	吨	7424.11
矿山专用设备	吨	27157.00
建筑工程用机械	台	26552.00
#挖掘、铲土运输机械	台	26354.00
#挖掘机	台	6350.00
装载机	台	18572.00
水泥专用设备	吨	493.00
冶金专用设备	吨	18213.36
#金属冶炼设备	吨	1072.71
炼油、化工生产专用设备	吨	137.00
塑料加工专用设备	台	101.00
饲料生产专用设备	台	72.00
小型拖拉机	台	19277.00
农产品初加工机械	台	69100.00
城市轨道车辆	辆	132.00
汽车	辆	2148946.00
#基本型乘用车（轿车）	辆	151937.00
轿车（1升＜排量≤1.6升）	辆	120498.00
多功能乘用车（MPV）	辆	734544.00
运动型多用途乘用车（SUV）	辆	554748.00
交叉型乘用车	辆	277521.00
客车	辆	2910.00
#大型客车（车长＞10米）	辆	340.00
中型客车（7米＜车长≤10米）	辆	299.00
轻型客车（车长≤7米）	辆	2271.00
载货汽车	辆	374607.00
#新能源汽车	辆	31492.00
改装汽车	辆	111698.00
两轮脚踏自行车	辆	1500.00
电动自行车	辆	415126.00
民用钢质船舶	载重吨	1495793.00
#钢质机动货船	载重吨	1463133.00
钢质机动非货船	载重吨	30063.00
钢质非机动船	载重吨	2597.00
船舶修理	载重吨	1015385.00

2-1 续表 6

产品名称	计量单位	2018年
发电机组（发电设备）	千瓦	100860.00
#水轮发电机组	千瓦	96100.00
风力发电机组	千瓦	4760.00
电动机	千瓦	277868.00
低压开关板	面	57237.00
通信及电子网络用电缆	对千米	4318.00
电力电缆	千米	588994.78
原电池及原电池组（非扣式）	万只	156824.62
蓄电池	千伏安时	9874088.00
#铅酸蓄电池	千伏安时	4009944.09
碱性蓄电池	只（自然只）	9321986.00
锂离子电池	只（自然只）	192992509.00
物理电池	千瓦	14403.91
#太阳能电池（光伏电池）	千瓦	14403.91
家用电风扇	台	313691.00
家用吸排油烟机	台	1622.00
电饭锅	个	29417.00
电话单机	部	446.00
移动通信手持机（手机）	台	328648.00
电子计算机整机	台	3591674.00
微型计算机设备	台	3591674.00
笔记本计算机	台	3591674.00
显示器	台	9878537.00
#平板显示器	台	3308772.00
半导体分立器件	万只	53790.01
光电子器件	万只（片、只）	64334.10
液晶显示屏	万片	15209.58
液晶显示模组	万套	193.00
集成电路	万块	14377.08
电子元件	万只	2660136.03
印制电路板	平方米	11882.00
彩色电视机	台	243635.00
#液晶电视机	台	185385.00
组合音响	台	556852.00
电视接收机顶盒	台	4044221.00
工业自动调节仪表与控制系统	台（套）	3492.00
电工仪器仪表	台	322.00
分析仪器及装置	台（套）	5396.00
表	只	413818.00
眼镜成镜	副	89500.00
自来水生产量	万立方米	165722.69

2-2　2018年广西规模以上工业主要产品生产能力

产品名称	产品计量单位	2018年
原煤	吨	5590147
天然原油	吨	832840
卷烟	万支	9501300
棉纺锭/纺纱量	锭/吨	152475
气流纺锭/纺纱量	头/吨	4500
棉布织机/布	台/万米	28000
原油加工能力/原油加工量	吨/吨	16409750
焦炭	吨	7570000
烧碱(折100%)	吨	567000
农用氮、磷、钾化学肥料总计(折纯)	吨	849680
初级形态塑料	吨	384450
硅酸盐水泥熟料	吨	91410000
水泥	吨	149344598
平板玻璃	重量箱	5500000
生铁	吨	14830000
粗钢	吨	23700000
钢材	吨	39424117

2-2 续表

产品名称	产品计量单位	2018年
铁合金	吨	5207605
原铝（电解铝）	吨	1793750
金属切削机床	台	4660
挖掘机	台	8161
汽车	辆	2190122
其中：乘用车	辆	1796502
其中：新能源乘用车	辆	44602
其中：新能源商用车	辆	1170
商用车	辆	393620
民用钢质船舶	载重吨	3266058
太阳能电池	千瓦	2609
移动通信手持机(手机)	台	4752758
彩色电视机	台	1196268
发电设备容量总计/发电量	万千瓦/万千瓦小时	4007
其中：火电设备容量/发电量	万千瓦/万千瓦小时	2147
水电设备容量/发电量	万千瓦/万千瓦小时	1420
核电设备容量/发电量	万千瓦/万千瓦小时	217
风电设备容量/发电量	万千瓦/万千瓦小时	188

注：生产能力为年平均生产能力

2-3　2018年广西主要能源产品产量

产品名称	计量单位	产品产量
原煤	亿吨	487.88
原油	万吨	51.88
天然气	亿立方米	0.19
液化天然气	万吨	4.94
原油加工量	万吨	1598.76
汽油	万吨	519.67
煤油	万吨	128.72
柴油	万吨	581.09
燃料油	万吨	5.91
石脑油	万吨	7.32
液化石油气	万吨	103.93
石油焦	万吨	52.12
石油沥青	万吨	79.47
焦炭	万吨	692.41
发电量	亿千瓦小时	1739.12
火力发电量	亿千瓦小时	820.61
水力发电量	亿千瓦小时	699.43
核能发电量	亿千瓦小时	160.96
风力发电量	亿千瓦小时	45.39
太阳能发电量	亿千瓦小时	12.67
煤气	亿立方米	416.51

注：调查范围为全部有能源生产的法人单位。

2-4 2018年分地区主要

地 区	原煤(万吨)	原油(万吨)	天然气(亿立方米)	液化天然气(万吨)	原油加工量(万吨)	汽油(万吨)	煤油(万吨)	柴油(万吨)	燃料油(万吨)	石脑油(万吨)
总 计	**487.88**	**51.88**	**0.19**	**4.94**	**1598.76**	**519.67**	**128.72**	**581.09**	**5.91**	**7.32**
南 宁	18.85									
柳 州										
桂 林										
梧 州										
北 海		50.08	0.19	4.94	640.17	225.96	15.20	258.88	1.50	4.16
防城港										
钦 州					958.58	293.71	113.52	322.20	4.41	3.17
贵 港										
玉 林	0.02									
百 色	437.43	1.80								
贺 州										
河 池	20.55									
来 宾	3.60									
崇 左	7.42									

能源产品产量

液化石油气(万吨)	石油焦(万吨)	石油沥青(万吨)	焦炭(万吨)	发电量(亿千瓦小时)						煤气(亿立方米)
					#火力发电量	#水力发电量	#核能发电量	#风力发电量	#太阳能发电量	
103.93	**52.12**	**79.47**	**692.41**	**1739.12**	**820.61**	**699.43**	**160.96**	**45.39**	**12.67**	**416.51**
				179.36	64.80	104.12		3.32	7.06	
			499.51	111.99	76.11	35.77			0.10	246.44
				89.96	28.73	41.22		19.92	0.10	
				48.36	0.02	48.33				
42.09	52.12	28.26		48.23	47.29	0.09			0.85	
			183.27	276.71	113.02	2.25	160.96		0.48	107.16
61.85		51.21		134.71	132.96	0.50		0.60	0.66	
				69.57	53.91	14.17			1.48	27.81
				20.87	5.77	4.38		9.76	0.96	
			9.63	202.55	127.47	75.06			0.02	35.10
				109.80	77.11	20.87		11.76	0.07	
				280.87	3.76	277.10				
				139.05	75.31	62.91		0.03	0.80	
				27.07	14.34	12.65			0.07	

附　　录

主要指标解释

主要指标解释

资产总计 指企业过去的交易或者事项形成的、由企业拥有或者控制的、预期会给企业带来经济利益的资源。资产一般按流动性（资产的变现或耗用时间长短）分为流动资产和非流动资产。其中流动资产可分为货币资金、交易性金融资产、应收票据、应收账款、预付款项、其他应收款、存货等；非流动资产可分为长期股权投资、固定资产、无形资产及其他非流动资产等。根据会计“资产负债表”中“资产总计”项目的期末余额数填报。包括企业拥有的土地、办公楼、厂房、机器、运输工具、存货等实物资产和现金、存款、应收账款和预付账款等金融资产。

流动资产合计 资产满足以下条件之一应归为流动资产：（1）预计在一个正常营业周期中变现、出售或耗用，主要包括存货、应收账款等；（2）主要为交易目的而持有；（3）预计在资产负债表日起一年内（含一年）变现；（4）自资产负债日起一年内，交换其他资产或清偿负债的能力不受限制的现金或现金等价物。包括货币资金、应收票据、应收账款、存货等项目。根据会计“资产负债表”中“流动资产合计”项目的期末余额数填报。

应收账款 指企业因销售商品、提供劳务等经营活动所形成的债权，包括应向客户收取的货款、增值税款和为客户代垫的运杂费等。根据会计“资产负债表”中“应收账款”项目的期末余额数填报。

存货 指企业在日常活动中持有以备出售的产成品或商品、处在生产过程中的在产品、在生产过程或提供劳务过程中耗用的材料或物料等，通常包括原材料、在产品、半成品、产成品、商品以及周转材料等。根据会计“资产负债表”中“存货”项目的期末余额数填报。其中：“年初存货”根据会计“资产负债表”中“存货”项目的年初余额数填报。注意：“存货”具有实物形态，不属于无形资产，由于企业持有存货的最终目的是为了出售，所以房地产开发企业（单位）购置的土地、尚未销售的商品房等均计入“存货”。

产成品 指企业已经完成全部生产过程并验收入库，可以按照合同规定的条件送交订货单位，或者可以作为商品对外销售的产品。根据会计“产成品”科目的借方余额填报。

固定资产原价 指固定资产的成本，包括企业在购置、自行建造、安装、改建、扩建、技术改造某项固定资产时所发生的全部支出总额。根据会计“固定资产”科目的期末借方余额填报。

累计折旧 指企业在报告期末提取的历年固定资产折旧累计数。根据会计“累计折旧”科目的期末贷方余额填报。

固定资产净额 指固定资产原价减去累计折旧、固定资产减值准备后的金额。当会计“资产负债表”列示“固定资产净额”项目时，根据“固定资产净额”项目的期末余额数填报；当会计“资产负债表”列示“固定资产”项目，且含义及核算范围与本指标解释一致时，根据“固定资产”项目的期末余额数填报；其他情况，根据会计“固定资产”科目的期末余额，减去“累计折旧”和“固定资产减值准备”科目的期末余额后的金额填报。

负债合计 指企业过去的交易或者事项形成的，预期会导致经济利益流出企业的现时义务。负债一般按偿还期长短分为流动负债和非流动负债。根据会计资产负债表中“负债合计”项目的期末余额数填报。包括银行贷款、借款、应付账款、应付职工工资、应付职工福利费、应交税金等企业负有偿还责任的债务。

执行企业会计准则或《小企业会计准则》的企业：负债合计 = 流动负债合计 + 非流动负债合计；执行其他企业会计制度的企业负债包括流动负债和长期负债。

流动负债合计 负债满足下列条件之一的应归为流动负债：（1）预计在一个正常营业周期中清偿；（2）主要为交易目的而持有；（3）自资产负债表日起一年内到期应予清偿；（4）企业无权自主地将清偿推迟至资产负债表日后一年以上。包括短期借款、应付票据、应付账款、应付职工薪酬、应交税费等项目。根据会计资产负债表中“流动负债合计”项目的期末余额数填报。

应付账款 指企业因购买材料、商品和接受劳务供应等经营活动应支付的款项。根据会计资产负债表中“应付账款”项目的期末余额数填报。

所有者权益合计 指企业资产扣除负债后由所有者享有的剩余权益。公司的所有者权益又称股东权益。包括实收资本、资本公积、盈余公积、未分配利润等。根据会计资产负债表中“所有者权益合计”项目的期末余额数填报。

实收资本 指企业各投资者实际投入的资本（或股本）总额，包括货币、实物、无形资产等各种形式的投入。实收资本按投资主体可分为国家资本、集体资本、法人资本、个人资本、港澳台资本和外商资本。根据会计资产负债表中“所有者权益”项下“实收资本”的期末余额数填报。

国家资本 指有权代表国家投资的政府部门或机构、直属事业单位对企业形成的资本金。根据会计“实收资本”科目计算填报。

集体资本 指由本企业职工等自然人集体投资或各种机构对企业进行扶持形成的集体性质的资本金。根据会计“实收资本”科目计算填报。

法人资本 指其他法人单位以其依法可支配的资产投入

企业形成的资本金。根据会计“实收资本”科目计算填报。

个人资本　指自然人实际投入企业的资本金。根据会计“实收资本”科目计算填报。

港澳台资本　指我国香港、澳门和台湾地区投资者实际投入企业的资本金。根据会计“实收资本”科目计算填报。

外商资本　指外国投资者实际投入企业的资本金。根据会计“实收资本”科目计算填报。

营业收入　指企业经营主要业务和其他业务所确认的收入总额。营业收入包括“主营业务收入”和“其他业务收入”。根据会计“利润表”中“营业收入”项目的本年累计数填报。

营业成本　指企业经营主要业务和其他业务所发生的成本总额。包括企业（单位）在报告期内从事销售商品、提供劳务等日常活动发生的各种耗费。包括“主营业务成本”和“其他业务成本”。根据会计“利润表”中“营业成本”项目的本年累计数填报。

销售费用　指企业在销售商品和材料、提供劳务的过程中发生的各种费用，包括保险费、包装费、展览费和广告费、商品维修费、预计产品质量保证损失、运输费、装卸费等以及为销售本企业商品而专设的销售机构（含销售网点、售后服务网点等）的职工薪酬、业务费、折旧费等经营费用。建筑业企业销售费用指企业从事施工生产活动过程中发生的各项费用，包括应由企业负担的运输费、装卸费、包装费、保险费、维修费、展览费、差旅费、广告费和其他经费。房地产企业销售费用指企业在从事主要经营业务过程中所发生的各项销售费用，包括转让、销售、结算和出租开发产品等。执行企业会计准则或《小企业会计准则》的企业,根据会计“利润表”中“销售费用”项目的本年累计数填报。执行其他企业会计制度的企业，根据会计“利润表”中“营业费用（或经营费用）”项目的本年累计数填报。

管理费用　指企业为组织和管理企业生产经营所发生的费用，包括企业在筹建期间内发生的开办费、董事会和行政管理部门在企业经营管理中发生的，或者应当由企业统一负担的公司经费等。根据会计“利润表”中“管理费用”项目的本年累计数填报。执行财政部《关于修订印发 2018 年度一般企业财务报表格式的通知》（财会〔2018〕15 号）的企业，应把研发费用项目的本年累计数归并到管理费用项目中填报。

财务费用　指企业为筹集生产经营所需资金等而发生的筹资费用，包括企业生产经营期间发生的利息支出（减利息收入）、汇兑损失（减汇兑收益）以及相关的手续费等。根据会计“利润表”中“财务费用”项目的本年累计数填报。

利息收入　指非金融企业存款业务所确认的利息金额。根据企业“财务费用明细账”中“财务费用——利息收入”科目的本期发生额填报。如果未设置该科目，填“0”。

利息支出　指企业短期借款利息、长期借款利息、应付票据利息、票据贴现利息、应付债券利息、长期应付引进国外设备款利息等利息支出。根据企业“财务费用明细账”中“财务费用——利息支出”科目的本期发生额填报。如果企业没有单独设立“利息收入”科目，应填报利息支出减去银行存款等的利息收入后的净额。

投资收益　指企业确认的投资收益或投资损失，反映企业以各种方式对外投资所取得的收益。根据会计“利润表”中“投资收益”项目的本年累计数填报。如为投资损失以“–”号记。

营业利润　指企业从事生产经营活动所取得的利润。执行企业会计准则或《小企业会计准则》的企业，营业利润为营业收入减去营业成本、税金及附加、销售费用、管理费用、财务费用、资产减值损失，再加上公允价值变动收益、投资收益和其他收益后的金额，根据会计“利润表”中“营业利润”项目的本年累计数填报；执行其他企业会计制度的企业，营业利润为营业收入减去营业成本、税金及附加、销售费用、管理费用、财务费用，再加上投资收益后的金额，根据会计“损益表”中“营业利润”项目、“投资收益”项目的本年累计数之和填报。

利润总额　指企业在一定会计期间的经营成果，是生产经营过程中各种收入扣除各种耗费后的盈余，反映企业在报告期内实现的盈亏总额。利润总额为营业利润加上营业外收入，减去营业外支出后的金额，根据会计“利润表”中“利润总额”项目的本年累计数填报。

平均用工人数　指报告期企业平均实际拥有的、参与本企业生产经营活动的人员数。

原煤　指煤矿生产的、经过验收符合质量标准的原煤。即：从毛煤中选出规定粒度的矸石（包括黄铁矿等杂物）并且绝对干燥灰分在 40%以下的原煤。绝对干燥灰分虽在 40%以上，但经有关部门批准开采，并有消费需求的劣质煤，亦应计入原煤产量。原煤分为无烟煤、烟煤、褐煤，在烟煤中又分为炼焦烟煤和一般烟煤两种。原煤不包括石煤、泥煤（泥炭）和伴随原煤生产过程而采出的煤矸石。

原油　指各种碳氢化合物的复杂混合物，通常呈暗褐色或者黑色液态，少数呈黄色、淡红色、淡褐色。包括自油井开采的原油；因事故、自然灾害以及探井、未交采油单位或未具备生产条件的井中产生的落地油（产量按已销售、利用、回收的量计算）；油（气）井井口直接回收和经处理装置回收的凝析油等。

天然气　指以气态碳氢化合物为主的各种气体的混合物，由有机物质经生物化学作用分解而成，或与石油共存于岩石的裂缝和空洞中，或以溶解状态存在于地下水中；主要成分为甲烷（约占 85%~95%），还有乙烷、丙烷、丁烷等，是一种优质燃料和化工原料。天然气分为常规天然气和非常规天然气，常规天然气包括气田天然气、油田天然气（分为油田气层气、油田伴生溶解气），非常规天然气包括煤层气、页岩气、致密砂岩气等。天然气产量是指进入集输管网和就地利用的全部气量。

液化天然气　指液体状态的天然气，由气态天然气在一定温度和压力条件下液化而成，无毒、无色、无味，在

-161℃下的密度约为425千克/立方米。天然气在常温、常压状态为气态，占有的体积大，不利于储存，液化后体积只有气态的1/600左右。天然气的主要成分——甲烷的临界温度为-82℃，故在常温下不可能通过压缩而将其液化。而当将甲烷冷却到-161℃以下时，在常压下即转化为液体，即液化天然气（LNG）。

原油加工量 指直接进入蒸馏装置及二次加工装置加工的原油量。该指标是衡量炼化企业生产规模、能力的一项基础指标，也是炼化企业计算各项技术经济指标的重要依据。因此，原油加工量作为一个特殊的指标在产品产量中统计。

汽油 指直馏汽油和二次加工（如催化裂化、加氢裂化，催化重整和经精制的热裂化、焦化等）汽油，按不同比例调和，加入适量抗氧防胶剂及金属钝化剂，必要时加入适量的抗爆剂（如加入抗爆剂还要加入着色剂）而制成。本品为易燃、易挥发液体，具有良好的抗爆性能和燃烧性能，其蒸发性好，燃烧完全，积炭少，对发动机部件及储油容器无腐蚀性，由于加有抗氧剂，产品具有较好的安定性，不易过早氧化。包括航空汽油和车用汽油。

煤油 是一种精制的燃料，挥发度在车用汽油和轻柴油之间，不含诸如粗柴油、润滑油之类的重碳氢化合物。包括灯用煤油、航空煤油。

柴油 指直馏柴油和经过精制的二次加工（如催化裂化、加氢裂化、热裂化、加氢精制的焦化的柴油等），以不同比例调和而成的成品油。柴油分为轻柴油、重柴油。

燃料油 包括船用燃料油、重油或其他燃料油。燃料油分为商品燃料油和自用燃料油。商品燃料油指企业作为商品销售的燃料油；自用燃料油指本企业用作燃料和化肥、化工原料的自用油。

石脑油 属一部分石油轻馏分的泛称；用途不同，各种馏程亦不同。馏程自初馏点至220℃左右，主要用作重整和化工原料；70-145℃馏分，称轻石脑油，生产芳烃的重整原料；70-180℃馏分，称重石脑油，用作生产高辛烷值汽油。用作溶剂时，称作溶剂石脑油；来自煤焦油的芳香族溶剂油也称作重石脑油或溶剂石脑油。

液化石油气 亦称液化气或压缩汽油，是炼油精制过程中产生并回收的气体在常温下经加压而成的液态产品。主要成分是丙烷、丁烷、丙烯、丁烯，主要用作石油化工原料，脱硫后可直接用作燃料。

石油焦 指以原油经常减压装置蒸馏所得的渣油或以重油为原料，经焦化装置生产。产品按用途分为三个牌号，每个牌号按质量分为A、B两类，牌号有1#A、1#B、2#A、2#B、3#A、3#B石油焦等。主要用于制造石墨电极、碳素、碳化硅、碳化钙等产品的原料，也可直接用于冶炼、铸煅工艺作燃料。

石油沥青 指由原油经常减压装置蒸馏直接获得的渣油制品，也可以用减压渣油为原料经氧化，溶剂脱出的沥青再经适度氧化或调合而成。是来自原油中的最重的组分，是高度缩合的多环烃类混合物，具有良好的粘结性、绝缘性、不渗水性，并能抵抗许多化学药物的侵蚀，广泛用于道路工程、建筑工程、水利工程、防护涂料以及保持水土、改良土壤等领域。沥青按用途可分为普通沥青、道路沥青、建筑沥青、专用沥青，其中以道路沥青的用量最大。

焦炭 指将各种经过洗选的煤炭按一定比例配合后，在隔绝空气的高温炭化室内经过热解、缩聚、固化、收缩等复杂的物理化学过程形成的固体燃料，呈黑灰色块状、有光泽，燃烧时烟气少，具有不粘结、不结块、低硫、低灰、坚硬、耐磨、耐压、富于气孔性等特点，主要用于冶金、化工、铸造等工艺的燃料和原料。它包括各种生产方式生产的焦炭，即包括机械化焦炉、简易焦炉、土焦炉、煤气发生炉等装置生产的所有焦炭和半焦炭。

发电量 指电厂（发电机组）在报告期内生产的电能量。它是发电机组经过对一次能源的加工转换而生产出的有功电能数量，即发电机实际发出的有功功率（千瓦）与发电机实际运行时间的乘积。发电量包括全部电力工业企业、自备电厂的产量。新装发电设备在未正式投入生产以前所发的电量以及发电设备大修或改进后试运转期间所发的电量，凡被本厂或用户利用的，均应计入发电量中，未被利用的，则不应计入。发电量中不包括电动的交直流变换、励磁机和周波变换的电量。

火力发电 指利用煤炭、燃油、燃气、生物质等燃料燃烧时产生的热能，通过火电动力装置转换成电能的发电方式，包括燃煤发电，燃气发电，燃油发电，余热、余压、余气发电，生物质发电等。

水力发电 指利用水位落差，配合水轮发电机产生电力的一种发电方式，也就是利用水的势能转为水轮机的机械能，再以机械能推动发电机产生电能，包括抽水蓄能发电。

核能发电 指利用原子反应堆中核燃料（例如铀）缓慢裂变所释放的热能产生蒸汽驱动汽轮机再带动发电机发电的一种发电方式。

风力发电 指把风的动能转变成机械动能，再把机械能转化为电力动能的发电方式。

太阳能发电 指先将太阳光或能转化为热能，再将热能转化成电能或者直接将太阳能转换成电能的发电方式，主要包括太阳能光伏发电和太阳能光热发电。

煤气 指煤、焦炭、半焦等固体燃料与燃料油等液体燃料干馏或气化所产生的可燃气体。包括焦炉煤气、高炉煤气、发生炉煤气和油煤气等。